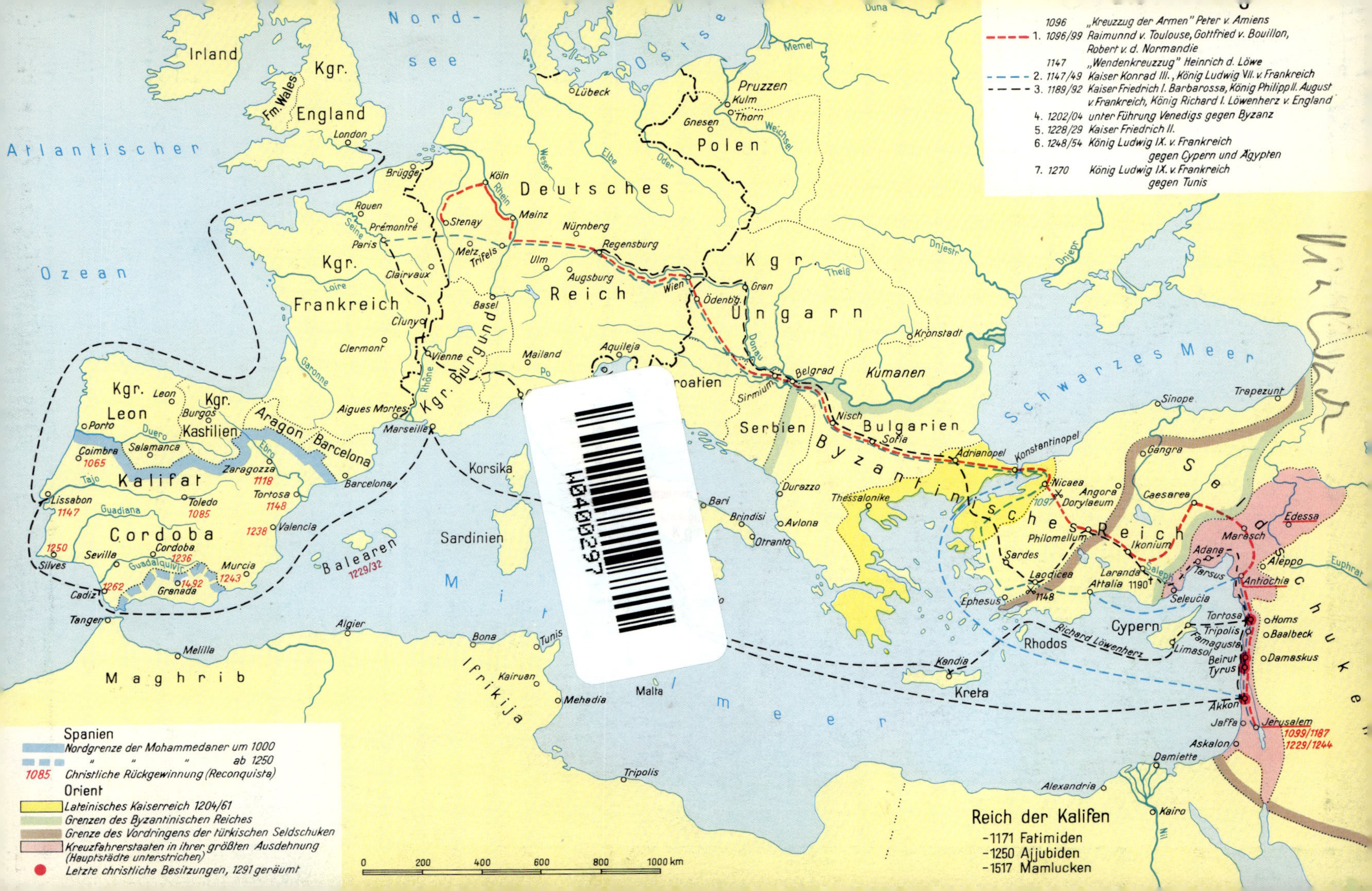
1096 „Kreuzzug der Armen" Peter v. Amiens
1. 1096/99 Raimund v. Toulouse, Gottfried v. Bouillon, Robert v. d. Normandie
1147 „Wendenkreuzzug" Heinrich d. Löwe
2. 1147/49 Kaiser Konrad III., König Ludwig VII. v. Frankreich
3. 1189/92 Kaiser Friedrich I. Barbarossa, König Philipp II. August v. Frankreich, König Richard I. Löwenherz v. England
4. 1202/04 unter Führung Venedigs gegen Byzanz
5. 1228/29 Kaiser Friedrich II.
6. 1248/54 König Ludwig IX. v. Frankreich gegen Cypern und Ägypten
7. 1270 König Ludwig IX. v. Frankreich gegen Tunis
Spanien
Nordgrenze der Mohammedaner um 1000
" " " ab 1250
1085 Christliche Rückgewinnung (Reconquista)
Orient
Lateinisches Kaiserreich 1204/61
Grenzen des Byzantinischen Reiches
Grenze des Vordringens der türkischen Seldschuken
Kreuzfahrerstaaten in ihrer größten Ausdehnung (Hauptstädte unterstrichen)
Letzte christliche Besitzungen, 1291 geräumt
0 200 400 600 800 1000 km
Reich der Kalifen
-1171 Fatimiden
-1250 Ajjubiden
-1517 Mamlucken
Irland
Kgr. England
Fm. Wales
London
Atlantischer Ozean
Nord-see
Ostsee
Kgr. Frankreich
Deutsches Reich
Kgr. Burgund
Polen
Pruzzen
Kgr. Ungarn
Kumanen
Serbien
Bulgarien
Byzantinisches Reich
Seldschuken
Schwarzes Meer
Mittelmeer
Kgr. Leon
Kgr. Kastilien
Aragon
Barcelona
Kalifat Cordoba
Maghrib
Ifrikija
Balearen 1229/32
Korsika
Sardinien
Cypern
Rhodos
Kreta
Malta
Richard Löwenherz
Lissabon 1147
Coimbra 1065
Toledo 1085
Zaragozza 1118
Tortosa 1148
Valencia 1238
Cordoba 1236
Sevilla
Silves 1250
Cadiz 1262
Granada 1492
Murcia 1243
Jerusalem 1099/1187 1229/1244
Konstantinopel
Antiochia
Edessa
Akkon
Tripolis
Köln
Mainz
Regensburg
Wien
Belgrad
Nicaea 1097
Dorylaeum
Ikonium
Seleucia 1190
Laodicea 1148
Marseille
Aigues Mortes
Tunis

Stephanie Westrich

Grundzüge der Geschichte · Mittelstufe · Band 2

7942

Grundzüge der Geschichte

Mittelstufe · Band 2

Herausgegeben von Dr. Eugen Kaier

Vom Frankenreich bis zum Westfälischen Frieden

Bearbeitet von
Oberstudiendirektor Joachim Herbst
und Professor Herbert Krieger
unter Mitarbeit von
Oberstudiendirektor Alfred Makatsch

VERLAG MORITZ DIESTERWEG

Frankfurt am Main · Berlin · München

Textgestaltung: Joachim Herbst (S. 1–152)
und Herbert Krieger (S. 153–240)

Bildzusammenstellung: Werner Bautsch
Kartenzeichnungen: Rudi Hubert, Berlin
Skizzen: Karl Schilling, Frankfurt am Main

Genehmigt für den Gebrauch in Schulen
Genehmigungsdaten teilt der Verlag auf Anfrage mit

ISBN 3-425-07942-5

9. Auflage 1972

Reproduktionen: Klischeeanstalt Georg Lang, Frankfurt am Main
Satz-, Druck- und Bindearbeiten: Oscar Brandstetter Druckerei KG, Wiesbaden
Gesetzt aus Monophoto Gill

Vorwort

Die Darstellung geht auch in diesem Band von der Voraussetzung aus, daß der moderne Geschichtsunterricht eines Lehrbuches bedarf, das dem Lehrer die ihm gemäße methodische Gestaltung überläßt. Dem Schüler will das Buch die Möglichkeit geben, Sachverhalte selbsttätig zu erkennen, eigene Probleme im Spiegel vergangener Epochen zu reflektieren und dem Selbstverständnis fremder Kulturen näherzukommen. Deshalb wurde auch außereuropäischen Räumen wie China, Japan, Indien oder Südamerika die erforderliche Beachtung geschenkt. Themenkreise wie der Islam, das Weltreich der Mongolen oder die Entwicklung des russischen Reiches sind in ausführlichen Abschnitten berücksichtigt. Seit der 8. Auflage enthält der Band einen zusätzlichen Abschnitt über die Slawen (S. 33f.) und ein Teilkapitel über Konstantinopel im Mittelalter (S. 60ff.). Das Teilkapitel zur Geschichte der Kreuzzüge wurde überarbeitet.

Das umfangreiche zeitgenössische Bildmaterial will nicht nur die Anschaulichkeit des Dargestellten illustrativ erhöhen, sondern auch das arbeitsunterrichtliche Verfahren erleichtern. Einen besonders intensiven Arbeitsunterricht gewährleistet die gleichzeitige Verwendung der Materialienbände des „Handbuchs des Geschichtsunterrichts": Das Mittelalter (Diesterweg 7332), Die Neuzeit (Diesterweg 7333). Sie enthalten zusätzliches Material für die Quellenarbeit, für Referate und für die Gruppenarbeit der Schüler.

Herausgeber und Verfasser

Inhaltsverzeichnis

ERSTES KAPITEL

Vom fränkischen Königtum zum abendländischen Kaiserreich

I. Das Ende der Alten Welt 2
1. Chlodwig und die Entstehung des Frankenreiches 2
2. Mohammed und der Islam 4
3. Der Einbruch der Araber in die Alte Welt 6

II. Die Festigung des Frankenreiches 11
1. Das Christentum im Frankenreich und die römische Kirche 11
2. Die Erweiterung des Frankenreiches durch Karl den Großen 15
3. Der innere Ausbau und die Kultur des Frankenreiches 20
4. Das Kaisertum Karls des Großen 24

III. Lehnswesen und Grundherrschaft 25
1. Lehnsmannen als Krieger und Beamte 25
2. Grundherren, freie Bauern, Hörige und Leibeigene 28

IV. Neue Völker und Staaten 30
1. Der Zerfall des Karolingerreiches 30
2. Die Nordgermanen: Seefahrer und Staatengründer 31
3. Die Stämme der Slawen 33

ZWEITES KAPITEL

Das Reich der sächsischen und salischen Kaiser

I. Die Gründung des hochmittelalterlichen Reiches 35
1. Heinrich I., Deutscher König 35
2. Otto I. festigt das Reich 38
3. Otto, König der Franken und Langobarden, Kaiser der Römer 41
4. Die letzten Sachsenkaiser 42
5. Konrad II., der erste Salierkaiser 44

II. Klosterreform und Kaisermacht 46
1. Mönchtum und Klosterleben 46
2. Der romanische Baustil 49
3. Die cluniazensische Reformbewegung 50
4. Heinrich III., Ordner von Kirche und Reich 52

III. Der Investiturstreit 53
1. Schwierigkeiten in Deutschland 53
2. Erstarken des Papsttums 55
3. Der Weg nach Canossa 56
4. Das Ende Gregors VII. und Heinrichs IV.. 58
5. Vorläufige Einigung zwischen Kaiser und Papst 59

IV. Konstantinopel – Stadt und Reich am Bosporus. 60
1. Das Erbe Roms 60
2. Staat, Kirche, Wirtschaft 61

V. Die Kreuzzüge 63
1. Der Kampf um die heiligen Stätten der Christenheit 63
2. Auswirkungen der Kreuzzüge 65

DRITTES KAPITEL

Das Reich der Staufer

I. Friedrich I. Barbarossa 68
1. Staufer und Welfen 68
2. Die Kämpfe in Italien 69
3. Friedrich Barbarossa und Heinrich der Löwe 72
4. Glanzzeit des Kaisertums und Friedrichs Tod 74
II. Heinrich VI. und Innozenz III. 76
1. Kaiser Heinrich VI. 76
2. Papst Innozenz III. 78
3. Neue Religiosität 80
III. Die letzten Staufer 82
1. Kaiser Friedrich II. 82
2. Das Ende der Staufer 86

VIERTES KAPITEL

Große Reiche im Osten

I. Das Weltreich der Mongolen 87
1. Dschingis Chan 87
2. Das Erbe des Groß-Chans 88
II. Das chinesische Reich 90
1. Die Entwicklung des chinesischen Reiches 90
2. China unter mongolischer Herrschaft 91

FÜNFTES KAPITEL

Ritter, Bauern und Bürger

I. Die alten Stände 93
1. Die Blütezeit des Ritterstandes 93
2. Deutsche Bauern im Hochmittelalter 98
II. Der Aufstieg des Bürgertums 100
1. Das Gesicht der alten deutschen Stadt 100
2. Markt- und Stadtrecht 102
3. Geschlechter und Zünfte 104
4. Andere Einwohner der Stadt 106
5. Der gotische Dom — das Wahrzeichen der Stadt 106
III. Die Ausbreitung des Christentums und der abendländischen Kultur nach Osten 108
1. Die Sicherung der Ostgrenze 108
2. Deutsche Bauernsiedlung im Osten 110

3. Deutsche Städte und Klöster 113
4. Ansiedlung deutscher Kolonisten durch einheimische Fürsten 114

IV. Die Ritter des Deutschen Ordens in Preußen 116

1. Ritterstaat im Preußenland 116
2. Der Niedergang der Ordensmacht 118

V. Die Hanse 120

1. Entstehung und Organisation 120
2. Die Zeit des größten Ansehens 124
3. Niedergang der Hanse 126

SECHSTES KAPITEL

Das Ende des Mittelalters

I. Veränderungen in Staat und Kirche 127

1. Rudolf von Habsburg und Ottokar von Böhmen 127
2. Das Wahlkönigtum im späten Mittelalter und Kaiser Karl IV. 128
3. Die Kirche in Not 132
4. Verluste an den Grenzen des Reiches 135
5. Der Verfall des Rittertums 138
6. Kaiser Maximilian und die Reichsreform 140

II. Aufsteigende Nationalstaaten im Westen und Osten Europas 145

1. Frankreich und England 145
2. Spanien 148
3. Moskau übernimmt das Erbe Ostroms 150

SIEBTES KAPITEL

Der Neuzeit entgegen

I. Humanismus und Renaissance in Italien 153

1. Stadtrepubliken und Tyrannenstaaten 153
2. Die Wiederentdeckung der Antike 154
3. Die Kunst der Renaissance 156

II. Neuzeitliches Leben nördlich der Alpen 162

1. Neue Unternehmensformen in Bergbau und Handel 162
2. Technische Neuerungen 165
3. Deutsche Gelehrte und Künstler 167

III. Entdeckungen und Eroberungen 172

1. Erdkenntnis und Welthandel des Mittelalters 172
2. Die großen Entdeckungsfahrten 173
3. Die Eroberungen der iberischen Nationen 178

ACHTES KAPITEL

Die Reformation

I. Religiöses Leben in Deutschland . . . 184
II. Martin Luther . . . 186
1. Luther im Kloster . . . 186
2. Luthers Schritt in die Öffentlichkeit . . . 188
3. Luther vor Kaiser und Fürsten . . . 191
III. Wirren und Aufstände . . . 193
1. Bilderstürmer und Schwarmgeister . . . 193
2. Die Erhebung der Reichsritter . . . 193
3. Der große Bauernkrieg . . . 194
IV. Das habsburgische Universalreich und die Ausbreitung der Reformation in Deutschland . . . 200
1. Die Kriege Karls V. . . . 200
2. Die Ausbreitung der Reformation in Deutschland . . . 201
3. Zwingli und die Entstehung der Reformation in der Schweiz . . . 203
V. Außerdeutsche Reformationen . . . 204
1. Die Entstehung der anglikanischen Kirche . . . 204
2. Der Calvinismus . . . 204
VI. Der Entscheidungskampf um die Reformation in Deutschland . . . 206

NEUNTES KAPITEL

Die Zeit der Glaubenskämpfe

I. Die Reform der katholischen Kirche . . . 209
1. Der Jesuitenorden . . . 209
2. Das Konzil von Trient . . . 212
II. Glaubenskämpfe in Westeuropa . . . 213
1. Philipp II. von Spanien . . . 213
2. Der Aufstand der Niederlande . . . 216
3. Religionskriege in Frankreich . . . 219
4. England unter Elisabeth I. . . . 221
5. Der Ausgang der Glaubenskämpfe . . . 224
III. Veränderungen in Nord- und Osteuropa . . . 227
1. Der Kampf um die Vorherrschaft an der Ostsee . . . 227
2. Der Aufstieg Rußlands unter Iwan IV. . . . 228
IV. Der Dreißigjährige Krieg (1618—1648) . . . 231
1. Die Gegenreformation in Deutschland . . . 231
2. Der Böhmisch-pfälzische Krieg (1618—1623) . . . 231
3. Der Niedersächsisch-dänische Krieg (1625—1629) . . . 232
4. Der Schwedische Krieg (1630—1635) . . . 235
5. Der Krieg mit Schweden und Frankreich (1635—1648) . . . 237
6. Der Westfälische Friede . . . 238
7. Die Folgen des Dreißigjährigen Krieges . . . 239
Alphabetisches Register . . . 241
Zeittafel . . . 251

Verzeichnis der Karten

Vorsatzkarten:

Das Frankenreich zur Zeit Karls d. Gr.
Die Kreuzzüge
Entdeckungsfahrten im 15. und 16. Jahrhundert
Westfälischer Friede 1648

Textkarten:

Das Merowingerreich . . . 3
Die Ausbreitung des Islam . . . 9
Die Mission der Iroschotten und die Kirchenorganisation des Bonifatius . . . 11
Die Karolingischen Reichsteilungen . . . 31
Züge der Wikinger, Waräger und Normannen . . . 33
Europa im Hochmittelalter . . . 53
Das Byzantinische Reich im 10. bis 12. Jh. . . . 61
Europa um 1250 . . . 83
Asien bis zum Ende der Herrschaft der Goldenen Horde . . . 87
Deutsche Siedlungen im Donauraum . . . 111
Pläne der Städte Brügge, Lübeck und Nowgorod . . . 121
Der Deutsche Orden und die Hanse . . . 123
Die Entwicklung der Eidgenossenschaft . . . 135
Die Entwicklung Burgunds . . . 138
Deutschland im Zeitalter der Reformation . . . 142
Frankreich und England im Mittelalter . . . 147
Wirtschaft und Handel der Fugger und Medici . . . 165
Der Freiheitskampf der Niederlande . . . 217
Der Kampf um die Herrschaft an der Ostsee . . . 228
Rußland im 15. und 16. Jh. . . . 230
Bekenntnisse in Europa um 1650 . . . 239

Bild auf dem Umschlag: Die Länder Germania, Francia, Italia und Alamannia huldigen Kaiser Otto II. Buchmalerei aus dem „Registrum Gregorii", das um 983 in Trier entstanden ist (vgl. S. 39 und 42). Foto: Giraudon

Bildnachweis

Für erteilte Abdrucksgenehmigungen und überlassene Reproduktionsvorlagen dankt der Verlag:

Aerofilms Ltd., London (1). Fratelli Alinari, Florenz (8). Archiv für Kunst und Geschichte, Berlin (7). archivio foto B, Mailand (5). Bayerische Staatsbibliothek München (7). Bayerische Staatsgemäldesammlungen München (2). Bibliotheek der Rijksuniversität te Leiden (1). Bibliothèque Nationale Paris (2). Bildarchiv Maria Laach (2). Bildarchiv Österreichische Nationalbibliothek Wien (3). Joachim Blauel, München (1). Erwin Böhm, Mainz (4). Deutsches Museum München (2). dpa-Bildarchiv, Frankfurt am Main (1). Foto Marburg (8). Germanisches Nationalmuseum Nürnberg (3). Giraudon, Paris (5). Hanfstaengl, München (3). Herzog-Anton-Ulrich-Museum, Braunschweig (1). Historia-Photo, Bad Sachsa (3). Holle-Bildarchiv, Baden-Baden (1). Herbert Kraft, Berlin (7). Kunsthistorisches Museum Wien (4). laenderpress, Düsseldorf (1). Lossen-Foto, Heidelberg (1). Dr. Gritli von Mitterwallner, München (2). Museum Boymans-van-Beuningen, Rotterdam (1). Nationalmuseum of Irland, Dublin (1). Niedersächsische Staats- und Universitätsbibliothek, Göttingen (1). Photo Meyer, Wien (1). Die Piperdrucke, München (2). Paul Popper Ltd., London (1). Radio Times Hulton Picture Library, London (1). Jochen Remmer, München (1). Rheinisches Landesmuseum Bonn (1). Rijksmuseum Amsterdam (1). Helga Schmidt-Glassner, Stuttgart (4). Toni Schneiders, Bad Schachen (1). Società Scala, Florenz (4). Staatliche Graphische Sammlung München (4). Staatliche Kunstsammlungen, Gemäldegalerie Dresden (1). Staatliche Kunstsammlungen Kassel (1). Staatliche Münzsammlung München (1). Staatliches Museum für Völkerkunde München (1). Staatliche Landesbildstelle Hamburg (1). Staatliche Landesbildstelle Westfalen (1). Staatsarchiv Hamburg (1). Staatsbibliothek Berlin: Bildarchiv Handke (17). Staatsbibliothek Bremen (1). Stadtbildstelle Braunschweig (1). Stiftsbibliothek Bern (1). Stiftsbibliothek St. Gallen (2). Thomasphosphatfabriken, Düsseldorf (1). Ullstein-Bilderdienst, Berlin (7). VEB Verlag der Kunst, Dresden (1). Verlag Josef Keller und Jan Thorbecke: entnommen aus Ulrich Richental „Das Konzil zu Konstanz", Faksimileausgabe (1). Universitätsbibliothek Heidelberg (1). Georg Westermann Verlag, Braunschweig (1). Dr. Paul Wolff & Tritschler, Frankfurt am Main (1). Zentrale Farbbild Agentur, Düsseldorf (1). Gebr. Zumbühl, St. Gallen (2).

Rechte Seite: Der verzierte Anfangsbuchstabe Q in einer Handschrift aus St. Gallen (vgl. S. 12), die als Psalterium Aureum (Goldener Psalter) bezeichnet wird. Die Psalmensammlung wurde kurz vor 883 in der Schreibstube des Klosters St. Gallen niedergeschrieben und zeigt in der Art der Ausführung den Einfluß lombardischer Buchmalerei. An der Ausschmückung des Prachtpsalters waren mehrere Schreiber beteiligt (vgl. S. 47).

um GALLO PARTEM QUISQUIS HABERE UELIT :·
V ID
GLO RIA
RIS IN
MA LITIA.
QUI POTENS ES INIQUITATE

Vom fränkischen Königtum zum abendländischen Kaiserreich

I. Das Ende der Alten Welt

1. Chlodwig und die Entstehung des Frankenreiches

Die Begründung des fränkischen Großreiches. Zur gleichen Zeit, als Theoderich in Italien sein Reich gründete, begann der Aufstieg des fränkischen Fürsten Chlodwig, d. h. Ludwig (482–511). Er stammte aus dem Geschlecht des Merowech (Merowinger) und war mit 15 Jahren Gaufürst geworden. Durch Mord, Verrat und List beseitigte er seine nächsten Verwandten, die anderen Gaufürsten, und machte sich zum König aller Franken. Rücksichtslos war sein Machtwille. In drei großen Kriegen dehnte er seine Herrschaft nach Süden und Osten hin aus.

482 bis 511

Zwischen Somme und Loire war noch ein letzter Rest der römischen Provinz Gallien übriggeblieben. Chlodwig entriß ihn dem Statthalter Syagrius, der sich dort zu einem selbständigen Fürsten gemacht hatte (486).

Zehn Jahre später trat er den Alemannen (Sueben) entgegen, die nach Gallien vorgedrungen waren. Die hartnäckigen Alemannen leisteten zähen Widerstand. Schließlich gewann Chlodwig die Entscheidungsschlacht. Die Alemannen wurden ins Elsaß, an den Oberrhein, in die südlichen Teile des heutigen Baden-Württemberg und in den westlichen Teil des heutigen Bayern zurückgedrängt. Die Franken schoben sich am Main nach Osten ins heutige „Franken" vor.

In einem dritten großen Kriege hätte Chlodwig den Westgoten fast ihren ganzen Besitz nördlich der Pyrenäen entrissen, wenn nicht der Ostgotenkönig Theoderich die Westgoten geschützt hätte. Immerhin mußten diese alles Land zwischen Loire und Garonne an die Franken abtreten.

Jetzt war Chlodwig neben dem Ostgoten Theoderich der mächtigste germanische König (vgl. Band I, S. 198). Der oströmische Kaiser zeichnete ihn sogar durch die Titel Konsul und Patrizius aus.

Übertritt zum römisch-katholischen Glauben. In diesen Kriegen konnte Chlodwig damit rechnen, daß ihn die katholischen Bischöfe des alten Galliens unterstützten. Aus Klugheit hatte er sich der Kirche gegenüber schon immer freundlich gezeigt. Er heiratete eine katholische Burgunderprinzessin. Nach dem Sieg über die Alemannen ließ er sich, angeblich mit 3000 Franken, in Reims taufen. Als erster Germanenfürst nahm er nicht das arianische, sondern das römisch-katholische Bekenntnis an.

Diese Entscheidung wurde höchst bedeutsam für die Zukunft des Frankenreiches wie auch für die Kirche selbst. Die katholischen Bischöfe sahen in dem Frankenkönig nicht den andersgläubigen, fremden Machthaber, sondern den Schutzherrn ihrer Kirche und taten für ihn, was sie konnten.

Erwerb der Oberhoheit über andere Germanenstämme. Die Söhne Chlodwigs erweiterten das Frankenreich nach Süden und Osten. Fränkisches Machtgebiet erstreckte sich bald von der Nordsee bis zum Mittelmeer, vom Atlantischen Ozean bis zur Saale und zum Böhmerwald. Die Burgunder im Tal der Rhône und Saône wurden vom Frankenreich abhängig. Ebenso erging es den Thüringern, den

Das Merowingerreich

noch freien Alemannen und den Bayern. Nur Sachsen und Friesen blieben im wesentlichen selbständig (vgl. Band I, S. 202/203).

Stärkung der Königsmacht. Die Franken blieben auch im eroberten Land ein Bauernvolk. Die ausgedehnten ehemals römischen Staatsgüter und das durch Abwanderung oder Enteignung der bisherigen Grundbesitzer herrenlos gewordene Land konnte der König als Kriegsbeute für sich behalten. Er gab diese Ländereien meist als Belohnung für geleistete Dienste an adlige Heerführer oder schenkte sie der Kirche. Auch die freien Franken erhielten Höfe zur Ansiedlung. So lagen die Bauernhöfe der freien Franken neben großen Gütern des Königs, der Kirche und des Adels.

Franken, Römer und die Reste der keltisch-gallischen Urbevölkerung vermischten sich im Laufe der Zeit durch Heirat. Die Sprache der römischen Provinzbewohner, die aus dem Lateinischen entstandene „romanische" Sprache, verbreitete sich auch unter den Franken im westlichen und südlichen Teil des Reiches.

Ansehen und Macht des fränkischen Königs stiegen immer mehr. Für die unterworfene romanische Bevölkerung war der König, wie ehedem die römischen Kaiser, unumschränkter Herrscher. Auch gegenüber dem eigenen Volk wuchs die königliche Macht. Das Reich war so ausgedehnt, daß die Heeresversammlungen (vgl. Band I, S. 190) nicht mehr regelmäßig abgehalten werden konnten. Nach und nach ging manches Volksrecht auf den König über. Doch vermochte er nicht, von den freien Germanen nach römischer Sitte Steuern einzutreiben.

Der Frankenkönig umgab sich mit zahlreichen Würdenträgern. Der Truchseß stand der Haushaltung des Königs vor. Der Marschall (eigentlich Pferde-

Links: Frühfränkische Schwerter mit Goldgriffen. Das erste und das dritte Schwert wurden im Grabe von Chlodwigs Vater, dem Frankenfürsten Childerich, bei Tournai gefunden. Der Fundort des mittleren Schwertes, ebenfalls aus dem 5. Jh., ist Flonheim in Rheinhessen. Alle diese Schwerter zeigen den strengen geometrischen Stil frühfränkischer Goldschmiedearbeiten.

Rechts: Mekka mit der Kaaba (Stich des 18. Jh.)

knecht) ließ für Roß und Reiter sorgen. Der Mundschenk verwaltete die Getränke für die Tafel. Der Kämmerer überwachte Ausgaben und Einnahmen. Der höchste aller Würdenträger aber war der Hausmeier (maior domus, der Größere des Hauses). Er verwaltete die Königsgüter, von deren Ertrag der König und seine Gefolgsleute lebten.

Karolingische Hausmeier. Nicht lange währte die Einigkeit unter den Nachfolgern Chlodwigs. Schließlich zerfiel das Reich in drei selbständige Teilreiche: Austrien (das Ostland) mit dem Hauptort Metz, Neustrien um Paris und Burgund. Aquitanien wurde von allen begehrt. Die Stammesgebiete am Rande, Alemannien, Thüringen und Bayern, wurden im Laufe der Zeit unter eigenen Herzögen so gut wie unabhängig.

Die fränkischen Teilkönige bekämpften sich gegenseitig, so daß ihre Herrschaft immer schwächer wurde. Deshalb konnten die Hausmeier die oft unbedeutenden Könige immer mehr zurückdrängen. Diese führten schließlich nur noch ein Schattendasein. In Austrien wurde das Hausmeieramt in der Familie der Karolinger erblich, die ausgedehnte Güter bei Metz besaß. Die Karolinger gewannen auch noch das Hausmeieramt von Neustrien. Aus diesem Geschlecht ging Karl Martell hervor, der das Frankenreich und damit das westliche Europa vor dem Arabersturm retten sollte.

2. Mohammed und der Islam

Das Heiligtum. Am Westrande der Arabischen Wüste, an einer alten Karawanenstraße, liegt die Stadt Mekka. In ihr steht das Heiligtum der Araber, die Kaaba, ein würfelförmiger Bau mit einem eingemauerten schwarzen Meteorstein. Die Be-

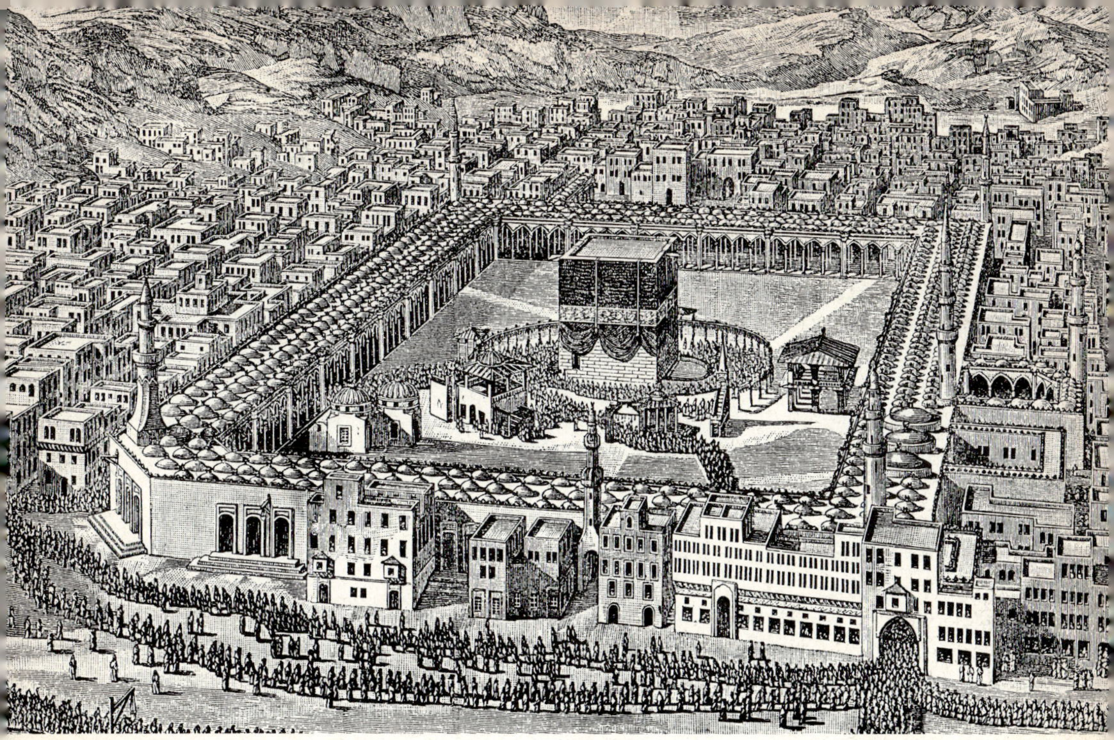

wohner der Städte und alle Beduinenstämme der Wüste verehrten ihn seit alter Zeit, daneben aber auch zahlreiche Stammesgötter. Zwischen den einzelnen Stämmen gab es ständig blutige Auseinandersetzungen.

Der Prophet. Als Angehöriger des Stammes, dem der Schutz des Heiligtums anvertraut war, wurde M o h a m m e d , der „Vielgepriesene", um 570 geboren. Er verlor schon früh seine Eltern und wuchs bei Verwandten auf. Als Hirtenjunge hatte er viel Zeit zu besinnlichem Nachdenken. Als er herangewachsen war, betätigte er sich als Karawanenführer und Kaufmann und lernte auf Handelsreisen bis nach Syrien die Religionen der Juden und Christen kennen. Die Vielgötterei und die ständigen Streitigkeiten der Araber bereiteten ihm Sorge. Gesichte und innere Stimmen veranlaßten ihn, seine religiösen Erfahrungen zu verkünden. Vorstellungskraft und überzeugende Redegewandtheit standen ihm in hohem Grade zur Verfügung.

Die Hüter der Kaaba fürchteten aber für die Anziehungskraft ihres Heiligtums; sie sahen ihren Einfluß auf die Pilger schwinden und ihren Handel geschädigt. Deshalb trachteten sie dem Propheten nach dem Leben. Mohammed wandte sich darum im Jahre 622 von Mekka nach Medina. Diese Auswanderung (H e d s c h r a) wurde für die Anhänger Mohammeds der Anfang ihrer Zeitrechnung. 622

Mohammeds Sieg. In Medina hatte seine Lehre schon vorher Anhänger gefunden. Jetzt vereinigte Mohammed die mit ihm gekommenen Gläubigen aus Mekka mit denen aus Medina. Die neue Gemeinschaft erkannte ihn als Haupt, als Propheten und Gesetzgeber an. Schon nach einem Jahr begann der Kampf gegen die Widersacher in Mekka, der acht Jahre nach der Hedschra mit dem Sieg Mohammeds und seiner Rückkehr in die Heimatstadt endete.

Die Götzenbilder warf er aus der Kaaba hinaus; diese selbst ließ er bestehen. Allah allein sollte hier im heiligen Monat Ramadan verehrt werden.

Mohammed nach der Eroberung einer befestigten Stadt. Über dem Propheten schwebt der Engel Gabriel, eine Gestalt, die der Islam aus der jüdisch-christlichen Religion übernommen hat (Buchmalerei aus einer persischen Handschrift).

Mohammeds Lehre. Mohammed lehrte: „Es ist kein Gott außer Allah, und Mohammed ist sein Prophet.“ Moses und Christus sind nur Vorläufer des wahren Propheten. Fünf Pflichten hat der Gläubige dem einzigen Gott gegenüber zu erfüllen: Beten führt zu Gott auf halbem Wege, Fasten bis an die Tür des Paradieses, Almosengeben öffnet die Pforten. Das Glaubensbekenntnis und die Wallfahrt nach Mekka sind die beiden andern Pflichten. Hoch über allen Pflichten jedoch steht der Kampf für die Ausbreitung des Glaubens. Der für den Glauben Gefallene geht ein in die Wonnen reich bewässerter, schattiger Gärten, in denen ewiger Frühling herrscht.

Tollkühn kann sich der Kämpfer in die Schlacht stürzen; denn nirgendwo entrinnt jemand seinem Schicksal. Es ist vorherbestimmt, ob er umkommt oder überlebt. Wer sterben soll, stirbt auch fern vom Schlachtfeld. Wem aber bestimmt ist, lange zu leben, dem widerfährt auch in der größten Gefahr kein Unheil.

„Islam“, d. h. unbedingte Ergebung in den Willen Gottes, nennt Mohammed diesen Glauben und „Muslime“ („Gottergebene“) seine Bekenner. Die Worte des Propheten wurden später im Koran, der „Lesung“, zusammengefaßt, der von den Mohammedanern als das heilige Buch verehrt wird.

Zu den Gebetszeiten ruft der Muezzin vom Minarett, dem Turm der Moschee. Alle Gläubigen verneigen sich dabei nach der Himmelsrichtung, in der Mekka, die heilige Stadt, liegt. Der Freitag ist der Tag des Gottesdienstes.

3. Der Einbruch der Araber in die Alte Welt

632 **Die Ausbreitung des Islam.** Als Mohammed starb (632), hatte er mit Wort und Schwert ganz Arabien religiös und politisch geeint. Die Kalifen, die „Stellvertreter“, übernahmen sein Vermächtnis. Sie waren geistliches und weltliches Ober-

Rechts: Unterhaltung zweier Reisender mit einem Dorfbewohner. Buchmalerei des Malers al-Wasiti in einer Schwanksammlung des arabischen Dichters al-Hariri (1054–1121).

138
١٤٢

Inneres der Omaijaden-Moschee in Cordoba (begonnen 780, fortgeführt im 9. und 10. Jh.)

haupt zugleich. Nach allen Himmelsrichtungen drangen die Heerscharen der Muslime vor; die grüne Fahne des Propheten wehte ihnen voran. Blühendes Leben wurde vernichtet, Karthago abermals zerstört.

Um 700 reichte das arabische Weltreich vom Indus über Vorderasien, Arabien, Ägypten, Nordafrika bis an den Atlantischen Ozean. Das Oströmische Reich hatte fast zwei Drittel seines Gebietes, die Christenheit ihr Ursprungsgebiet verloren.

Der Angriff auf Europa. Von Osten her und im Westen versuchten die Araber nunmehr, in das christliche Europa vorzustoßen. Im Osten schlug der Angriff fehl. Konstantinopel, die stolze Hauptstadt des Oströmischen Reiches, trotzte dem Ansturm. Die arabische Flotte wurde durch Brandgeschosse und auf dem Wasser schwimmende Ölfeuer („griechisches Feuer") vernichtet. Krankheit und Kälte rieben das Landheer auf. Im Westen dagegen gelang der Angriff (711). Der Feldherr Tarik setzte über die Meerenge zwischen Afrika und Spanien und bezog ein Lager auf der schroffen Erhebung, die seitdem den Namen Dschebel-al-Tarik (Gibraltar), „der Berg des Tarik", führt. Die Araber vernichteten die Herrschaft der Westgoten in Spanien und brachten in sieben Jahren fast die ganze Halbinsel in ihre Gewalt. Nur in den Gebirgen im Norden hielten sich Reste germanischer Stämme.

Dann stießen die „Sarazenen", wie die Araber nach einem ihrer Stämme meist genannt wurden, über die Pyrenäen in das Frankenreich vor. Sie wurden aber in der
732 großen Ebene südlich der Loire zwischen Tours und Poitiers im Jahre 732 von den Franken aufgehalten. Dem fränkischen Hausmeier Karl wurde das Verdienst zugesprochen, die Araber zurückgetrieben zu haben: Martell, der „Hammer", wurde er darum genannt. Die Sarazenen wichen zurück in das Gebiet südlich der Pyre-

Die Ausbreitung des Islam

näen. Dort behaupteten sie sich jahrhundertelang. Araber setzten sich seit 827 auch noch auf Sardinien und wenig später auf Sizilien und in Unteritalien fest. An der unteritalienischen Küste zeugen noch heute die Sarazenentürme von der Herrschaft der Araber.

Die Verwaltung des arabischen Reiches. In den eroberten Ländern regierten die siegreichen Feldherrn als Statthalter. Die unterworfenen Völker, vor allem Christen und Juden, konnten vorerst nach ihrem Glauben leben. Die Bevölkerung behielt auch ihren Besitz, mußte jedoch hohe Steuern zahlen. Waffen durften nur die Araber tragen. Allmählich wurde das Christentum aber in vielen dieser Gebiete durch den Islam zurückgedrängt oder völlig ausgelöscht.

Überall in den besetzten Ländern sicherten große Heerlager die Herrschaft. Von diesen Stützpunkten aus hielten die Feldherrn die Ordnung aufrecht. Der Kalif al-Mansur begann 762 mit dem Bau einer neuen Hauptstadt am Tigris: Madīnat as-Salām, „Stadt des Friedens" oder Bagdad. Hier führte er eine glanzvolle Hofhaltung. Er sollte nach der Auffassung der Mohammedaner religiöses Oberhaupt (imam), militärischer Befehlshaber (emir), weltlicher Herrscher und Richter (kadi) in einem sein. Aber in Wirklichkeit gab es keine einheitliche politische Führung dieses Riesenreiches. Oft kam es zu Streitigkeiten zwischen den Machthabern in den einzelnen Reichsteilen. Bald zerbrach das Reich in zwei Kalifate, das von Bagdad im Zweistromland und das von Cordoba in Spanien. Religiöse Zerwürfnisse traten hinzu.

Die kulturellen Leistungen der Araber. Überall in den alten Städten wurden Moscheen mit schimmernden Kuppeln und hochragenden, schlanken Minaretten gebaut. Prächtige Brunnen dienten zur Reinigung vor dem Gebet. Die Baumeister

schmückten die Gewölbe mit herabhängenden, tropfsteinartigen Gebilden aus Holz und Stuck. Das eindrucksvollste Denkmal arabischer Baukunst in Europa ist die A l h a m b r a , die Burg der Stadt Granada.
Die großen Handelsstädte Mekka, Damaskus, Bagdad und Kairo wurden Mittelpunkte regen geistigen, religiösen und handwerklichen Lebens. Unter ihnen gewann B a g d a d mit über hundert Buchhandlungen die größte Bedeutung. Hier herrschte um 800 der Kalif H a r u n a l R a s c h i d , von dem die phantasievollen und farbenprächtigen arabischen Märchen erzählen („Tausendundeine Nacht"). Eifrig lernten die Araber von den besiegten Kulturvölkern, den Persern, den Indern, aber auch aus den Schriften der alten Griechen und Römer. Diese in Astronomie, Philosophie und Medizin gewonnenen Kenntnisse übermittelten die arabischen Gelehrten später den Bewohnern des Abendlandes. Den Arabern verdanken wir die „arabischen Ziffern", die sie von den Indern übernommen hatten, und die Algebra. Viele Erzeugnisse arabischen Gewerbefleißes, z. B. Waffen und Webwaren, waren denen des Abendlandes überlegen.

Das Ende der antiken Welt. Die landsuchenden Germanenstämme hatten das Oströmische Reich bedroht und das Weströmische Reich aufgelöst. Sie paßten sich jedoch der eroberten antiken Welt an. Sie wurden Christen wie die Römer selbst, übernahmen die lateinische Schrift, die römische Bauweise und vieles andere. Mit römischen Goldmünzen wurde weiterhin bezahlt. Wie in römischer Zeit schrieb man auf Papyrus aus Ägypten. Germanenkönige bedienten sich der römischen Verwaltungsbeamten. So bewahrten Germanen die römische Überlieferung (Tradition).

Erst der Vorstoß der Araber nach Europa zerstörte die Einheit des Mittelmeerraumes. Die Araber hatten den Ost-, Süd- und Westrand des Mittelmeeres besetzt. Sie unterbrachen damit die alten Handelswege. Das Mittelmeer war nicht mehr Mitte der abendländischen Welt wie im Imperium Romanum. Der Handel verringerte sich; viele begehrte Handelsgüter wurden knapp. Die Münzen verschwanden aus dem Verkehr; man kehrte zur Tauschwirtschaft mit Naturalien zurück. Der kulturelle Niedergang in den Teilen des Merowingerreiches zeigte sich besonders darin, daß immer weniger Leute lesen oder gar schreiben konnten. Mit der Auflösung der Einheit des Mittelmeerraumes endete jener geschichtliche Abschnitt, den wir als „Altertum" bezeichnen (vgl. Band I, S. 20). Das M i t t e l a l t e r begann.

Wir fassen zusammen:

Der Merowingerfürst Chlodwig machte sich zum König aller Franken, besiegte den römischen Statthalter Syagrius und die Alemannen. Er dehnte das Frankenreich gegen die Westgoten bis zur Garonne aus. 496 wurden er und viele Franken römisch-katholische Christen.

Die Söhne Chlodwigs unterwarfen Burgunder, Thüringer, Alemannen und Bayern.

Infolge Teilung und Bruderzwist zerfiel das Reich bald in Austrien, Neustrien, Burgund und das fast selbständige Aquitanien.

Karl Martell, Hausmeier Austriens aus dem Geschlecht der Karolinger, wurde durch seinen Erfolg gegenüber den Arabern bei Tours und Poitiers (732) zum wahren Herrscher des ganzen Frankenreiches.

Mohammed aus Mekka begründete die Weltreligion des Islam. Mit seinem Auszug nach Medina (622) beginnt die Zeitrechnung der Mohammedaner.

Mohammeds Nachfolger, die Kalifen, geistliche und weltliche Fürsten in einem, verbreiteten den Islam über Vorderasien bis zum Indus, über Nordafrika bis nach Spanien und von dort über die Pyrenäen hinaus. Das Riesenreich zerfiel schließlich in die beiden Kalifate von Bagdad und Cordoba.

Der Koran wurde das heilige Buch der Mohammedaner. Kunsthandwerk und Baukunst blühten auf. In Mathematik, Astronomie und Medizin konnten die Bewohner des Abendlandes später viel von den Arabern lernen.

Nicht die Germanen während der Völkerwanderung, sondern die Araber zerstörten die kulturelle und wirtschaftliche Einheit des Mittelmeerraumes. Eine Folge davon war die Rückkehr zur Naturalwirtschaft in Europa. Das Mittelalter begann.

II. Die Festigung des Frankenreiches

1. Das Christentum im Frankenreich und die römische Kirche

Die Verweltlichung der merowingischen Kirche. In den Landschaften westlich des Rheines waren schon zur Zeit der römischen Herrschaft christliche Gemeinden entstanden, die besonders in den Städten (z. B. Trier) wirkten, während die Landbevölkerung nur allmählich mit der neuen Lehre vertraut wurde. Schwer hatte das Christentum mit den einheimischen und den von den römischen Legionären verbreiteten Kulten zu ringen.

Auch mit der Taufe Chlodwigs (vgl. S. 2) war das Frankenreich noch nicht zu einem wirklich christlichen Lande geworden. In den Zeiten schwacher Merowingerkönige verlor die christliche Kirche viel an Einfluß und Ansehen. Viele Geistliche waren nur unzureichend für ihre Aufgaben vorgebildet. Bischöfe und Äbte lebten wie weltliche Herren; sie entstammten meist dem Adel.

Die Mission der Iroschotten und die Kirchenorganisation des Bonifatius

Links: Eine ehemals vergoldete Kreuzigungsgruppe aus St. John's bei Athlone in Irland (um 700). Wie in der gleichzeitigen irischen Buchmalerei sind die Gestalten mit Spiralverzierungen und ornamentalen Bändern überzogen, so daß sie selbst fast wie Ornamente erscheinen. Dargestellt sind Christus, zwei Engel, Stephaton mit dem Schwamm und Longinus mit der Lanze.

Rechts: Bonifatius spendet die Taufe und erleidet den Märtyrertod. Buchmalerei in einem Fuldaer Sakramentarium (875). Ein Sakramentarium enthält Anweisungen zur Verwaltung der Sakramente.

Irische Glaubensboten. Da tauchten um das Jahr 600 fremdartige Gestalten im Frankenreiche auf, durch Entbehrungen abgehärtete Männer in langen, schwarzen Mänteln, mit großen Stöcken, ledernen Säcken und Flaschen. Es waren Mönche, die von der grünen Insel Irland herüberkamen. Sie wollten das verwilderte Christentum im Frankenreich erneuern. Schlecht stand es nach ihrer Meinung um die Kirche, wenn Geistliche mit kläffender Meute in den Wäldern umherstreiften, wenn getaufte Christen Zaubersprüche murmelten und sich um die goldene Scheibe des Sonnenwagens scharten oder mit grauhaarigen Priesterinnen um einen ehernen Kessel tanzten, in dem das Blut geopferter Gefangener aufgefangen war.

Ernst und eindringlich klangen die Mahnworte der Irenmönche. Unerschrocken drangen diese Missionare, d. h. Sendboten, auch in die bisher vom Christentum noch nicht erreichten Gebiete vor, rissen die Pferdeschädel, die nach germanischem Glauben dem Hofe Heil bringen sollten, von den Dächern und errichteten an den altgewohnten Opferstätten hölzerne Kapellen mit Altar und Taufstein.

Columban und seine Gefährten. Einer der ersten Missionare, die aus Irland herüberkamen, war C o l u m b a n. Um 600 wanderte er von der Bretagne aus die Loire entlang durch das Frankenreich und suchte am Königshof und beim Adel die christliche Lehre zu festigen. Er forderte Besinnung und Buße, fand aber kein Verständnis und keine Unterstützung. Deshalb zog er weiter durch die Täler der Vogesen nach Süddeutschland und errichtete da und dort Klausen und Kapellen. So entstanden religiöse und geistige Mittelpunkte, die auf die Menschen ihrer Umgebung einen segensreichen Einfluß ausübten. Später zog Columban nach Italien und gründete auf langobardischem Gebiet das Kloster Bobbio; dort liegt er auch begraben.

Christentum Inselhaft Verbreitung

Sein Gefährte G a l l u s legte südlich des Bodensees das Kloster St. Gallen an. Der „Winzerschutzherr" K i l i a n predigte in der Maingegend (Würzburg) zu den fränkischen Siedlern, E m m e r a m wirkte in Regensburg und an der Donau. Vermutlich ein Romane aus dem Westgotenreich, P i r m i n, gründete um 724 auf einer Bodenseeinsel das Kloster Reichenau.

Noch waren alle diese Gebiete nicht in kirchliche Sprengel eingeteilt, noch gab es keine Bischöfe, noch fehlte jede Verbindung der Gemeinden untereinander und mit Rom. Diese planvolle kirchliche Ordnung setzte sich der angelsächsische Adlige Winfried zum Ziel.

Bonifatius als Sendbote des Papstes. Der Benediktinermönch Winfried war von England übers Meer gekommen, um den stammverwandten Germanen an der Nordsee das Christentum zu predigen. Nach kurzer Missionstätigkeit bei den Friesen pilgerte er nach Rom und leistete dem Papst einen Gehorsams- und Treueid. Unter dem Namen Bonifatius kehrte er als Beauftragter des Papstes nach Germanien zurück und predigte zunächst bei den Thüringern. Dann wandte er sich den Hessen zu. Bei Geismar, in der Nähe Fritzlars, fällte er eine uralte, mächtige Eiche, die Donar geweiht war. Da der erwartete Blitzstrahl ihres alten Gottes den Frevler nicht niederstreckte, wurden viele Anwesende im Glauben der Väter unsicher und wandten sich dem stärkeren Gotte zu.

Am Bache unten im Tal nahm Bonifatius die Taufe vor. „Entsagt ihr den Teufelsopfern und Teufelswerken, dem Donar und dem Wodan samt allen Unholden und Teufelsgesellen?" – „Wir entsagen ihnen." – „Glaubt ihr an Gott, den allmächtigen Vater, an Christus, Gottes Sohn, und an den Heiligen Geist?" „Wir glauben."

Aus dem Holze der Donareiche wurde eine Kapelle gezimmert. Ein Glöcklein rief die Hessenbauern in das Gotteshaus auf der Höhe, in dem duftendes Rauchwerk die Luft erfüllte und ein Priester in feierlichen Gewändern den Gottesdienst hielt, unterstützt von einigen Mönchen.

Die Ordnung der Kirche. Unermüdlich durchzog Bonifatius die Lande östlich des Rheins. Das von ihm gegründete Kloster Fulda wurde der Mittelpunkt seiner Missionstätigkeit. Der Papst erhob ihn 732 zum Missions-Erzbischof für Germanien. In den folgenden Jahren errichtete Bonifatius Bistümer in Erfurt und Würzburg. Die bayerischen Bistümer ordnete er neu. Die Bischöfe mußten dem Papst

Gehorsam geloben und waren für die Verkündigung des Evangeliums in ihrem Bezirk verantwortlich.

Der Hausmeier Karl Martell nahm Bonifatius unter seinen besonderen Schutz, weil dieser die Ausbreitung des Evangeliums in den noch überwiegend heidnischen Teilen des Reiches betrieb und der Kirche eine straffe Ordnung unter der Oberhoheit des Papstes gab. Auf diese Weise half die Kirche die Einheit des Frankenreiches sichern.

Dennoch hatten es die Bischöfe schwer, die Tätigkeit der Priester zu überwachen. Wenn nämlich ein fränkischer Adliger auf seinem Grund und Boden eine Kirche oder ein Kloster stiftete, so meinte er, Eigentümer dieser Kirche oder dieses Klosters zu sein. Er nahm deshalb Einfluß auf die Besetzung der Priester- oder Abtstelle. Meist besetzte er sie selbst mit einem ihm ergebenen Manne oder einem Verwandten. Der Papst erkannte im nächsten Jahrhundert diese germanischen Eigenkirchen an:

„Ein nach den Vorschriften der Kirche erbautes Kloster oder Bethaus soll der Herrschaft des Erbauers gegen dessen Willen nicht entzogen werden. Vielmehr darf er es einem beliebigen Priester – mit Zustimmung des Bischofs, damit nicht ein schlechter eingesetzt werde – für den heiligen Gottesdienst verleihen" (Beschluß einer römischen Synode im Jahr 826).

Der Märtyrertod des Bonifatius. Gegen Ende seines Lebens unternahm Bonifatius noch einmal den Versuch, die Friesen zu bekehren. Dabei fand er im Jahre 754 den Märtyrertod. In Fulda wurde er beigesetzt. Dort versammeln sich noch heute alljährlich die katholischen Bischöfe Deutschlands, um an seinem Grab zu beten und sich zu beraten.

König Pippin und die Kirche. Der selbstbewußte und kraftvolle Hausmeier Karl Martell aus dem Geschlecht der Karolinger hatte im Kampfe gegen die Araber und andere Feinde dem Frankenreich wieder die Ausdehnung gegeben, die es zur Zeit der Söhne Chlodwigs gehabt hatte. Die merowingischen Könige führten nur noch ein Schattendasein. Gebührte die Königswürde nicht eigentlich dem Stärkeren? Karl Martells Sohn
751 Pippin ließ deshalb 751 beim Papst anfragen, ob König sein sollte, wer den Namen oder wer die Macht habe. Der Papst ließ ausrichten, es sei „besser, daß der König heiße, der die Gewalt habe, als der, dem keine königliche Gewalt verblieben sei" (Einhard). Er bestätigte damit den germanischen Grundsatz, daß das Recht auf Herrschaft erlösche, wenn die Kraft zu herrschen seit längerer Zeit fehle.

Dem letzten Merowinger wurden die langen Locken, das Zeichen der Königswürde, abgeschnitten. Dann wurden er und seine Familie in ein Kloster verbannt. Die fränkische Heeresversammlung erwählte Pippin als König, und Bonifatius salbte ihn mit heiligem Öl. Dieses sollte das „Königsheil" ersetzen, das nach germanischer Auffassung in der Königssippe wohnte.

Als Gegenleistung versprach Pippin dem Papst Hilfe gegen die Langobarden, die Rom bedrängten. Dieser ernannte den König zum „Verteidiger der Kirche" und verlieh ihm und seinen Söhnen den Titel „Patricius Romanorum", d. h. Schutzherr der Römer.

Pippin zog über die Alpen, befreite Rom von der Bedrängnis durch die Langobarden und übergab das Gebiet um Ravenna und Rom und einen Landstreifen, der beide Städte verband, dem Papst zu ewigem Besitz. Durch diese „Pippinische Schenkung" war in Mittelitalien aus dem wirtschaftlichen Besitz des Papstes an Ländereien eine politische Herrschaft geworden: der Kirchenstaat.

Italien und Ostrom. Das dem Papst auf diese Weise geschenkte Ravenna hatten die Langobarden erst 751 erobert. Es war seit dem Ende der Ostgotenherrschaft in Italien (vgl. Bd. I, S. 200) Bestandteil des Oströmischen Reiches gewesen. Aber der oströmische Kaiser in Konstantinopel hatte dem Vordringen der Langobarden tatenlos zugesehen und nur im Osten sein Reich verteidigt.

Nach einem Sieg des oströmischen Kaisers (740) bedrohten die Araber zwar nicht mehr die Hauptstadt, sondern nur noch die Grenzen des Reiches. Dazu kam aber ein neuer Feind im Norden der Balkanhalbinsel. Das schon zu früherer Zeit in dieser Gegend entstandene Bulgarenreich begann sich auszudehnen. Jahrzehntelang mußten die Kaiser immer neue Feldzüge gegen seine Ausdehnungsbestrebungen unternehmen, bis Ostrom 1188 die Vorherrschaft auf dem Balkan endgültig verlor.

Auf der Apenninhalbinsel verblieben dem Oströmischen Reich nach der „Pippinischen Schenkung" vorläufig noch Teile Süditaliens und das schon fast selbständige Venedig.

2. Die Erweiterung des Frankenreiches durch Karl den Großen

König Karl. Pippins Sohn und Nachfolger war Karl (768–814). Ein lebendiges Bild von ihm hat uns der Franke Einhard in lateinischer Sprache gegeben. Einhard wurde im Kloster Fulda ausgebildet, gehörte zum Freundeskreis Karls und war Staatsmann, Geschichtsschreiber und Baumeister zugleich. Über seinen König berichtete er: **768 bis 814**

„Karl war von breitem und kräftigem Körperbau und hervorragender Größe ... Er hatte schönes, graues Haar und ein freundliches, heiteres Gesicht. So bot seine Gestalt, mochte er sitzen oder stehen, eine höchst würdige und stattliche Erscheinung ... Er hatte einen festen Gang, eine durchaus männliche Haltung des Körpers und eine helle Stimme, die jedoch zu der ganzen Gestalt nicht recht passen wollte ... Beständig übte er sich im Reiten und Jagen, wie es die Sitte seines Volkes war ... Er übte sich fleißig im Schwimmen und verstand das so trefflich, daß ihn keiner darin übertraf ...

Er kleidete sich nach Väter Sitte, nämlich auf fränkische Weise (und gewöhnlich unterschied sich seine Kleidung wenig von der allgemein getragenen Volkstracht). Bei festlichen Gelegenheiten aber schritt er in einem mit Gold durchwirkten Kleide und in edelsteinbesetzten Schuhen einher, den Mantel durch eine goldene Spange zusammengehalten, auf dem Haupte ein aus Gold und Edelsteinen gefertigtes Diadem ...

Reich und überströmend floß ihm die Rede vom Munde, klar und deutlich vermochte er alles, was er sagen wollte, auszudrücken ... Latein beherrschte er so gut wie seine Muttersprache, Griechisch konnte er besser verstehen als sprechen ... Er war ein eifriger Gönner der Wissenschaften, schätzte ihre Lehrer und zeichnete sie mit den höchsten Ehren aus ... Karl erlernte auch die Rechenkunst ... Außerdem versuchte er sich im Schreiben. Zu diesem Zwecke hatte er stets Schreibtäfelchen und Büchlein unter dem Kopfkissen seines Bettes, um in schlaflosen Stunden seine Hand an das Nachformen von Buchstaben zu gewöhnen; doch machte er dabei nur geringe Fortschritte, er war eben zu spät an diese Arbeit gegangen ..."

Karl wird König der Langobarden. Karl nahm eine Tochter des Langobardenkönigs Desiderius zur Frau und schloß mit diesem ein Bündnis. Aber schon nach einigen Jahren kam es wieder zu Streitigkeiten mit den Langobarden. Karl

Die sogenannte „Eiserne Krone" der Langobarden. Sie besteht aus sechs beweglichen goldenen Hauptbändern, die durch sechs senkrechte Goldstreifen voneinander getrennt werden. Im Innern wird die Krone durch einen Eisenreif zusammengehalten. Dieser soll aus einem Nagel vom Kreuz Christi verfertigt sein.

trennte sich von seiner Frau und schickte sie zu ihrem Vater zurück. Der beleidigte Desiderius nahm nun die langobardische Ausdehnungspolitik wieder auf und ließ den größten Teil des päpstlichen Gebietes besetzen. Der Papst wandte sich an Karl um Hilfe. Dieser rückte mit einem starken Heer über die Alpen, zwang die Hauptstadt der Langobarden, Pavia, zur Übergabe, den König zur Abdankung und krönte sich selbst mit der „Eisernen Krone" der Langobarden (774). Er bestätigte als Schutzherr der Kirche (vgl. S. 14) dem Papst die Pippinische Schenkung.

Karl und Widukind. Von den westgermanischen Stämmen lebten nur noch die Sachsen im Gebiet zwischen Nordsee und Harz, Rhein und Elbe außerhalb des fränkischen Machtbereiches. Ihr Stammesgebiet gliederte sich in vier Großgaue: Westfalen, Engern, Ostfalen und Nordelbien.

Im Frieden kamen jährlich einmal die Abgesandten aller Gaue zu einer Art Stammesversammlung bei Marklô an der Weser zusammen. Sie opferten den Göttern gemeinsam. Im übrigen waren die Gaue selbständig, sie führten sogar unabhängig voneinander Krieg.

„Unsere und ihre Grenzen stießen fast überall in offenen Gegenden aufeinander, nur an einzelnen Stellen schieden sie ausgedehnte Wälder und Bergrücken in fester Begrenzung, und so nahmen denn Totschlag, Raub und Brandstiftung kein Ende. Das erbitterte die Franken so, daß sie nicht mehr bloß Gleiches mit Gleichem heimgaben, sondern offen Krieg mit ihnen führen wollten" (Einhard).

Karls erster Feldzug nach Sachsen war wohl nur eine der üblichen Strafexpeditionen zur Sicherung der fränkischen Reichsgrenze. Aber die Eroberung der Eresburg, einer bewaldeten Höhe an der Diemel mit mächtigen Ringwällen, und die Zerstörung der dort im heiligen Haine stehenden Irminsul forderten den sächsischen Widerstand heraus; wurde doch die Irminsul als „die das Weltall tragende Säule" verehrt. Dieser Widerstand scheint Karl erst zu dem Plan einer völligen Unterwerfung der Sachsen veranlaßt zu haben. Eingliederung in das Frankenreich aber war nur möglich bei gleichzeitiger Christianisierung; hier stellte Karl der fränkischen Landeskirche eine schwierige Aufgabe.

Einige Sachsengaue unterwarfen sich zunächst. Kaum waren aber die fränkischen Truppen wieder abgerückt, brach der Aufstand von neuem aus. Als Karl aus Italien zurückkehrte, zwang er alle Sachsen bis zur Elbe zur Anerkennung seiner Herrschaft. Auf dem Reichstag zu Paderborn (777) bestimmte er in einem Reichsgesetz:

„Wer gewaltsam in eine Kirche eindringt und in ihr etwas raubt oder sie in Brand setzt, der soll des Todes sterben. Wer das vierzigtägige Fasten nicht hält und Fleisch ißt, der soll des Todes sterben. Wenn einer den Leib eines Verstorbenen nach heidnischem Brauch durch das Feuer verzehren läßt und seine Gebeine zu Asche brennt, so soll er des Todes sterben."

Karls Abwesenheit ließ den Widerstand erneut aufflammen. Die Führung im Kampfe gegen die Franken hatte jetzt der westfälische Edeling Widukind. Er kämpfte nicht nur gegen die fränkische Übermacht, sondern auch gegen den frankenfreundlichen Adel. Dieser neigte schon seit einigen Jahrzehnten dem Christentum zu und lag im Streit mit den freien Bauern.

Die Unterwerfung Sachsens. Verzweifelt kämpften die Anhänger Widukinds für ihre Freiheit und ihren Glauben. Als eine fränkische Heeresabteilung am Süntel vernichtet wurde, ließ Karl wahrscheinlich eine große Zahl gefangener Sachsen – ein Bericht spricht von 4500 – in Verden an der Aller enthaupten. Noch einmal erhob sich fast das ganze Land. In zwei Feldschlachten vernichtete Karl den sächsischen

Die Torhalle des zur Zeit Karls des Großen berühmten Klosters Lorsch zwischen Rhein und Odenwald (um 774). Nach neueren Forschungen soll der Bau ursprünglich eine Königshalle gewesen sein. Die Mauerflächen sind nach lombardischer Art mit roten und weißen Steinplatten gleichmäßig belegt. In der nahen Kirche sollen der Sage nach Siegfried und Kriemhilds Mutter Ute begraben sein. In Wirklichkeit ist dort die Grabstätte Ludwigs des Deutschen (vgl. S. 30) und anderer Angehöriger der Königsfamilie.

Heerbann. Der Widerstand war damit gebrochen, wenn es auch in den östlichen Landschaften noch lange gärte. Widukind unterwarf sich und ließ sich taufen. Wiederholt wurden Hunderte von Familien aus den aufrührerischen Gebieten fortgeführt und im Frankenland angesiedelt. Die Ortsnamen lassen oft diese Zwangsumsiedlung noch heute erkennen (z. B. Sachsenhausen in Frankfurt am Main).

Mehr als dreißig Jahre (772–804) dauerte der harte Kampf. Über zwanzig Feldzüge mußte Karl unternehmen, um die freiheitsliebenden Sachsen zu zwingen, daß sie „dem heidnischen Götzendienst entsagten, die Sakramente des christlichen Glaubens annahmen und mit den Franken zu einem Volke sich verbanden" (Einhard). Viele wurden unter fränkischer Herrschaft aus ehrlicher Überzeugung Christen.

Treue Gefolgsleute Karls, fränkischer und bald auch sächsischer Herkunft, verwalteten die sächsischen Gaue. Bischöfe ließen sich in Münster, Osnabrück, Paderborn, Bremen und anderen Orten nieder. Überall entstanden Klöster. Corvey an

Links: Ein Kelch des Bayernherzogs Tassilo. Der Herzog hat diesen kupfernen, außen vergoldeten Kelch 770 dem Kloster Kremsmünster (Österreich) geschenkt. Er ist 25 cm hoch und zeigt reiches germanisches Ornamentwerk, dazu ein Brustbild von Christus und acht Heiligen. Die lateinische Inschrift am Fuße des Kelches lautet deutsch: „Der tapfere Herzog Tassilo; das königliche Reis Liutpirg." Tassilo war mit der langobardischen Königstochter Liutperga verheiratet.

der Weser, 822 gegründet, wurde zum berühmtesten Kloster in Sachsen und zu einem bedeutenden kulturellen Mittelpunkt.

Durch den Sieg über die Sachsen vereinte Karl erstmals alle Stämme, die später das deutsche Volk bilden sollten. Der Sachsenstamm wuchs so schnell in die Gemeinschaft des Frankenreiches hinein, daß er kaum ein Jahrhundert später, als das Geschlecht der Karolinger ausstarb, die Führung der deutschen Stämme übernehmen konnte.

Die vollständige Unterwerfung Bayerns. Der bayerische Herzog Tassilo regierte sein Stammesherzogtum fast wie ein König. Von den Slawen gegen die Awaren zu Hilfe gerufen (vgl. S. 34), schlug er beide und öffnete dem bayerischen Stamm im Südosten ein weites Siedlungsland. Durch Klostergründungen im Alpengebiet steigerte Tassilo seinen Einfluß und vermehrte seinen Grundbesitz, erregte aber auch den Widerspruch der Bischöfe, die zumeist fränkisch gesinnt waren.

Tassilo war mit dem langobardischen Königshaus verschwägert. Mit dem Ende der langobardischen Selbständigkeit verlor er diese Rückendeckung. Deshalb erneuerte er den Treueid gegenüber König Karl. Dieser wollte jedoch die völlige Unterwerfung Bayerns und ließ deshalb seine Heere einrücken. Als Tassilo mit den Awaren verhandelte, wurde er von seinen eigenen Gefolgsleuten verlassen. Er stellte sich einer Reichsversammlung in Ingelheim (788) und wurde zum Tode verurteilt. Karl wandelte die Strafe in Klosterhaft um. Bayern wurde entgegen geltendem Recht als Reichsland eingezogen und durch einen Franken verwaltet. Das reiche Herzogsgut ging an den Frankenkönig über.

Rechts: Belagerung und Erstürmung einer befestigten Stadt durch fränkische Truppen. Karolingische Buchmalerei aus dem „Goldenen Psalter" (vgl. S. XII).

Rekonstruktion der Kaiserpfalz in Aachen. Das heutige Rathaus ruht auf dem Fundament der Königshalle (links) und besteht z. T. noch aus dem alten karolingischen Mauerwerk. Rechts die Pfalzkapelle.

3. Der innere Ausbau und die Kultur des Frankenreiches

Grafen und Königsboten. Das Reich wurde in Gaue oder Grafschaften eingeteilt. Um das Sonderbewußtsein der Stämme zu brechen, legte Karl die Grenzen der Grafschaften so, daß sie nicht mit den alten Stammes- oder Gaugrenzen zusammenfielen. An der Spitze jeder Grafschaft stand ein Graf als Vertreter des Königs. Er wurde nicht von der Versammlung der wehrfähigen, freien Männer gewählt, sondern vom König ernannt. Er war Beamter des Königs, führte im Gericht den Vorsitz und sorgte für die Vollstreckung des Urteils. Sieben Schöffen, vom Grafen aus den angesehenen Bauern ernannt, schlugen das Urteil vor. Die Gerichtsgemeinde aller freien Bauern erhob diesen Vorschlag zum Urteil. Ein Teil der Gerichtsbußen fiel an den Grafen, der größte Teil gehörte dem König. Ein festes Einkommen hatten die Grafen nicht.

Wenn der König es befahl, rief der Graf den Heerbann, das Aufgebot der freien Bauern, auf und führte ihn zum Sammelort.

Die Grafen wurden streng beaufsichtigt. Karl entsandte in die Grafschaften seine „Königsboten" (missi dominici), meist einen angesehenen Grafen und einen Bischof gemeinsam. Die prüften, wie Grafen und Bischöfe ihr Amt führten, und nahmen Beschwerden entgegen. So wurde mancher Mißstand in den Grafschaften und kirchlichen Sprengeln beseitigt.

Alle schwierigen Rechtsfälle zog Karl vor sein königliches Gericht und entschied sie selbst. Um diese Urteile allgemein bekanntzumachen, wurden sie in Verordnungen (capitularia) zusammengefaßt und alljährlich im Mai (Maifeld) am jeweiligen Aufenthaltsort des Königs den dort versammelten Adligen und den freien Bauern vorgelesen. Daneben ließ Karl die alten Stammesrechte weiter bestehen.

Links: Blick in das Oktogon des Aachener Münsters. – Rechts: Der Thron Karls des Großen, an dem sich drei Teile unterscheiden lassen: der eigentliche Königsstuhl mit dem aus Weißmarmorplatten gefügten Sitz und niederer Lehne, davor eine Steintreppe mit sechs Stufen, die für Huldigung, Lehnsnahme oder Unterwerfung vorgesehen war. Hinter dem Königsstuhl eine Platte, auf der Speer- und Schildträger Aufstellung nahmen. Ursprünglich stand dieser Thron im Hauptsaal der Kaiserpfalz.

Die Marken. König Karl setzte die Kräfte seines weiten Reiches dazu ein, das Abendland gegen die fremden Völker zu schützen, die es damals bedrohten. Im Gegenangriff gegen die Araber gründete er im Süden der Pyrenäen die „Spanische Mark", die bis zum Ebro reichte und für lange Zeit ein Vorposten des Abendlandes gegen die „Mauren" blieb.

Im Südosten schob Karl im Kampfe gegen die Awaren die Reichsgrenze bis an die Raab und den Plattensee vor. Missionare und bayerische Bauern zogen in diese „Pannonische Mark".

Die „Mark Friaul" umfaßte das heutige Kärnten, Teile von Istrien und Dalmatien. Das zum Erzbistum erhobene Salzburg wurde der Mittelpunkt der Christianisierung in diesen Landschaften.

Im Osten bildeten Elbe, Saale und Böhmerwald die Reichsgrenze. Ostwärts davon wohnten, in viele kleine Völkerschaften zersplittert, die Slawen. Karl gründete an dieser Grenze zwischen Saale und Elbe die „Sorbische Mark".

Die Dänen (Wikinger) begannen damals der Schrecken der Küstenländer zu werden (vgl. S. 31). Gegen sie sicherte er die Eidergrenze durch die „Dänische Mark". Am Atlantik gab es noch eine „Bretonische Mark".

Diese Marken waren Grenzschutzgebiete; sie wurden von Markgrafen verwaltet, die den Heerbann ohne besonderen Befehl des Königs aufrufen durften, wenn sie dies zur raschen Abwehr eines feindlichen Angriffs für nötig erachteten. Auch in Friedenszeiten hatten sie besondere Vollmachten.

Die Pfalzen. König Karl kannte keine ständige Hauptstadt. Er zog mit seinem Gefolge von Pfalz zu Pfalz (von lat. „palatium" = Palast). Diese Pfalzen waren keine „Residenzen" wie die Schlösser späterer Fürsten. Es waren große Güter und Getreidesammelhöfe im Besitz des Königs, die dem König sichere Einnahmen verschafften. Im Capitulare de villis heißt es:

Auf den Hauptgütern soll man bei unseren Scheuern nicht weniger als 100 Hühner und mindestens 30 Gänse halten, auf den Hufengütern aber mindestens 50 Hühner und nicht weniger als 12 Gänse...

Ein jeder Amtmann soll achthaben auf das, was er für unseren Tisch zu liefern hat, damit, was er abzuliefern hat, sehr gut und sauber sei...

Es ist mit aller Sorgfalt darauf zu achten, daß, was die Leute mit ihren Händen verarbeiten oder verfertigen, Speck, getrocknetes Fleisch, Wurst, Wein, Essig, Maulbeerwein, Senf, Käse, Butter, Malz, Bier, Met, Honig, Wachs, Mehl, alles mit der größten Reinlichkeit hergestellt und bereitet werde.

Während seines Aufenthaltes in einer Pfalz empfing der König Gesandte, besprach sich mit seinen Ratgebern, erteilte Weisungen, bis er weiterzog, um auf seinen Ritten durch die Stammesgebiete an Ort und Stelle nach dem Rechten zu sehen. Bedeutende Pfalzen standen in Forchheim, Osterhofen, Altötting, Aibling, Worms, Ingelheim, Frankfurt am Main und Nimwegen.

Karls besondere Liebe galt der Pfalz in Aachen. An den in Marmor gefaßten warmen Quellen stand eine mächtige Halle mit hohem Balkendach (47 m lang, 20 m breit). Wirtschaftsgebäude, Höfe und Gärten schlossen sich an. In der Aachener Pfalzschule wurden begabte Söhne aus dem Frankenreich ausgebildet. Unweit der Pfalz ließ Karl eine achteckige Kirche errichten, das jetzige Oktogon (Achteck) des Aachener Münsters. Diese Kirche war im Gegensatz zu den meisten bisherigen Gotteshäusern im Frankenreich aus Stein gebaut. Auf der Galerie saß der König während des Gottesdienstes. Sein Marmorthron steht noch heute in dieser Kirche.

Karl fördert die Kultur. Karl zog Gelehrte, Dichter und andere Künstler an seinen Hof und versammelte sie zu geistreicher Tafelrunde um sich. Er setzte aber auch die Bemühungen des Bonifatius um eine höhere Bildung der Geistlichen fort. Durch die Gründung von Schulen an den Bischofssitzen und in den Klöstern seines Reiches förderte er die Verbreitung der lateinischen Sprache. Griechische und römische Wissenschaft, Dichtung und bildende Kunst dienten als Vorbild. Ein neuer Sinn für Maß und Form überwand die Kulturlosigkeit der Merowingerzeit. Diese erste Wiederbelebung antiken Geistes nennen wir Karolingische Renaissance.

So hoch Karl auch die Kultur der Griechen und Römer achtete, so wenig vernachlässigte er die des eigenen Volkes. Bildung sollte nicht das Vorrecht eines Standes sein, sondern der Erziehung des ganzen Volkes dienen.

„Er ließ die bisher nicht aufgeschriebenen Gesetze der Völker, die unter seiner Herrschaft standen, und die uralten Gesänge, die in der Mundart des Volkes die Taten und Kriege der alten Könige besangen, aufzeichnen und rettete sie so für die Überlieferung" (Einhard).

Karl führte fränkische Bezeichnungen für die Winde ein und verfügte die Benutzung fränkischer Monatsnamen statt lateinischer: Hartung, Hornung, Lenzmond, Ostermond, Winnemond (Weidemonat, umgedeutet in Wonnemonat), Brachmond, Heumond, Erntemond, Holzmond (d. h. Zeit des Holzsammelns), Weinmond, Herbstmond, Heiligmond. Er gab den Auftrag, eine fränkische Grammatik anzufertigen. Auch verlangte er, daß in der Muttersprache der Gläubigen gepredigt wurde. Fränkische Katechismen, Taufgelöbnisse und Vaterunser entstanden.

Rechts: Ein Bucheinband aus karolingischer Zeit: Der thronende Christus mit den Evangelisten und Szenen aus dem Leben Christi. Einbanddeckel des „Codex Aureus" (Reimser Schule um 870). Der Deckel ist in Goldblech getrieben und mit Edelsteinen besetzt (vgl. S. 30).

Der Apostel Petrus verleiht Papst Leo III. das Pallium als Zeichen der bischöflichen Würde und Karl dem Großen das Banner der Stadt Rom zum Zeichen der Übertragung der Schutzherrschaft (Mosaik aus dem Speisesaal des alten Lateranpalastes). Das Mosaik entstand noch vor der Kaiserkrönung Karls und zeigt die Auffassung der Kirche, nach der König und Papst als gleichrangige Gewalten ihren Auftrag vom Apostelfürsten erhalten. Die Übersetzung der Unterschrift lautet: „Hochseliger Petrus, Du schenkst Leben dem Papst Leo und Sieg dem König Karl."

4. Das Kaisertum Karls des Großen

Die Kaiserkrönung. Papst Leo III. wurde vom römischen Adel bedroht. Er rief Karl als Schutzherrn Roms und mächtigsten Herrscher Europas um Hilfe an. Dieser zog
800 gegen Ende des Jahres 800 nach Rom.

Als der König am Weihnachtstage in der Basilika von St. Peter vor dem Altar niederkniete, trat plötzlich Papst Leo vor ihn, setzte ihm eine Krone aufs Haupt und beugte huldigend das Knie, wie es in Ostrom Sitte war. Geistliche und das römische Volk riefen zur Bestätigung: „Karl, dem Erhabenen (Augustus), dem von Gott gekrönten, großen und friedeschaffenden Kaiser der Römer, Heil und Sieg!" Einhard berichtete über diesen Vorgang:

„Er kam ... nach Rom und brauchte daselbst den ganzen Winter, um die Kirche aus der überaus großen Zerrüttung, in die sie verfallen war, zu reißen. Damals erhielt er den Titel Kaiser und Augustus. Den verschmähte er am Anfang derart, daß er versicherte, er würde an jenem Tage, obwohl es ein hohes Fest war, die Kirche nicht betreten haben, wenn er die Absicht des Papstes vorher hätte erkennen können. Jedoch ertrug er die Anfeindungen wegen des angenommenen Titels mit großer Gelassenheit, als sich die oströmischen Kaiser darüber entrüsteten ..."

Karls Auffassung vom Kaisertum. Nach einer Unterbrechung von mehreren Jahrhunderten gab es nun wieder einen Kaiser im Westen Europas. Aber Karl dachte nicht daran, Rom zu seiner Hauptstadt zu machen. Trotzdem sahen viele Zeitgenossen in ihm den Nachfolger der römischen Kaiser. In Konstantinopel fürchtete man, Karl werde als Kaiser nun auch Ansprüche auf das Oströmische Reich erheben. Diese Absicht hatte er aber nicht. Karl trug die Krone eines neuen, christlichen und abendländischen Reiches. Es umfaßte Völker, die in Sprache und Sitte verschieden waren, aber durch ihren christlichen Glauben und die Sprache der Kirche, das Lateinische, geeint wurden. In diesem Reich sollten weltliche Gewalt (Kaiser) und geistliche Gewalt (Papst) gemeinsam wirken. Das entsprach den Forderungen des Kirchenlehrers Augustinus in seinem Buche „Von der Gottesbürgerschaft“ (vgl. Band I, S. 206).

Als Karl 814 im Alter von 72 Jahren starb, wurde er in der Pfalzkapelle zu Aachen beigesetzt.

Wir fassen zusammen:

Im 7. und 8. Jahrhundert missionierten irische und angelsächsische Mönche die Gebiete des heutigen West- und Süddeutschland.

Der angelsächsische Benediktinermönch Winfried (Bonifatius; † 754) vollendete ihr Werk und ordnete die verfallene Kirche des Merowingerreiches unter der Oberhoheit des Papstes, unterstützt durch Karl Martell und dessen Sohn Pippin.

Pippin machte sich mit Unterstützung des Papstes 751 zum König der Franken. Als Patricius Romanorum schützte er den Papst gegen die Langobarden und schenkte diesem den Kirchenstaat.

Sein Sohn Karl der Große (768–814) dehnte das Frankenreich auf Oberitalien und auf die Gebiete aller westgermanischen Stämme aus, indem er Langobarden, Bayern und Sachsen in langen Kämpfen unterwarf. Dieses Reich sicherte er durch Marken nach außen und festigte es mit Hilfe von Grafen und Sendboten im Innern. Die Kaiserkrönung in Rom (800) bestätigte seine Macht im westlichen Europa, dem Abendland. Ostrom gab sich schließlich mit dem Bestehen eines neuen Kaiserreiches zufrieden. Karl der Große regte Gelehrte, Dichter und bildende Künstler an, griechische und römische Vorbilder zu benutzen. Diese erste Wiederbelebung antiken Geistes nennen wir Karolingische Renaissance.

III. Lehnswesen und Grundherrschaft

1. Lehnsmannen als Krieger und Beamte

Vom Gefolgsmann zum Lehnsmann. Der aufgebotene Heerbann der freien, wehrhaften Bauern sammelte sich stets nur langsam; er kämpfte zu Fuß und war in der Bewegung schwerfällig. Kriege an den Grenzen des weiten Frankenreiches erforderten aber ein bewegliches Reiterheer. Deshalb vergrößerte der fränkische König seine Gefolgschaft und ließ sie zu Pferde kämpfen. Schon Karl Martell hatte nur mit Hilfe seiner bewaffneten Reiter die Araber zurückschlagen können.

Seine Gefolgsmannen gewann der König unter den freien Franken. Sie begaben sich freiwillig in seinen Dienst und erwarteten von ihm, daß er für sie sorgte und sie für die geleisteten Dienste belohnte. Die Männer der Gefolgschaft wurden nach einem keltisch-römischen Wort „Vasallen“ (gwas = vassus = Knecht) genannt. Wie der „vassus“ vertrauensvoll seine Hände in die des Königs legte und ihm Treue und Gehorsam schwor, so verpflichtete sich auch der König zu treuer Fürsorge. Die Gefolgsleute wurden dadurch aber nicht Knechte, sondern blieben frei.

Weil der König in dieser Zeit der Naturalwirtschaft (vgl. S. 10) nicht genug Geld hatte, verlieh er als Belohnung für geleistete Kriegsdienste Land aus erobertem Besitz an seine Gefolgsleute. Dafür verlangte er, daß sie auf diesem Grundbesitz einige bewaffnete Reiter für ihn bereithielten. Der Grundbesitz wurde nicht Eigentum des Gefolgsmannes, sondern diesem nur „geliehen“. So wurde aus dem Gefolgsmann ein Lehnsmann. War der Krieg zu Ende, dann wohnte er auf seinem Lehnsgut. Starb ein Lehnsmann, so fiel das „Lehen“ an den König zurück, und es stand in des

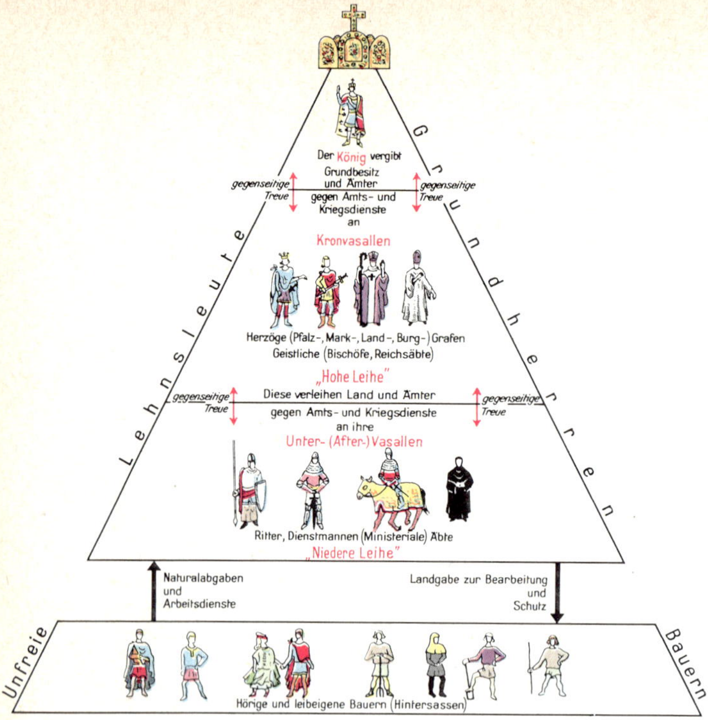

Links: Die Lehnspyramide

Rechts: Die zwölf Monatsverrichtungen. Buchmalerei aus einer astronomischen Handschrift, die 809 nach einem italienischen Vorbild in der Salzburger Benediktinerabtei St. Peter angefertigt wurde.

Königs Belieben, ob er es dem Sohne des verstorbenen Vasallen verleihen wollte. Starb der König, dann konnte der Lehnsmann sein Lehen nur behalten, wenn der Nachfolger ihn erneut damit belieh.

Ausbreitung des Lehnswesens. Die Lehnsleute hatten oft Gelegenheit, sich auszuzeichnen und den Dank des Königs zu gewinnen. So traten auch die Angehörigen der adligen Familien in den Dienst des Königs. Als Grafen und hohe Staatsbeamte wurden auch sie für ihre Dienste durch ein Lehen entschädigt.

Die großen Lehnsleute umgaben sich ihrerseits ebenfalls mit Gefolgsleuten, mit denen sie zum Heereszug antreten konnten. Sie verliehen Teile ihres umfangreichen Lehnsbesitzes an diese Gefolgsleute weiter, die dadurch ihre Lehnsmannen wurden. Für diese Unterlehnsleute waren sie die Lehnsherren. Auch diese Lehnsmannen hatten oftmals wieder ihre eigenen Lehnsleute.

Sogar Bischöfe und Äbte wurden Lehnsleute des Königs. Einen Teil des ihnen vom König geliehenen Landes und ihres Kirchen- oder Klostergutes verliehen auch sie an Lehnsmannen, die sie dem König für dessen Aufgebot zur Verfügung stellten.

So entstand eine ganze Abfolge von Lehnsabhängigkeiten, eine Lehnspyramide, die für die politische und soziale Ordnung des Mittelalters kennzeichnend ist.

Hatte der Lehnsmann ursprünglich das Lehen für geleistete Kriegs- oder Amtsdienste erhalten, so leistete er umgekehrt schon sehr bald Kriegs- oder Amtsdienste dafür, daß er das Lehen bekommen hatte.

Der Lehnsstaat. Auf diese Weise entwickelte sich aus dem altgermanischen Stammesstaat, in dem alle Freien gleich und der König nur der erste der Freien war, der Lehnsstaat des Mittelalters. In ihm war der König oberster Lehns-

IAN
FEBR
MAR
APR
MAI
IUN
IUL
AUG
SEPT
OCT
NOUB
DECIMB

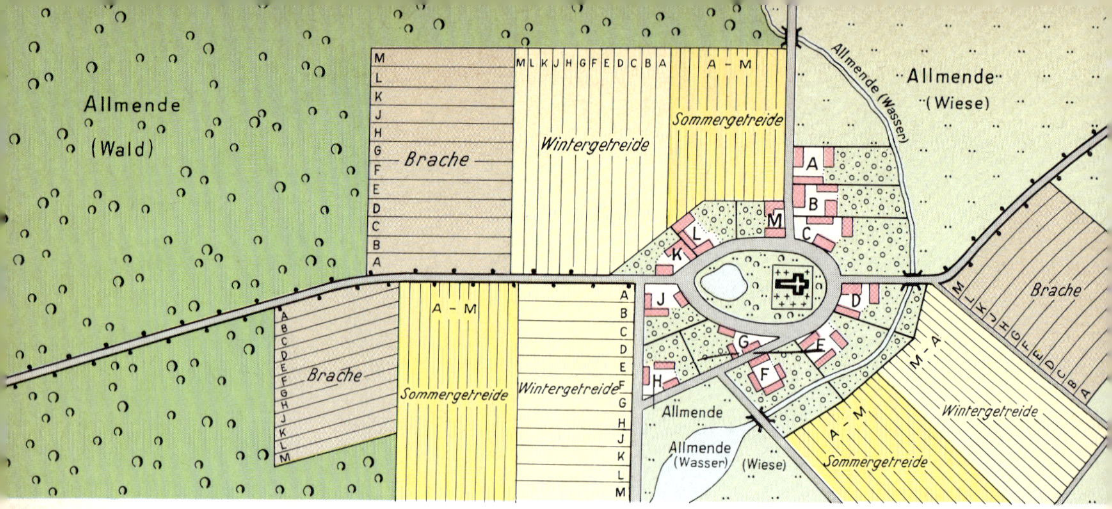

Die Dreifelderwirtschaft

h e r r. Die mächtigsten Vasallen, Herzöge und Grafen, Bischöfe und Reichsäbte, waren dem König direkt durch Treueid verbunden. Ihre Lehnsleute dagegen waren nur ihnen verpflichtet. Vom lateinischen Wort feudum (Lehen) her nennt man die Zeit des Lehnsstaates heute den F e u d a l i s m u s.

Wenn Lehnsherr und Lehnsmann sich gegenseitig verpflichtet fühlten, war der mittelalterliche Staat festgefügt. Solange die Macht des Königs und die Stärke seiner Persönlichkeit die obersten Vasallen zur Einhaltung ihrer Treueverpflichtung zwang, war das Reich gesichert. Wenn aber ein schwacher König an der Spitze des Reiches stand, dann ergab sich die Gefahr, daß die Lehnsträger auch gegen seinen Willen handelten. Je eigenwilliger die Lehnsleute über Besitz und Macht verfügen konnten, desto mehr war die Herrschaft des Königs gefährdet.

2. Grundherren, freie Bauern, Hörige und Leibeigene

Der Bauernstand. Die Franken waren freie Bauern, die in Einzelhöfen oder Haufendörfern siedelten. Seit etwa 800 teilten sie die gesamte Ackerfläche zur besseren Bodennutzung in drei „Schläge" (Gewanne) ein. In dem einen säten sie Sommergetreide (Hafer, Gerste), in dem anderen Wintergetreide (Roggen, Weizen); der dritte Schlag blieb brach liegen (die „Brache") und wurde zusätzlich als Weide genutzt. In dieser „D r e i f e l d e r w i r t s c h a f t" hatte jeder Bauer bei der Bestellung, der Aussaat und dem Einbringen der Ernte auf die Feldnachbarn Rücksicht zu nehmen. Deshalb bestand „F l u r z w a n g", der von der Dorfgenossenschaft geregelt wurde. Die „A l l m e n d e", d. h. Wald, Wasser und Weide, wurde nach Anteilen gemeinsam genutzt.

Minderung der Freiheit. Ursprünglich war jeder Freie wehrpflichtig, mußte sich selbst ausrüsten und konnte Jahr für Jahr zum Kriegsdienst aufgeboten werden. Bei der Ausdehnung des fränkischen Reiches war der Bauer oft lange Zeit von seinem Hofe abwesend, so daß die Bewirtschaftung litt und die Erträge sanken. Schon Karl der Große erkannte diesen Mißstand und setzte deshalb fest, daß die Eigentümer von jeweils v i e r H u f e n sich zu einer W e h r g e m e i n s c h a f t zusammenschließen sollten. Jedesmal wurde einer von ihnen zum Kriegsdienst aufgeboten, während die übrigen seine Äcker mitbestellten.

Trotzdem wurde die Last des Kriegsdienstes immer drückender für den freien Bauern. Deshalb ging mancher zum nächsten Lehnsträger und Großgrundbesitzer und bat ihn, einen seiner Leute stellvertretend für ihn, den Bauern, in das Aufgebot zu schicken. Dafür übereignete der Bauer seinen Grundbesitz dem Lehnsträger als Grundherrn. Dieser gab das Land zwar dem Bauern zur Bewirtschaftung zurück, aber der Bauer war nun nur noch eine Art Pächter; Eigentümer war der Herr. Auch vor Gericht vertrat der Grundherr den Bauern. Der Bauer saß hinter dem Herrn („Hintersasse").

Alljährlich mußte der Bauer dem Grundherrn als Zins einen Sack Roggen oder ein Kalb abliefern und, wenn auf dem Herrenhof die Arbeit drängte, dort unentgeltlich Dienste tun (Frondienste). Manchmal wurde er schon so behandelt, als zählte er zu den unfreien Leuten des Gutshofes, den Leibeigenen, die in allem dem Herrn zu eigen waren.

Der Bauer wurde also allmählich ein „Höriger". Er leistete Abgaben und Frondienste (Herrendienste), die Arbeitsdienste waren. Er war unfrei geworden. Sein Sohn konnte den Hof des Vaters nur dann übernehmen, wenn der Grundherr zustimmte.

Grundherrschaft und Lehnswesen. Wir dürfen also Grundherrschaft und Lehnswesen nicht miteinander verwechseln. Beide gehören zueinander, sind aber nicht dasselbe. Während der Lehnsmann seinem Herrn Kriegs- und Amtsdienste leistete, seinen Besitz als Lehen besaß und frei blieb, trotz seiner Dienste ein Adliger blieb oder es sogar erst wurde, leistete der Hörige oder Hintersasse Arbeitsdienste und Naturalabgaben, bewirtschaftete ein Grundstück, das seinem Grundherrn gehörte und war unfrei.

Auch der unterste Lehnsmann blieb immer noch Krieger und trieb selbst kaum Landwirtschaft. Deshalb war er auf die Menge der Hörigen angewiesen, die für das tägliche Brot sorgten und fast die ganze Landarbeit für ihn verrichteten.

Lehnsherr und Lehnsmann standen in gegenseitigem Treueverhältnis, während der Hörige seinem Grundherrn einseitig zur Treue verpflichtet war. Frei blieben also nur noch wenige „freie Bauern" und alle, die ein Lehen besaßen, sowie der König selbst.

Wir fassen zusammen:

Zur Zeit Karls des Großen festigte sich im Westen Europas eine neue Gesellschaftsordnung. Die europäische Feudalzeit begann (feudum = Lehen).

Die Gefolgsleute des Königs wurden mit Ländereien und Ämtern belehnt und leisteten dafür Kriegs- und Amtsdienste. Lehnsherr und Lehnsmann standen in gegenseitiger Treueverpflichtung. Die Lehen wurden häufig an Unterlehnsleute weiterverliehen, die ihrerseits zu ihren Lehnsherrn in wechselseitigem Treueverhältnis standen. Diesen Aufbau der Gesellschaft können wir als Lehnspyramide darstellen. Der Lehnsmann blieb frei.

Infolge drückender Heeresdienstverpflichtungen übergaben viele freie Bauern ihre Rechte und ihren Grund und Boden einem Adligen, der dadurch ihr Grundherr wurde. Sie leisteten als Hörige dafür, daß sie den Boden weiterbewirtschaften durften, diesem Grundherrn Naturalabgaben und Frondienste. Ihre Treueverpflichtung war einseitig gegenüber dem Grundherrn. Dieser hatte ihnen lediglich Schutz gegen Feinde und vor Gericht zu gewähren. Der Hörige wurde als Hintersasse unfrei.

Karl der Kahle. Buchmalerei aus dem „Codex Aureus" aus dem Kloster St. Emmeram in Regensburg. Die karolingische Prachthandschrift befindet sich seit 1811 im Besitz der Bayerischen Staatsbibliothek in München. Sie wurde im Auftrag Karls des Kahlen um 870 entweder in Reims oder in St. Denis geschaffen (vgl. S. 23).

IV. Neue Völker und Staaten

1. Der Zerfall des Karolingerreiches

Die Reichsteilungen. Schon unter dem Sohn und Nachfolger Karls des Großen begannen im Frankenreich blutige Wirren. Dessen drei Söhne teilten das Reich 843 im Vertrag von Verdun. Lothar erhielt die Kaiserkrone, Italien und das Mittelreich, Karl (der Kahle) Westfranken und Ludwig (der Deutsche) Ostfranken. Das Reich sollte zwar eine Einheit bleiben, aber die Teile lebten sich schnell auseinander. Den Namen „Frankenreich" behielt nur Westfranken. Dort, im stark romanisierten Westen, wurde überwiegend „französisch", im mehr germanischen Ostfranken „deutsch" gesprochen. Das Wort „deutsch" (theodiscus = volkstümlich) erscheint in den Quellen erstmals für das Jahr 786. Es bezeichnete ursprünglich die fränkisch-germanische Volkssprache (lingua theodisca) im Gegensatz zur Kirchensprache, allmählich aber auch die Bevölkerung des Ostreiches.

843

Deutschland und Frankreich. Das Mittelreich hatte keinen Bestand. Die südlichen Teile (Italien und Burgund) machten sich selbständig; der Nordteil (Lothringen mit Ausnahme von Flandern und Friesland) kam durch weitere Verträge fast vollständig an das Ostreich. Während im Westen, in „Frankreich", karolingische Könige noch bis 987 regierten, starb der letzte ostfränkische Karolinger, Ludwig (das Kind), bereits 911. Das Ostfrankenreich, für das in dieser Zeit allgemein der Name „Deutschland" aufkam, ging fortan seinen eigenen Weg, unabhängig vom Westreich. Das Reich Karls des Großen war zerbrochen.

2. Die Nordgermanen: Seefahrer und Staatengründer

Die Wikingerzüge. Wie einst die wandernden Ost- und Westgermanen das römische Reich erschüttert hatten, so gefährdeten jetzt die Nordgermanen das auseinanderfallende Karolingerreich. Sie nannten sich N o r m a n n e n (Nordmannen), W i k i n g e r und W a r ä g e r. Norwegen, die dänischen Inseln, Jütland und Schweden waren ihre Heimat.

Mangel an Ackerland, dazu Abenteuerlust und Aussicht auf Beute trieben wagemutige Normannenführer mit ihren Gefolgschaften in die Fremde; ihre Straße war das Meer. Pfeilschnell schossen ihre „Wogenhengste" durch die Wellen. Dreißig, hundert und mehr Männer trug das lange, schmale Wikingerschiff.

Nur notdürftig hatte Karl der Große die Küsten seines Reiches gegen die Wikinger zu schützen vermocht. Seit 800 suchten sie Jahr für Jahr die Flußmündungen von der Elbe bis zur Garonne heim, fuhren die Flüsse aufwärts und brandschatzten die Dörfer und Städte, die Kirchen und Klöster. Rhein- und moselaufwärts stießen sie bis Mainz und Trier, auf der Seine bis Paris vor. Karls Palast in Aachen ging dabei in Flammen auf. Immer wieder kehrten sie beutebeladen in die Heimat zurück. Manchmal machten sie aber auch den Versuch, an eroberten Plätzen zu überwintern; sie zogen dann ihre Boote an den Strand und legten Wall und Graben um diese Schiffsansammlung. In Kämpfen mit den einheimischen Stämmen erweiterten sie diese Stützpunkte. Hatten sie die Herrschaft sicher in der Hand, so holten sie ihre Familien aus der alten Heimat und wurden ganz ansässig.

Die Staatengründungen der Nordleute. Auf weiten Entdeckungsfahrten und in vielen Staatengründungen erwiesen diese Nordgermanen ihre Stärke. 872 gelangten sie nach I s l a n d. E r i k d e r R o t e landete um 980 auf G r ö n l a n d. Sein Sohn L e i f erreichte sogar um 1000 einen Küstenstreifen Nordamerikas, den er „W i n l a n d" nannte. **um 1000**

Die weiten Gebiete zwischen Ostsee und Schwarzem Meer, die von ostslawischen Kleinstämmen bewohnt waren, faßten schwedische Waräger im 9. Jahrhundert zu Herrschaftsgebieten zusammen. Von den Einheimischen wurden die Waräger „Russen" genannt (vielleicht aus „Ruotsen" = Ruderer). R u r i k , ihr Fürst, und seine Nachfolger setzten sich in Nowgorod, Smolensk und Kiew fest. Das russische Fluß-

Darstellung eines normannischen Schiffes auf dem Bildteppich von Bayeux (11. Jh.)

netz eröffnete neue Handelswege zwischen der Ostsee und dem Orient. Kiew wurde die Hauptstadt eines ersten russischen Staates. Schon 911 schloß das Großfürstentum Kiew einen Handelsvertrag mit dem Oströmischen Reich in Konstantinopel ab. Von dort brachten griechische Missionare das Christentum ins Land. Als sich 988 Großfürst Wladimir taufen ließ, fand der neue Glaube immer mehr Anhänger. In Schweden gefundene arabische Silbermünzen weisen auf die Bedeutung des Handels zwischen dem Orient und dem Norden über Rußland hin.

Auch im Gebiet um die Seinemündung, der „Normandie", setzten sich die Normannen dauernd fest, nahmen das Land vom westfränkischen König zu Lehen und gründeten einen Staat, der bald zu den am besten verwalteten Teilgebieten Frankreichs gehörte. Von der Normandie aus eroberte Wilhelm der Erobe-
1066 rer im Jahre 1066 England.

Französische Normannen setzten sich auch in Unteritalien und Sizilien fest (seit 1016). Im Kampfe gegen das Oströmische Reich, gegen Langobarden und Sarazenen eroberten sie Stadt um Stadt und schufen ein starkes, gut verwaltetes Normannenreich. Konstantinopel allerdings belagerte Robert Guiscard, der Normannenherzog von Apulien, vergeblich. Durch ihre Staatsgründungen wurden die Normannen, die die Ordnung Europas gestört hatten, selbst ein Teil dieser Ordnung.

Züge der Wikinger, Waräger und Normannen

3. Die Stämme der Slawen

Herkunft und Gliederung. Die Slawen sind ein Teil der indoeuropäischen Völkerfamilie. Man nimmt an, daß sie von rund 500 v. Chr. an im Bereich der heutigen westlichen Ukraine und Polens gelebt haben. Über ihre frühe Zeit gibt es nur wenige Zeugnisse. Gleich den Germanen zerfielen auch sie in viele Stämme, die aus Sippen entstanden waren. Schon im Zeitalter der Wikinger können wir deutlich zwischen Ost-, West- und Südslawen unterscheiden.

Die Russen. Bei den Ostslawen haben die Waräger zur Entstehung eines russischen Staates beigetragen (vgl. S. 32). Im Igorlied, der einzigen erhaltenen weltlichen Dichtung der altrussischen Literatur, gegen Ende des 12. Jh. entstanden, wird der Name Rusiči (Russen) bereits als Volksname für die Bevölkerung aller ostslawischen Fürstentümer gebraucht. Die Gesamtbevölkerung der ostslawischen Länder wird für diese Zeit auf mehr als sieben Millionen geschätzt. Davon muß ungefähr eine Million in den Städten gelebt haben. Diese entwickelten sich zu blühenden Handelsmittelpunkten.

Der größte Teil der Bevölkerung war frei. Die Adligen (Bojaren) und die begüterten Kaufleute bildeten die Oberschicht. In den Städten lebten außerdem Handwerker, vor allem Zimmerleute, Weber, Töpfer, Kürschner und Gerber, und ungelernte Arbeiter. Auf dem Lande gab es freie Bauern, Landarbeiter und abhängige Bauern. Daneben lebten bei den Russen noch Halbfreie und Sklaven, ähnlich denjenigen des Altertums im Mittelmeergebiet.

West- und Südslawen. Die Völkerschaften der West- und Südslawen werden von den Schriftstellern der Völkerwanderungszeit erst im 6. Jh. zur Kenntnis genommen. Sie hatten sich in Bewegung gesetzt, als im 2. Jh. die allmähliche Abwanderung der Ostgermanen aus den Weichsel- und Odergebieten begonnen hatte. Im 5. Jh. war diese beendet, und auch Goten und Hunnen zogen sich schließlich zurück, so daß der Weg für die Westslawen in die Elb-Oder-Gebiete frei wurde. Nach dem Awarenvorstoß zogen die Südslawen in Richtung Balkan.

Die Westgrenze der slawischen Siedlungsgebiete verlief um 800 im östlichen Holstein, dann die Elbe entlang, die Saale aufwärts, in das obere Maingebiet und folgte dann den Gebirgen Ostbayerns und der mittleren Donau.

In sich zerfielen vor allem die Westslawen in eine Fülle von kleinen und kleinsten Stämmen, die sich ständig bekriegten. Erst die Einigung der Stämme in Mähren unter S w a t o p l u k (um 800) ließ hier und schließlich auch nördlich davon größere Reiche entstehen. Seit dieser Zeit beginnt die ständige Auseinandersetzung der Elb- und Oderslawen mit den Deutschen, die während des gesamten Mittelalters in immer neuen Zügen ostwärts vorzudringen versuchten (vgl. S. 110).

Der polnische Staat. Seit der Mitte des 10. Jh. entstand von der Oder bis an die Gebiete der Russen und im Norden bis an die Ostsee ein polnischer Staat. Sein erster bezeugter Herrscher war M i e s z k o. Mit Hilfe von gepanzerten Reitern erweiterte er seine Gebiete ständig. Diese Reiter erhielten keine Lehen. Sie wurden unmittelbar vom Herrscher versorgt. Alte Fluchtburgen baute der Fürst um zu Befestigungen für seine Krieger, neue legte er an günstigen Stellen des Landes an. Durch den Handel der Wikinger von Nordeuropa her blühte das Land auf. Mit Otto I. schloß Mieszko einen Verständigungsfrieden, er wurde ein „Freund" des Kaisers. Dank dieser Verbindung faßte das westliche, von Rom kommende Christentum bald in Polen Fuß. 966 ließ sich Mieszko taufen. Seit dieser Zeit haben West- und Ostslawen neben ihren politischen auch religiöse Gegensätze; denn Rußland wurde von Konstantinopel aus christianisiert (vgl. S. 32).

Mit Einverständnis des Kaisers konnte der Polenfürst bis an die Odermündung vordringen, auch Schlesien und die Gegend um das spätere Krakau besetzen. Mieszkos Vorarbeit vollendete B o l e s l a w C h r o b r y (der Tapfere), ein Zeitgenosse Ottos III. und Heinrichs II. (vgl. S. 44). Er machte sich zum Herrscher eines großen Polenreiches. Schließlich erhielt er 1025 die Königswürde vom Papst.

Wir fassen zusammen:

Schon unter den Enkeln Karls d. Gr. brach das Frankenreich auseinander. Im Vertrag von Verdun (843) wurde es in West-, Mittel- und Ostreich, dreißig Jahre später unter Absplitterung von Italien und Burgund in West- und Ostreich geteilt.

Während im Westen die Karolinger noch bis 987 regierten, endete die Karolingerherrschaft im Ostreich bereits 911. Aus den Teilreichen entwickelten sich Frankreich und Deutschland.

Die kriegerischen Germanen Nordeuropas bedrohten seit der Zeit Karls d. Gr. Küsten und Binnengewässer West- und Osteuropas. Um 900 begannen sie, in diesen Gebieten seßhaft zu werden.

Waräger gründeten das Russenreich von Kiew. Wladimir der Heilige führte um 1000 die oströmisch-griechische Form des Christentums ein.

Normannenherrschaften entstanden in der Normandie, in Unteritalien und auf Sizilien. 1066 eroberte Wilhelm der Eroberer von der Normandie aus England.

Aus einigen der vielen westslawischen Kleinstämme entstand im 10. Jh. das Reich der Polen, das von der Oder bis an die russischen Gebiete reichte. Boleslaw Chrobry erwarb 1025 die Königswürde.

ZWEITES KAPITEL

Das Reich der sächsischen und salischen Kaiser

I. Die Gründung des hochmittelalterlichen Reiches

1. Heinrich I., Deutscher König

Die deutschen Stämme. Die letzten Karolingerkönige im Ostreich waren schwache Herrscher. In den alten Stammesgebieten der Bayern, Schwaben (Alemannen), Franken, Sachsen und in Lothringen konnten deshalb einheimische, angesehene Grafen die Herrschaft übernehmen und als Stammesherzöge selbständig für Frieden und Ordnung sorgen. Als 911 im Ostfrankenreich der letzte Karolinger starb, wählten sie zwar den Frankenherzog Konrad zum König, von ihrer Selbständigkeit wollten sie aber nichts preisgeben. Vor allem der sächsische Herzog Heinrich machte König Konrad I. viel zu schaffen. Da ihm in seiner kurzen Regierungszeit ein Erfolg versagt blieb, bat Konrad kurz vor seinem Tode seinen Bruder, die Abzeichen der königlichen Würde in Anbetracht der wirklichen Machtverhältnisse dem Sachsenherzog zu überbringen:

„. . . Die größte Macht gehört den Sachsen. Nimm darum diese Insignien, die heilige Lanze, die goldenen Armspangen, das Obergewand, das Schwert und die Krone der alten Könige, gehe damit zu Heinrich, mache Frieden mit ihm, daß du ihn zum Verbündeten habest für alle Zukunft" (Widukind von Corvey, sächsischer Geschichtsschreiber, gest. 1004).

Damit trat ein Sachsenherzog das Erbe der Karolinger an.

Der Zusammenschluß der Stämme. Heinrich I. wurde nur von Franken und Sachsen zum ostfränkisch-deutschen König gewählt (rex Francorum, 919); die anderen Stämme blieben der Wahl fern.

Der neue König war ein nüchtern denkender und bedächtig vorgehender Mann. Er ließ den Herzögen vorerst ihre Macht und begnügte sich damit, daß sie seine Oberhoheit anerkannten; er verpflichtete sie nur zur Heeresfolge. Schließlich gelang es ihm, auch den Herzog von Bayern für sich zu gewinnen.

Den Herzog Giselbert von Lothringen, der sich dem westfränkischen Reich zugewandt hatte, zwang er mit Waffengewalt, sich wieder dem ostfränkischen Reich anzuschließen (925). Damit fielen die karolingischen Kernlande zwischen Rhein und Maas endgültig an das Ostreich. Dieses erhielt nun im Laufe der Zeit die Bezeichnung „Reich der Deutschen" (regnum teutonicorum).

Die Sicherung des Reiches. Wie früher Hunnen und Awaren, überfluteten jetzt die Ungarn Europa und wurden auch für die sächsischen Gebiete eine schlimme Landplage. Der sächsische Heerbann war diesen leicht beweglichen Reiterscharen nicht gewachsen. Durch Tributzahlungen erkaufte sich Heinrich I. einen neunjährigen Waffenstillstand. Während dieser Zeit legte er in den sächsischen Grenzgebieten viele Fluchtburgen an, aus denen sich später Städte entwickelten (z. B. Goslar, Quedlinburg, Merseburg). Auch vermehrte Heinrich die Zahl der berittenen Krieger und übte sie in Kämpfen gegen die slawischen Grenznachbarn, die Wenden. Dabei eroberte er Brennabor (Brandenburg; 928). Selbst nach Böhmen drang er vor und besetzte Prag.

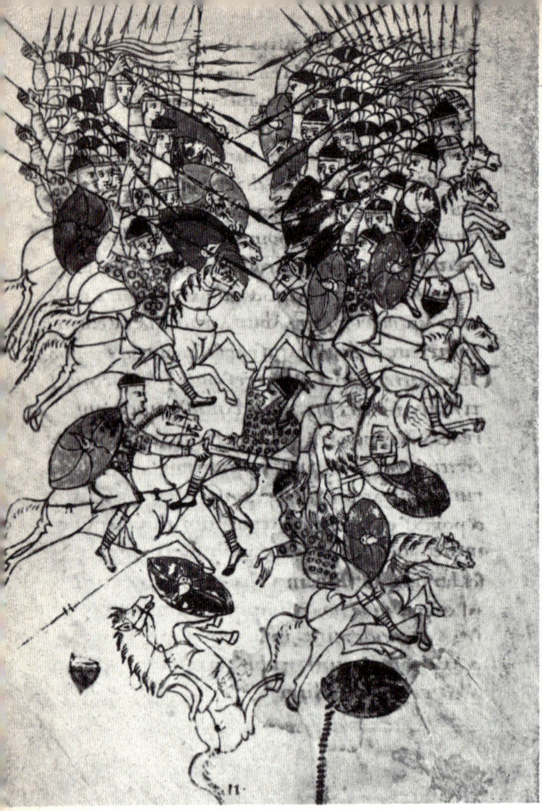

Links: Darstellung einer Reiterschlacht. Zeichnung im Buch der Makkabäer. Handschrift der Schule von St. Gallen (um 924). Man kann deutlich Bewaffnung und Kampfweise erkennen. Vgl. dazu das Bild S. 19.

Rechts: Die Darstellung des Sündenfalls auf der Paradiestür des Hildesheimer Doms. Die unter Bischof Bernward von Hildesheim um 1015 gegossene Bronzetür, wohl unter dem Eindruck einer Romfahrt des Bischofs entstanden, ist der erste plastische Bildzyklus in Deutschland. Dem leseunkundigen Volk wird die biblische Geschichte in Bildern erzählt.

Schon vor Ablauf des Waffenstillstandes verweigerte König Heinrich den Ungarn weitere Tributzahlungen. Sofort fielen sie wieder in die Grenzgebiete ein. Da trat ihnen Heinrichs Reiterheer an der Unstrut in Thüringen in fest geschlossener Ordnung entgegen (933). Als der Angriff der Ungarn an der Mauer der sächsischen Panzerreiter erfolglos abprallte, stoben die Angreifer davon und suchten seither Sachsen nicht wieder heim.

An der Nordgrenze erweiterte Heinrich die von Karl dem Großen geschaffene Dänische Mark über die Eider hinaus zur Mark Schleswig.

Die Erfolge, die Heinrich an den Grenzen errang, vermehrten sein Ansehen bei den Stämmen. So führte er diese ganz allmählich zu einer engeren Gemeinschaft zusammen, aus der das erste deutsche Reich entstand.

Heinrich starb auf der Pfalz Memleben an der Unstrut (936) und wurde in der Schloßkirche zu Quedlinburg beigesetzt.

„Der Heliand". Auf sächsischem Boden entstand in dieser Zeit die Dichtung des „Heliand". Der Verfasser wollte seinen Landsleuten das Evangelium dadurch nahebringen, daß er an die Stelle der fremden, unbekannten Welt der Bibel anschauliche, heimische Verhältnisse setzte.

Der Heiland reitet nicht auf einer Eselin in Jerusalem ein, sondern er sprengt auf einem Streithengst als Königssohn durch das Tor der Jerusalemburg.

Sturmwinde toben und jagen die Wolken wie an der heimatlichen Nordseeküste. Die Hochzeit zu Kanaan gleicht einem germanischen Trinkgelage in der „hölzernen Halle mit dem Hochsitz des Hausherrn." Die Frauen der Bibel sitzen am Spinnrocken; die Hirten auf dem Felde hüten statt sanfter Schafe ihre Pferde; die Apostel erscheinen als sächsische Recken und Ge-

ANDOMINC·M·XV·B·EP·DIV·MEM·HAS VALVAS FVSILES

folgsleute ihres Herzogs. Aus der kurzen Malchusszene, in der das Evangelium nur von einem einzigen Schwerthieb berichtet, wird ein breit geschilderter Kampf.

2. Otto I. festigt das Reich

936 bis 973

Die Krönung in Aachen. Im Hochsommer des Jahres 936 fand die Krönung von Heinrichs I. Sohn Otto in Aachen statt. In der Säulenhalle vor dem achteckigen Kuppelbau der Pfalzkapelle versammelten sich die Herzöge, Grafen und Edlen aus allen deutschen Stämmen. Otto saß in fränkischer Kleidung auf einem prächtigen Thron. Einer nach dem anderen trat vor ihn, legte seine Hände in die des jungen Königs und gelobte ihm Treue und Hilfe gegen die Feinde. Dann geleiteten ihn alle an die Pforte des Münsters, an der ihn die hohe Geistlichkeit erwartete. Als der König in die Kirche eintrat, schritt ihm der Erzbischof von Mainz, den Krummstab in der Rechten, entgegen und führte ihn in die Mitte der Kirche. Dort sagte er:

„Hier bringe ich euch den von Gott erkorenen, von dem Herrn Heinrich früher designierten (d. h. bestimmten) und nun von allen Fürsten zum König gemachten Otto; wenn euch diese Wahl gefällt, so hebt die Rechte zum Himmel empor."

Alle hoben die Hände und antworteten mit lauten Heilrufen. Vor dem Altar überreichte der Erzbischof dem König Schwert und Wehrgehenk, legte ihm den Mantel mit den goldenen Spangen um und gab ihm Zepter und Stab. Dabei sprach er:

„Nimm das Schwert und triff damit alle Feinde des Herrn; denn darum hat dir Gott alle Macht über das Reich der Franken gegeben, daß du der Christenheit sicheren Frieden gewinnst. Die Säume dieses Gewandes sollen dich gemahnen, nicht zu erkalten im Eifer für den Glauben und bis ans Ende auszuharren in der Erhaltung des Friedens. Zepter und Stab mögen dich erinnern, daß du deine Untertanen mit väterlicher Zucht leiten sollst. Vor allem strecke deine Hand aus über die Diener Gottes, über Witwen und Waisen, und niemals versiege auf deinem Haupte das Öl des Erbarmens" (Widukind von Corvey).

Darauf salbte der Erzbischof den König am Altar mit dem heiligen Öl. Gemeinsam mit dem Erzbischof von Köln setzte er Otto die Krone aufs Haupt und führte ihn zu dem Marmorthron Karls des Großen, auf dem der König im Krönungsschmuck dem feierlichen Gottesdienst beiwohnte.

In der Pfalz war das Krönungsmahl bereitet. Otto nahm mit den Fürsten und Bischöfen an der marmornen Tafel Platz. Die Herzöge der deutschen Stämme versahen die vier Hofämter. Der Lothringer, in dessen Gebiet Aachen lag, hatte als Kämmerer die Leitung der Festlichkeiten. Der Franke überwachte als Truchseß die Tafel. Der Schwabe sah als Mundschenk bei den Kellermeistern nach dem Rechten. Der Bayer endlich hatte als Marschall für die Unterkunft der Gäste und ihrer Pferde zu sorgen.

Nach dem Festmahl ehrte der König einen jeden der Fürsten mit kostbaren Geschenken. Ein so glanzvolles Fest hatten die deutschen Fürsten bisher noch nicht erlebt. Otto wollte auf diese Weise die Einheit des Reiches unter dem Königtum sichtbar werden lassen und zeigen, daß er der Nachfolger Karls des Großen sei.

Otto als Politiker. Otto war der geborene Herrscher. Die Zeitgenossen rühmten ihn gemäß den Zeitvorstellungen vom guten König als fromm, mildtätig, verzeihend. Aber seine politischen Ziele verfolgte er zäh. Die Königsmacht begann er vom ersten

Rechts: Der thronende Kaiser aus dem Evangeliar Kaiser Ottos III. (Buchmalerei aus der Schule des Klosters Reichenau, um 998). Je zwei weltliche und geistliche Große stehen zu beiden Seiten des Kaisers. Dessen Bedeutung wird schon durch die Größe deutlich gemacht, in der der Maler des Bildes seine Gestalt von den übrigen Figuren abhebt. Das Evangeliar Ottos III. ist eine der schönsten Prachthandschriften der ottonischen Zeit.

Tag seiner Herrschaft an zu stärken. Entschlußfreudigkeit und Ausdauer waren seine hervorstechenden Charaktereigenschaften. Zu allem besaß er genügend Menschenkenntnis.

Bischöfe und Äbte werden Stützen des Königtums. Schon im Jahre seiner Wahl begannen für Otto die Schwierigkeiten, sich gegenüber den mächtigen Stammesherzögen durchzusetzen. In mehreren Aufständen stellten sie sich gegen ihn. Otto warf sie nieder und versuchte die Einheit des Reiches dadurch zu sichern, daß er Verwandte mit den Herzogtümern belehnte. So wurde Ottos jüngerer Bruder Heinrich, obwohl er sich zunächst an den Aufständen beteiligt hatte, Herzog von Bayern. Als sich aber auch einige dieser Verwandten gegen ihn erhoben, suchte der König nach zuverlässigeren Anhängern der Reichsgewalt. Er ernannte in jedem Herzogtum einen Pfalzgrafen, der im königlichen Gericht, an das sich jedermann wenden konnte, den Vorsitz führte und die Königsgüter beaufsichtigte.

Mehr und mehr betraute Otto Bischöfe und Äbte mit Herrschaftsaufgaben. Geistliche waren zu jener Zeit fast die einzigen Menschen, die lesen und schreiben konnten, die mehrere europäische Volkssprachen und vor allem Latein beherrschten. Geistliche waren, da sie nicht heiraten durften, auch nicht an der Mehrung ihrer Macht zu Gunsten der eigenen Familie interessiert. Sie vermochten also König und Reich uneigennützig zu dienen.

So verlieh Otto Bischöfen und Äbten weltliche Herrschaftsrechte (Regalien). Sie durften wie Herzöge Münzen prägen, Zölle erheben, Märkte gründen und wie Grafen im Namen des Königs das Richteramt ausüben. Seinem Bruder Brun, dem Erzbischof von Köln, übertrug er sogar das Herzogtum Lothringen.

Otto konnte sich auf die geistlichen Reichsfürsten fest verlassen; denn wie die Karolinger wählte er die Bischöfe selbst aus und setzte sie in ihr Amt ein (Investitur, vgl. S. 55). Bei ihrem Tode war der König frei in der Wahl der Nachfolger. So wurden diese geistlichen Fürsten zuverlässige Stützen des Königtums. Sie stellten dem König den größten Teil seines Lehnsheeres.

Die Schlacht auf dem Lechfeld. Wieder zogen die Ungarn brennend und plündernd ins Reich. Auf den Wällen von Augsburg hielt Bischof Ulrich ihren Ansturm auf, bis der König an der Spitze eines Aufgebotes aus allen deutschen Stämmen
955 herbeieilte und die Feinde auf dem Lechfeld vor der Stadt 955 besiegte. Damit hörten die Raubzüge der Ungarn auf. Sie wurden in den Ebenen um Donau und Theiß seßhaft und übernahmen allmählich von deutschen Glaubensboten das Christentum. Stephan der Heilige (um 1000) einte sie als erster Ungarnkönig unter seiner Herrschaft.

Hervorragenden Anteil hatten die Bayern an dem Sieg auf dem Lechfeld. Bayerische Bischöfe, Klöster und Adelsgeschlechter nahmen die Kolonisation des Südostens mit neuer Tatkraft auf und schufen beiderseits der Donau bis an den Rand der ungarischen Tiefebene die Ostmark (Ostarrichi).

Die Errichtung von Marken. Wie Karl der Große und Heinrich I. sicherte auch Otto I. die Reichsgrenze gegen die Slawen. Er richtete in den Grenzgebieten Markgrafschaften ein. Treue Helfer waren dabei die Markgrafen Hermann Billung und Gero.

Hermann Billung stieß von der Niederelbe aus gegen Mecklenburg vor; er wurde später Herzog von Sachsen. Markgraf Gero drang vom Harz aus über die mittlere Elbe vor. Nach vielen Kämpfen besetzte er die Landschaften um Havel und Spree bis zur Oder. Selbst den Polenherzog (vgl. S. 44) machte er tributpflichtig.

Christus krönt Heinrich II. (vgl. S. 44). Die Buchmalerei ist in einem Sakramentar enthalten, das für den Bamberger Dom bestimmt war und um 1010 im Reichskloster St. Emmeram mit elf ganzseitigen Bildern ausgestattet wurde. Dargestellt ist der Kaiser, der vom Himmel Krone, Reichslanze und Schwert empfängt, wobei ihn die beiden Schutzheiligen der Bayern, St. Ulrich und St. Emmeram, stützen. Die lateinische Umschrift um den König lautet deutsch: „Siehe, hier wird gekrönt von der Macht Gottes und gesegnet Heinrich, der fromme König, erlaucht durch die Reihe der Ahnen." Bei den Schutzheiligen steht: „Ulrich möge das Herz und die Taten des Königs segnen. Emmeram stehe ihm bei und gebe ihm sanften Trost." Bei den Engeln: „Der Engel wehrt von ihm die Not ab und reicht ihm die Lanze. Er ergreift auch das Schwert, das ihm die Furcht voranträgt."

Gero stiftete das Kloster Gernrode am Harz, in dessen Kirche er auch begraben wurde. Geros Markgrafschaft wurde nach seinem Tode 965 in die N o r d m a r k , in die M a r k L a u s i t z und die M a r k M e i ß e n aufgeteilt.

Das Erzbistum Magdeburg. Eifrig förderte Otto die Ausbreitung des Christentums unter den Slawen, um die eroberten Gebiete auch durch den gemeinsamen Glauben mit dem Reich zu verbinden. Zwischen den beiden Eckpfeilern, den Erzbistümern Hamburg-Bremen und Salzburg, errichtete er als starken Mittelpfeiler das Erzbistum Magdeburg (968) und unterstellte ihm die fünf Slawenbistümer B r a n d e n b u r g , H a v e l b e r g , M e i ß e n , M e r s e b u r g und Z e i t z (später N a u m b u r g). Kurz vor seinem Tode begründete Otto noch das Bistum P r a g .

3. Otto, König der Franken und Langobarden, Kaiser der Römer

Der erste Italienzug. Otto hat nicht nur die Aufgaben des Reiches im Osten gesehen, sondern griff auch in die Auseinandersetzungen im Süden ein; denn er fühlte sich als Erbe Kaiser Karls, in dessen Münster zu Aachen er sich hatte krönen lassen.

In Oberitalien standen sich zwei Widersacher gegenüber: der König von Italien, dessen Reich aus dem karolingischen Mittelreich hervorgegangen war (vgl. S. 30), und der Markgraf von Friaul, B e r e n g a r , dessen Herrschaftsgebiet die Straßen bedrohte, die von Deutschland nach den Handelsstädten Italiens und nach Rom führten.

A d e l h e i d , die junge und schöne Witwe des letzten Königs von Italien, bat Otto um Schutz. Daher zog Otto schon vor der Ungarnschlacht das erstemal über die Alpen (951). In Pavia huldigten ihm die Großen des Landes. Er nahm den Titel eines K ö n i g s d e r F r a n k e n u n d L a n g o b a r d e n an und vermählte sich mit Adelheid.

Otto wird Kaiser. Elf Jahre später zog Otto auf einen Hilferuf des Papstes erneut gegen den wiedererstarkten Berengar. Als Gegenleistung krönte Papst Johannes den König in der Peterskirche in Rom zum Kaiser (962). Papst und römische Bevölkerung schworen ihm den Treueid.

Das Reich, über das Otto gebot, war nicht so groß wie das Karls des Großen. Es umfaßte Deutschland und Norditalien mit dem Kirchenstaat. Im Süden der italienischen Halbinsel kämpfte Ostrom mit den Sarazenen. Über Burgund mit den Alpenpässen übte Otto das Amt eines Schutzherrn aus, und auch auf die Politik des französischen Königs hatte er Einfluß.

An den Hoftagen in Aachen, Ingelheim oder Quedlinburg erschienen die Herzöge von Polen und Böhmen, Gesandte des oströmischen Kaisers und des Kalifen von Cordoba, Boten der Ungarn, Bulgaren und Russen, burgundische Große und selbst König Ludwig von Frankreich, der Schwager Ottos I. Schon zu seinen Lebzeiten wurde Kaiser Otto „der Große" genannt.

Otto der Große war erst 61 Jahre alt, als er in Memleben an der Unstrut sein Leben beschloß. Im Dom zu Magdeburg, den er erbaut und besonders geliebt hatte, wurde er beigesetzt.

„Dreifach ist die Trauer um den, der unter diesem Marmor begraben liegt: Ein Herrscher war er, eine Säule der Kirche und des Reiches kraftvollster Mehrer" (Widukind von Corvey).

Die Bedeutung des Kaisertums. Das Deutsche Reich war unter Otto dem Großen die Vormacht des christlichen Abendlandes geworden. Die Kaiserkrone lenkte den Blick der deutschen Könige auf Rom, die Hauptstadt des alten römischen Imperiums und den Sitz des Papstes, der das Vorrecht der Kaiserkrönung hatte. Der Einfluß des Kaisers in Rom war aber nur gesichert, wenn er zugleich Herr über Italien war. Gutes Einvernehmen mit Ostrom, Kämpfe gegen die Sarazenen und dauernde Wachsamkeit gegenüber den Adelsgeschlechtern in Ober- und Mittelitalien waren erforderlich, wenn die deutschen Könige ihr Amt als Schutzherrn der römischen Kirche ernst nehmen und die Kaiserkrone behaupten wollten. Diese Aufgaben haben viele Kräfte des deutschen Volkes verbraucht und das Deutsche Reich oft der Erschöpfung nahegebracht; die Erfolge aber haben immer wieder sein Ansehen im Abendland gestärkt.

4. Die letzten Sachsenkaiser

Otto II. Der Sohn Ottos des Großen suchte die Politik seines Vaters fortzusetzen. Nach einem Aufstand des Bayernherzogs trennte er die bayerische Ostmark (Österreich) vom Herzogtum Bayern ab und setzte einen Babenberger (nach ihrem Stammsitz Bamberg) als Markgrafen ein. Kärnten wurde ein selbständiges Herzogtum (976). Kein Erfolg war Otto II. in Unteritalien gegen die Sarazenen beschieden. Sein Heer wurde geschlagen. Auf dem Rückzug starb Kaiser Otto in Rom an der Malaria (983).

Zur selben Zeit erhoben sich im Osten die Slawen. Das Gebiet zwischen Oder und Elbe ging verloren.

Rechts: Die Kaiserkrone. Die Krone wurde um 1000 angefertigt und ist ein Meisterwerk der damaligen Goldschmiedekunst. Sie besteht aus acht rundbogigen Goldplatten, die mit Edelsteinen, Perlen und Bildern geschmückt sind. Die bläulich-weiß schimmernden Perlen erhöhen noch die Farbenpracht der bunten Edelsteine. Unter dem Kreuz befand sich ursprünglich der berühmte „einzige" Stein, der sogenannte „Waise", der schon im 14. oder 15. Jahrhundert verloren gegangen ist. Auf dem Bügel, der die beiden großen Goldplatten verbindet, steht in lateinischer Sprache die Inschrift: „Konrad von Gottes Gnaden römischer Kaiser."

ꝑMEREGES
REGNANT

Otto III. Als Otto II. starb, war sein Sohn erst drei Jahre alt. Schon mit 15 Jahren wurde er für mündig erklärt. Weit gespannt waren seine Pläne. Er wollte das Römische Reich wiederherstellen und es gemeinsam mit dem Papst, seinem einstigen Lehrer und Freund, regieren. Deshalb fühlte er sich auch für die christliche Mission in Polen und Ungarn verantwortlich.

Im 10. Jahrhundert hatte sich zwischen Oder und Weichsel das Herzogtum Polen gebildet. Dorthin brachten deutsche Missionare das Christentum. Otto III. gab auf einer Wallfahrt an das Grab seines Freundes, des Missionars und Bischofs Adalbert von Prag, in Gnesen seine Zustimmung dazu, daß dort ein selbständiges Erzbistum errichtet wurde. Diesem wurden die Bistümer Kolberg, Krakau und Breslau zugeordnet. Damit war die Kirche Polens direkt dem Papst unterstellt worden. Der junge polnische Staat gewann auf diese Weise auch politisch an Selbständigkeit (vgl. S. 34).

Otto III. war erst 22 Jahre alt, als er in Italien starb (1002). In Aachen wurde er beigesetzt. Er ließ das Reich und Deutschland, wo sich Fürsten und Bischöfe gegen ihn verschworen hatten, in einem bedenklichen Zustand zurück.

Heinrich II. Da mit Otto III. die männliche Linie der Sachsenkaiser ausstarb, wurde der Bayernherzog Heinrich, ein Urenkel Heinrichs I., als Heinrich II. zum deutschen König gewählt. Ihm gelang es, das Reich im Innern wieder zu ordnen und nach außen zu sichern. Um die überhandnehmenden Kämpfe einzelner Fürsten untereinander (Fehden) einzudämmen, erließ der König strenge Landfriedensgebote. Er zog nach Böhmen, das der Polenherzog erobert hatte, und brachte es wieder unter deutsche Lehnshoheit. Nach Abschluß des Friedens mit Polen konnte Heinrich II. nach Italien ziehen und sich zum Kaiser krönen lassen.

In Bamberg stiftete Heinrich II. ein Bistum, das in den von Slawen besiedelten Gebieten am oberen Main und an der Regnitz missionieren sollte. Im Bamberger Dom wurde er auch bestattet (1024).

5. Konrad II., der erste Salierkaiser

Ordner des Reiches. Nach dem Tode des kinderlosen Kaisers Heinrich wählten die geistlichen und weltlichen Fürsten den Salier Konrad, einen einfachen Grafen in Franken und entfernten Verwandten Ottos I., zum König. Konrad II. (1024–1039) hatte viel Verständnis für die Armen und Schwachen. Doch handelte er hart und rücksichtslos, wenn es galt, Friedensbrecher zu bestrafen. Schon bald nach seinem Königsumritt durch alle deutschen Landschaften meinte man im Volk: „An Konrads Sattel hangen Karls Bügel."

Bei der Kaiserkrönung in Rom (1027) schritt neben dem burgundischen König Rudolf der mächtigste Herrscher im Norden, Knut der Große, König von Dänemark und England, bald auch Herr in Norwegen und Schottland, Konrad zur Seite. Konrad hatte mit ihm Freundschaft geschlossen und ihm das bisher strittige Gebiet zwischen Eider und Schlei überlassen.

Erblichkeit der kleinen Lehen. In den kleinen Vasallen fand Konrad eine starke Stütze seiner Macht. Die großen Lehnsträger, die Herzöge, Markgrafen und Grafen, sahen schon lange die Lehen, die ihnen früher von einem König verliehen worden waren, als erblich an. Ihren eigenen Vasallen, den berittenen Dienstmannen, wollten sie jedoch nicht gestatten, die an sie ausgegebenen Lehen zu vererben. Oft zogen sie diese willkürlich ein und brachten so ihre Vasallen in wirtschaftliche Not.

Links: Das Reichskreuz, dessen Anfertigung vermutlich schon von Heinrich II. veranlaßt wurde, das aber erst unter Konrad II. vollendet werden konnte. Die Reichsinsignie zeigt am Fuß den Reichsadler. Sie besteht aus Eichenholz, das mit Goldblech beschlagen und mit Edelsteinen besetzt ist. – Rechts: Der Reichsapfel aus dem 12. Jh., neben Krone und Zepter das wichtigste Zeichen kaiserlicher Würde.

Konrad bestimmte nun durch ein Gesetz, daß auch Unterlehen vererbbar seien. Die kleinen Lehnsträger sahen seither im Kaiser ihren Schutzherrn, in dessen Dienst sie gern traten. Konrad vergab Lehen auch an Dienstmannen (Ministerialen), die unfreier Herkunft waren.

Der Anschluß Burgunds. Das bedeutende Königreich Burgund erstreckte sich von Basel über das Rhonegebiet bis zum Mittelmeer. Wie in einem Erbvertrag festgelegt war, ließ der letzte König die Krone an Konrad übersenden. Damit kam Burgund 1033 für zweihundert Jahre an das deutsche Reich. Die deutschen Kaiser trugen nun die **1033** Kronen dreier Länder. Mehrere Paßstraßen über die Westalpen (St. Bernhard, Mt. Cenis) lagen damit im kaiserlichen Machtbereich.

Wir fassen zusammen:

Seit dem Aussterben der Karolinger im Ostreich (911) gingen Deutschland und Frankreich eigene Wege.

Nach der kurzen Regierungszeit Konrads I. einte Heinrich I., der erste König aus dem sächsischen Herzogsgeschlecht, die deutschen Stämme. Er besiegte Ungarn und Slawen.

Sein Sohn Otto I. (936–973) zeigte schon durch die Krönungsfeierlichkeiten zu Aachen, daß er sich als Nachfolger Karls des Großen fühlte. Bischöfe und andere geistliche Würdenträger machte er durch Belehnung mit Regalien zu treuen Stützen des deutschen Königtums. Auf dem Lechfeld bei Augsburg (955) besiegte er die Ungarn so entscheidend, daß sie das Reich nie wieder bedrohten.

Wie Karl der Große nannte er sich König der Franken und Langobarden, nachdem er Adelheid, die Witwe des letzten Königs von Italien, geheiratet hatte. In ganz Europa genoß Otto großes Ansehen. Er unterstützte den Papst und wurde von diesem zum Kaiser gekrönt (962).

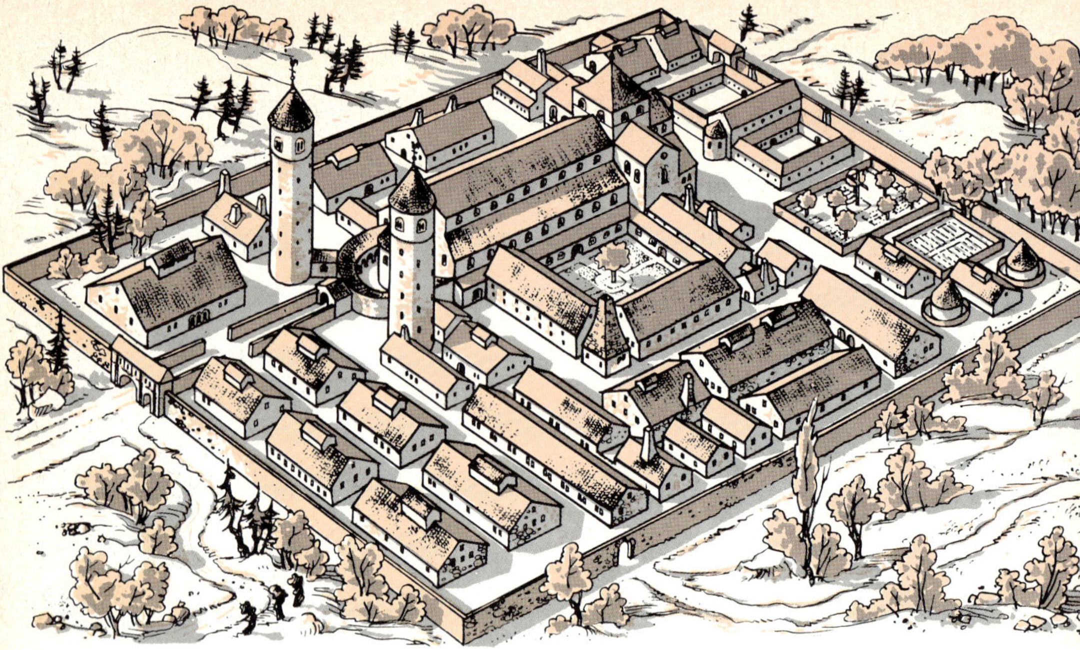

Magdeburg wurde durch ihn Eckpfeiler der Slawenmission (968).

Nach dem Tode Ottos regierten Mitglieder seiner Familie noch fünfzig Jahre lang in Deutschland und Oberitalien.

Mit Konrad II. (1024–1039) begann die Regierung der Salier. Konrad II. ordnete das Reich erneut und machte die kleinen Lehen erblich, nachdem die großen Lehen, die Herzogtümer und Grafschaften, durch Gewohnheit längst erblich geworden waren. Er vergab neue Lehen auch an Ministerialen, die unfreier Herkunft waren. 1033 erbte er das Königreich Burgund.

II. Klosterreform und Kaisermacht

1. Mönchtum und Klosterleben

Klöster in Deutschland. Mit der Ausbreitung des Christentums entstanden auch in Deutschland zahlreiche Klöster (vgl. Bd. I, S. 206). Schon zur Zeit Karls des Großen waren sie Mittelpunkte der Bildung und des wirtschaftlichen Lebens.

Ein Kloster glich damals einer kleinen, befestigten Stadt. Über die langgezogenen Dächer der Wohngebäude, Stallungen und Scheunen hinweg ragten die Giebel und die gedrungenen Türme der Klosterkirche. Fruchtbare Äcker und fette Weiden lagen vor den starken Mauern, welche die ganze Klosteranlage schützend umgaben.

Zu den Besitzungen eines Klosters gehörten Felder, Wiesen, Waldstücke, Dörfer, ganze Gemarkungen und manchmal auch eine Burg. Sie lagen weit verstreut und waren meist Schenkungen, die das Kloster im Laufe der Zeit von eingesessenen Bauern, von Grafen oder andern Adligen, die um ihr Seelenheil besorgt waren, erhalten hatte.

Die Klosteranlage. Neben der Klosterkirche lag ein von einem Umgang (Kreuzgang) begrenzter Hof, an den sich die Gebäude anschlossen, die dem gemeinsamen Leben der Mönche dienten. Diesen streng abgegrenzten innersten Teil der Klosteranlage (Klausur) durfte kein Laie betreten. In einem dieser Häuser nahmen die Mönche das gemeinsame Mahl ein, in einem andern befand sich der Schlafsaal mit harten Lagerstätten.

Links: Rekonstruktion einer Klosteranlage nach dem berühmten Klosterplan im Besitz der Stiftsbibliothek St. Gallen. Diesen Plan schickte vermutlich Heito, Abt des Klosters Reichenau, um 820 an Abt Gozbert von St. Gallen, der damals mit dem Neubau des Klosters begann. Wahrscheinlich gibt der Plan die in Karolingischer Zeit allgemein gültige Form der Klosteranlage wieder. In der Mitte mit den beiden Rundtürmen die Hauptkirche, rechts oben mit Apsis (vgl. S. 49) die kleinere Kirche für die Novizen. An die Hauptkirche anschließend der Hof mit dem Kreuzgang, der nach außen von den Gebäuden mit dem Schlafsaal, dem Speisesaal und den Vorratskammern begrenzt wird.

Rechts: Mönch und Laie in der Schreibstube. Malerei in einem Buch Heinrichs III. (Echternacher Handschrift, 1039–1043).

Die Wirtschaftsgebäude waren vom engeren Klosterbezirk streng getrennt. In diesem Teil der Klosteranlage ging es wie auf einem Gutshof zu. Neben den Gebäuden, die für die Landwirtschaft genutzt wurden, gab es Werkstätten für Schmiede, Sattler, Wagner, Zimmerleute, Schuhmacher und Schneider.

Das Klosterleben. Die Mönche lebten in strenger Ordnung. Ein jeder von ihnen hatte innerhalb der Klostergemeinschaft seine feste Aufgabe. Ein verantwortungsvolles Amt versah der Bruder Pförtner. Er hatte die Schlüsselgewalt über die Eingangspforte des Klosters und mußte entscheiden, wen er hineinlassen wollte.

Die wichtigste Aufgabe der Mönche aber war, Gott mit ganzem Herzen zu dienen und in der Nachfolge Christi zu leben. Siebenmal in vierundzwanzig Stunden rief die Glocke sie zum Gebet in die Kirche. Die Stundengebete wurden Horen genannt (lat. hora = die Stunde).

In einem besonderen Hause wohnte der Abt, d. h. „Vater". Er besaß nach der Ordensregel Befehlsgewalt innerhalb des Klosters. Meist war er ein jüngerer Sohn aus edlem Geschlecht. Der König hatte ihn mit Stab und Ring belehnt, wie er auch das Kloster mit mancherlei Vorrechten und Gütern ausstattete. Dafür war der Abt als Lehnsmann des Herrschers zur Heeresfolge verpflichtet.

Die Klosterschule. In der inneren Klosterschule wurden die Jungen, die für den geistlichen Stand bestimmt waren, ausgebildet. Daneben bestand eine äußere Schule für die Söhne des Adels, die dem Kloster zur Erziehung und Ausbildung anvertraut worden waren. Alle Kinder wurden im Lesen, Schreiben, Rechnen, Singen, im Glaubensbekenntnis und im Vaterunser unterrichtet. Die lateinische Sprache wurde besonders geübt. So war das Kloster die Pflegestätte des geistigen Lebens.

Die Klosterbibliothek. Mönche schrieben in mühsamer Arbeit alte Handschriften ab und verzierten kunstvoll die Überschriften und die Anfangsbuchstaben. Solche Handschriften sind in großer Zahl erhalten geblieben; denn jedes Kloster suchte sich eine Bibliothek anzulegen.

Links: Ostchor des 1029 von Konrad II. (vgl. S. 44) begonnenen und von Heinrich III. vollendeten Kaiserdoms in Speyer. Er ist die Grabkirche der salischen Kaiser.

Rechts: Die Klosterkirche Maria Laach von Nordwesten. Der Stifter des Klosters war Graf Heinrich von Laach, den Kaiser Heinrich IV. zum Pfalzgrafen und Reichsverweser ernannte. Die doppelchörige Basilika wurde 1093–1177 erbaut. Die Vorhalle (Paradies), 1220–1230 hinzugefügt, nimmt den Gedanken des altchristlichen Atriums wieder auf. Ein bedeutender Kunsthistoriker bezeichnete das Äußere der Klosterkirche als „reinstes Zeugnis, das Deutschland vom Wollen der Salier" erhalten blieb.

Nach dem Willen und dem Brauch der Kirche wurde überwiegend die lateinische Sprache benutzt. Daneben bemühten sich die Mönche gelegentlich, in deutscher Sprache zu schreiben. Jeder deutsche Stamm hatte aber seine eigene Mundart, so daß das Vaterunser je nach der Gegend, in der es aufgeschrieben wurde, sehr verschieden klang. Die Sprache des einfachen Volkes blieb ungeschrieben, also auch ungepflegt, nur dem Alltagsleben zugewandt.

Weltoffenheit. Trotz seiner Abgeschlossenheit lag das Kloster aber nicht abseits allen weltlichen Geschehens. Die Mönche waren Gott und der Welt gleich nah. Im Gästehaus des Abtes übernachteten häufig Fürsten und andere reisende Adlige; in der Herberge des Klosters wurden die übrigen Fahrenden untergebracht. Der Abt stieg wohl auch selbst zu Pferde und führte seine bewaffneten Klosterknechte dem Heere des Königs zu. Meist freilich beauftragte er den Verwalter der Klostergüter, den Klostervogt, mit der Führung seiner Streitmacht. Ein Mönch schrieb getreulich Jahr für Jahr in einem Buch die Nachrichten und Ereignisse auf, von denen er durch Reisende oder durch Boten seines Klosters erfuhr. So entstanden die Klosterannalen (Jahrbücher), die für uns heute oft die wichtigsten Quellen für das Verständnis jener Zeiten sind.

Die Nonnenklöster. Es gab auch Klöster, in denen fromme Frauen (Nonnen) lebten. Ihr Alltag wurde ebenfalls durch strenge Regeln bestimmt. Neben dem Gebet pflegten aber auch sie die Arbeit. Während die Mönche ein Handwerk betrieben oder schwere Feldarbeit verrichteten, fertigten die Nonnen z. B. feine Handarbeiten und gewirkte Teppiche an. In den Schulen der Nonnenklöster wurden vor allem die Töchter des Adels erzogen. Als Ärztinnen und Pflegerinnen halfen die Nonnen den Kranken. Die Arzneien holten sie aus dem Kräutergarten des Klosters.

Die Bedeutung der Klöster. Der Einfluß der Klöster war groß. Durch Rodung von Wäldern, durch Entwässerung von Sümpfen schufen sie wertvolles Kulturland. Ihre Wirtschaftshöfe waren Musterwirtschaften. Dort lernten die umwohnenden Bauern die sorgfältige Bestellung des Bodens, die Züchtung neuer Gemüse und Heilpflanzen, wertvollen Obstes und edlen Weines kennen. In den Viehställen wurde ihnen die Bedeutung von Zucht und Pflege der Tiere vor Augen geführt.

Für die geistige Kultur waren die Mönche Bewahrer und Förderer zugleich. Sie lebten die christlichen Tugenden vor, die die heidnischen Germanen nicht gekannt hatten: selbstlose Nächstenliebe, Demut und Milde, völlige Hingabe an ein hohes, friedliches Ziel. Langsam, aber stetig ist von den Klöstern aus christliche Gesinnung in das Volk gedrungen.

2. Der romanische Baustil

Eine Klosterkirche. Am Ufer eines Eifelmaares, einem Kratersee, steht wie eine Gottesburg die vieltürmige Klosterkirche von Maria Laach. Wuchtige, fast quadratische Pfeiler begrenzen das Mittelschiff und tragen die nur schwach gewölbte Decke. Sie stützen auch die runden Bogen, welche die Pfeiler untereinander verbinden und aus fein behauenen Blöcken zusammengefügt sind. Rundbogige, kleine Fenster durchbrechen die dicken Mauern und lassen nur gedämpftes Licht in das Kircheninnere ein.

Die runden Ecktürme des Westwerks, zwischen denen ein mächtiger viereckiger Turm emporragt, der achteckige Vierungsturm und die quadratischen Türme zu beiden Seiten der Apsis, d. h. dem Chorabschluß, verleihen der Kirche ein wehrhaftes, burgähnliches Aussehen.

Blick in das Mittelschiff der Klosterkirche Maria Laach

In der Apsis blickt Christus vor goldschimmerndem Mosaikgrund ernst auf die Gläubigen herab. Die kahlen Wände zwischen den Pfeilern richten den Blick des Betenden zum Altar; nichts lenkt ihn ab.

Das Querschiff trennt den Chorraum vom Längsschiff. So erhält der Grundriß der Kirche die Form eines Kreuzes.

Die Verbreitung des romanischen Baustils. In vielen Teilen Europas entstanden in dieser Zeit ähnliche Gotteshäuser. Sie wurden von Kaisern (z. B. von Konrad II. in Speyer), Bischöfen (in Worms und Mainz), Fürsten oder Klöstern gestiftet. Diese setzten in ihren Gründungen sich selbst und ihrer ganzen Zeit ein machtvolles Denkmal. Wir bezeichnen diese Bauweise als romanischen Stil.

3. Die cluniazensische Reformbewegung

Die Klosterreform. Im Laufe der Jahrhunderte wurden viele Klöster reich. Die Mönche gewöhnten sich an einen recht weltlichen Lebenswandel und vernachlässigten ihre geistlichen und geistigen Pflichten. Gelübde und Klosterordnung wurden vielerorts nicht mehr beachtet.

um 1000

Gegen diese Verweltlichung und Zuchtlosigkeit in den Klöstern wandte sich um 1000 das Kloster Cluny (nördlich von Lyon) unter seinem Abt Odo, einem Freunde Kaiser Heinrichs II. „Zurück zur Regel des heiligen Benedikt!" war seine Losung. Er rief die Mönche wieder zu strenger Zucht und Frömmigkeit auf.

Gottesdienst und Gebet bestimmten wieder das Leben der Mönche. Auch außerhalb der Kirche schritten sie gesenkten Hauptes einher, verständigten sich durch Zeichen und vermieden jedes überflüssige Wort.

Der Ernst und der Eifer in den Reformklöstern fanden immer mehr Anklang. Nach dem Vorbild des Schwarzwaldklosters Hirsau schlossen sich auch viele deutsche Klöster der Reformbewegung an. Bald gab es mehr als 2000 Reformklöster, die einander beistanden und Erfahrungen austauschten. Jedes Kloster unterstand unmittelbar dem Papst. Kein Bischof und kein weltlicher Fürst sollte sich in die klösterlichen Angelegenheiten der „Cluniazenser" einmischen.

Reform der Weltgeistlichkeit. Die Reformer wollten aber auch die Weltgeistlichkeit, die Pfarrer an den Stadt- und Dorfkirchen, zu einem frommen Leben zurückführen. Ihnen mißfiel, daß viele Geistliche die Heilige Schrift nicht mehr lesen und auslegen konnten, daß sie mühsam auswendiggelernte Sätze predigten. Auch der Lebenswandel mancher Pfarrer erregte Anstoß. Viele Priester mißachteten das Gebot der Ehelosigkeit, des „Zölibats".

Rechts: Eine Seite aus dem 1053–1056 entstandenen Echternacher Evangelienbuch, die das Gleichnis von den Arbeitern im Weinberg wiedergibt. Die Darstellungen vermitteln ein gutes Bild von der Arbeitsweise, den Geräten und der Kleidung jener Zeit.

CONDVCIT QVOS MVNDI VINEA POSCIT DIVERSIS HORIS HOMINIS
VINEA

4. Heinrich III., Ordner von Kirche und Reich

Heinrich III. und die Reform. Konrads II. junger Sohn Heinrich III. (1039–1056) war ein überzeugter Anhänger der cluniazensischen Bewegung. Energisch suchte er das Fehdeunwesen einzudämmen. Die von Cluny ausstrahlende „Gottesfriedensbewegung" (treuga Dei, d. h. Gottesfriedenordnung) förderte er, indem er in deutschen Ländern die Durchführung von Fehden in der Zeit von Mittwoch abend bis Montag früh verbot.

Heinrich war ein gebildeter Mann, der Bücher liebte und Verständnis für Musik hatte. Bevor er Kettenhemd, Helm, Schwert und Schild mit dem königlichen Wappen anlegte, pflegte er zu beten und zu fasten. Wenn er nach dem Kampfe die Waffen abgelegt hatte, warf er sich in weißem Gewand vor dem Kreuz nieder, dankte Gott und forderte seine Mitstreiter auf, sich gegenseitig jedes harte Wort zu vergeben. In Konstanz bestieg er einmal selbst die Kanzel und predigte Frieden und Buße.

Die Synode in Sutri. Aufs tiefste war Heinrich entrüstet über die Vorgänge in Rom. Dort hatte eine Adelsgruppe den Papst vertrieben und einen anderen an seine Stelle gesetzt. Nach zwei Monaten kehrte der Vertriebene zurück, verkaufte jedoch sein Amt an einen Dritten. Nach einiger Zeit erhob er erneut Anspruch auf den Heiligen Stuhl. So gab es also drei Päpste zur gleichen Zeit.

Heinrich III. fühlte sich nicht nur als Herrscher des Reiches, sondern wie Karl der Große und Otto der Große auch als Beschützer der Kirche (vgl. S. 15). Deshalb berief
1046 er 1046 die Bischöfe und Äbte der Kirche zu einer Synode (griech. = Versammlung) nach Sutri, nordwestlich von Rom, und ließ in der Folgezeit alle drei Päpste absetzen. Der Bischof von Bamberg, ein Anhänger der cluniazensischen Reform, wurde Papst und krönte Heinrich zum Kaiser.

Das Reich und Europa. Unter Heinrich III. dehnte sich der Einfluß des Kaisertums weiter aus.

Als der Herzog von Böhmen Polen eroberte, um sich zum Herrn eines großen Slawenreiches zu machen, rückten Heinrichs Heere von Österreich, Bayern und Meißen aus in Böhmen ein. Der Böhme unterwarf sich und huldigte Heinrich III. In Polen wurde der vertriebene Thronfolger als Vasall des Kaisers eingesetzt.

In Ungarn war der Nachfolger König Stephans vom Adel vertrieben worden und zu Heinrich geflohen. In mehreren Feldzügen stellte dieser die Ordnung wieder her. Der zurückgeführte Herrscher leistete den Lehnseid.

Die Markgrafschaft Österreich erlangte damals ihre endgültigen Grenzen und dehnte sich gegen Ungarn bis zur Leitha und gegen Mähren bis zur Thaja, einem Nebenfluß der March, aus.

Auch im Süden und Südwesten war die Macht des Kaisers unbestritten. Die Normannen erkannten die Lehnshoheit des Kaisers über Apulien an. Als König von Burgund war Heinrich im Besitz der Alpenpässe.

Das deutsche Kaisertum schien unter Heinrich III. den Höhepunkt seiner Macht erreicht zu haben. Aber der Kaiser starb, noch nicht 40 Jahre alt, bevor er seine Stellung festigen und sichern konnte. Er wurde im Dom zu Speyer beigesetzt.

Wir fassen zusammen:

Wie überall im Abendland, waren auch in Deutschland die Klöster während des Hochmittelalters, d. h. zur Zeit der Sachsen- und Salierkaiser, die Mittelpunkte des kulturellen Lebens. Zugleich waren sie Stützen der politischen Herrschaft des Königs. Ein Kloster glich einer festum-

Europa im Hochmittelalter

mauerten Stadt. Wirtschaftsgebäude lagen neben der Kirche und den Wohn- und Schlafstätten der Mönche oder Nonnen.

Den Baustil der damaligen Zeit, rundbogig und gedrungen, nennt man romanisch.

Gegen Verwilderung mönchischer Ordnung predigten die Mönche von Cluny (seit 1000). Die Reform der Cluniazenser griff auch nach Deutschland über. Sie wurde durch die Kaiser Heinrich II. und Heinrich III. gefördert. Die Gedanken der Cluniazenser bewirkten auch eine Reform der Weltgeistlichkeit.

Heinrich III. (1039–1056) empfand der Kirche gegenüber das gleiche Verantwortungsbewußtsein wie gegenüber dem Reich. Er half der Reformbewegung, sich in Rom selbst durchzusetzen, indem er nach der Synode zu Sutri (1046) einen Anhänger der Reform zum Papst wählen ließ. Heinrich III. vertiefte die Lehnsbande der Nachbarstaaten zum Reich.

III. Der Investiturstreit

1. Schwierigkeiten in Deutschland

Vormundschaftsregierung und Erziehung Heinrichs IV. Wieder war der Thronerbe ein Kind, H e i n r i c h IV. (1056–1106). Die Regentschaft, d. h. die Regierung für ihn, führte die Königinmutter Agnes von Poitou, die nur schwer Entschlüsse faßte. Deshalb verbündeten sich insgeheim geistliche und weltliche Fürsten unter der Führung des stolzen und ehrgeizigen Erzbischofs Anno von Köln; sie wollten die Führung des Reiches an sich reißen.

Auf ihrer Pfalz am Rhein, dort, wo das heute zu Düsseldorf gehörende Kaiserswerth liegt, gab die Regentin ein Fest. Nach fröhlichem Mahle lud Anno den arglosen zwölfjährigen Königsknaben ein, das prächtige Rheinschiff zu besichtigen, mit dem der Erzbischof von Köln stromabwärts gefahren war. Sobald Heinrich sich an Bord befand, umringten ihn die Mitverschworenen, und die Knechte griffen schnell nach den Rudern. Der junge König erschrak und glaubte, man trachte ihm nach dem Leben. Kurz entschlossen sprang er in den Fluß. Nur mit größter Mühe und unter eigener Lebensgefahr gelang es einem Grafen, ihn auf das Schiff zurückzubringen. Der Königssohn wurde nach Köln gebracht. Anno hielt ihn streng und übernahm seine Ausbildung.

Starken Einfluß auf den Knaben, der die Urheber jener Gewalttat von Kaiserswerth in tiefster Seele haßte, gewann der lebensfrohe Erzbischof Adalbert von Bremen-Hamburg, dem später die Erziehung des jungen Königs anvertraut wurde.

Adalbert hatte weitausgreifende Pläne. Er sandte seine Missionare zu den Herren in Mecklenburg und nach Norwegen. Sein Blick richtete sich auch auf Finnland und Island. Er wollte das kirchliche Oberhaupt des Nordens werden. Deshalb schlug er sogar die ihm angetragene Papstwürde aus.

Der junge Heinrich war leidenschaftlich und stolz. Er wollte mächtiger als sein Vater werden. Der Machtkampf der Fürsten um den Einfluß auf die Regierungsgeschäfte machte ihn mißtrauisch. Er lernte die Menschen insgeheim verachten. Mit fünfzehn Jahren wurde er mündig und übernahm selbst die Regierung.

Der Sachsenaufstand. Während der Regentschaft seiner Mutter und der Fürsten waren viele königliche Güter in fremde Hände übergegangen. Heinrich IV. wollte den verlorenen Königsbesitz, besonders den in Sachsen, wiedergewinnen. Schon sein Vater hatte sich gern in Goslar aufgehalten und dort eine stattliche Pfalz erbaut. Die Silbererzbergwerke im Harz waren die wirtschaftliche Grundlage des Königtums.

Aber Heinrich IV. ging in Sachsen überstürzt und gewalttätig vor. Er befestigte die Gutshöfe auf königlichem Besitz. Auf den Höfen und Burgen setzte er süddeutsche Ministeriale (vgl. S. 45) ein. Das erregte Unwillen und Widerstand. Der 1073 losbrechende sächsische Aufstand überraschte Heinrich auf der Harzburg. Heimlich entfloh der König durch den Harz nach Süddeutschland. Er fand aber bei den Fürsten keine Unterstützung. Die Bürger von Worms jedoch, die ihren geistlichen Stadtherrn vertrieben hatten (vgl. S. 103), nahmen ihn in ihren Mauern auf.

Der König verhandelte nun mit den Sachsen. Dabei wurde sein diplomatisches Geschick deutlich. Er gestand zu, daß seine sächsischen Burgen niedergelegt werden sollten. Aber beim Zerstören der Harzburg riß das Volk in maßloser Wut sogar Kapellen nieder und durchwühlte die Gräber der königlichen Familie. Das erweckte weithin in Deutschland Entrüstung. Einige Fürsten schickten jetzt dem König Hilfe. Er vernichtete das sächsische Bauernheer, nahm die adligen Führer in Haft, zog ihre Güter ein und baute die Burgen erneut auf. Heinrich war wieder Herr im Lande. Da erstand ihm ein neuer, stärkerer Gegner – der Papst.

Investitur eines Bischofs durch den Kaiser. Auf der Bronzetür am Dom von Gnesen, die in der ersten Hälfte des 12. Jh. gegossen wurde, ist Otto II. dargestellt, wie er Adalbert den Bischofsstab verleiht (vgl. S. 44)

2. Erstarken des Papsttums

Gegen Laieninvestitur und Simonie. Die cluniazensische Reformbewegung hatte mit ihren Forderungen nach Reform der Klöster, der Weltgeistlichkeit und der Gesamtkirche die Grundlagen des mittelalterlichen Reiches noch nicht angetastet.

Aber um die Mitte des 11. Jahrhunderts begannen die Reformer gegen die „Investitur", d. h. „Bekleidung" mit den Amtszeichen, von Geistlichen durch Nichtgeistliche zu predigen. Ring und Stab sollten nicht mehr vom König verliehen werden, sondern der Papst allein sollte befugt sein, Bischöfe und Äbte in ihr Amt einzusetzen. Ebenso wandten sich die Reformer gegen die „Simonie", den Verkauf geistlicher Ämter. Damals schrieb ein hoher römischer Geistlicher:

„Vom obersten der kirchlichen Grade bis zum untersten unterläßt es keiner, für sich mit kirchlichen Dingen Handel zu treiben. Auch die Kaiser ... üben dies vor allem aus ... Sie dringen in die kirchlichen Befugnisse ein und übernehmen Vorsitz und Leitung der Synode und bewirken, durch irdische Macht Schrecken erregend, daß alles nach ihrem Wink und Urteil zugehe ... Sie selbst gehen den Erzbischöfen bei der Wahl der Bischöfe vor, während sie doch nur ... bestätigen sollten."

„Dereinst versuchte der Zauberer Simon für schnödes Geld die Gabe, Wunder zu wirken, von den Aposteln zu erkaufen; aber der furchtbare Fluch des heiligen Petrus traf ihn für dieses sündhafte Ansinnen. So fluchwürdig ist auch der Brauch, für das Amt eines Bischofs oder Abtes Geld zu zahlen oder sich zahlen zu lassen" (Humbert de Silva Candida).

Papstwahldekret und neue Streitmacht für den Papst. 1059 änderte der Papst die Papstwahlvorschriften. Der gewalttätige Adel der Stadt Rom wurde weitgehend ausgeschaltet. Das Papstwahldekret legte fest, daß nach dem Tode eines Papstes die Kardinalbischöfe, d. h. die Bischöfe der sieben (später sechs) in der Um- **1059**

gebung von Rom gelegenen Bistümer (lat. cardo = die Türangel), die ersten Beratungen aufnehmen sollten. Dadurch wurde ihnen praktisch das Vorschlagsrecht zuerkannt, das bisher dem deutschen König als Patrizius zugekommen war (vgl. S. 52). Sie erhielten die entscheidende erste Stimme. Anschließend sollten die Kardinalpriester, d. h. die Erzpriester an den Hauptkirchen der Stadt Rom, und die Kardinaldiakone hinzugezogen werden. Diese wählten unter Leitung der Kardinalbischöfe den neuen Papst. Erst dann sollten der übrige Klerus, d. h. die Geistlichkeit, und das Volk von Rom ihre Zustimmung geben. Die Zeit, in der die deutschen Könige „Verteidiger und Schützer" der römischen Kirche waren, neigte sich ihrem Ende zu. Die Zusammenarbeit zwischen weltlicher und geistlicher Gewalt war an einem entscheidenden Punkte beseitigt.

Im gleichen Jahr wurden die Normannen in Süditalien Lehnsmannen des Papstes. Sie verpflichteten sich dabei ausdrücklich zur Unterstützung jedes rechtmäßig gewählten Papstes. Dieses Abkommen hatte für das Papsttum ebenso große Bedeutung wie die neue Wahlordnung; denn von jetzt an stand dem Papst eine neue weltliche Macht mit ihren Streitkräften zur Verfügung. Die Rechte des Reiches in Süditalien (vgl. S. 52) wurden bei dieser Belehnung überhaupt nicht beachtet.

Gregor VII. fordert die Freiheit der Kirche. Während der Sachsenaufstand gegen Heinrich IV. noch tobte, wählten die Kardinäle in Rom Kardinal Hildebrand zum Papst. Er hatte als Führer der entschlossenen Reformer die Veränderungen der letzten Jahre erheblich beeinflußt.

Hildebrand, der sich als Papst Gregor VII. (1073–1085) nannte, war der Sohn eines Bauern aus der Toskana, ein Mönch, klein von Gestalt, mit bleichem Gesicht. Sein Wille war unbeugsam. Er lebte nur für die Kirche. Ein allumfassendes Gottesreich wollte er auf Erden gründen, an dessen Spitze der Papst allein stehen sollte. Der Kaiser war für ihn nur Vasall der Kirche. Als leidenschaftlicher Vorkämpfer der Kirchenreform erließ er 1074 strenge Verbote der Priesterehe und der Simonie. Im Jahre darauf untersagte er bei schwerster Strafe, daß Laien, also auch Könige und Herzöge, geistliche Ämter und Würden verliehen. Damit war der Streit um die Investitur der geistlichen Fürsten entbrannt.

3. Der Weg nach Canossa

Heinrich IV. verteidigt sein Recht. Von dem Verbot des Papstes wurde der deutsche König am härtesten betroffen. Seit Otto dem Großen hatten sich die Herrscher bei der Verwaltung des Reiches gerade auf die Bischöfe und Äbte gestützt. Wichtige, ja die am besten verwalteten Teile des Reichsgebietes waren von den Königen an geistliche Lehnsträger ausgegeben worden. Durch die neuen Bestimmungen des Papstes wurde dem König jeder Einfluß auf die hohe Geistlichkeit genommen und damit die Verfügung über Reichsgut und Reichsrechte in Frage gestellt.

Sobald der Sachsenaufstand beendet war, erhob Heinrich Einspruch gegen das Verbot des Papstes. Da belegte Gregor einige der Ratgeber des Königs mit dem Bann und kündigte ihm selbst das gleiche an. Heinrich war empört. Er berief die deutschen Bischöfe nach Worms (1076). Die Mehrzahl von ihnen hielt zu Heinrich. Sie beschlossen, Gregor nicht mehr als Papst anzuerkennen. Ihren Beschluß teilten sie in einem Brief nach Rom mit. Gleichzeitig richtete Heinrich an den Papst ein Schreiben, von dem bald folgende schärfere Fassung verbreitet wurde:

„Heinrich, nicht durch Anmaßung, sondern durch Gottes heilige Einsetzung König, an Hildebrand, nicht mehr den Papst, sondern den falschen Mönch!"

Heinrich IV. bittet die Markgräfin Mathilde von Tuszien und den Abt Hugo von Cluny um Fürsprache bei Papst Gregor VII. Die Burg Canossa, auf der sich der Papst aufhielt (vgl. S. 58), gehörte zum Besitz der Markgräfin (Buchmalerei aus dem „Leben der Mathilde", um 1114).

Der Brief schloß nach der Aufzählung der Beschuldigungen mit den Worten: „Verlasse den angemaßten Stuhl Petri! Wir, Heinrich, König von Gottes Gnaden, sagen dir mit allen unseren Bischöfen: Steige herab! Steige herab, der du in Ewigkeit verdammt sein sollst!"

Es war ein kühnes Wagnis, fern von Rom, allein durch den Beschluß einer deutschen Synode, Gregor VII. seines Amtes entheben zu wollen.

Heinrich IV. unter dem päpstlichen Bann. Mit vielen Kardinälen und Bischöfen war Gregor in der Laterankirche versammelt. Ein Hymnus war gerade verklungen, als der Abgesandte Heinrichs vortrat und seine Botschaft verlas. „Euch aber, Brüder", so wandte er sich an die Bischöfe, „lade ich zu dem kommenden Pfingstfest vor des Königs Angesicht, wo ihr aus seinen Händen einen neuen Papst empfangen werdet; denn dieser hier ist nicht Papst, sondern ein reißender Wolf." Ein Schrei der Entrüstung gellte durch die Kirche. Am nächsten Tag sprach der Papst in der feierlichen Form eines Gebetes an den Apostel Petrus den Bann über den König aus:

„Zur Ehre und zum Schutze Deiner Kirche entziehe ich im Namen des allmächtigen Gottes, des Vaters, des Sohnes und des heiligen Geistes, kraft Deiner Macht und Gewalt, dem König Heinrich, Kaiser Heinrichs Sohn, die Herrschaft über das gesamte Deutsche Reich und Italien und löse alle Christen von den Banden des Eides, welchen sie ihm geleistet haben oder noch leisten werden, und ich untersage jedem, ihm fernerhin als einem König zu dienen ..."

Das war ein unerhörtes Geschehnis: der König aus der Kirche ausgestoßen, alle Treueide für ungültig erklärt! König und Papst im Widerstreit miteinander! Die abendländische Christenheit geriet durch die gegenseitige Verdammung in große Gewissensnot.

Die Mehrzahl der deutschen Fürsten ergriff die Gelegenheit, die Königsmacht zu ihren Gunsten noch mehr zu schwächen. Sie erkoren den schwäbischen Herzog Rudolf von Rheinfelden zum Gegenkönig und drohten, ihn endgültig zu wählen, wenn sich Heinrich nicht binnen Jahresfrist vom Banne löse. Die Sachsen griffen aufs neue zu den Waffen. Aller Schichten des Volkes bemächtigte sich eine tiefe Erregung.

Der Gang nach Canossa. Um sein Königtum zu erhalten, entschloß sich Heinrich zu einem schweren Gang. Mitten im Winter zog er mit seiner Frau, seinem zweijährigen Sohn und einigen Freunden auf dem beschwerlichen Weg über den Mont Cenis nach Italien. Der Papst hatte schon die Reise nach Deutschland angetreten, um dort als Schiedsrichter zwischen dem König und den Fürsten wirken zu können. Da er glaubte, der König rücke mit bewaffneter Macht heran, zog er sich in die feste Burg Canossa am Rande des Apennin zurück.

Am Fuße des Burgfelsens schlug Heinrich sein Lager auf. Seine Absicht war, hier als Christ vom Papst die Lösung vom Bann zu erlangen. Den kirchlichen Bestimmungen
1077 entsprechend, erschien er an drei aufeinanderfolgenden Tagen im Januar 1077 im Büßergewand vor dem Burgtor. Dem bußbereiten Christen konnte die Wiederaufnahme in den Schoß der Kirche nicht verweigert werden. Nach langwierigen Verhandlungen, in denen Heinrich zusagte, den Papst als Schiedsrichter im Streite mit den deutschen Fürsten anzuerkennen, öffnete der Papst ihm das Burgtor. Heinrich warf sich Gregor zu Füßen und erhielt die Lösung vom Kirchenbann.

4. Das Ende Gregors VII. und Heinrichs IV.

Heinrichs Erfolge und Gregors Tod. Nach seiner Rückkehr ging Heinrich gegen die deutschen Fürsten vor, die sich trotz der Lösung vom Bann gegen ihn auflehnten. Dem Gegenkönig Rudolf wurde 1080 im Kampf die rechte Hand, die Schwurhand, abgehauen; er starb an dieser Wunde. Das Volk sah dies als Gottesurteil an. Heinrich war wieder Herr in Deutschland. Zwar hatte ihn der Papst erneut gebannt; aber diesmal machte der Bann nicht mehr denselben Eindruck. Der König zog mit einem Heer nach Italien. Ein Gegenpapst krönte ihn schließlich im römischen Petersdom zum Kaiser, während sich Gregor VII. in die Engelsburg zurückgezogen hatte.

Die Normannen kamen Gregor VII. zu Hilfe. Kaiser Heinrich zog mit seinem Heer nach Norden ab, und die Normannen plünderten Rom. Vor den empörten Römern mußte Gregor ins Normannenreich nach Unteritalien fliehen. Ein Jahr darauf ist er in Salerno gestorben (1085).

„Ich habe die Gerechtigkeit geliebt und das Unrecht gehaßt ... Darum sterbe ich in der Verbannung!" sollen Gregors letzte Worte gewesen sein.

Der Mainzer Reichsfriede und die Empörung des Sohnes Heinrichs IV. Die Auseinandersetzungen mit dem Papsttum nahmen auch nach Gregors Tod kein Ende. Um den Frieden in Deutschland zu sichern, verkündete Heinrich IV. im Jahre 1103 den Mainzer Reichsfrieden. Im Unterschied zu den bisherigen Gottesfrieden (vgl. S. 52), die nur für bestimmte Wochentage galten, sollte der Reichsfriede vier Jahre dauern.

Bürger und Bauern empfanden diesen Frieden als eine Wohltat, nicht aber der fehdelustige Adel. An die Spitze der Unzufriedenen trat Heinrich, der jüngste Sohn des erneut gebannten Kaisers. Er glaubte, sich die Kaiserkrone am besten dadurch sichern zu können, daß er sie mit Hilfe des Papstes und der Gegner des Gebannten vorzeitig an sich riß.

Durch Lug und Trug brachte er den Vater in seine Gewalt und erreichte von ihm die Auslieferung der Krone. Dem Kaiser gelang es zu entfliehen. Beim Bischof von Lüttich, seinem alten Freunde, rüstete er zum letzten bitteren Kampf gegen den Sohn. Da raffte ihn der Tod dahin (1106).

Des Kaisers Sarg stand noch fünf Jahre lang in einer ungeweihten Kapelle am Speyerer Dom, bis der Tote vom Bann losgesprochen und in der Kaisergruft beigesetzt wurde.

5. Vorläufige Einigung zwischen Kaiser und Papst

Das Wormser Konkordat. Die Auseinandersetzungen um die Investitur dauerten auch nach dem Tode der beiden Hauptgegner fort, bis schließlich Heinrich V. 1122 durch das Wormser Konkordat ein Übereinkommen mit dem Papst erzielte. 1122

Weder der Kaiser noch der Papst konnten künftig einen Bischof oder Abt allein einsetzen. Die Wahl sollte vielmehr von den Geistlichen einer Bischofskirche, d.h. vom Domkapitel, in Gegenwart des Königs oder seines Vertreters durchgeführt werden. Dabei konnte der König dem „einsichtigeren Teil" (lat. = sanior pars), der nicht die Mehrheit zu haben brauchte, seine Zustimmung geben und so die Wahl entscheiden. Nach der Wahl sollte der König den Gewählten mit dem Zepter, dem Zeichen der weltlichen Herrschaft, belehnen und der Belehnte ihm als Vasall für die weltlichen Lehen und Hoheitsrechte huldigen. Dann sollte ihn ein hoher Geistlicher im Auftrage des Papstes weihen und ihm Ring und Hirtenstab als Zeichen seiner geistlichen Würde überreichen.

Diese Bestimmungen galten nur für Deutschland. In Burgund und Italien durfte der König die weltliche Belehnung erst nach der kirchlichen Weihe vollziehen.

Seine Bedeutung. Das Wormser Konkordat bedeutete noch nicht das Ende des Investiturstreites, wohl aber eine vorläufige Einigung. Die bisherige Auffassung, daß der Kaiser als Träger der weltlichen und der Papst als Träger der geistlichen Gewalt von Gott eingesetzt seien (Zwei-Schwerter-Lehre), war zwar erschüttert, aber noch nicht aufgegeben. Weiterhin waren die Bischöfe als Geistliche dem Papst und als Reichsfürsten dem Kaiser Gehorsam schuldig. Dennoch hatte der Investiturstreit die Grundlagen des ottonischen Regierungssystems gefährdet.

63-88

Wir fassen zusammen:

Der Nachfolger Heinrichs III., Heinrich IV. (1056–1106), war beim Tode seines Vaters noch ein Kind. Auf seine Erziehung wirkten nacheinander ein seine Mutter, Agnes von Poitou, und die Erzbischöfe Anno von Köln und Adalbert von Bremen. Der Sachsenaufstand brachte Heinrich IV. in große Bedrängnis. Der König fand Hilfe bei den Bürgern von Worms. Inzwischen begann die geistliche Reformbewegung ihren Kampf gegen Laieninvestitur und Simonie. Durch das Papstwahldekret von 1059 wurden die Kardinäle die ausschlaggebenden Wähler des Papstes. Die Normannenfürsten Süditaliens gewährten dem Papst militärische Unterstützung.

Auf der Wormser Synode (1076) erklärte Heinrich IV. die Absetzung des neuen Papstes Gregor VII. Dieser belegte Heinrich dafür mit dem Kirchenbann. Heinrich IV. veranlaßte den Papst durch einen Bußgang nach Canossa (1077) zur Lösung des Bannes. Er überwand den Gegenkönig Rudolf. Der Kampf zwischen Kaiser und Papst dauerte an. Gregor mußte zu den Normannen fliehen und starb fern von Rom (1085).

Heinrichs Bemühungen um den Landfrieden erregten die Unzufriedenheit der fehdelustigen Fürsten und Ritter. Mitten im Kampfe gegen seinen eigenen Sohn starb Heinrich IV.

Im Wormser Konkordat (1122) erreichte dieser Sohn als Heinrich V. eine vorläufige Einigung zwischen Kaiser und Papst.

Links: Stadtplan von Konstantinopel von Christoforo Buondelmonti. Die Zeichnung des florentinischen Reisenden zeigt die Stadt im Jahre 1422. Der große Kuppelbau rechts ist die Hagia Sophia. Deutlich zu erkennen ist auch die von Kaiser Theodosius II. errichtete Stadtmauer.

Rechts: Das Byzantinische Reich im 10. bis 12. Jh.

IV. Konstantinopel – Stadt und Reich am Bosporus

1. Das Erbe Roms

Nea Rhome. Schon wenige Jahrzehnte nach der Gründung durch Konstantin den Großen (vgl. Bd. I, S. 182) wurde Konstantinopel (Byzanz) als zweite Reichshauptstadt Nea Rhome, d. h. Neu-Rom, genannt. Hier lebte nach dem Ende des Römischen Reiches der Gedanke an die Zusammengehörigkeit des Mittelmeergebietes fort. Hier fühlten sich die Politiker als die wahren Erben Roms. Darin wurden sie durch den Patriarchen tatkräftig unterstützt. Nea Rhome bedeutete für ihn den Anspruch, oberster Priester aller Christen zu sein. Das machte ihn zum erbitterten Gegner des Papstes im alten Rom.

Konstantinopel und der Westen. Seit der Kaiserkrönung Karls des Großen (vgl. S. 24) gab es ein zweites, ein westliches Kaisertum ganz neuer Art. Erst nach jahrelangen Verhandlungen stimmte der Kaiser in Konstantinopel dieser neuen Situation zu. Liutprand von Cremona, Bischof und Geschichtsschreiber, der 968 nach Konstantinopel reiste, um im Auftrage Ottos I. über die Heirat Ottos II. mit der Tochter des oströmischen Kaisers zu verhandeln, berichtete über ein Gespräch mit Kaiser Leo:

„Wie gedenkst Du morgen Deinen Herrn (Otto I.) anzureden?"

„Kaiser werde ich ihn nennen!"

„Es gibt nur einen Kaiser auf Erden, den im heiligen Palast! Dein Herr ist höchstens König, einer der vielen barbarischen Fürsten, denen wir eine große Ehre erweisen, wenn wir ihre Gesandten empfangen!"

Unfreiwillig mußte Liutprand vier Monate dort ausharren. Kurz vor seiner Rückkehr nahm man ihm und seinen Begleitern gekaufte Purpurgewänder ab, weil die Purpurfarbe als für den oströmischen Kaiser reserviert galt und nicht exportiert werden durfte. Erst durch militärischen Druck auf Unteritalien, oströmisches Einflußgebiet, gelang es Otto I., die geplante Heirat seines Sohnes zu verwirklichen.

2. Staat, Kirche, Wirtschaft

Anspruch und Wirklichkeit. Auf den Straßen Konstantinopels sangen die Soldaten „Christos Basileus", d. h. „Christus, der Kaiser von Ostrom". Die Münzen zeigten auf der einen Seite das Bild Christi, als Kaiser gekleidet. Ein zweiter Thron im Kaiserpalast neben demjenigen des Herrschers sollte der Thron Christi sein. Jeder verneigte sich ehrfürchtig vor ihm. Der Kaiser herrschte nach eigenem Gutdünken „als Stellvertreter Christi". Er ernannte Minister, befehligte die Heere, erließ Gesetze und erhob Steuern. Die Patriarchen setzte er ein, sie blieben von ihm abhängig. Eine Kaiserkrönung im Jahre 963 wird so beschrieben:

„Mit dem Schwert in der Hand reitet der Herrscher über das große Marsfeld. Es ist drei Meilen lang. Vor der Sankt-Johannes-Kirche steigt er vom Pferde, betet und zündet Kerzen an; und nun beginnt seine innere Verwandlung: Der siegreiche General, der er bisher gewesen war, muß langsam der Vertreter Christi auf Erden werden. So verläßt er die Kirche mit dem Kreuz-Szepter in der Hand, angetan mit pelzbesetzten kaiserlichen Gewändern.

Der Krönungszug bewegt sich auf die Kirche der Hagia Sophia zu. In Begleitung des Patriarchen geht der Kaiser durch das große Tor der Basilika und steigt auf den Ambon (Kanzel). Die Krone und die übrigen kaiserlichen Rangabzeichen liegen auf dem Tragaltar. Der Patriarch segnet sie.

Der feierliche Augenblick kommt immer näher. Jetzt verneigt sich der Kaiser und faltet die Hände. Die Menge hält den Atem an. Singend nähert sich ihm der oberste Priester. Er nimmt ihm die Tiara vom Kopf, salbt ihn und setzt ihm die Krone auf. In der Kirche brausen die Orgeln auf, heilige Lieder erschallen. Der Patriarch singt die berühmte Hymne an die Dreifaltigkeit, und dreimal hintereinander wiederholen Priester, Senatoren, Parteien und das ganze Volk: ‚Du bist heilig, heilig, heilig! Ehre sei Gott in der Höhe und Frieden auf Erden. Lang lebe der Kaiser, der große Basileus und Autokrator (Selbstherrscher)!‘

Der Kaiser ist der Allherrscher geworden, der Apostelgleiche, der Nachfolger des allerfrömmsten Kaisers Konstantin, das Abbild göttlicher Macht auf Erden.“

Doch der äußere Glanz täuschte. In Wahrheit mußte der Kaiser sich den Weg zum Thron durch Gewalt, List und Betrug erkämpfen. Es gab kein erbliches Kaisertum. Von 109 Herrschern wurden 23 ermordet, 19 verstümmelt oder geblendet, 12 ins Kloster oder die Gefangenschaft geschickt. An den Grenzen des Reiches wurde fast ununterbrochen um das Weiterbestehen des Staates gekämpft. Im Norden stürmten Slawen und Bulgaren heran. Im Osten und Süden kämpften die Heere und Flotten gegen die Araber.

Konstantinopel und Rom. Trotz vieler Wiedervereinigungsversuche trennten sich die beiden Kirchen von Konstantinopel und Rom immer mehr. Die oströmische Kirche bezeichnete sich als griechisch-orthodox. Bilderverehrung (Ikonen) und eine andere Lehre vom Heiligen Geist schieden den Osten von der Kirche des Westens. Streitpunkte, wie die Ehelosigkeit der Priester oder die Fastengebote, schienen unüberwindlich. So bannten sich der Papst und der Patriarch von Konstantinopel 1054 wechselseitig. Die Kirchenspaltung wurde endgültig (vgl. Bd. 1, S. 208).

Konstantinopel als Wirtschaftszentrum. Konstantinopel war im 11. und 12. Jh. eine Weltstadt mit prächtigen Kirchen und stattlichen weltlichen Gebäuden. Keine Stadt des Mittelalters hatte so viele Einwohner. Angehörige vieler Völker trafen sich auf seinen Straßen und Märkten. Waren aus aller Welt strömten herein. Juden und Araber und andere Kaufleute brachten Brokatstoffe, die vielleicht aus Spanien stammten, Felle und Schwerter aus Frankreich. Leinen wurde aus Deutschland eingeführt. Aus Persien kamen Teppiche. Aus Damaskus stammten die berühmten Damaszenerklingen aus biegsamem Stahl und wertvolle Seidengewebe, die den Namen Damast erhielten. Aus Mossul stammte Musselin, aus Gaza hauchdünnes Gewebe (Gaze). Moschus aus Tibet, Gewürznelken und Pfeffer aus Ceylon, Elfenbein aus Afrika und Indien wurden gehandelt. Porzellan und Seide stammten aus China. Alle diese Waren durchquerten die Landenge von Suez auf dem Rücken von Kamelen, dann brachten Schiffe sie weiter.

Viele Handelsgüter wurden von Konstantinopel nach den Seestädten Italiens verfrachtet. Venedig, Genua, Pisa und – im Binnenlande Mailand – wurden im 11. und 12. Jh. bedeutende Handelsplätze, die, wirtschaftlich erstarkt, auch als politische Mächte eine Rolle zu spielen begannen. Am Ende des 12. Jh. lebten in Konstantinopel etwa 10000 Venezianer vorwiegend vom Handel.

Von den Handelsplätzen Italiens aus wurde das wertvolle morgenländische Kaufmannsgut nach Norden und Westen gebracht. Kaufleute aus Köln und Mainz, aus Augsburg, Ulm und Nürnberg bepackten ihre Saumtiere mit den Kostbarkeiten und führten sie über den Großen St. Bernhard oder den Brenner nach Oberdeutschland und in das Rheinland. Genuesische Schiffe beförderten die Waren durch die Straße von Gibraltar nach der flandrischen Küste, wo Brügge aufblühte.

Auch französische Kaufleute beteiligten sich am Orienthandel und brachten Reichtum in ihre Städte.

Eine wichtige Handelsstraße führte von Norden nach Konstantinopel. Hermelin, Zobel und andere Pelze, Honig, Wachs, Edelsteine, aber auch Kaviar und Sklaven kamen aus Rußland, den Dnjepr abwärts, über das Schwarze Meer.

Größten Profit hatten die Großhändler in Konstantinopel und der oströmische Staat. Die Großhändler lebten vom Warenumschlag. Der Staat überwachte den Handel scharf und kassierte Steuern und Zölle.
Die Masse der Bevölkerung blieb jedoch arm, sie lebte in Schmutz und Elend.

Wir fassen zusammen:

In Ostrom lebte der Gedanke an das Römische Weltreich im Mittelalter weiter. Die Kaiser in Konstantinopel (Byzanz) fühlten sich überdies als Stellvertreter Christi auf Erden. 1054 trennten sich die griechisch-orthodoxe und die römisch-katholische Kirche endgültig.

Konstantinopel war der Mittelpunkt des Welthandels, die bedeutendste Stadt des Mittelalters. Tausend Jahre hatte das Reich Bestand trotz ständiger Angriffe von allen Seiten.

V. Die Kreuzzüge

1. Der Kampf um die heiligen Stätten der Christenheit

Der Vorstoß der Seldschuken. Seit Jahrhunderten waren Pilger auf der Wallfahrt nach Jerusalem gekommen, ohne von den Arabern gestört zu werden. Das änderte sich auch kaum, als aus dem Innern Asiens die türkische Reiterschar der Seldschuken hervorgebrochen war, den Islam angenommen, Syrien und Palästina besetzt hatte und selbst Konstantinopel bedrohte.

Da rief der oströmische Kaiser den Papst um Hilfe an. Papst Urban II. gewährte diese gern, sicherlich auch deshalb, weil er sich von einer Unterstützung Ostroms die Wiedervereinigung der griechisch-orthodoxen mit der römisch-katholischen Kirche versprach. Auch meinte der Papst als Führer der Christenheit gegenüber Heinrich IV. (vgl. S. 58) auftreten zu können.

Die Kreuzzugspredigt. Einen „Heiligen Krieg“ um des Glaubens willen hatten christliche Ritter bisher schon auf der Pyrenäenhalbinsel gegen die „Mauren“ geführt. Im Jahre 1095 versammelten sich viele hohe Geistliche und Tausende von Rittern in Clermont (Frankreich) zu einem Konzil (lat. concilium = Zusammenkunft, Versammlung). Papst Urban II. rief mit flammenden Worten zu einem Kreuzzug auf.

Kreuzzugspredigt Urbans II.

„Wehe uns, daß wir stillesitzen und ruhig zuschauen den Missetaten und der Schmach in der Stadt Gottes. Darum auf, waffnet euch! Zum Kampf gegen die Ungläubigen ... mögen die Ritter schreiten, die vorher mißbräuchlich gegen Christen persönliche Fehden führten ... Im Namen des barmherzigen Gottes und der Apostel Petrus und Paulus verkündigen wir allen, welche die Waffen gegen die Ungläubigen ergreifen, vollkommenen Erlaß ihrer Sündenstrafen. Denen, die im heiligen Streit fallen werden, verheißen wir den Lohn des ewigen Lebens..." (nach Wilhelm von Tyrus).

Die Zuhörer sanken in die Knie, zerschnitten rotes Tuch zu Kreuzen, hefteten sich diese an den rechten Oberarm und riefen begeistert: „Gott will es!"

Noch im selben Jahr zogen erste, ungeordnete Scharen durch Deutschland die Donau abwärts; sie fanden in Ungarn, als sie zu plündern anfingen, ein ruhmloses Ende.

Der erste Kreuzzug. Kaum war dieser „Kreuzzug der Armen" kläglich zu Ende gegangen, trat ein glänzendes Ritterheer den Kreuzzug an. Die meisten Ritter stammten aus Frankreich; dazu kamen Normannen aus der Normandie, aus England und Unteritalien. Aus dem Deutschen Reich beteiligten sich nur Lothringer. Im Frühjahr 1097 betrat das Heer den Boden Kleinasiens. Die Schwierigkeiten waren groß. Mühselig quälten sich die Kreuzfahrer durch Steppen und Wüsten. Langwierige Stadtbelagerungen und Kämpfe mit türkischen Reiterschwärmen hielten den Zug immer wieder auf.
1099 Endlich, im Sommer 1099, lag Jerusalem vor den Augen der Kreuzfahrer. Fünf Wochen lang tobte der grausame Kampf, bis die heilige Stadt in den Händen der Christen war. Unter den Bewohnern richteten die Kreuzritter ein furchtbares Blutbad an; auch Frauen und Kinder wurden nicht verschont.

„Die wahren Krieger Christi kämpfen die Schlachten für Gott selbst; und sie fürchten weder die Sünde eines Mordes an den Feinden noch die Gefahr des eigenen Todes. Denn weder der für Christus erlittene noch der an andern begangene Tod enthält ein Verbrechen, sondern er bringt höchsten Ruhm.... Der Krieger ist nämlich Diener Gottes zur Strafe an den Bösen, jedoch zum Lobe des Guten. Es ist gut, wenn er einen Bösewicht tötet. Das ist kein Mord, sage ich euch.... Er wird für einen Rächer Christi angesehen an denen, die Böses tun, und wird für einen Verteidiger der Christen angesehen.... Das Schwert der Christen soll über den Häuptern der Feinde geführt werden, um allen Hochmut zu zerbrechen, der sich gegen die Weisheit Gottes erhebt, die der christliche Glaube ist" (Bernhard von Clairvaux).

Die Kreuzfahrerstaaten. Viele Ritter blieben im eroberten Land, bauten Burgen, brachten Ackerflur, Weinberge und Olivenpflanzungen in ihren Besitz und leisteten dem neuen Herrn von Jerusalem – es war Gottfried von Bouillon, der Herzog von Lothringen – den Lehnseid. Wie daheim im Abendland wurde das eroberte Land an große und kleine Vasallen zu Lehen gegeben. Wie in ihrer Heimat suchten die Lehnsleute selbstsüchtig ihre Macht zu vergrößern. Sie gehorchten dem Lehnsherrn nicht und lagen miteinander ständig in Fehde. Das von Gottfrieds Nachfolger errichtete Königreich Jerusalem stand so von vornherein auf unsicherem Grund. Die zum Königreich gehörenden Fürstentümer Edessa, Tripolis und Antiochia drängten nach Selbständigkeit.

Geistliche Ritterorden. Um das heilige Grab gegen die „Ungläubigen" zu schützen, begründete ein französischer Ritter 1119 den Orden der Tempelritter. Diese nannten sich nach dem Haus ihres Großmeisters an der Stelle des zerstörten Salomonischen Tempels. Neben den üblichen Mönchsgelübden der Armut, der Keuschheit und des Gehorsams gelobten die Angehörigen des neuen Ordens den ständigen Kampf gegen die Heiden. Sie trugen einen weißen Mantel mit rotem Kreuz.

Krak des Chevaliers, die größte Kreuzfahrerburg in Syrien. Sie konnte 2000 Ritter aufnehmen und versorgen.

Schon vorher hatten italienische Kaufleute in Jerusalem ein Hospital für kranke christliche Pilger und eine Johanniskirche errichtet. Diese Johanniter wandelten sich nun nach dem Vorbild der Tempelherren ebenfalls in einen geistlichen Ritterorden um. Die Angehörigen dieses Ordens trugen schwarze Mäntel mit weißem Kreuz und im Kampfe ein rotes Oberkleid. Während des dritten Kreuzzugs entstand der Deutsche Ritterorden, dessen Mitglieder an ihren weißen Mänteln mit schwarzem Kreuz zu erkennen waren.

2. Auswirkungen der Kreuzzüge

Geistige und politische Ergebnisse. Von den drei Zielen, die sich die Kreuzfahrer gesetzt hatten, wurde keines dauerhaft erreicht. Die heiligen Stätten zu behaupten, erwies sich als unmöglich; schon nach knapp einem Jahrhundert gingen sie wieder verloren. Ihre Eroberung hatte zwischen Christen und Muslimen eine religiöse Leidenschaft entfacht, die einen friedlichen Ausgleich verhinderte.

Auch das zweite Ziel, die Hilfeleistung für Ostrom-Byzanz, wurde nur zeitweilig erreicht. Der Angriff der Türken gegen das Einfallstor Europas am Bosporus wurde für zwei Jahrhunderte aufgehalten (s. S. 151 f.)

Gänzlich verfehlt wurde das dritte Ziel, Einigung der Christen im Glaubenskampf, Buße und Sündenreinigung. Die Kreuzzüge bewirkten nicht Friedfertigkeit unter den Kreuzfahrern, sondern schufen persönliche Eifersucht zwischen den Anführern, nationale Rivalitäten zwischen Deutschen, Franzosen und Engländern. Sie verschärften die Gegensätze zwischen Laien und Geistlichen, zwischen den Mächtigen und Reichen und den von der Beute ausgeschlossenen Armen. In West- und Mitteleuropa setzte die religiöse Erregung der bisherigen Toleranz der Christen gegenüber den Juden ein Ende. Entlang den Kreuzfahrerstraßen flammte ein fanatischer Haß gegen die vermeintlichen „Christusmörder" auf. Er entlud sich besonders in den Städten am Rhein in grausamen Verfolgungen der dort alteingesessenen jüdischen Gemeinden.

Der im Jahre 976 niedergebrannte und seit 1050 nach oströmischen Vorbildern umgebaute Markusdom in Venedig.

Das Ende der Kreuzzüge. Das Königreich Jerusalem hat kaum 90 Jahre bestanden. Die Türken eroberten es 1187 zurück. Zu seiner Unterstützung und später zu seiner Wiederherstellung wurden sechs weitere Kreuzzüge unternommen. Franzosen, Engländer, Normannen und Deutsche beteiligten sich daran.

Die im heiligen Lande gegründeten geistlichen Ritterorden blieben auch nach ihrer Vertreibung aus Palästina bestehen und widmeten sich, über Europa verstreut, anderen wichtigen Aufgaben. Die Johanniter zogen sich nach Rhodos und später nach Malta („Malteser") zurück, wo sie bis 1798 unabhängig blieben. Während die Templer nach Frankreich gingen, gründeten die Deutschherren den Ordensstaat in Preußen (vgl. S. 117).

An den Kreuzzügen zeigte sich das veränderte Verhältnis zwischen Kirche und Welt. Kein König oder Kaiser war in Clermont anwesend; der Papst bestimmte, was die Christenheit zu tun hatte. So wuchs die politische Bedeutung des Papsttums, aber auch die Gefahr seiner Verweltlichung.

Unter den Führern der späteren Kreuzzüge befanden sich nur wenige Kaiser. Das deutsche Königtum hatte die Kraft eingebüßt, Schützer und Vormund der Christenheit zu sein. An seine Stelle traten in zunehmendem Maße die Könige von Frankreich und England.

Die eigentlichen Träger des Kreuzzugsgedankens waren jedoch in ganz Europa die Ritter. Sie wuchsen erst durch die Kreuzzüge zu einem Stand zusammen, der auch eine eigene Lebensweise entwickelte (vgl. S. 94).

Wirtschaftliche Ergebnisse. Die christlichen Kaufleute des Abendlandes machten in Konstantinopel (vgl. S. 60), Alexandrien und im arabischen Gebiet Nordafrikas bessere Handelsgeschäfte als im Heiligen Land. Die alten Karawanenstraßen aus dem Innern Asiens führten seit der türkischen Eroberung nicht mehr nach Akkon und Tyrus, sondern vor allem nach Byzanz. Aber die Kreuzzüge selbst boten den aufstrebenden italienischen Städten Genua, Pisa und Venedig Gelegenheit zur Bereicherung; denn die Kreuzfahrer benötigten Schiffe, Lebensmittel und Geldanleihen.

Viele Kreuzfahrer mußten, um sich für die Fahrt übers Meer auszurüsten, Hab und Gut zu Hause veräußern. So verarmten schließlich viele Ritter, ohne im Heiligen Land Entschädigung zu finden. Mancher war froh, wenigstens gesund wieder in seine Heimat zu gelangen.

Wandlungen des Bewußtseins. Nicht nur Fürsten und Ritter waren dem Rufe der Päpste gefolgt, sondern auch die breiten Massen des Volkes wurden von der Kreuzzugsidee ergriffen. Bauernsöhne und Bürger fuhren im Gefolge der Ritter übers weite Meer; sie lernten ferne Länder, andere Völker, andere Sitten und andere Religionen kennen. Ihr Blick wurde geschärft, ihr Geist zum Vergleichen und Prüfen angeregt.

Viele Kreuzfahrer, die in ehrlicher, frommer Begeisterung ausgezogen waren, um für eine heilige Sache zu streiten, sahen im heiligen Land, daß es vielen nicht um die religiösen Ziele ging, sondern mehr um Besitz und Macht. So begannen die Enttäuschten, sich eigene Gedanken um Gott und die Welt zu machen. In ihrem Glauben an die Lehren der Kirche waren sie unsicher geworden.

Wir fassen zusammen:

Die türkischen Seldschuken erschwerten die christlichen Pilgerzüge nach Jerusalem kaum. Sie bedrohten jedoch den Machtbereich des Oströmischen Kaisers.

Während Kaiser Heinrich IV. wieder gebannt war, rief Papst Urban II. 1095 zum ersten Kreuzzug auf. Französische, normannische, lothringische und andere Ritter eroberten unter Führung Gottfrieds von Bouillon 1099 Jerusalem. Als Kreuzfahrerstaaten entstanden das Königreich Jerusalem und die Fürstentümer Edessa, Tripolis und Antiochia. Die drei geistlichen Ritterorden der Templer, Johanniter und Deutschherren wurden gegründet. 1187 eroberten die Türken das Königreich Jerusalem zurück.

Insgesamt haben sieben Kreuzzüge stattgefunden. Die Hoffnung auf eine Wiedervereinigung der östlichen mit der westlichen Kirche erfüllte sich nicht. Die wirtschaftlichen, politischen und kulturellen Ergebnisse der Kreuzzüge können nicht einheitlich beurteilt werden. Die Entwicklung der ritterlichen Kultur war ebenso eine Folge der Kreuzzüge wie z. B. verschärfte Gegensätze zwischen Mohammedanern und Christen.

keine schriftl.
Zusammenfassung

DRITTES KAPITEL

Das Reich der Staufer

I. Friedrich I. Barbarossa

1. Staufer und Welfen

Der Kampf der Staufer gegen die Welfen. Nach dem Tode Heinrichs V. (1125), des letzten Saliers, gingen die deutschen Fürsten von der jahrhundertelangen Gewohnheit ab, den Nachfolger aus dem Geblüt, d. h. aus dem Verwandtenkreis, des Verstorbenen zu wählen. Sie richteten sich auch nicht nach dessen Wunsch, der Designation (vgl. S. 38), sondern versuchten ihr freies Wahlrecht durchzusetzen. Deshalb wählten sie in Mainz Lothar von Supplinburg, den Herzog von Sachsen, zum König. Ihn hielten sie im Hinblick auf ihre eigenen Absichten und Pläne für ungefährlich; er war schon 60 Jahre alt und hatte außer einer Tochter keinen Erben. Sie rechneten damit, daß in absehbarer Zeit eine Neuwahl notwendig sein werde, bei der ihr Einfluß erneut zur Geltung kommen könnte.

Die Staufer, Verwandte des salischen Geschlechts, waren enttäuscht über den Ausgang der Königswahl und erkannten den neuen Herrscher nicht an. Jahrelang tobten die Kämpfe. Als Lothar starb, wurde nicht sein mächtiger Schwiegersohn, Herzog Heinrich der Stolze von Bayern aus dem Geschlecht der Welfen, zum König gewählt. Diesmal erschien den Fürsten der schwächere Konrad von Staufen als das kleinere Übel. „Hie Welf!" – „Hie Waibling!" erschallte als Kampfruf durch Deutschland.

Waiblingen war eine staufische Burg in Schwaben. Noch jahrhundertelang bedeuteten die Namen „Guelfen" und „Ghibellinen" in den Städten Italiens Feindschaft oder Freundschaft mit den deutschen Kaisern.

In den Wirren eines verderblichen Bürgerkrieges, der dem König nicht einmal die Möglichkeit ließ, die Kaiserkrone zu holen, verging die Regierungszeit Konrads III. (1138–1152). Als den erwünschten Nachfolger bezeichnete der sterbende König seinen Neffen Friedrich von Schwaben.

1152 bis 1190

Die Versöhnung mit den Welfen. Nun waren auch die Fürsten des Kampfes müde. Mit seltener Einmütigkeit wurde der Staufer Friedrich I. (1152–1190) in Frankfurt gewählt und in Aachen auf dem Thron Kaiser Karls zum König gekrönt. Der junge König war durch seine Mutter Vetter des Welfen Heinrich, der später den Beinamen „der Löwe" trug. Dieser war der Sohn Heinrichs des Stolzen.

Der Staufer reichte dem Welfen die Hand zur Versöhnung. Heinrich erhielt zum Herzogtum Sachsen das Herzogtum Bayern zurück, das Konrad III. an einen Babenberger gegeben hatte. Der Babenberger erhielt dafür die Mark Österreich (vgl. S. 42), die erneut von Bayern abgetrennt und jetzt zum selbständigen Herzogtum erhoben wurde. Durch dieses Friedenswerk stärkte Friedrich seine Stellung im Innern des Reiches und nach außen. Von da ab gingen Staufer und Welfen viele Jahre, ohne sich zu stören, ihre eigenen Wege, die Schicksalswege des deutschen Volkes. Der Sachsenherzog aus dem Welfenhaus wandte sich dem Norden und Osten zu; der Schwabe Friedrich folgte der Straße der Ottonen und Salier nach dem Süden.

Die Ruine der staufischen Kaiserpfalz zu Gelnhausen, die Ende des 12. Jh., also zur Zeit Kaiser Barbarossas, erbaut wurde. Die Fenster auf der rechten Seite des Bildes gehörten zu einem Gang, hinter dem die Zimmer des Herrenhauses lagen. In dem darüberliegenden Stockwerk, von dem nichts mehr vorhanden ist, befand sich der große Saal, in dem der Kaiser seine Gäste empfing. Bemerkenswert sind vor allem die kunstvollen Säulenpaare unter den romanischen Fensterbogen.

Friedrichs Persönlichkeit und Kaiserkrönung. Unter der Führung Friedrichs I., dem die Italiener wegen seines rötlich-blonden Bartes den Beinamen Barbarossa (d. h. „Rotbart") gaben, wurde das Deutsche Reich wieder mächtig.

„Sein Körper ist wohlgestaltet, gut mittelgroß, die Augen scharf und durchdringend, die Nase schön, die Lippen fein, sein ganzes Gesicht ist fröhlich und heiter, sein Schritt fest und gleichmäßig, seine Stimme hell und die ganze Haltung des Körpers männlich. – Er kleidet sich nach vaterländischer Weise, nicht verschwenderisch oder leichtfertig, aber auch nicht armselig."
(Rahewin, Geschichtsschreiber, gest. 1177)

In Friedrich lebte ein unerschütterlicher Sinn für Recht und Gerechtigkeit. Er ließ sich von der Vorstellung leiten, daß der König vor allem Schützer des Friedens und Wahrer des Rechtes sei. Mit starker Hand hielt er Ordnung in Deutschland, zerstörte die Burgen und Schlupfwinkel der Friedensstörer und verhängte auch gegen hochgestellte Herren harte und schimpfliche Strafen, wenn sie den Landfrieden brachen.

Wie der König jedem sein Recht zuteil werden ließ, so beanspruchte er es auch für sich. In diesem Bewußtsein zog er schon bald nach Rom und gewann dort 1155 die Kaiserkrone.

2. Die Kämpfe in Italien

Die Unterwerfung Mailands. In Oberitalien hatten die aufblühenden Handelsstädte ihre Verpflichtungen dem Kaiser gegenüber immer mehr vernachlässigt. Sie wählten ihre Bürgermeister (Konsuln) selbst, prägten ihre eigenen Münzen und forderten Zölle und Steuern nach eigenem Ermessen und für ihre eigene Kasse. Zum zweitenmal zog Friedrich I. nach Oberitalien, mit mehr als 10 000 deutschen Rittern. Auf einem Reichstag auf den Roncalischen Feldern (bei Piacenza) stellten italienische Rechtsgelehrte 1158 fest, daß die Rechte, die sich die Städte angemaßt hatten, nach wie vor dem Kaiser zukämen. Daraufhin setzte Friedrich eigene Dienstleute als kaiserliche Beamte in den Städten ein und schaffte deren Selbstverwaltung ab.

Darüber empörte sich die stolze Stadt Mailand und vertrieb die kaiserlichen Beamten. Friedrichs Heer belagerte die Stadt ein Jahr lang. Schließlich erzwang das entmutigte Volk die Übergabe auf Gnade und Ungnade (1162). Mailand traf ein hartes Los. Es wurde völlig zerstört. Die Bürger mußten sich in vier unbefestigten bäuerlichen Ortschaften ansiedeln.

Kampf gegen Alexander III. Auch dem Papst gegenüber wollte der Kaiser die starke Stellung einnehmen, die Otto der Große innegehabt hatte. Friedrich setzte Bischöfe und Äbte wieder nach eigenem Gutdünken ein. Der Papst schwieg zunächst zu diesen schwerwiegenden Eingriffen des Kaisers in die Befugnisse der Kirche, die im Wormser Konkordat festgelegt worden waren (vgl. S. 59).

Doch schon 1157 kam es auf dem Reichstag zu Besançon zu einem schweren Zusammenstoß. Kardinal Roland überbrachte dort ein Schreiben des Papstes, das den Kaiser an die vom Papst empfangene Krone erinnerte und ihm noch weitere „Benefizien" in Aussicht stellte. Dieses Wort kann sowohl „Wohltaten" als auch „Lehen" bedeuten. Der Kanzler des Kaisers, der Kölner Erzbischof Rainald von Dassel, wählte die zweite Übersetzung. Der Kardinal steigerte den Zorn der Zuhörer noch dadurch, daß er ausrief: „Ja, von wem anders hat denn der Kaiser seine Würde als vom Papst?" Da stürzte sich der Pfalzgraf Otto von Wittelsbach mit gezücktem Schwert auf den Legaten (päpstlichen Gesandten), um die Beleidigung seines Herrn auf der Stelle zu rächen. Nur das Eingreifen Friedrichs rettete dem

Kaiser Barbarossas Siegel an einer Urkunde vom 26. Juni 1168. Die Rückseite zeigt eine stilisierte Darstellung der Stadt Rom.

Kardinal das Leben. Das Antwortschreiben an den Papst, das Rainald von Dassel entwarf, enthielt die stolzen Worte: „Eher legen wir die Krone nieder, als daß wir sie zugleich mit unserer Person so in den Staub ziehen lassen."

Als Kardinal Roland unter dem Namen Alexander III. Papst wurde, entbrannte der alte Kampf zwischen Kaiser und Papst von neuem. Diesmal unterstützten die deutschen Fürsten den Kaiser. Wieder zogen Ritterheere über die Alpen gegen die ewige Stadt (1166). Die Besatzung streckte die Waffen. Papst Alexander floh, als Pilger verkleidet, in einem Nachen den Tiber hinab. Friedrich ließ sich von einem Gegenpapst erneut zum Kaiser krönen. Mächtiger noch als zur Zeit Ottos des Großen gebot der Kaiser über Reich und Kirche.

Der Kaiser im Gebet, umgeben von Rittern seines Heeres. Über ihm die Schwurhand Gottes als Zeichen des göttlichen Auftrags (Teilstück des Karlsschreins in Aachen, um 1215).

Doch ein furchtbarer Schicksalsschlag machte alles Gewonnene wieder zunichte: starke Regenfälle mit Überschwemmungen und stechende Sonnenglut riefen das „römische Fieber“ hervor. Bischöfe und Grafen, Herren und Dienstmannen starben in Scharen. Am zwölften Tage raffte die Seuche Rainald von Dassel hinweg. Mit den Resten seines Heeres rückte der Kaiser nach Norden ab. Rom war verloren. Die Lombardei empörte sich. Als Knecht verkleidet, mußte der Kaiser aus dem Tor eines Städtchens fliehen, während sich sein getreuer Kammerherr drinnen als Kaiser ausgab. Papst Alexander III. und die Städte Oberitaliens schlossen sich in einem Bund zusammen. Das zerstörte Mailand erstand von neuem, und dem Papst zu Ehren, dem Kaiser zum Trotz, bauten die Lombarden A l e s s a n d r i a , ihre Bundesfestung.

Die Aussöhnung mit dem Papst. Erst nach vielen Jahren führte der Kaiser wieder ein Heer nach Italien. Als es bei L e g n a n o , nahe Mailand, geschlagen wurde, brach er den Kampf ab, den er seit siebzehn Jahren geführt hatte. Im Jahre 1177, hundert Jahre nach Canossa, schlossen Kaiser und Papst den F r i e d e n v o n V e n e d i g. Friedrich willigte in einen sechsjährigen Waffenstillstand mit den lombardischen Städten ein, nach dessen Ablauf über die beiderseitigen Rechtsansprüche entschieden werden sollte. Dann wurde die Versöhnung zwischen Kaiser und Papst mit großer Pracht gefeiert. Vor dem Markusdom in Venedig war ein hoher Thron errichtet, auf dem Alexander III. den Kaiser erwartete. Dieser legte seinen Purpurmantel ab, beugte sich nieder und küßte den Schuh des Papstes. Darauf gab dieser dem Kaiser den Friedenskuß.

1177

Links: Dieses Denkmal hat Heinrich der Löwe 1166 vor seiner Burg Dankwarderode in Braunschweig aufstellen lassen. Der Löwe, der einst vergoldet war, sollte ein Sinnbild für das Selbstbewußtsein und die Macht des Herzogs sein.

Rechts: Heinrich der Löwe und seine Frau Mathilde (Buchmalerei aus dem Evangeliar Heinrichs). Zu beiden Seiten die Eltern des Herzogspaares, links Heinrich der Stolze und seine Frau, rechts das englische Königspaar, die Eltern der Braut.

Unter Vermittlung des Papstes einigten sich Friedrich und die lombardischen Städte 1183 im Frieden zu Konstanz. Barbarossa gestattete ihnen, ihre Bürgermeister wieder selbst zu wählen und Zölle zu erheben. Nur mußten sie den Kaiser als Oberherren anerkennen und ihm jährlich 2000 Mark in Silber zahlen, eine große Summe in dieser noch geldarmen Zeit.

Die Entscheidung im Kampf zwischen Kaiser und Papst war wiederum nur aufgeschoben.

3. Friedrich Barbarossa und Heinrich der Löwe

Die Machtstellung Heinrichs des Löwen. Während Friedrich seine Kräfte in Italien einsetzte, wirkte der Welfe in Deutschland. Das Herzogtum Bayern blühte unter ihm auf. Dort, wo die wichtige Salzstraße von Salzburg nach Augsburg über die Isar führte, erbaute Heinrich der Löwe eine Brücke und gründete den Marktort München (1158), dessen Bedeutung rasch zunahm.

Vor allem aber setzte er seine Kraft in Niederdeutschland ein und gewann von Sachsen aus die Oberherrschaft über Holstein, Mecklenburg und Pommern. In das eroberte, aber weithin verwüstete, menschenarme Land rief Heinrich deutsche Bauern, die den Boden in harter Arbeit erschlossen. Außerdem gründete und förderte er hier Städte, unter denen Lübeck nahe der Ostsee sich besonders schnell entwickelte (vgl. S. 113). Heinrichs Macht in diesen Gebieten war so groß, daß er sogar Bischöfe einsetzte. Aber auch die Zahl seiner Gegner wuchs. Sie waren eifersüchtig auf die Macht des Welfen und beklagten sich beim Kaiser wegen seiner Übergriffe und Gewalttätigkeiten.

Der Sturz Heinrichs des Löwen. Bei einer Unterredung in Chiavenna, nördlich des Comer Sees, hatte Friedrich Barbarossa seinen Vetter um Hilfe im Kampf gegen die lombardischen Städte gebeten. Der Welfe jedoch machte die Erfüllung seiner Bitte davon abhängig, daß der Kaiser ihm die wertvolle Reichsstadt Goslar mit ihren Silbergruben zurückgebe. Mit Entrüstung lehnte der Kaiser es ab, die Hilfe so zu erkaufen. Als erbitterte Feinde trennten sie sich. Der alte Streit zwischen Welfen und Staufern brach aufs neue aus.

Als nun Kaiser Friedrich nach der Niederlage seines Heeres (vgl. S. 71) nach Deutschland zurückkehrte, forderte er den Welfen auf, sich wegen der vielen von Grafen und Fürsten gegen ihn vorgebrachten Klagen vor ihm zu verantworten. Aber Heinrich kam auch nach wiederholten Vorladungen nicht. Durch diese Nichtachtung der Gerichtsordnung setzte er sich offenkundig ins Unrecht.

Deshalb sprach Friedrich die Reichsacht über den Löwen aus und nahm ihm 1180 die Reichslehen, seine beiden Herzogtümer. Bayern erhielt Otto von Wittelsbach, der Friedrich bei Verona durch sein mutiges Eingreifen aus höchster Gefahr gerettet hatte. Seit dieser Zeit bis 1918 regierten die Wittelsbacher in Bayern. Sachsen wurde aufgeteilt. Der westliche Teil, Westfalen, kam an den Erzbischof von Köln, dessen weltliche Herrschaft fortan bis zur Weser reichte. Den östlichen Teil, das Gebiet zwischen Weser und Elbe, erhielt ein Sohn Albrechts des Bären aus dem Geschlecht der Askanier (vgl. S. 110) als Herzog von Sachsen.

Wohl griff Heinrich der Löwe zu den Waffen. Aber seine Burgen am Harz ergaben sich, und seine Städte öffneten dem Kaiser ihre Tore. Da warf sich Heinrich in Erfurt dem Kaiser zu Füßen und flehte um Gnade. Friedrich verzieh ihm und beließ ihm Braunschweig und Lüneburg, das Erbgut des Welfenhauses. Der Löwe mußte mehrere Jahre in die Verbannung gehen. Er begab sich an den Hof des Königs von England, seines Schwiegervaters.

4. Glanzzeit des Kaisertums und Friedrichs Tod

Das Reichsfest in Mainz. Pfingsten 1184 war das „goldene Mainz" voller Gäste. Der Kaiser hatte die Ritterschaft zur Schwertleite seiner beiden ältesten Söhne geladen. Schwertleite nannte man die Einführung des Knappen in den Stand der erwachsenen Ritter (vgl. S. 96). Viele Tausende fanden nur in Zelten vor der Stadt Unterkunft. 70 Fürsten, an die 40 000 Ritter und eine unübersehbare Menge von Leuten jeden Standes und jeder Mundart, dazu Spielleute und fahrendes Volk hatten sich versammelt. Es war ein prachtvolles Hof- und Volksfest.

Die Hochzeit von Mailand. Inzwischen hatte sich Friedrich I. zur Stärkung seiner Macht in Oberitalien mit dem ehemals feindlichen Mailand verbündet. Die Bürger dieser Stadt rechneten es sich zur hohen Ehre an, daß der Kaiser zwei Jahre nach dem Mainzer Reichsfest die Vermählung seines Sohnes Heinrich mit Konstanze von Sizilien, der Tochter des Normannenkönigs Roger II., in ihren Mauern feiern ließ. Friedrich stand auf dem Höhepunkt seiner Macht.

Der dritte Kreuzzug. Noch einmal sah sich der Kaiser vor eine große Aufgabe gestellt. Als er erfuhr, daß Saladin, der Sultan von Ägypten, Jerusalem im Sturm genommen hatte, entschloß er sich, damals bereits über 60 Jahre alt, das Kreuz zu nehmen und die christliche Ritterschaft in den Kampf zu führen. Nicht der Papst rief zu diesem Kreuzzug auf, wie einst Urban II., sondern der christliche Kaiser als der mächtigste Herrscher und als der Schutzherr der Kirche im Abendland. Im Jahre 1189 brach er mit einem gut gerüsteten Ritterheer von Regensburg zum dritten Kreuzzug auf. Der Kaiser entschied sich für den Landweg, während die Könige Philipp August von Frankreich und Richard Löwenherz von England den Seeweg wählten.

Donauabwärts ging der Marsch. Kleinasien wurde durchquert. Hunger, Durst, Entbehrungen aller Art wurden überstanden, die unaufhörlichen Angriffe seldschukischer Reiterschwärme abgeschlagen. Da ertrank Friedrich Barbarossa 1190 im Flusse Saleph.

„Bei dieser Stelle und bei diesem grausigen Bericht versagt unser Griffel und verstummt unsere Rede. Gott tat nach seinem unerforschlichen Ratschluß, sicherlich gerecht, aber nicht barmherzig" (Kölner Königschronik).

Wir fassen zusammen:

Nach dem Tode Heinrichs V., des letzten Saliers, versuchten die Fürsten, das freie Wahlrecht endgültig durchzusetzen. Mit der Wahl Lothars von Supplinburg begann der Bruderkrieg zwischen Welfen und Hohenstaufen (1125).

Der Hohenstaufenkönig Friedrich I. Barbarossa (1152–1190) versöhnte sich mit dem Welfenherzog Heinrich dem Löwen, dem er zum Herzogtum Sachsen das Herzogtum Bayern zurückgab . Österreich wurde ein selbständiges Herzogtum.

Friedrich I. gewann 1155 die Kaiserkrone, mußte aber zur Rückgewinnung der kaiserlichen Rechte in Oberitalien mit den dortigen Städten unter Führung Mailands kämpfen. Diese verbün-

Rechts oben: Die auf Veranlassung Rogers II. 1132 begonnene Kirche S. Giovanni degli Eremiti in Palermo. Sie ist offensichtlich ein Werk sizilianischer Baumeister, welche die sarazenische Baukunst Siziliens (vgl. S. 9) fortsetzten. – Unten: Brunnenhaus im Kreuzgang des ehemaligen Benediktinerklosters von Monreale bei Palermo (Ende 12. Jh.). Byzantinische, islamische und normannische Stilelemente haben sich zu einem neuen Stil vereint.

Der Krönungsmantel der staufischen Kaiser, von sarazenischen Künstlern um 1133 für den Normannenkönig Roger II., den Vater der Konstanze, in Palermo gefertigt. Zu beiden Seiten des Lebensbaumes ist spiegelbildlich ein Löwe dargestellt, der ein Kamel schlägt. Goldstickerei auf purpurnem Seidengrund.

deten sich nach ihrer ersten Unterwerfung (1162) mit Papst Alexander III. Nach der Niederlage von Legnano (1176), die durch die Abwesenheit Heinrichs des Löwen mitverschuldet wurde, schloß der Kaiser mit dem Papst 1177 den Frieden von Venedig. Die Entscheidung im Kampf zwischen Kaiser und Papst war wiederum nur aufgeschoben.

Heinrich der Löwe verlor durch sein Verhalten die Unterstützung Friedrichs. 1180 wurden ihm seine beiden Reichslehen genommen. Bayern kam an die Wittelsbacher, Sachsen wurde geteilt. Das Erbgut Braunschweig und Lüneburg wurde den Welfen schließlich zurückgegeben.

Das Reichsfest zu Mainz und die Mailänder Hochzeit waren Höhepunkte des staufischen Kaisertums. Friedrich I. ertrank während des dritten Kreuzzuges.

II. Heinrich VI. und Innozenz III.

1. Kaiser Heinrich VI.

Die Ausdehnung der Macht. Friedrich Barbarossas Sohn Heinrich VI. errang in wenigen Jahren eine noch größere Macht als sein Vater. Er vereinigte die drei Königreiche Deutschland, Italien und Burgund mit dem erblichen Königreich Sizilien-Unteritalien. König Richard Löwenherz von England wurde auf dem Rückweg vom Kreuzzug Heinrichs Gefangener und leistete ihm den Lehnseid. Den König von Aragon betrachtete der Kaiser als seinen Vasallen. Die arabischen Beherrscher von Tunis und Tripolis in Nordafrika zahlten ihm Tribut. Die Könige von Cypern und Armenien, obwohl Vasallen des oströmischen Kaisers, erbaten von Heinrich VI. die Neubelehnung.

Rechts: Die Kaiserkrönung Heinrichs VI. durch Coelestin III. (Buchmalerei in der Handschrift des Petrus de Ebulo, 1197). Die zeitgenössische Darstellung zeigt die wichtigsten Vorgänge bei der Krönung. Als König reitet Heinrich nach Rom. Ohne Krone und Reichsapfel naht er sich dem Papst in der Peterskirche. Der Papst hebt den Knieenden auf, weiht ihn und nimmt sein Treuegelübde entgegen. Dann überreicht er ihm die Zeichen seines Amtes: Schwert, Stab, Ring und Krone (Darstellung aus der päpstlichen Sicht).

celestin'
Secdo brachia
Quarto virgã.
Quinto anulũ
Ultimo corona

Die Vorherrschaft des Kaisers schien nach allen Seiten hin gesichert. Er plante, die erbliche Monarchie in Deutschland einzuführen. Aber bei der Vorbereitung eines Kreuzzuges starb Heinrich VI. in Messina im Alter von 32 Jahren (1197). Im Dom von Palermo ist er beigesetzt.

Der Zusammenbruch der Kaisermacht. Der plötzliche Tod Heinrichs VI. führte sofort zu einem völligen Zusammenbruch der kaiserlichen Machtstellung. Sein Sohn Friedrich Roger war erst 3 Jahre alt. Lehnsherr Siziliens wurde der Papst, unter dessen Schutz sich Kaiserin Konstanze stellte, um ihrem Sohn das sizilische Erbe zu erhalten.

In Deutschland entbrannte der Streit zwischen Staufern und Welfen aufs neue. Jede Partei wählte ihren eigenen König, und beide kämpften um die Herrschaft. Der Bürgerkrieg tobte so lange, bis der staufische König, ein Onkel des jungen Friedrich, ermordet wurde.

2. Papst Innozenz III.

Herr der Christenheit. Ein Vierteljahr nach dem Tode Heinrichs VI. wurde der neue Papst, Innozenz III., in feierlichem Zuge von der Peterskirche zu seinem Palast, dem Lateran, geleitet. Er war erst 37 Jahre alt. Ziele seiner Politik wurden die Freiheit und Reinheit der Kirche. Die Freiheit sah Innozenz durch die bisherige staufische Politik gegenüber dem Kirchenstaat gefährdet. Deshalb sollten Sizilien und das Reich nie wieder in einer Hand vereinigt sein.

Die politische Lage war günstig. Der Kirchenstaat wurde auf Kosten des Reiches erweitert. In Italien erwachte in dieser Zeit das Nationalgefühl gegen die deutsche Herrschaft. Im Streit der Könige nördlich der Alpen gewann der Papst schiedsrichterliche Gewalt. Neben König Friedrich von Sizilien wurden ihm viele Fürsten lehnspflichtig: Johann ohne Land von England, der Bruder von Richard Löwenherz, die Könige von Dänemark, Aragonien, Portugal, Ungarn und Armenien. Der Papst war ein mächtiger weltlicher Herrscher geworden.

Innozenz rief die Fürsten und Ritter der christlichen Welt zu dem Kreuzzug auf, der durch den Tod Heinrichs VI. nicht zustandegekommen war. Aber die Kreuzfahrer erreichten das heilige Land nicht. Die mächtige Seestadt Venedig, die ihre Schiffe gegen entsprechende Bezahlung den Kreuzfahrern zur Verfügung gestellt hatte, lenkte den Kreuzzug eigenmächtig gegen das oströmische Reich, um den Rivalen am Bosporus zu vernichten. Konstantinopel wurde erstürmt (1204) und anstelle der oströmischen Herrschaft ein „Lateinisches Kaiserreich" errichtet, das allerdings nur fünfzig Jahre lang bestand. Ein flandrischer Graf wurde lateinischer Kaiser, ein Venezianer römisch-katholischer Patriarch von Konstantinopel. Die griechisch-orthodoxe Kirche mußte sich vorübergehend dem Papste unterordnen. Innozenz wurde weltlicher und kirchlicher Oberherr des neuen Kaiserreiches und schien Herr der ganzen Christenheit zu sein.

Das Laterankonzil. Diese umfassende Einheit kam der ganzen christlichen Welt
1215 zum Bewußtsein, als im Jahre 1215 das vierte Laterankonzil in Rom zu-

Rechts: Der Traum des Papstes Innozenz III. Teilstück aus den Fresken Giottos (gest. 1336) über das Leben des Franz von Assisi. Giottos Bild zeigt rechts den schlafenden Papst, links Franz von Assisi, der den wankenden Bau der Kirche stützt.

sammentrat. Über tausend hohe geistliche Würdenträger, unter ihnen der Patriarch von Konstantinopel, und die Vertreter fast aller christlichen Fürsten waren erschienen. Papst Innozenz verkündete:

„Wie Gott, der Schöpfer des Weltalls, zwei große Lichter an das Himmelszelt gesetzt hat, ein größeres, um den Tag, und ein kleineres, um die Nacht zu regieren, so hat er für die allgemeine Kirche zwei hohe Würden eingesetzt, eine größere, welche die Seelen, sozusagen die Tage, und eine kleinere, welche die Körper, sozusagen die Nächte regieren soll: das sind das Amt des Papstes und die Königsgewalt. Wie ferner der Mond sein Licht von der Sonne empfängt, hinter der er an Größe und Kraft . . . zurücksteht, so empfängt die königliche Macht (potestas) von der päpstlichen Amtsgewalt (auctoritas) den Glanz ihrer Würde."

Das Konzil faßte wichtige Beschlüsse über die Transsubstantiation (Umwandlung von Wein und Brot in Blut und Leib Christi während des Abendmahles), über die Osterbeichte und über die Predigt während des Gottesdienstes. Außerdem beschloß das Konzil, diejenigen, die von der Lehre der Kirche abgefallen waren, die „Ketzer", aufzuspüren und zu bestrafen. Diese Beschlüsse führten zur Einrichtung der Inquisition, d. h. einer „genauen Untersuchung", deren Träger vor allem der Dominikanerorden (s. unten) wurde. Wer von einem geistlichen Gericht als „Ketzer" bezeichnet wurde, sollte der weltlichen Gerichtsbarkeit überantwortet werden.

Kaiser Friedrich II. und der französische König Ludwig der Heilige verordneten den Feuertod für die von geistlichen Gerichten verurteilten „Ketzer". In der ersten Zeit richtete sich die Inquisition vor allem gegen die beiden religiösen Bewegungen der Katharer (Albigenser) und der Waldenser, die besonders in Südfrankreich großen Zuspruch fanden.

3. Neue Religiosität

Die Bettelorden. Um diese Zeit verließ Franziskus von Assisi, der Sohn eines reichen Kaufmanns, nach einer frohen, in Genuß und Übermut hingebrachten Jugend, seine Heimatstadt, zog sich in die Einsamkeit zurück und lebte mit einigen Freunden in Armut und Bedürfnislosigkeit. In selbstloser Hingabe nahm er sich der Ärmsten und Elendesten unter seinen Mitmenschen, z. B. der Aussätzigen, an. Zuerst wurden seine Anhänger verspottet und verfolgt; aber ihr unbeirrbarer Ernst ließ ihren Kreis immer größer werden.

Ein neuer Mönchsorden entstand, den der Papst schon bald anerkannte. Aus Demut nannten sich diese Mönche Minoriten (minor = geringer) oder „Mindere Brüder". Das Volk hieß sie „Barfüßer" und später Franziskaner.

In derselben Zeit scharte der vornehme Spanier Dominikus Anhänger um sich. Er sah, daß viele Menschen durch Mißstände in der Kirche und durch eigene Unwissenheit am Glauben irre geworden waren. Deshalb nahm er sich der Abgefallenen in persönlicher Aussprache an und legte ihnen das Glaubensbekenntnis aus.

Die Mitglieder seines Ordens, die Dominikaner, wirkten meist in Städten. Aus diesem Orden gingen die großen Gelehrten des 13. Jahrhunderts hervor, Thomas von Aquin und Albertus Magnus. Beide versuchten, Glauben und Wissen zu einer Einheit zu verbinden.

Mehr als die kluge Politik der Päpste, mehr auch als die Inquisition haben Franziskaner und Dominikaner zur religiösen Besinnung der Menschen und zur Erneuerung der Kirche beigetragen.

Elisabeth von Thüringen. Um 1200 lebte auf der Wartburg bei Eisenach die Landgräfin Elisabeth von Thüringen.

Das nebenstehende Teilstück aus dem Reliquienschrein der Elisabeth von Thüringen in der Sakristei der Elisabethkirche zu Marburg an der Lahn zeigt die Heilige bei der Pflege der Kranken. Der Schrein ist entstanden in den Jahren 1236–1249.

Sie war die Tochter des Königs von Ungarn und mit vier Jahren an den Hof des Landgrafen von Thüringen gekommen, dessen Sohn sie später heiraten sollte. Häufig erschien sie als helfender Engel in den Hütten der Armen und Kranken. Selbst der Landgraf, der ein frommer Mann war, glaubte manchmal, daß sie in ihrer Barmherzigkeit und Freigebigkeit zu weit ginge. Zu ihr kamen Kranke und Sieche; das Landgrafenschloß wurde zum Hospital. Als Elisabeths Gemahl auf einem Kreuzzug starb, wurde sie von dessen Nachfolger mit ihren Kindern von der Wartburg vertrieben. In Marburg an der Lahn nahm sie ihren Wohnsitz und gründete ein Spital, in dem sie selbst die Kranken pflegte.

Elisabeth starb mit 24 Jahren. Sie wurde schon bald als Heilige verehrt. Über ihrem Grabe wurde die Elisabethkirche (1235–1360) erbaut. Diese Kirche war eines der frühesten Beispiele des neuen Baustils der Gotik in Deutschland (vgl. S. 108). Sie birgt auch den kostbaren Elisabethschrein, ein Meisterwerk mittelalterlicher Goldschmiedekunst.

Wir fassen zusammen:

Kaiser Heinrich VI. von Hohenstaufen, der Sohn Friedrichs I., war König von Deutschland, Italien und Burgund und durch seine Gemahlin Konstanze erblicher König des Normannenreiches von Unteritalien und Sizilien. Seine umfassenden Pläne fanden ein jähes Ende durch einen frühen Tod (1197). In Deutschland brach der Krieg zwischen den Staufern und Welfen erneut aus.

Diesen nutzte Papst Innozenz III. Er stärkte die Kirche durch das Laterankonzil (1215), das Beschlüsse über Transsubstantiation und Inquisition faßte.

Um diese Zeit entstanden die Bettelorden der Franziskaner und Dominikaner.

III. Die letzten Staufer

1212 bis 1250

1. Kaiser Friedrich II. (1212–1250)

Friedrich II. erkämpft den deutschen Thron. Der junge König von Sizilien hatte seine Kindheit in der reichen Hafen- und Handelsstadt Palermo verlebt, mitten im Völkergemisch von Griechen, Arabern, Normannen, Sizilianern und Juden (vgl. S. 76). Als er mit 14 Jahren mündig geworden war, zog er mit nur wenigen Begleitern und fast mittellos nach Rom, leistete dem Papst den Lehnseid für sein sizilisches Erbe, wurde von ihm mit Geld unterstützt und schlug sich fast wie ein Abenteurer durch die feindliche Lombardei nach Süddeutschland durch. Wie seine Vorfahren wollte er deutscher König werden.

Überall strömten ihm Anhänger zu. Noch hatte der Zauber des staufischen Namens seine Wirkung nicht verloren. Zwar hatte Innozenz keinen Staufer mehr als König in Deutschland dulden wollen; jetzt aber erschien ihm der junge Friedrich als das kleinere Übel gegenüber dem Welfenkönig. Erneut begann der Krieg zwischen Welfen und Staufern in Deutschland. Die Welfen wurden vom englischen König unterstützt. Friedrich fand Hilfe bei König Philipp August von Frankreich. Schließlich siegte die französisch-staufisch-päpstliche Partei über die englisch-welfische. Der König von Frankreich sandte Friedrich den erbeuteten Reichsadler, dessen Schwingen gebrochen waren. Friedrich wurde 1215 in Aachen zum deutschen König gekrönt.

Der moderne sizilische Staat. Gegen den Verzicht Friedrichs auf die Mitwirkung bei Bischofswahlen (Egerer Goldbulle, 1213) und andere Zusicherungen fand sich Innozenz III. mit der Stauferherrschaft nördlich und südlich des Kirchenstaates ab. Nach der Kaiserkrönung in Rom (1220) schuf Friedrich in dem von ihm besonders geliebten Sizilien und Unteritalien eine neue Staatsordnung. An der Spitze des Staates stand der Monarch, dessen Wille allein galt. Sarazenische und deutsche Krieger hielten die kaiserlichen Burgen besetzt und schlugen jeden Widerstand rücksichtslos nieder. Im Hafen von Palermo lagen schnelle Segler und Galeeren einer leistungsfähigen Flotte vor Anker. Besoldete Beamte überwachten den Staat und hielten ihn in mustergültiger Ordnung. Flotte, stehendes Heer und Beamtenschaft wurden mit dem Geld besoldet, das aus Hafen- und Torzöllen oder aus anderen Steuerquellen floß. Der Staat besaß das alleinige Verkaufsrecht (Monopol) für Salz, Eisen, Kupfer, Rohseide und Getreide. So wurde Friedrich mit seinem gut organisierten und straff verwalteten Staat der reichste Fürst seiner Zeit.

Friedrich II. Vorderseite einer Münze mit dem Bildnis des Kaisers (aus Brindisi oder Messina, 1231)

Kultur- und Geistesleben. Zur Ausbildung der Beamten gründete Friedrich II. in Neapel 1224 die erste staatliche Universität. Auch Ärzte und Apotheker mußten ein ordentliches Studium nachweisen, wenn sie ihren Beruf ausüben wollten. Bedürftige Studenten wurden unterstützt.

Friedrich selbst sprach Griechisch, Lateinisch, Arabisch, Hebräisch, Französisch, Provenzalisch, Normannisch und Italienisch. Er sammelte Dichter um sich, die in

Europa um 1250

der sich entwickelnden italienischen Sprache dichteten, verfaßte selbst italienische Gedichte und schrieb ein berühmtes Buch über die Falkenjagd. Die deutsche Sprache aber blieb ihm fremd. Friedrichs besondere Vorliebe galt den Naturwissenschaften. Er ließ großartige Bauten errichten (Castel del Monte).

Zugeständnisse an die deutschen Fürsten. In Deutschland ließ sich Friedrich zuerst durch den Kanzler, dann den Herzog von Bayern und schließlich durch seinen Sohn Heinrich vertreten. Den Fürsten mußte der Kaiser immer wieder Hoheitsrechte abtreten, damit sie ihn in seinen italienischen Kämpfen unterstützten. In einem Reichsgesetz (Statutum in favorem principum, 1231/32) gestand er ihnen das Recht zu, Münzen zu schlagen, Zölle zu erheben, Gerichtsbeamte zu ernennen, Burgen zu bauen und Städte zu gründen. Zum erstenmal wurden sie Landesherren (domini terrae) genannt. Damit wurde die Zersplitterung des Reiches in Territorien eingeleitet. Königliche Städte wurden an die Landesfürsten übergeben. **1231/32**

Castel del Monte, das von Kaiser Friedrich II. um 1240 erbaute Jagdschloß westlich von Bari. Der Grundriß dieses einzigartigen Baues ist ein regelmäßiges Achteck. An jeder Ecke steht ein vorspringender Turm. Nur wenige große Fenster mit Rund- oder Spitzbogen unterbrechen das wuchtige Mauerwerk. Aus Sicherheitsgründen führte nur ein einziger Zugang ins Innere des Schlosses (vgl. S. 83).

Die Friedensordnung Friedrichs II. Als Friedrich II. 1235 noch einmal nach Deutschland kam, begleitete ihn ein bunter Troß von Kamelen, Affen und Raubtieren, gehütet von farbigen Wächtern. Auf dem glanzvollen Mainzer Reichstag verkündete er ein Landfriedensgesetz, das erste Reichsgesetz in lateinischer und deutscher Sprache.

Grenzkämpfe deutscher Fürsten. Von diesem meist in Italien weilenden Herrscher war keine wirksame Hilfe zu erwarten, wenn Feinde in Nord und Ost das Reich bedrohten. So griffen niederdeutsche Fürsten, Ritter, Bürger und Bauern zur Selbsthilfe und besiegten den Dänenkönig Waldemar im Jahre 1227 bei dem Dorfe Bornhöved in Holstein. Holstein, Lübeck, Mecklenburg und Pommern gehörten wieder zum Reich.

Besonders groß war damals die Gefahr, die den Osten des Abendlandes bedrohte. Unaufhaltsam drangen die Mongolen aus Innerasien nach Rußland und Polen vor und brachen in Ungarn und Schlesien ein (vgl. S. 88).

Rechts: Konradin, der letzte Staufer, mit seinem Jagdfalken auf der Rebhuhnjagd. Der Begleiter Konradins ist sein Freund Friedrich von Baden, der mit dem jungen König auch das bittere Ende teilte (vgl. S. 86). Das Bild ist eine Buchmalerei aus der berühmten Manessischen Liederhandschrift, die in der Universitätsbibliothek in Heidelberg aufbewahrt wird. Benannt ist diese Handschrift nach dem Züricher Ratsherrn Rüdiger Manesse (gest. 1304), der ein eifriger Sammler alter Lieder war. Das Buch enthält mittelhochdeutsche Minnelieder von 140 Dichtern und ist mit 137 ganzseitigen farbigen Bildern geschmückt.

Künig Chunrat der junge. ·4·

2. Das Ende der Staufer

Friedrichs letzte Jahre. Inzwischen kämpfte Friedrich mit wechselndem Erfolg gegen den Papst. Dieser hatte ihn gebannt, weil er einen versprochenen Kreuzzug immer wieder hinausschob. Schließlich zog der Kaiser doch in das Heilige Land, nahm es nach einem Vertrag mit dem Sultan in Besitz und machte sich als Gebannter selbst zum König von Jerusalem. Damit hatte er den Bannspruch des Papstes offen mißachtet.

Der Papst verbündete sich mit den lombardischen Städten. Jahrelang tobten die Kämpfe. Friedrich behauptete sich jedoch und holte zum Gegenschlag aus. Da starb er plötzlich 1250 am Sumpffieber. Er liegt im Dom zu Palermo neben seinen Eltern bestattet.

Die letzten Staufer. Der Kampf um die Vorherrschaft in Italien ging auch nach dem Tode Friedrichs II. weiter. Als letzter Staufer zog sein Enkel Konradin nach Italien, um sein Erbe anzutreten. Vergeblich hatte die Mutter den Sechzehnjährigen zurückzuhalten versucht. Der Papst hatte ihn gebannt. Aber jubelnd empfingen ihn die Ghibellinen (vgl. S. 68) in Rom und führten ihn im Triumphzug aufs Kapitol, während der Papst die Stadt mied und gegen das „Otterngezücht der Staufer“ das Kreuz predigen ließ. Östlich von Rom siegte Konradin über die französischen Ritter Karls von Anjou, den der Papst zum König von Sizilien gekrönt hatte.

Schon schickte sich Konradins Heer zur Verfolgung an, da brach Karl von Anjou mit einer Schar von Rittern aus einem Hinterhalt hervor. Trotz tapferer Gegenwehr blieb Konradin schließlich nur die Flucht übrig. Durch Verrat fiel er in die Hände Karls.

Dieser machte Konradin und seinen Mitgefangenen den Prozeß wegen Landesverrats. Der junge Staufer und sein Freund Friedrich von Baden wurden auf Karls Be-
1268 fehl zum Tode verurteilt und 1268 auf dem Marktplatz in Neapel enthauptet. Die Hinrichtung war ein politischer Mord und wurde schon von den Zeitgenossen so aufgefaßt.

Wir fassen zusammen:

Der Sohn Heinrichs VI., Friedrich II. (1212–1250), versuchte das Großreich der Hohenstaufen noch einmal zu festigen. Er baute das Königreich Sizilien zu einem modern verwalteten Staat aus, hatte auch Pläne für die Festigung seiner Macht in Oberitalien, überließ aber Deutschland weitgehend den Fürsten. Er gestand ihnen im „Statutum in favorem principum“ Landesherrenrechte zu. Im Kampf gegen die Nachfolger von Papst Innozenz III. verbrauchte der Kaiser seine Kräfte.

Nach seinem Tode brach die staufische Herrschaft bald zusammen. In Deutschland gab es keinen starken König mehr, dem sich die Fürsten untergeordnet hätten.

Asien bis zum Ende der Herrschaft der Goldenen Horde

VIERTES KAPITEL

Große Reiche im Osten

I. Das Weltreich der Mongolen

1. Dschingis Chan

Herkunft und Siegeszüge. In der Wüste Gobi in Innerasien lebten zahlreiche kleine mongolische Stämme. Sie zogen als Nomaden von Weideplatz zu Weideplatz. Einem ihrer Stammesfürsten mit Namen T e m u d s c h i n („haarscharfer Stahl") gelang es um 1200, die Stämme unter seiner straffen Führung zu einigen. Mit seinen Reiterscharen durchbrach er die „Große Mauer" (vgl. S. 90) und unterwarf große Teile C h i n a s.

Dann brach Temudschin in T u r k e s t a n ein. Dort bestand ein mohammedanisches Reich mit blühenden Städten (Buchara, Samarkand) und hoher Kultur. Der Siegeszug führte weiter nach P e r s i e n.

Als Groß-Chan aller mongolischen Stämme nannte sich Temudschin jetzt Dschingis Chan, d. h. Herr der Herrscher. Er trug diesen Namen zu Recht. Niemals vorher hatte es solch ein weiträumiges Weltreich gegeben; es erstreckte sich vom Stillen Ozean bis zum Kaspischen Meer, von Mittelpersien bis in die Steppen Sibiriens. Auf Dschingis Chans Siegel stand: „Im Himmel Gott, auf Erden der Chan, die Macht Gottes. Das Siegel des Kaisers der Menschheit."

Bedrohung des Abendlandes. Nach dem Tode Dschingis Chans 1227 setzten seine Nachfolger die Eroberungen fort. In den Jahren 1237 bis 1240 geriet Rußland unter die Mongolenherrschaft. Im Frühjahr 1241 standen mongolische Reiterschwärme unter der Führung Batus, eines Neffen des neuen Groß-Chans, an der Grenze des Abendlandes. Der erste Stoß traf das Polenheer; es wurde geschlagen. Mitte März stand Krakau in Flammen, und wenige Wochen später – am 9. April – stieß Batu bei Liegnitz auf ein etwa 30 000 Mann starkes Heer polnischer und deutscher Ritter unter der Führung Herzog Heinrichs von Schlesien. Die schwer gepanzerten Ritter kämpften in dicht geschlossenen Verbänden. Die mongolischen Reiterscharen dagegen teilten sich in zahlreiche Gruppen und trugen von mehreren Seiten ihre schnellen Überraschungsangriffe vor. Alle Tapferkeit der Ritter war vergeblich. Ihr Heer wurde vernichtet; auch Herzog Heinrich fiel.

2. Das Erbe des Groß-Chans

Das Riesenreich im Osten. Die siegreichen Mongolenscharen zogen sich jedoch überraschend nach Osten zurück. In Karakorum, der „Stadt der hölzernen Paläste", am Nordrande der Wüste Gobi war der Groß-Chan gestorben. Der neue Herrscher ließ seine Reiterscharen nicht mehr gegen die befestigten Städte des Abendlandes anstürmen.

Sie brachen in Mesopotamien ein, zerstörten die Bewässerungsanlagen und machten das blühende Land zur Wüste. Sie eroberten Syrien und Palästina, das Heilige Land, um das die Kreuzfahrer zwei Jahrhunderte lang vergeblich gekämpft hatten. Voller Bangen mögen damals die Menschen im politisch zersplitterten Abendland auf jene Riesenmacht im Osten geblickt haben!

Kulturelle Auswirkungen. Etwa die Hälfte der Menschheit war dem Groß-Chan untertan. In seinen Herrschaftsgebieten folgten auf die Zeit der Eroberungen lange Jahre des Friedens. Alle Streitigkeiten unter den Völkern und den Stämmen hatten aufgehört. Der Wille des großen Chans war überall Gesetz. Ein für jene Zeit großartig ausgebautes Verkehrswesen verband alle Teile des weiten Reiches. 300 000 Pferde besaß die Reichspost. Der Herr der Herrscher empfing Depeschen von Orten, die 10 Tagesreisen entfernt waren, innerhalb 24 Stunden. Kaufleute aller Nationen, Priester jeden Glaubens konnten ungefährdet durch ganz Asien reisen (vgl. S. 91).

Freilich war der Friede, der in dem Riesenreich des Ostens herrschte, teuer erkauft mit dem Verlust der Freiheit der vielen unterworfenen Völker. Die 200jährige Mongolenherrschaft hat auch auf den Charakter und die Kultur des russischen Volkes eingewirkt. Von den Steppen an der unteren Wolga aus beherrschte der Chan der „Goldenen Horde" mit der Residenz in Sarai die russischen Fürstentümer. Für ihn mußten die Fürsten die Abgaben einziehen.

Rechts: Mongolische Reiter überfallen ein Zeltlager. Darstellung in einer persischen Handschrift.

۶
چو شیر ژیان بر سر دشمنان به گرز و سنان و بشمشیر و تیر برآورده از جان دشمن نفیر
در آن شب دلیران نصرت شعار بکشتند از ایشان فزون از شمار چون بیشتر لشکر یاغی بقتل آمدند
بقیه که خسته جسته بصد مشقت از آن ورطه سر بدر بردند روی به گریز نهادند و از آب ارج
عبور نموده بتوقتمش خان پیوستند و لشکر او صبرانرا محاصره کرده بودند و در آنجا جنگ کرده

II. Das chinesische Reich

1. Die Entwicklung des chinesischen Reiches

Vom Lehnsstaat zum Einheitsstaat. Das chinesische Reich bestand schon Jahrtausende. Während wir von seiner Geschichte im zweiten Jahrtausend v. Chr. nur unsichere Kunde haben, läßt sich die Entwicklung im ersten Jahrtausend v. Chr. mit Hilfe von schriftlichen Zeugnissen deutlich verfolgen. Ein mächtiges Herrscherhaus schuf um 1100 v. Chr. auf der Grundlage des Lehnswesens ein blühendes Reich. Um 200 v. Chr. errichtete ein anderes Herrscherhaus einen von Beamten verwalteten Einheitsstaat. Maße, Gewichte und Wagenspurbreiten wurden vereinheitlicht, allgemein gültige Schriftzeichen eingeführt.

Zu jener Zeit begannen die Kaiser auch mit dem Bau der „Großen Mauer", die erst im 15. Jahrhundert vollendet wurde. Sie führte über unwegsame Gebirge hinweg und sollte das Reich gegen die drohenden Einfälle der Nomadenvölker schützen. Mit einer Länge von rund 2450 km ist sie das größte Bauwerk der Erde.

Nach wechselvollem Schicksal erlebte das chinesische Reich seit dem 7. Jahrhundert n. Chr. eine glänzende Zeit äußerer Macht, bis schließlich seit dem 10. Jahrhundert Mongolen und Tataren siegreich nach China vordrangen.

Chinesische Kultur. Bereits vor der Zeitenwende kannten die Chinesen die Porzellanherstellung. Kunstvolle Vasen aus dünnstem Porzellan zierten die Paläste der Reichen. An den Wänden hingen in allen Feinheiten ausgearbeitete Gemälde, die meist Landschaften und Tiere darstellten. Schon früh betrieb man die Seidenraupenzucht, und zahlreiche Werkstätten lieferten prächtige Seidengewänder. Seit etwa 100 n. Chr. wurde in China Papier hergestellt; der Kompaß wurde dort um 500 n. Chr. erfunden. Wenig später lernten die Chinesen auch den Buchdruck mit beweglichen Lettern. Das Schießpulver verwendeten sie schon Jahrhunderte vor den Europäern (vgl. S. 165).

Mächtige Dämme sicherten das Ackerland gegen Überschwemmungen durch die Flüsse. Gut ausgebaute Straßen verbanden die einzelnen Teile des riesigen Reiches. Häufig erstreckten sie sich über Tausende von Kilometern.

Die Städte kamen durch umfangreichen Fernhandel zu großem Reichtum. Vor dem Einbruch der Mongolen zählte die Hauptstadt Chinas beinahe 2 Millionen Einwohner. Die Steuereinnahmen betrugen 1 Million Tonnen Getreide, 27 Millionen Ballen Textilien und 2 Millionen Geldschnüre zu je 1000 Kupfermünzen.

Die Beamten der Reichsverwaltung (Mandarine) wurden durch staatliche Prüfungen aus dem Kreis der Schriftkundigen ausgewählt. Um schriftkundig zu werden, mußte man fleißig lernen, denn es gab damals in China 40 000 Schriftzeichen! Sie waren aus feingepinselten Bildern, die einzelne Worte bedeuteten, entstanden und wurden ohne grammatische Veränderungen aneinandergefügt.

Die Lehre des Konfuzius. In einer Zeit des Niedergangs chinesischer Macht lebte (551–479 v. Chr.) einer der größten Denker Chinas, der Meister Kung (K'ung-fu-tse oder lat. Konfuzius). Weil China damals in mehrere Teilreiche aufgelöst war, zog er von Hof zu Hof, um bei den verschiedenen Herrschern um Verständnis zu werben. Aber erst in späterer Zeit durchdrang seine Lehre das chinesische Reich.

Konfuzius gilt als Verfasser einer Chronik seines Heimatstaates (Frühling- und Herbst-Chronik). Darin sammelte er alles, was man über die Vergangenheit wußte. Doch stellte er die Einzelheiten so zusammen, daß sie mit seiner Auffassung übereinstimmten:

„Ich habe übermittelt, ich schöpfte nichts Neues. Nein, ich bin den Männern der alten Zeit treu und liebe sie" (aus Lun Yü, einer Sammlung der Sprüche des Konfuzius).

Teilstück der großen Chinesischen Mauer. Sie ist unten 8 m, oben 5 m stark und einschließlich der Brustwehr 16 m hoch, auf steilen Berggipfeln etwas schwächer.

Konfuzius lehrte, daß Himmel und Erde, die beiden sich ergänzenden Teile des Weltgefüges, dem T a o unterworfen seien, dem ewig gültigen Gesetz von der Veränderung der Welt. Wie die Himmelskörper in festem System einen Kern umkreisten, sollte sich das irdische Geschehen um den S o h n d e s H i m m e l s (die kaiserliche Sonne) bewegen.

Den Mittelpunkt des täglichen Lebens bildet nach der Lehre des Konfuzius die Familie. Er forderte Gehorsam gegenüber dem Familienvater, wie gegenüber dem Sohn des Himmels und seinen Beamten. Nur wenn die überlieferten Sitten und Gebräuche verletzt wurden, durfte der Chinese ungehorsam sein. In dieser von Konfuzius geforderten Ordnung sollte das irdische Gemeinwesen den Weg zur Vollendung, zum großen T a - t u n g , dem ewigen Frieden im großen Gemeinwesen, finden.

2. China unter mongolischer Herrschaft

Kublai Chan. Der Enkel des großen Dschingis Chan, K u b l a i C h a n (1260 bis 1294), der Beherrscher des riesigen Mongolenreiches, eroberte schließlich ganz China und machte P e k i n g zu seiner Hauptstadt. Von dort aus regierte er über ein Gebiet, das vom Stillen Ozean bis zu den Grenzen Europas reichte. Der Versuch, Japan zu gewinnen, mißlang; doch eroberten die Mongolen Hinterindien, Siam, Burma und für kurze Zeit auch Java (1292).

Schon lange waren die Mongolen auf der Suche nach einem ihnen zusagenden Glauben. Bereits Dschingis Chan hatte christliche Missionare in seiner Hauptstadt Karakorum geduldet (1221). Kublai Chan wollte nunmehr seine Wahl unter den verschiedenen Religionen der Welt treffen. Zwei venezianische Kaufleute, die Brüder N i c o l o und M a t t e o P o l o , die nach Peking gekommen waren, erhielten vom Groß-Chan den Auftrag, nach Rom zu reisen und den Papst um die Entsendung von hundert Priestern zu bitten.

Die Bekehrung der Mongolen durch christliche Missionare gelang nicht. Immerhin gab es aber zur Zeit des Kublai Chan einen katholischen Erzbischof von Peking. Ein späterer Groß-Chan sagte zu dem Franziskaner Wilhelm von Rubruk:

„Ihr habt die Heilige Schrift, wir haben unsere Weissager und wollen ihren Worten weiterhin folgen. Dann können wir in Frieden leben!"

Marco Polo. Im Jahre 1271 reisten die Brüder Polo quer durch Asien erneut nach China. Diesmal begleitete sie Marco Polo, der 17jährige Sohn Nicolos. Auch er erwarb sich das Wohlwollen Kublai Chans und wurde von ihm zu seinem Ehrenbegleiter ernannt. Im Dienste des Groß-Chans reiste Marco Polo als Präfekt und Admiral durch fast alle Provinzen Chinas. Als er nach 24 Jahren wieder in die Heimat zurückkehren wollte, ließ ihn der Groß-Chan nur ungern ziehen. Mit reichen Schätzen kam Marco Polo über Sumatra, Ceylon und Persien nach Venedig zurück. Seine Reiseschilderungen wurden durch viele Abschriften weit verbreitet. Sie machten das Abendland erstmals mit der chinesischen Kultur näher bekannt und erweckten vielfach den Wunsch, die fernen Wunderländer China und Indien kennenzulernen.

Das Ende der Mongolenherrschaft. Das Verhalten der herrschenden Mongolen mußte über kurz oder lang den erbitterten Widerstand der Chinesen herausfordern. Weite Strecken blühenden Ackerlandes wurden in Viehweiden umgewandelt. Mongolische Würdenträger eigneten sich ungeheuren Grundbesitz an. Aller Handel geriet allmählich in die Hände der Nichtchinesen. Den Chinesen war es außerdem verboten, die mongolische Sprache zu erlernen, Waffen oder Pferde zu besitzen.

Die Lage der Chinesen wurde um die Mitte des 14. Jahrhunderts durch große Dürren und Überschwemmungen noch verschlimmert. Die Naturereignisse wurden von der Bevölkerung als ein Zeichen des Himmels gegen die herrschenden Mongolen gedeutet. Es kam zu Bauernaufständen. Der Anführer eines solchen Aufstandes entriß China den Mongolen und begründete 1368 in Nanking die Herrschaft des Hauses Ming (Ming-Dynastie).

Wir fassen zusammen:

Unter Führung Temudschins, des Dschingis Chan, brachen um 1200 die Mongolen aus dem Innern Asiens hervor. Nach seinem Tode unterwarfen sie die russischen Großfürstentümer und drangen weiter nach Europa vor.

Trotz eines Sieges über das schlesisch-polnische Ritterheer auf der Wahlstatt bei Liegnitz (1241) wandten sie sich wieder nach Osten. Von der Westgrenze Rußlands bis zum Pazifischen Ozean, von Nordasien bis nach Indien reichte der Machtbereich der Mongolen. Etwa die Hälfte der Menschheit war dem Groß-Chan untertan.

Ein großartiges Verkehrsnetz verband die Teile des Riesenreiches. Der Friede der Völker war mit dem Verlust ihrer Freiheit erkauft.

Um 200 v. Chr. hatte sich China vom Lehnsstaat zum Einheitsstaat gewandelt. Der Bau der „Großen Mauer" wurde begonnen, jedoch erst im 15. Jahrhundert vollendet.

Porzellan, Seide, Papier, Kompaß, Buchdruck und Schießpulver waren bekannt. Gut ausgebaute Straßen verbanden die Städte. Mandarine als Beamte der Reichsverwaltung mußten die schwierige chinesische Bilderschrift mit 40 000 Schriftzeichen hinreichend beherrschen.

Konfuzius (551–479 v. Chr.) hatte gelehrt, daß Kaiser und Familienvater zu verehren seien. In fester Ordnung sollte der Staat zum ewigen Frieden gelangen.

Die Zeit chinesischer Vorherrschaft in Ostasien wurde seit dem 10. Jahrhundert durch Mongoleneinfälle beendet. Kublai-Chan (1260–1294) eroberte ganz China und machte Peking zu seiner Hauptstadt. Von China unter der Herrschaft der Mongolen brachte Marco Polo um 1300 Kunde ins Abendland. Ein Bauernaufstand vertrieb die Mongolen und begründete 1368 in Nanking die Ming-Dynastie.

FÜNFTES KAPITEL

Ritter, Bauern und Bürger

I. Die alten Stände

1. Die Blütezeit des Ritterstandes

Höhen- und Wasserburgen. Zu den kraftvollen Stauferherrschern gehörten die starken Heere deutscher Ritter, die mit ihnen „über Berg" zogen und zum großen Teil mit ihnen in fremder Erde ruhen. Die Zeit der Staufer war auch die Blütezeit des Rittertums. Steinerne Zeugen dafür sind die Burgen.

Drohte zur Zeit Heinrichs I. ein feindlicher Überfall, so fanden Frauen, Kinder und Greise mitsamt den Viehherden Schutz im Dickicht des Waldes oder in Fluchtburgen, die notdürftig von Erdwällen umgeben waren. Sie fühlten sich dort „geborgen". Während des 10. Jahrhunderts sind dann in Deutschland neben diesen alten Wallburgen die Ritterburgen gebaut worden, die Wohn- und Wehrbauten zugleich waren. Ihre Zahl wuchs ständig. Schon vor 1200 soll es allein im Gebiet des Mittelrheins über 150 Burgen gegeben haben.

Sie künden uns aber nicht nur vom Glanz des deutschen Kaisertums, sondern sind zugleich Zeichen der wachsenden inneren Zersplitterung und der Unsicherheit, die auch die Friedensgebote der deutschen Kaiser nicht beheben konnten.

Wer heute in den Tälern des mittleren Rheines, des Neckars, der Saale und vieler anderer Flüsse wandert, wer die Berge und Täler Schlesiens durchstreift, wer das Elsaß und Tirol besucht, sieht auf den Höhen die Ruinen vieler Burgen. Nicht zwei solcher Höhenburgen stimmen in der Anlage überein. Wie der Fels es zuließ, so wurde der Bau gestaltet.

In den weiten Ebenen entstanden die Wasserburgen, die von einer Flußschlinge oder einem breiten Wassergraben umgeben waren. Noch heute gibt es, besonders in Westfalen, eine beträchtliche Zahl solcher Anlagen.

Rekonstruktion der den Staufern gehörenden Reichsburg Trifels (Rheinpfalz). Die Burg liegt auf einem 150 m langen Berggrat. Den Mittelpunkt der mächtigen Burg bildet der starke Bergfried, in dessen Erdgeschoß sich die Torhalle zu dem rechts angebauten Palas befindet. Im Bergfried ist auch die Kapelle eingebaut, deren Altarnische in der Zeichnung sichtbar ist. Hier wurden in der Stauferzeit die Reichskleinodien aufbewahrt.

Das Wasserschloß der Grafen von Flandern in Gent (erbaut um 1180). Die Abbildung zeigt den Palas und die Nordpartie der Ringmauer.

Die Burganlage. Aus wuchtigen Steinblöcken war die Burgmauer aufgetürmt. Über die Zugbrücke kam man in einen düsteren Torbau, der mit Pechnasen versehen war, aus denen in Kriegszeiten der Feind mit siedendem Pech und Öl überschüttet werden konnte. Dann führte der Weg zwischen hohen Mauern um die halbe Burg herum. Ein schmales Tor bildete den Zugang zum inneren Burghof. Hier erhob sich der Palas, in dem sich hinter hohen Fenstern der Saal und die Wohnräume befanden. Dicht daneben lagen die Stallungen für Pferde und Vieh. Ein gewaltiger Turm, der Bergfried, bot bei Belagerungen die letzte Zuflucht und oft auch durch unterirdische Ausgänge eine Fluchtmöglichkeit. Sein unterstes Geschoß, das Verlies, diente als Kerker und Schatzkammer; von dem obersten schaute der Türmer weit ins Land hinaus.

Die Belagerung einer Burg zog sich meist sehr lange hin. Durch Mauerbrecher, Schleudermaschinen und Belagerungstürme suchte sich der Angreifer Eingang in die Burg zu verschaffen. Weil die Erstürmung nur in seltenen Fällen gelang, wurden die Burgen meist durch Aushungern bezwungen.

Der Ritterstand. „Ritter" nannten sich im Mittelalter die Männer, die dem König oder anderen Lehnsträgern zu Pferde in den Kampf folgten. Manche von ihnen waren früher Hörige gewesen, bevor der König sie in seinen Dienst nahm (vgl. S. 45). Diese kleinen Dienstmannen (Ministerialen) wuchsen mit Angehörigen der alten Adelsfamilien zu einem gemeinsamen Stand zusammen, der sich durch eigene Lebensformen von den anderen Volksschichten abhob.

Links: Markgraf Ekkehard und seine Gemahlin Uta im Naumburger Dom (um 1260). – Rechts: Ein Sinnbild des staufischen Herrscherideals ist der Reiter am Aufgang zum Georgenchor des Bamberger Doms (um 1235). Das lebensgroße Standbild ist hoch an einem Pfeiler angebracht. Wen der Bildhauer darstellen wollte, ist nicht bekannt.

Ähnlich wie in Deutschland entwickelte sich das Rittertum auch in Frankreich, England und anderen Ländern. In den Grenzgebieten zwischen Frankreich und Deutschland lernten die deutschen Ritter viel von französischen Standesgenossen, deren Turniere und Dichtungen als vorbildlich galten. Zugehörigkeit zum Ritterstand verband über Sprachgrenzen hinweg die führende weltliche Schicht Europas.

Ritterliches Leben. In ruhigen Tagen und besonders im Sommer ließ es sich auf der Burg wohl aushalten. Im Winter aber war es vor allem in den Burgen der kleineren Ritter sehr unbehaglich. Schneidender Wind drang durch die glaslosen Fenster, die mit Teppichen verhängt, mit Brettern zugenagelt oder gar mit Stroh verstopft waren. Nur schwach vermochte das rauchende Kaminfeuer den Raum zu erwärmen. Heizbar war vielfach nur das Frauengemach, die K e m e n a t e (Kaminzimmer).

Ein großer Tag war es, wenn ein Kampfspiel, ein T u r n i e r (tourner = wenden), veranstaltet wurde. Ringsum leuchteten von den Schaubühnen die farbigen Gewänder der Damen. An den Schranken drängte sich das Volk. Zuerst gab es den Einzelkampf, die T j o s t. Zwei Ritter sprengten mit geschlossenem Visier und langen Stangen gegeneinander, um den Gegner aus dem Sattel zu stoßen. Zuletzt sprengten alle Ritter in zwei Abteilungen zunächst langsam, dann in gestrecktem Galopp, aufeinander los. Das war der B u h u r t. Dabei kam es zu einer regelrechten Reiterschlacht, bei der auch die Schwerter gezogen wurden und Helme und Holzschilde zersplitterten. Tödliche Unglücksfälle waren nicht selten. Ein Turnier in Neuß soll einmal sechsunddreißig Rittern das Leben gekostet haben.

Erziehung zum Ritter. Die Wartburg, der Hof des Herzogs von Österreich in Wien und der des Bischofs in Passau gehörten zu den fürstlichen Höfen, denen ritterliche Familien mit Vorliebe ihre Söhne anvertrauten. Wenn diese dann fünfzehn Jahre alt waren, wurden sie Knappen. Viel gab es in dieser Zeit zu lernen. Gewählte Sprache und feines Benehmen, besonders gegenüber den Edelfrauen im höfischen Tanz und bei Tisch, mochten manchem jungen Knappen große Mühe bereiten.

„Kein edler Mann soll mit einem Löffel trinken, noch aus einer Schüssel. Auch soll sich niemand während des Essens über eine Schüssel legen und dabei schnaufen oder schmatzen. Man stochere nicht mit den Messern in den Zähnen herum und schiebe nicht die Speise mit den Fingern auf den Löffel. Auch lockere niemand bei Tisch den Gürtel. Man rede nicht mit vollem Mund, schneuze nicht die Nase in die Hand oder in das Tischtuch und bohre auch nicht in den Ohren. Vor dem Essen aber wasche ein jeder seine Hände" (aus einer „Tischzucht" des 13. Jahrhunderts).

Auch die „Ritterschaft" mußte von Grund auf erlernt sein: Steinstoß, Wurf und Sprung, das gewandte Aufsitzen ohne Steigbügel, der Gebrauch der Waffen und die vornehme Jagd mit Falken und Windhunden. Nahte endlich der Tag der Schwertleite, dann legte der Herr dem Knappen feierlich Gürtel und Schwert an und übergab ihm Speer und Schild. Der junge Ritter verpflichtete sich, Kaiser und Reich die Treue zu halten, die heilige Kirche mit ihren Dienern gegen alle Feinde zu schützen, für den Glauben alle Gefahren zu bestehen, Witwen, Waisen und Unmündigen in ihren Drangsalen zu Hilfe zu kommen, ungerechte Kriege zu vermeiden und für Unschuldige in den Kampf zu ziehen. „Staete" (Charakterfestigkeit und Zuverlässigkeit) und „mâze" (Maßhalten) sollten ihn auszeichnen. Nach dem Ritterschlage beendete ein Kampfspiel das Fest.

Die Töchter ritterlicher Familien lernten Hausarbeit, Krankenpflege, Näharbeit, aber auch Lesen, Schreiben und Musizieren.

Minnedienst und ritterliche Dichtung. Zur höfischen Sitte jener Zeit gehörte der Minnedienst, die vornehme, edle Haltung der adligen Herrin gegenüber. Zu ihren Ehren dichtete mancher Ritter kunstvolle Lieder und trug sie bei Saitenspiel vor. Vor allem dem Rittertum ist in jener Zeit die Pflege der deutschen Dichtung zu danken.

Der bedeutendste deutsche Minnesänger ist Walther von der Vogelweide (gestorben nach 1227). In Österreich lag seine Heimat. Auf seinen Wanderungen durch die deutschen Länder „von der Elbe bis zum Rhein und wieder zurück bis zum Ungarnland" kehrte er auf vielen Burgen ein. Als erster unter allen deutschen Dichtern sprach er in seinen Liedern und Sprüchen auch von der Not des Vaterlandes. Voll Stolz besang er den Ruhm des deutschen Volkes, voll Schmerz beklagte er den Kampf um die deutsche Krone, voll Sorge schaute er in die Zukunft.

Neben den Minneliedern und den politischen Sprüchen lebte die alte Heldendichtung wieder auf. Im Nibelungenlied wurde die Sage vom tiefen Leid Kriemhilds und vom Untergang der burgundischen Ritter am Hofe Etzels erzählt. Das Gudrunlied berichtete von einer dänischen Königstochter, die von den Normannen entführt wurde und nach dreizehn langen Jahren tiefster Demütigung und treuen Wartens endlich in ihre Heimat und zu ihrem Verlobten zurückkam. Der Minnesänger Wolfram von Eschenbach erzählte die Geschichte von Parzival, Herzeleides Sohn:

Rechts: Höfisches Mahl, ritterlicher Zweikampf und Versöhnung. Buchmalerei im „Parzival" Wolframs von Eschenbach. Die Abbildung befindet sich in einer Handschrift, die zwischen 1228–1236 vermutlich in Straßburg entstanden ist.

ART
PARZIVAL

In der Einsamkeit des Waldes, fern von unheilvollem Waffengeklirr, wächst Parzival unter der Obhut seiner Mutter heran. Die Begegnung mit vier Rittern in strahlender Rüstung erweckt jedoch in dem Knaben die unwiderstehliche Sehnsucht nach ritterlichem Leben. Er zieht durch die Lande, um ritterlichen Ruhm, vor allem aber Gottes Huld zu gewinnen, bis er schließlich das Gralskönigtum erringt, in dem ritterliche Ehre und göttliche Gnade vereint sind. Ist der Gral Ersatz für das wieder verlorene Jerusalem?

2. Deutsche Bauern im Hochmittelalter

Der Bauernstand. Seit der Germanenzeit hatte sich die Lage der Bauern in den meisten Gegenden Deutschlands gewandelt. Früher waren alle Bauern frei und wehrfähig gewesen. In der Karolingerzeit hatten sich viele in die Hörigkeit eines Grundherrn begeben und ihre Wehrhaftigkeit verloren; sie waren „Hintersassen“ geworden, die „hinter“ einem Herrn „saßen“ und eines „Vormundes“ bei Gericht bedurften (vgl. S. 29).

Nur noch in einigen Gegenden Deutschlands, in Friesland, in Dithmarschen, in Westfalen, im Schwarzwald, in der Schweiz und in Österreich gab es freie Bauern, die wie die Herren ihr Schwert an der Seite trugen und mit im Gericht saßen.

Den unfreien, hörigen Bauern ging es nicht schlecht, solange sie ihre Abgaben und Frondienste pünktlich leisten konnten. Der Grundherr bewirtschaftete meist keinen großen eigenen Gutshof, sondern lebte von den Abgaben seiner Hörigen.

Wirtschaftlicher Aufstieg. Es kam den Bauern zugute, daß mit der Zunahme der Bevölkerung, besonders in den Städten, auch der Bedarf an Lebensmitteln stieg. Auf den Märkten konnten sie Getreide, Vieh, Butter und Eier, Obst und Gemüse gegen Geld zu steigenden Preisen verkaufen. Die einmal festgesetzten Abgaben an den Grundherrn aber blieben unverändert, und damit fiel der Gewinn, den die steigenden Preise brachten, in der Hauptsache den Bauern zu. Mit ihm konnten sie sich von Naturalabgaben und Frondiensten loskaufen. Vielen gelang es sogar, eigenes Land zu erwerben und wohlhabend zu werden.

Übergriffe und Enge. Übergriffe der Grundherren waren jedoch nicht selten. Aus dem alten Recht des Bauern, die Fische des Wassers zu fangen und die Tiere des Waldes zu erlegen, wurde ein den Grundherren allein zustehendes Vorrecht.

Schlimmer war es, daß die jungen Bauernsöhne von den Grundherren nicht mehr genügend Land erhalten konnten, um einen eigenen Hof zu gründen. In den Gebieten fränkischen Rechts wurde selbst bei freien Bauern der elterliche Hof nicht mehr ungeteilt an den ältesten oder jüngsten Sohn übergeben, sondern unter alle Kinder aufgeteilt. Auf den zu klein gewordenen Hofstellen hielten Armut und Not ihren Einzug.

Landgewinn durch Rodung. Viele der jungen Burschen wanderten in die Bergwälder hinauf, rodeten den Urwald und gewannen so neues Ackerland. Dörfer mit Namen auf -roda oder -rode, auf -reuth, -rath, -brand, -schlag und -schwand („schwenden“ = schwinden machen) verdanken solchen Rodungen ihre Entstehung.

Von den Grundherren, die für den Wildbestand fürchteten, wurde der Wald „gebannt“, d. h. seine Nutzung den Bauern verboten.

„Landnot“ gab es freilich noch nicht. Im Raum des heutigen Deutschland lebten im Mittelalter nicht mehr als 8 bis 10 Millionen Menschen.

Rechts: Erntearbeiten im Mittelalter. Buchmalerei aus dem 12. Jh.

Wir fassen zusammen:

Die Stauferzeit war die Glanzzeit des Rittertums. Höhen- und Wasserburgen entstanden fast überall im Abendland.

Alle Ritter, einschließlich der Ministerialen, waren Lehnsmannen. Sie dienten dem König oder einem Fürsten im Krieg und bei der Verwaltung und unterschieden sich durch besondere Lebensformen von der übrigen Bevölkerung. Zugehörigkeit zum Ritterstand verband über Sprachgrenzen hinweg die führende weltliche Schicht Europas. Die Knappen wurden für den Kampf, den Schutz der Kirche und der Schwachen, aber auch in vornehmer Lebensart erzogen.

Die Burgen wurden zu Pflegestätten von Dichtung und Musik. Walther von der Vogelweide († nach 1227) gilt als der bedeutendste Minnesänger in Deutschland. Seine Dichtung beschäftigte sich auch mit den politischen Fragen seiner Zeit. Wolfram von Eschenbach erzählte die Geschichte von Parzival. Nibelungen- und Gudrunlied griffen alte Sagenstoffe auf.

Die Bauern, die im Laufe des Mittelalters meist unfrei geworden waren, erlebten einen wirtschaftlichen Aufstieg. Als aber die fürstlichen und ritterlichen Grundherren damit begannen, den Wald zu bannen, wurde die Lage der Bauern schlechter.

II. Der Aufstieg des Bürgertums

1. Das Gesicht der alten deutschen Stadt

Die Entstehung der deutschen Stadt. Erst in der Völkerwanderungszeit hatten die germanischen Bauernvölker römische Städte kennengelernt. Die Römerstädte und Kastelle an Rhein, Mosel und Donau waren von ihnen nicht völlig zerstört worden. Neben die römischen Steinhäuser mit schimmernden Marmorsäulen und wuchtigen Quadern bauten die germanischen Bauern ihre einfachen Holzhäuser. Oft war die Bevölkerungszahl so zurückgegangen, daß ganze Straßenzüge menschenleer wurden und zerfielen. Dann aber zog neues Leben in die Gassen und Straßen ein, wenn der König oder ein Herzog in einer solchen ehemaligen Römerstadt eine Pfalz errichteten (z. B. Aachen, Regensburg, Wien) oder wenn ein Bischof sie zu seinem Sitz erwählte (z. B. Köln, Trier, Mainz, Speyer, Augsburg, Passau).

Am Ort königlicher Pfalzen (Nürnberg), bei Bischofssitzen (Würzburg) und bei Klöstern (Fulda, Münster) sind auch neue Städte entstanden. Manche Städte haben sich aus Fluchtburgen entwickelt (Hamburg, Merseburg, Quedlinburg) oder wurden an Straßenkreuzungen (Kassel, Braunschweig, Nürnberg), Flußübergängen (Frankfurt, Magdeburg, München) und in der Nähe von Flußmündungen (Lübeck) gegründet.

Nirgends konnten die wandernden Kaufleute auf einen so großen Kundenkreis rechnen wie an den Plätzen, an denen Menschen von nah und fern zusammenkamen. So wurden diese Fernhändler schließlich an solchen Orten seßhaft. Oft gründete eine Gruppe von Kaufleuten planmäßig eine Stadt. Auch die Handwerker merkten, welchen Gewinn es brachte, an einem Mittelpunkt des Verkehrs ihr Gewerbe zu betreiben.

Weitschauende Landesherren erkannten schnell, wie vorteilhaft es für sie war, zahlreiche Städte zu besitzen und Handel und Verkehr in ihr Land zu ziehen. Viele Städte wurden von ihnen planmäßig gegründet oder begünstigt. Heinrich der Löwe war ein solcher Städtegründer. Neben München und Lübeck galt seine besondere Fürsorge dem neuen Braunschweig an der damals noch schiffbaren Oker. Bei allen Stadtgründungen konnten die oberitalienischen und flandrischen Städte als Vorbild dienen, die ersten „modernen" Städte des Mittelalters.

Ansicht der Stadt Nürnberg (Holzschnitt aus Schedels Weltchronik 1493). Vor der mächtigen Stadtmauer läuft ein tiefer Graben. Über ihn führt eine Brücke zu einem der Stadttore. In der Stadt erkennt man die gotischen Kirchen St. Sebaldus und St. Lorenz (links). Im Hintergrund überragt die Burg das Gewimmel der Häuser.

Die Zahl der Städte in Deutschland nahm schnell zu. Um 1200 waren es etwa 250 Städte, um 1300 über 1000 und um 1500 ungefähr 3000. Städte mit 5000 Einwohnern zählten damals schon zu den bedeutenden. Nur Nürnberg, Straßburg, Lübeck und Danzig hatten etwa 20 000, Köln 30 000 Einwohner.

Das Stadtbild. Die mittelalterlichen Städte glichen den Burgen. Auch sie hatten feste Mauern, wehrhafte Türme, mit Fallgittern versehene Tore und Wassergräben, über die man nur auf Zugbrücken zu den Stadttoren gelangen konnte. Die Bewohner der Städte nannten sich mit Recht B ü r g e r (von „bergen").

Schon von weitem bot eine solche Stadt mit ihren Mauer-, Tor- und Kirchtürmen ein eindrucksvolles Bild. Wenn man eines der Stadttore durchschritten hatte, geriet man in ein Gewirr krummer und enger Straßen. Von der sogenannten „Breiten Straße" zweigten nach beiden Seiten schmale Gäßchen ab, in denen Handwerker, die das gleiche Gewerbe ausübten, zusammenwohnten: Töpfergasse, Färbergraben, Weberberg, Knochenhauerufer. Je mehr man sich dem Innern der A l t s t a d t näherte, desto enger rückten die Häuser aneinander. Nur mit der Giebelseite stießen sie an die Straße. Manchmal allerdings zeigte gerade der Stadtkern ganz regelmäßig geführte Straßenzüge zwischen rechteckigen Häuserblöcken. Dies war dann der Fall, wenn die Stadt nicht allmählich gewachsen, sondern planmäßig gegründet worden war.

Ursprünglich waren die H ä u s e r meist einstöckig und ganz aus Holz gebaut, erst später aus Fachwerk und dann aus Ziegelstein. Bei zunehmendem Raummangel wurde zwei-, drei- und mehrstöckig gebaut, und zwar so, daß die oberen Stockwerke sich über die unteren vorschoben. Dadurch wurde der Luftraum über den schmalen und winkligen Gassen noch enger und die Feuersgefahr größer, zumal die Dächer mit Stroh- oder Holzschindeln gedeckt waren. Straßburg wurde in hundert Jahren achtmal von einer Feuersbrunst heimgesucht.

Die Straßen waren meist ungepflastert und voller Schmutz. Hühner, Enten, Gänse und Schweine trieben sich auf den Gassen umher, denn der „Ackerbürger" hielt Vieh und besaß Land vor den Toren. Das Regenwasser und die Abwässer aus den Häusern sammelten sich in den Straßenlöchern. Die Abfälle wurden einfach auf die Gassen geworfen. Infolge der Unsauberkeit brachen oft Seuchen aus, denen gegenüber die Einwohner machtlos waren. Straßenschilder und Hausnummern gab es noch nicht; oft führten die Häuser einen Namen nach dem Bilde, mit dem sie geschmückt waren. Später sind daraus Familiennamen geworden wie Schwan, Engel, Taube und viele andere.

Das Rathaus. Mitten in der Stadt, am Marktplatz, erhob sich das Rathaus, oft ein prächtiger Bau mit hohem Giebel und Turm. In seinen feuerfesten Kellergewölben ruhten wohlverwahrt die Pergamente, auf denen der Stadtherr den Bürgern ihre Vorrechte verbrieft hatte (vgl. S. 103). In den Laubengängen und in den Verkaufshallen des Erdgeschosses wurden die Warenballen der fremden Kaufleute aus Flandern und Italien gestapelt und feilgeboten. Händler, Makler, Ratsschreiber und Wiegemeister drängten durcheinander. Im ersten Stock lag der große Sitzungssaal, in dem unter dem Vorsitz des Bürgermeisters der „ehrbare Rat" tagte. Seine Mitglieder waren Angehörige der ältesten und reichsten Kaufmannsgeschlechter (vgl. S. 104). Hier saßen auch die Schöffen unter dem Schultheiß zu Gericht und verurteilten den Rechtsbrecher. Aber auch manches frohe Fest wurde hier gefeiert, wenn vornehmer Besuch, vielleicht sogar der Kaiser, als Gast in den Mauern der Stadt weilte.

2. Markt- und Stadtrecht

Der Markt. Der Markt war das Herz der Stadt. Zunächst fanden sich die wandernden Kaufleute nur ein- oder zweimal im Jahr ein, um ihre Waren auszulegen. Da der Verkauf erst nach dem Gottesdienst, der Messe, beginnen durfte, erhielten die regelmäßig stattfindenden Märkte auch die Bezeichnung Messe. Diese Messen wurden vom Kaiser durch ein Privileg, d. h. Sonderrecht, geschützt. Die Kaufleute mußten ihm dafür Abgaben bezahlen. Die „Frankfurter Messe" und die „Leipziger Messe" gehen z. B. auf mittelalterliche Messen zurück.

Um einen reibungslosen Ablauf des Marktgeschäfts zu gewährleisten, mußte eine feste Ordnung aufrechterhalten werden. Sobald der Markttag begann, wurde deshalb ein Kreuz aufgestellt, an dem eine rote Fahne, ein Schwert, ein Hut oder ein Handschuh aufgehängt wurden. Das waren Sinnbilder des Königs, die seine Gegenwart bedeuteten. Wo aber der König anwesend war, herrschte erhöhter Friede, „Burgfriede". Wer ihn störte, wurde bestraft, als hätte er sich gegen den König selbst vergangen.

Anfangs galt der Marktfriede nur so lange, wie der Markt dauerte, und nur auf dem Marktplatz. Bald wurde er aber von dort auf die ganze Stadt und von den einzelnen Markttagen auf das ganze Jahr ausgedehnt. Marktrecht wurde Stadtrecht. An Stelle des Kreuzes errichteten manche Städte, besonders in Norddeutschland, steinerne Bildsäulen, die ernst und gewichtig mit Schild und Schwert oder mit einer Waage vor dem Rathaus standen. Das Volk nannte sie „Roland". Solche Rolands-

Links: Die Rolandssäule vor dem Rathaus in Bremen, die 1404 errichtet wurde. – Rechts: Eines der bekanntesten Rathäuser im gotischen Baustil (vgl. S. 108) ist das hier abgebildete Rathaus zu Münster in Westfalen (Fassade erbaut 1335). Besonders kennzeichnend ist unter anderem der Treppengiebel, der auch bei anderen Rathäusern jener Zeit zu finden ist (z. B. Römer in Frankfurt am Main).

säulen waren also das Zeichen des Markt- und Stadtrechtes, dem alle, die in der Stadt weilten, unterworfen waren.

Das Stadtregiment. Das Recht, einen Markt zu gründen, hatte ursprünglich nur der König, aber er verlieh es auch geistlichen und weltlichen Herren, Bischöfen, Äbten, Herzögen und Grafen. So war denn anfangs jede Stadt Eigentum eines Stadtherrn und demnach königlich, bischöflich oder fürstlich. Der Stadtherr setzte meist einen Burggrafen oder Vogt ein, der die Steuern erhob, Gericht hielt und für Ordnung und Sicherheit sorgte.

Seit etwa 1100 strebten die Städte danach, sich selbst zu verwalten. Die Rechte, die bisher der Stadtherr durch seinen Vogt wahrgenommen hatte, gingen jetzt an den Rat der Stadt über, freilich erst nach schweren Kämpfen zwischen der Bürgerschaft und ihrem Stadtherrn. Seither sorgte der Rat dafür, daß Mauern, Türme und Tore instandgehalten wurden; er ließ die Straßen pflastern, Ziegel brennen, Mühlen betreiben, handelte mit Wein aus dem Ratskeller, erwarb Güter, Dörfer und Burgen, unterhielt Spitäler und Schulen, Findel- und Waisenhäuser und Stifte, d. h. Altersheime, und baute unter opferfreudiger Mitwirkung der ganzen Bürgerschaft die Stadtkirche. **um 1100**

Einzelne Städte bewahrten sich diese Freiheit und Reichsunmittelbarkeit bis in die jüngste Zeit (Hamburg, Bremen, vgl. S. 126).

3. Geschlechter und Zünfte

Die Patrizier. Auf den Handelsstraßen des Mittelalters zogen die Kaufleute mit ihren Planwagen. An günstig gelegenen Orten verweilten sie länger als anderswo, und schließlich blieben sie für immer dort. Aus Wanderkaufleuten wurden seßhafte Fernhändler. Diese Kaufleute, die sich in G i l d e n zusammenschlossen, waren auch die Führer der Bürgerschaft im Kampf um die Freiheit gegen den Stadtherrn. Nach dem Sieg bestimmten diese reichen Kaufmannsgeschlechter die Geschicke der Stadt; sie waren die „Stadtväter" (P a t r i z i e r), und die Häupter ihrer Familien saßen im Rat der Stadt. Wenn sie in ihren pelzverbrämten Mänteln zur Ratssitzung schritten, hätte man sie für Fürsten halten können. Kein Sohn aus einer solchen Patrizierfamilie durfte eine Handwerkertochter heiraten.

Die Handwerker. Die Masse der Bürger bestand aus Handwerkern, Krämern und Ackerbürgern. Mancher war einst als fronpflichtiger Bauer seinem Grundherrn entlaufen, hatte sich „Jahr und Tag" in der Stadt verborgen gehalten, da er wußte, daß „Stadtluft frei machte", und war dann Bürger geworden.

Alle Bürger, die dasselbe Handwerk ausübten, gehörten einer Z u n f t an (Einung, Innung). Sie bestimmte die Ordnung des Handwerks, sie prüfte die Güte der Erzeugnisse und setzte einen angemessenen Preis fest. Sie bestimmte, wie viele Meister sich in der Stadt niederlassen durften, wie viele Lehrlinge und Gesellen ein Meister halten konnte. Sie verbot Nacht- und Sonntagsarbeit und sorgte für harte Bestrafung von „Pfuschern", d. h. von solchen, die unzünftige Arbeit taten. Dem, der sich nicht fügen wollte, wurde „das Handwerk gelegt".

Eine der wichtigsten Aufgaben der Zunft war die Ausbildung des Nachwuchses. Vor der Zunft hatte der angehende L e h r l i n g seine Herkunft und ehrbare Abstammung nachzuweisen. Sie sprach ihn nach mehrjähriger Lehrzeit „los" und verlangte von dem neuen G e s e l l e n eine mindestens zweijährige Wanderzeit. Bei den besten Meistern seiner Zunft sollte er um Arbeit vorsprechen, ein Stück der Welt „erfahren" und lernen, Augen und Ohren offenzuhalten. Mit dem M e i s t e r - s t ü c k endete die Ausbildung. Dann durfte sich der neue Meister bei der Zunft einer Stadt um die Erlaubnis bewerben, sich niederzulassen. Meist wurde es ihm nur dann gestattet, wenn er eigenen Grund und Boden besaß und mit einer Bürgerstochter verheiratet war. Alle übrigen Handwerker blieben lebenslang Gesellen.

Die Zunft war mehr als nur eine Berufsgemeinschaft, sie war eine L e b e n s - g e m e i n s c h a f t, die den Alltag und den Feiertag des Handwerkers in der Stadt auch gesellschaftlich, geistig und religiös bestimmte. Sie schützte die wirtschaftlich Schwachen und erschwerte übermäßige Bereicherung durch Beschränkung der Erzeugung und des Verdienstes. Viele Zünfte hatten eigene Kirchen oder in der Stadtkirche wenigstens eigene Zunftaltäre. Gemeinsam halfen die Zunftmitglieder bei Feuersbrunst und Überschwemmung. Jeder Zunft waren Pflege und Verteidigung eines Abschnittes der Stadtmauer anvertraut. So sorgten Schmiede und Fleischhauer für die Stadttore. Stolz trugen die Meister an Festtagen die Tracht ihrer Zunft. Hinter der Zunftfahne begab man sich zum Kirchgang oder hinaus vor die Stadt zum Schützenfest. Mittelpunkt des Zunftlebens war das Zunfthaus.

Rechts: Ladenstraße in einer mittelalterlichen Stadt (aus der Handschrift „Le Gouvernement des Princes", Mitte des 15. Jh.). Auf der rechten Seite ist der Apotheker zu sehen, der vor Regalen mit Töpfen und Mörsern steht. Im Laden links der Schneider und sein Geselle im „Schneidersitz". Im Hintergrund der Laden des Baders, der an den aufgehängten Becken zu erkennen ist.

Die Ständekämpfe. Wenn die Zünfte auch noch so selbstbewußt auftraten, von der Verwaltung der Stadt blieben sie lange Zeit ausgeschlossen. Endlich aber verlangten die Handwerksmeister das Mitbestimmungsrecht. Hier und dort gaben die Geschlechter nach und nahmen Zunftmitglieder in den Rat auf, so in Augsburg. In manchen Städten aber weigerten sie sich. Dann kam es zu langwierigen und wechselvollen blutigen Kämpfen zwischen Zünften und Geschlechtern, wie in Köln um 1400 zur Zeit des großen Weberaufstandes.

4. Andere Einwohner der Stadt

Arme Leute. Bei alledem dürfen wir jedoch nicht vergessen, daß es auch in der mittelalterlichen Stadt eine ganze Reihe von Menschen gab, die weder Kaufleute noch Handwerker waren. Sie fristeten als Dienstboten oder Bettler ihr Dasein. Das Bürgerrecht besaßen sie nicht; denn nur Grundbesitz oder Zugehörigkeit zu einer Zunft gaben einem Menschen dies Vorrecht. Mit den Leibeigenen auf dem Lande hätten die mittellosen Stadtbewohner trotzdem nicht tauschen wollen; waren sie doch in der Stadt wenigstens persönlich frei.

„Unehrliche" Leute. Von den Leuten, die kein „ehrliches" Brot aßen, hielt sich der Bürger fern. Zu ihnen zählte er den Henker, der draußen vor der Stadt am „Rabenstein" sein Werk verrichtete. Die Todesstrafe wurde damals oft schon für geringe Vergehen verhängt. Auch die „Abdecker" (Schinder), die Spielleute, Gaukler und Vaganten gehörten zu den „unehrlichen Leuten".

Das Ghetto. Ein Sonderdasein führte der jüdische Bevölkerungsteil. Er wohnte in einem eigenen Stadtviertel, dem Ghetto, das am Abend und an Sonntagen von den anderen Stadtteilen abgeschlossen wurde. Um sich kenntlich zu machen, mußten die Juden hohe, spitze Hüte oder andere Abzeichen tragen. Während der Kreuzzüge und in Zeiten schwerer Not hatten sie unter schlimmen Verfolgungen zu leiden. Die christlichen Bürger, die sich über die jüdischen Gottesdienste und Gebräuche oft bösartige Legenden erzählten, machten sich von den Juden ein falsches Bild. Es kam hinzu, daß das Geldgeschäft lange Zeit überwiegend in jüdischen Händen lag, weil der Geldverleih gegen Zinsen allen Christen verboten war. Jeder Jude mußte jedoch befürchten, sein Geld nicht wiederzusehen, da er sich bei Gericht nur selten Recht verschaffen konnte. Um keine Verluste zu erleiden, liehen die Juden deshalb nur gegen hohe Zinsen. Auch das brachte ihnen Neid und Haß ein.

Die innere Kraft, allen Anfeindungen zu widerstehen, schöpften die Juden immer wieder aus ihrem Glauben. In Zeiten der Verfolgung flohen viele ostwärts nach Polen, Galizien und Rußland. Da sie auch dort unter Sonderrecht standen, bewahrten sie sich die mitgebrachte oberdeutsche Sprache, mischten sie aber mit polnischen und hebräischen Worten. So entstand das „Jiddische".

5. Der gotische Dom – das Wahrzeichen der Stadt

Der Dombau. Im Mittelpunkt jeder größeren Stadt stand ihr Wahrzeichen, der Dom. Im 13. Jahrhundert hatten selbst die größten Städte kaum mehr als 20 000 Bewohner (vgl. S. 101). Denken wir an heutige Städte dieser Größenordnung und ihre Kirchen und vergleichen diese mit den im Mittelalter entstandenen Domen, dann können wir ermessen, mit welchem Eifer die Bürger damals ihr Gotteshaus erbauten, welche

Das Freiburger Münster. Links: Blick durch das Hauptschiff auf Chor und Hochaltar, über dem sich ein berühmtes Altarbild des oberrheinischen Meisters Hans Baldung Grien befindet. Besonders eindrucksvoll sind die schönen Bündelpfeiler, die das Gewölbe tragen. Das Langhaus ist von einem Kreuzgewölbe, der Chor von einem Netzgewölbe überdacht. – Rechts: Außenansicht mit dem Turm, der einmal als „schönster Turm der Christenheit" bezeichnet wurde.

Opfer an Zeit und Geld sie brachten, um diesen steinernen Lobgesang zur Ehre Gottes zu errichten. Die Väter, zu deren Lebzeiten der Grundstein gelegt wurde, gaben die Pläne weiter an Söhne und Enkel, und auch diese sahen oft noch nicht den vollendeten Dom. Als Beispiel wollen wir den Bau des Freiburger Münsters durch drei Jahrhunderte verfolgen:

Das junge, kleine und nicht sehr reiche Freiburg im Breisgau ist noch keine Bischofsstadt, als die Bürger um 1200 den Grundstein zu ihrem Münster legen. Täglich rollen die Fuhrwerke mit roten Sandsteinblöcken vom Schwarzwald herunter in die Stadt. Ein Baumeister aus Basel beginnt, wuchtige Mauern aufzuführen mit runden Fenster- und Türbogen und dicken, gedrungenen Ecktürmen im romanischen Stil (vgl. S. 49). Dann stockt der Bau.

Aus dem benachbarten Burgund kommt die Kunde von einer neuen Bauweise. Man läßt das Begonnene stehen und baut in der modernen Weise weiter. Um 1250 beauftragen die Bürger einen Meister aus der damals berühmtesten Bauhütte in Straßburg. Wie dort entstehen nun auch in Freiburg zartgliedrige Rundfenster, die wie eine aufgeblühte Rose aussehen. Die übrigen Fenster aber erhalten spitze Bogen. Dazu kommt ein neuer, kühner Plan: an Stelle der bisher üblichen Türme zur Rechten und Linken des Portals soll ein einziger über dem Haupteingang stehen! Erst ein Nachfolger des Straßburger Meisters vollendet ihn zu Beginn des 14. Jahrhunderts. Kraftvoll strebt er in die Höhe, endet in einem durchbrochenen Turmhelm und reißt alle Herzen empor über die engen, niedrigen Bürgerhäuser mit ihren Sorgen und ihrem Streit.

Von nun an dringt der Ruf der Freiburger Bauhütte in alle Welt, jetzt wird ihr Turm allenthalben nachgeahmt und in seiner Vollendung doch niemals wieder erreicht.

Um die Jahrhundertmitte beginnt der Bau des neuen Chores. Höher und breiter werden seine spitzbogigen Fenster, schmaler das Mauerwerk zwischen ihnen; immer kunstvoller umspielt steinernes Laub- und Rankenwerk die Strebepfeiler. Im Innern des Chores schießen die Pfeilerbündel in die Höhe und stützen das Gewölbe.

Über den Portalen und in der Eingangshalle werden die wichtigsten Stellen der Heiligen Schrift, in Stein gehauen, abgebildet. So entsteht eine steinerne Bilderbibel; denn noch kann nur ein kleiner Teil der Bürger schreiben und lesen, noch gibt es nur handgeschriebene Bücher, die selten und kostbar sind.

Im Jahre 1513 kann das Münster Unsrer Lieben Frau mit dem Chor endgültig geweiht werden.

Die Gotik. Die Bauweise, die den romanischen Stil abgelöst hat, nennen wir gotischen Stil. Freiburg hat den einzigen gotischen Dom Deutschlands, der noch in der Zeit der Gotik vollendet wurde. Vielen anderen gotischen Domen in Frankreich, dem Geburtsland der Gotik, in Norditalien, Nordspanien, England und Deutschland erging es wie dem Kölner Dom: ihr gewaltiger Bauplan überstieg die Kraft der Bürgerschaft. Als dann um 1500 die Menschen von einem neuen Geist erfaßt wurden, wandten sie ihre Aufmerksamkeit anderen Bauten zu. Sie ließen ihre Gotteshäuser unvollendet liegen. Der Kölner Dom z. B. wurde erst 1880 vollendet.

Im Norden Deutschlands, wo der feste Baustein fehlte, baute man gotische Dome mit Backsteinen und schuf so die Sonderform der „Backsteingotik".

Wir fassen zusammen:

Nach italienischem und flandrischem Vorbild entwickelte sich zwischen den beiden Ständen der adligen Ritter und der Bauern im 11. und 12. Jahrhundert in Deutschland das Bürgertum. Die mittelalterlichen Städte haben ihren Ursprung in Römerstädten oder entstanden bei Pfalzen, Bischofssitzen, Klöstern, sicheren und verkehrsgünstig gelegenen Plätzen. Ihre Bedeutung gewannen sie durch Kaufleute, die sich dort niederließen.

Aus dem Marktrecht entwickelte sich das Recht der ganzen Stadt. Die reichen Patriziergeschlechter befreiten sich seit etwa 1100 von der Bevormundung durch den Stadtherrn und regierten die Stadt durch den Stadtrat selbst.

Zwischen 1400 und 1600 errangen auch die Handwerkerzünfte Anteil am Stadtregiment. Die Zunft sorgte nicht nur für die Ordnung des beruflichen Lebens ihrer Mitglieder, sondern sie bestimmte weitgehend das Gemeinschaftsleben.

Weil sie einen andern Glauben hatten, mußten die Juden während des Mittelalters als Leute minderen Rechts in Ghettos wohnen. In Notzeiten litten sie oft unter Verfolgungen.

Den abendländischen Baustil der Zeit zwischen 1250 und 1450 nennt man den gotischen. Er stammt aus Frankreich.

III. Die Ausbreitung des Christentums und der abendländischen Kultur nach Osten

1. Die Sicherung der Ostgrenze

Germanen und Slawen. Seit frühen Zeiten waren in den weiten Gebieten ostwärts der Elbe und besonders an den Weichselufern ostgermanische Stämme seßhaft gewesen. Sie hatten diese Landschaften im Laufe der Völkerwanderung verlassen. Dar-

Rechts: Zum schönsten Schmuck gotischer Kirchen gehört oft die Fensterrose. Unser Bild zeigt die Fensterrose und farbige Glasfenster in der Kathedrale von Chartres aus dem 13. Jh.

DA VID
SALO MON
SANCTA ANNA

aufhin sickerten von Osten her slawische Völkerschaften in diese Gebiete ein und drangen bis zur Elbe und Saale und zum Böhmerwald vor (vgl. S. 34). Dasselbe geschah in den Tälern der Ostalpen. Durch große Wälder und sumpfige Niederungen voneinander getrennt, waren die Siedlungen der Slawen weit zerstreut. Die kleinen Gruppen wurden von Sippenältesten, den Starosten, geführt.

Noch zur Zeit Karls des Großen hatte sich an diesem Zustand nichts geändert. Wenn er Vorstöße über die Elbe unternahm, wollte er nicht erobern, sondern die Grenze sichern. Nur im Südosten drangen zu seiner Zeit bayerische Bauern in die Alpentäler ein.

Unter Heinrich I. und Otto I. setzte dann auch im Nordosten von Sachsen aus ein energisches Ausgreifen über die Elbe ein. Zur Sicherung wurden feste Plätze angelegt und Bistümer zur Ausbreitung des Christentums eingerichtet.

Ein Slawenaufstand zur Zeit Ottos II. vernichtete alle Siedlungsbemühungen (vgl. S. 42). Die Reichsgrenze mußte wieder an die Elbe zurückgenommen werden.

Beginn der großen Ostsiedlung. Für die nächsten 150 Jahre wurde die deutsche Ostgrenze im wesentlichen von Elbe und Saale gebildet. Von zwei Seiten her erfolgte im 12. Jahrhundert der Angriff auf die Elb- und Ostseeslawen. Boleslaw III. von Polen eroberte 1121/22 Stettin. Kaiser Lothar (vgl. S. 68) leitete eine neue deutsche Ostbewegung ein. Die rein militärische Grenzsicherung hatte sich als unzureichend erwiesen. Nur wo dem Ritter der Siedler und der Geistliche folgten, konnte das Grenzland gesichert und nach Osten ausgedehnt werden.

1134 Albrecht der Bär aus dem Geschlecht der Askanier, seit 1134 Markgraf von Brandenburg, rief in das dünnbevölkerte Land deutsche Bauern und siedelte sie in planmäßiger Arbeit neben und zwischen den einheimischen Slawen an. In diesem Sinne wirkten auch Graf Adolf von Schauenburg (s. S. 113) in Holstein und die Wettiner als Markgrafen von Meißen an der mittleren Elbe. Das Land östlich der Elbe wurde nicht nur durch Kämpfe, sondern oft auch durch Heirat, Schenkung oder Erbschaft erworben.

Von der Ostmark aus drangen unter den Babenbergern deutsche Siedler bis an die Leitha vor. Die Steiermark, wohin schon im 8. Jahrhundert Bayern von den slowenischen Bewohnern zum Schutze gegen die Awaren gerufen worden waren, wurde ebenso wie Kärnten überwiegend deutsch.

2. Deutsche Bauernsiedlung im Osten

Werbung und Auszug. Markgrafen, Ritter und Klöster, die sich um die Ansiedlung deutscher Bauern bemühten, schickten Boten („Lokatoren") nach Friesland, Holland, Flandern, an die Mosel und an den Rhein. Diese sollten dort Siedler anwerben, die gewohnt waren, Flüsse einzudeichen, Sümpfe zu entwässern, in Überschwemmungsgebieten fruchtbare „Werder", d. h. Inseln, anzulegen und Urwald zu roden.

„Die Grundstücke überlassen wir ihnen zu erblichem und freiem Recht, so daß sie die Befugnis haben sollen, sie zu verkaufen und nach ihrem Willen darüber zu verfügen. Für diejenigen aber, die später kommen werden, um sich dort niederzulassen, soll der Anteil an Wasser und Wiese, an Wäldern und den anderen Dingen so groß sein wie bei den Einwohnern der ersten Zeit."

(Aus einer Kolonisationsurkunde)

Deutsche Siedlungen im Donauraum 950 bis 1250

Um 1100 waren fast alle verhältnismäßig einfach zu rodenden Böden in den altdeutschen Stammesgebieten ausgenutzt und besiedelt. Wald durfte nicht mehr gerodet werden (vgl. S. 98). An der Nordseeküste führten gewaltige Sturmfluten zu schweren Einbrüchen; viel Land ging dabei verloren. Die Siedlungswerber versprachen manche Freiheiten. Deshalb folgten viele, besonders junge Bauernsöhne, die daheim keine Ansiedlungsmöglichkeit hatten, willig der Aufforderung.

Sie kamen in den Osten nicht als störende Eindringlinge, sondern fanden gute Aufnahme auch bei slawischen Fürsten. Sie führten viele Verbesserungen in der Landwirtschaft ein, die einen höheren Ertrag mit sich brachten.

Die neue Siedlung. Längs eines Baches oder eines Weges wies der Lokator jedem Siedler seine Hofstelle an. Ein langer, schmaler Streifen Ackerlandes schloß sich an; dieser war reichlich bemessen und wohl doppelt so groß wie der Besitz des Bauern daheim. Bis zum Wald zogen sich diese Streifen hin, in einem Stück, nicht in Streulage wie im heimatlichen Gewanndorf. Wald und Weide wurden zur Allmende bestimmt und gemeinschaftlich genutzt. Der Bauer brauchte nur einen geringen Zins zu zahlen, oft erst nach 10 Jahren, und durfte seine Hufe (vgl. S. 112) im Alter seinem Sohn als Erbe übergeben. Der Anführer des Siedlerzuges, oft ein Mann ritterlichen Geschlechts, erhielt neben einigen zinsfreien Hufen das Amt des Erbschulzen und das Schankrecht. Unter ihm traten einige Bauern als Schöffen zu einem freien Bauerngericht zusammen. Eine Urkunde aus dem Jahre 1257 sagt:

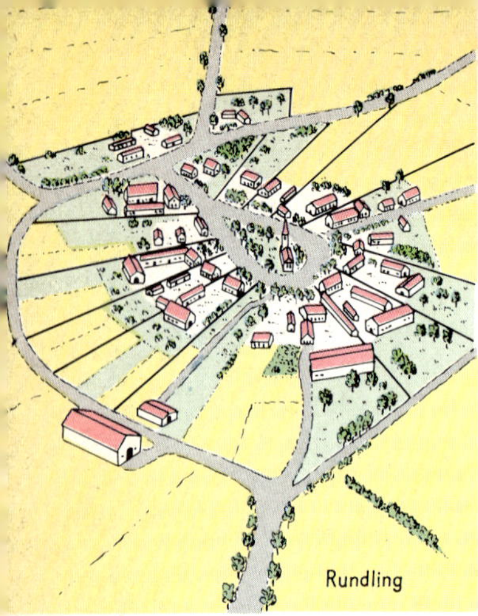

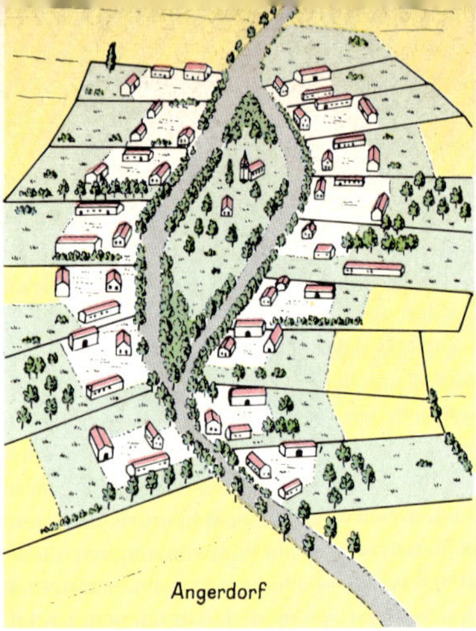

„Es mögen alle wissen, daß wir, Konrad, von Gottes Gnaden Herzog Schlesiens, Busold, unserm Schulzen, unser Dorf mit Namen Zedlitz gegeben haben, es nach deutschem Recht zu besetzen. Dazu haben wir ihm und seinen Nachfolgern zu erblichem Besitz die siebente Hufe der Mühle und der Schenke zu freiem Besitze übergeben.

Wir wollen nun, daß er das offene Anbauland und die Gebüsche nach flämischem Rechte (eine flämische Hufe hatte 19,8 ha gutes Ackerland) besetze, den „Eichwald" aber und die Waldstücke nach fränkischem Rechte (die fränkische Hufe quer durch Feld, Wald und Ödland hatte 39,6 ha). Bei den flämischen Hufen geben wir Freiheit vom kommenden Martinsfeste an fünf Jahre lang; danach wird eine jede Hufe uns jährlich ein Viertel Silber und drei Scheffel zahlen. Den fränkischen Hufen aber geben wir vom genannten Feste an auf zehn Jahre Freiheit. Dann soll jede uns jährlich eine halbe Mark Silbers und einen Scheffel Weizen, einen Scheffel Roggen und einen Scheffel Hafer zahlen. Wenn aber die Dorfbewohner eine Kapelle bauen werden, so verleihen wir ihr zwei Hufen."

Der Anfang war nicht leicht. Zuerst bereiteten Steine und Wurzelwerk dem Pflug noch Hindernisse, und mit den vorhandenen Pferden half man sich gegenseitig aus, so gut es ging. Ärmlich und klein war auch zunächst noch die Hütte, dürftig der Hausrat, karg die Kost. Aber nach einigen Jahren war aus dem weiten, morastigen Ödland eine freundliche Gegend mit fruchtbaren Fluren und sauberen Gehöften geworden.

Die neuen Ortsnamen endeten auf -dorf und -hagen im Gegensatz zu slawisch -ow, -ick oder -itz (Pankow, Köpenick, Wellmitz); sie begannen mit Neu-, im Gegensatz zu slawisch Alt-, oder mit Deutsch- gegenüber Wendisch- (z. B. Deutsch-Leipa, Wendisch-Buchholz). Der deutsche Familienname Lehmann (Träger eines Bauernlehens im Osten) mag damals entstanden sein wie überhaupt die Familiennamen in Ostdeutschland: Sachse, Franke, Döring, Tierich (von Thüringen), Flemming (Flame), Bayer, Beier, Mosler, Schwab, Schwabe, Friese, Hesse manches von der Herkunft der Siedler verraten. Nach den Flamen ist auch der Fläming, ein Höhenrücken südlich von Berlin, benannt.

Die in das Ostland strömenden Siedler verdrängten die dort ansässigen Slawen meist nicht, sondern wohnten zwischen ihnen in eigenen neuen Ortschaften. Zur Gewaltanwendung kam es nur in seltenen Fällen. So wurde z. B. beim Slawenkreuzzug 1147 in einigen Gegenden der größte Teil der slawischen Bevölkerung umgebracht. Allmählich paßten sich die Slawen den Kolonisten an, wurden Christen und vermischten sich schließlich durch Heirat mit ihnen oder zogen sich in Wald- und Sumpfgebiete, z. B. in den Spreewald, zurück, wo sie ihre Sprache und Eigenart teilweise bis heute bewahrt haben. Der eiserne Räderpflug verdrängte den hölzernen Hakenpflug der Slawen.

Links: Dorfformen: Rundling, Angerdorf und Waldhufendorf.

Rechts: Das Zisterzienserkloster Chorin in der Mark Brandenburg. Die hier abgebildete gotische Klosterkirche wurde in den Jahren 1273–1334 erbaut. Da es im Nordosten nur wenige Natursteine gab, verwandte man Backsteine als Baumaterial (vgl. S. 108).

3. Deutsche Städte und Klöster

Lübeck, die Krone der Ostsee. Fast gleichzeitig mit den Dorfsiedlungen entstanden im Osten S t ä d t e mit deutschem Recht. Von Graf Adolf von Schauenburg gerufen, gründeten deutsche Kaufleute und Handwerker **1143** nahe der Ostsee die Stadt L ü b e c k (vgl. S. 121). Hierher konnten Waren in verhältnismäßig kurzer Zeit auf dem Landwege gelangen und dann auf dem bequemen und billigen Seeweg nach Mecklenburg, Pommern und weiter nach Osten gebracht werden.

Schwere Schicksalsschläge trafen die neue Stadt: Überfälle durch die Slawen und Feuersbrünste. Graf Adolf mußte schließlich alle Rechte auf die Stadt an seinen Lehnsherrn, H e i n r i c h den L ö w e n, abtreten. Dieser ließ **1158** auf einer von Trave und Wakenitz umschlossenen Landzunge ein größeres Lübeck entstehen, das sich mit seiner Unterstützung kräftig entwickelte (vgl. S. 72). Er machte es auch zum Bischofssitz und legte den Grundstein zu dem mächtigen Dom.

Weitblickende Kaufleute aus Westfalen ergriffen die Gelegenheit, sich an der Ostsee festzusetzen, um auf eigenen Schiffen mit den Küstenländern des Baltischen Meeres Handel zu treiben. So wanderten westfälische Namen und westfälisches Recht, das Stadtrecht von Soest, an die Küste der Ostsee. Die Koggen der lübischen Kaufherren segelten im Frühjahr und Herbst jedes Jahres in gemeinsamer Fahrt nach G o t l a n d und weiter bis nach N o w g o r o d am Ilmensee und westwärts bis zu den großen flandrischen Märkten. Den Seeräubern legte Heinrich der Löwe das Handwerk. Er schützte Gotland, wo bald eine Daueransiedlung deutscher Kaufleute in W i s b y entstand.

A l b r e c h t der B ä r und die W e t t i n e r (vgl. S. 110) verliehen deutsche Stadtrechte nach Magdeburger Art. Nicht selten brachten die Bürger den Namen ihrer Heimatstadt mit: an der Oder entstanden ein Frankfurt und ein Rothenburg, am Bober ein Naumburg, in der Uckermark ein Strasburg.

Zisterzienser und Prämonstratenser. Ein schlesischer Herzog forderte Mönche aus dem Orden der Z i s t e r z i e n s e r in Pforta bei Naumburg zur Ansiedlung in S c h l e s i e n auf.

Dieser Orden nannte sich nach seinem Stammkloster Citeaux in Burgund (1098 gegründet). Die Zisterzienserregel machte den Mönchen körperliche Arbeit zur Pflicht. Diese verstanden es deshalb besonders gut, Wälder zu roden, Wasserläufe zu regeln, sumpfige Niederungen urbar zu machen und Moore trockenzulegen.

Links: Das gotische Rathaus in Breslau (erbaut um 1450). Der reich geschmückte Hauptgiebel wird umrahmt von zwei kleineren Treppengiebeln. – Rechts: Mittelteil des zwischen 1477 und 1489 von dem Nürnberger Bildhauer Veit Stoß geschaffenen Hochaltars in der Marienkirche zu Krakau

Auf den Ruf des Herzogs machte sich eine Schar von Zisterziensern auf den Weg und gelangte durch endlose Wälder, in denen armselige Dörfer meilenweit auseinanderlagen, an die fischreiche Oder. Aus dem Westen folgten ihnen deutsche Bauern, und bald umgaben mehrere Dörfer und Mühlen das neue Kloster Leubus.

Von diesem Kloster aus verbreiteten sich in Schlesien deutsche Sprache und Sitte, ebenso wie in Brandenburg von den Klöstern Chorin und Lehnin, in Mecklenburg von Doberan und in Westpreußen von Oliva bei Danzig.

Segensreich war auch die Arbeit des in Frankreich (Prémontré) gegründeten Ordens der Prämonstratenser.

Überall, wo diese Orden Klöster inmitten der Einöden anlegten, wurden ihre Mönche zu Lehrmeistern der Slawen und Kolonisten.

4. Ansiedlung deutscher Kolonisten durch einheimische Fürsten

Von Mecklenburg bis Schlesien. In Mecklenburg und Pommern förderten die von Heinrich dem Löwen tributpflichtig gemachten slawischen Fürstenhäuser die deutsche Besiedlung.

Auch die slawischen Piastenherzöge in Schlesien zogen deutsche Ansiedler in ihr Land. Bis 1300 waren etwa 1500 deutsche Dörfer angelegt und fast 100 Städte entstanden. Breslau ist damals auf dem linken Oderufer als Kaufmannssiedlung gegründet worden. Nur in Oberschlesien, wo 1254 Beuthen entstand, blieben slawische Volksteile in geschlossener unvermischter Siedlung erhalten.

Die Kirchenburg von Birthälm, der ehemalige Sitz der siebenbürgisch-sächsischen Bischöfe

In Polen. Viele Deutsche folgten dem Rufe polnischer Fürsten. In Posen und Gnesen gab es bald größere deutsche Gruppen. Krakau bediente sich lange Zeit in seinen Stadtbüchern nur der deutschen Sprache. Auch in Lemberg waren die Zünfte der Goldschmiede, Waffenschmiede, Maurer, Steinmetzen und Schnitzer noch im 15. Jahrhundert fast ausschließlich deutsch.

In Böhmen. Auch nach Böhmen, das bereits seit 929 mit geringen Unterbrechungen Lehnsstaat des deutschen Königs war, riefen einheimische Fürsten deutsche Ansiedler, die in wenigen Jahrzehnten große Teile der Wälder in den Randgebirgen rodeten und Hunderte von Dörfern anlegten. Sie wurden überall nach einem Recht angesiedelt, das die Anerkennung ihrer Freiheit, die Verfügung über ihr Eigentum, die Befreiung von Frondiensten und eigene Gerichtsbarkeit sicherte. Deutsche Bergleute begannen, die reichen Erzlager zu erschließen und Silber, Kupfer und Zinn abzubauen.

Vor allem die Randgebiete Böhmens und Mährens wurden von Deutschen besiedelt. Prag erhielt 1235 deutsches Stadtrecht. Auch Leitmeritz, Aussig, Pilsen und Budweis in Böhmen, sowie Olmütz, Brünn, Znaim und Iglau in Mähren waren deutsche Städte.

In Ungarn. Bergleute aus dem Harz wurden um 1150 in die Zips am Südrande des slowakischen Erzgebirges gerufen. Eine Reihe von Bergstädten wurde gegründet; ihre Zahl stieg bald auf 24.

Um die gleiche Zeit rief ein ungarischer König deutsche Bauern nach Siebenbürgen. Sie sollten den Boden urbar machen, Lehrmeister sein für seine Untertanen und den Grenzschutz gegen die Steppenvölker des Ostens übernehmen. Die ersten, die seinem Rufe folgten, kamen aus Bayern, die meisten aus den fränkischen Gebieten an Rhein und Mosel. Sie kamen als freie, wehrhafte Leute, lebten nach deutschem Recht und eigener Gerichtsbarkeit. Alle Ansiedler erhielten gleich große Grundstücke und hatten Anteil an Wald und Weide. Die Richter- und Pfarrerwahl war frei, ebenso die Wahl der Landesbeamten bis zum Grafen, der dem ganzen Freitum vorstand.

In Kriegszeiten zog sich die Bevölkerung in die befestigten Kirchenburgen zurück. Die Städte vor den großen Pässen, Kronstadt und Hermannstadt, blühten schnell auf; sie hielten später auch den Anstürmen der türkischen Heere stand.

Diese „Siebenbürger Sachsen" – so wurden sie von den Ungarn genannt, obwohl nur die wenigsten von ihnen sächsischen Stammes waren – bildeten eine lebensfähige deutsche Inselsiedlung weit vor den Grenzen Deutschlands.

In Kronstadt wirkte auch der Deutschritterorden, bis er 1225 dem Ungarnkönig zu selbständig wurde und deshalb das Land wieder verlassen mußte.

Wir fassen zusammen:

Mehrere Jahrhunderte lang hatten Kämpfe in den Grenzgebieten zwischen Deutschen und Slawen stattgefunden. 1134, zur Zeit Lothars von Supplinburg, begann die große Ostbewegung sächsischer, fränkischer, bayerischer, schwäbischer, flämischer und anderer Siedler.

Landnot, der Wunsch nach größerer Freiheit und manchmal auch Abenteuerlust waren die Beweggründe für den Zug nach Osten. Bauern, Bürger, Ritter und Mönche brachten abendländische Boden- und Stadtkultur, deutsches Recht, deutsche Handwerkskunst, deutsche Sprache und christliche Sitte in slawische Länder.

Die Ostsiedlung erfolgte nicht ohne Kriegshandlungen und Gewalt. Im wesentlichen aber war sie bestimmt von friedlicher Kulturarbeit der Siedler, die sich auf die Gebiete zwischen Elbe und Oder und darüber hinaus erstreckte. Überall in diesem Bereich entstanden deutsche Städte als Handelsmittelpunkte. Zisterzienserklöster waren geistige Mittelpunkte und Mustergüter zugleich.

IV. Die Ritter des Deutschen Ordens in Preußen

1. Ritterstaat im Preußenland

Der Orden. Auf dem dritten Kreuzzug war im Heiligen Land der Deutschritterorden entstanden (vgl. S. 65). Nach dem Vorbilde der Templer sahen seine Mönchsritter außer der Krankenpflege den Kampf gegen die Ungläubigen als ihre Aufgabe an. Demütige Frömmigkeit und dienende Nächstenliebe verbanden sie mit ritterlicher Tapferkeit und Gefolgschaftstreue. Die Niederlassungen der Ordensritter waren Kloster und Burg zugleich.

Die Deutschherren, wie sie auch genannt wurden, trugen einen weißen Mantel mit schwarzem Kreuz. Außer Rittern und Geistlichen gab es noch dienende Brüder in grauen Mänteln, die auf dem Acker, in der Werkstatt und beim Handel die gröberen Arbeiten verrichteten. An der Spitze des Ordens stand der Hochmeister, der auf Lebenszeit gewählt wurde. Fünf Großgebietiger standen ihm zur Seite. Ein jeder von ihnen hatte für einen bestimmten Teil der Verwaltung zu sorgen. Wenn der Orden außerhalb Palästinas durch Stiftungen, Schenkungen oder Kauf Besitzungen erwarb, übernahm ein Landmeister deren Verwaltung. Jede bedeutende Ordensburg und das sie umgebende Gebiet wurden einem Komtur anvertraut. Mehrere Komtureien bildeten eine Ballei.

Die Marienburg zur Zeit der Hochmeister. Die Hauptgebäude rechts (Kirche und Hochschloß) bilden eine klosterähnliche Anlage. Das langgestreckte Gebäude links ist der Rittersaal; daran anschließend erkennt man den etwas vorstehenden Hochmeisterpalast (vgl. S. 119). Von dem zweitürmigen Tor im Vordergrund führt eine Brücke über die Nogat. Die Marienburg wurde 1280 als Komtursitz gegründet und 1309 zur Residenz des Hochmeisters erhoben. Das Mittelschloß mit der Hochmeisterwohnung wurde unter Winrich von Kniprode errichtet.

Die Deutschritter lebten nach ihren O r d e n s s t a t u t e n in strenger Zucht:

„Drei Dinge bilden die Grundfeste jeglichen geistlichen Lebens: die Keuschheit ewiglich; der Verzicht auf eigenen Willen, das ist der Gehorsam bis in den Tod; das Gelöbnis der Armut, daß der ohne Eigentum lebe, der diesen Orden empfängt. Wenn da eins zerbräche, so wäre die Regel ganz zerbrochen. Nur als Ganzes darf der Orden besitzen Gut und Erbe, Land und Äcker, Weingärten, Mühlen, Burgen, Pfarren, Kapellen, Zehnten und anderes.

Er ist ein Orden zur Ritterschaft gegen die Feinde des Kreuzes und des Glaubens. Daher sind Rosse, Waffen, Knechte und was sonst noch zum Kampf gehört, gestattet. Am Sattel, Zaum und Schild sollen weder Gold noch Silber sein."

Die Entwicklung des Ordensstaates. Ein christlicher Polenherzog, Konrad von Masowien, rief den Orden zur Hilfe gegen die heidnischen Preußen ins Land. Der Hochmeister H e r m a n n v o n S a l z a schickte 1226 eine Ritterschar dorthin, nachdem der Orden aus Palästina und Siebenbürgen hatte weichen müssen. Er ließ sich von seinem Freunde, Kaiser Friedrich II., alles Land zu Lehen versprechen, das er den Preußen entreißen würde. Dadurch wurde er ein Reichsfürst, der schwarze Reichsadler wurde sein Wappen. Der Papst gab seine Zustimmung.

1226

Am östlichen Ufer der Weichsel erbaute der Landmeister H e r m a n n B a l k mit wenigen Rittern die Burg T h o r n. Kurze Zeit danach wurden die Burgen und Städte K u l m und M a r i e n w e r d e r angelegt. Weitere befestigte Orte entstanden an der Weichsel und am Frischen Haff. Lübecker Bürger siedelten sich in E l b i n g an.

In Deutschland wurde Jahr für Jahr zum Kreuzzug gegen die heidnischen Preußen gepredigt; Fürsten, Bischöfe und Ritter folgten mit Knechten und Trossen diesem Ruf. Auch der Böhmenkönig Ottokar unterstützte den Orden. Ihm zu Ehren erhielt Königsberg 1255 seinen Namen. Hundert Jahre später waren das Kulmer Land, Pommerellen mit Danzig und das Preußenland in der Hand des Ordens. Wo sich bei den Preußen Widerstand gegen die Ordensritter erhob, wurde er rücksichtslos gebrochen.

Der von einem deutschen Bischof in Riga gestiftete Schwertbrüderorden hatte sich 1237 in großer Not dem Deutschen Orden angeschlossen. So gebot dieser auch über Livland und Kurland und viele deutsche Städte, darunter Reval und Dorpat.

Winrich von Kniprode. Von der Marienburg aus, die sich am Ufer der Nogat erhob, regierte seit 1351 der Hochmeister Winrich von Kniprode.

Zu seiner Zeit wurde dieses berühmte Bauwerk vollendet. Schon lange stand auf den Nogathöhen hinter den Ställen und Vorratshäusern der Vorburg, beschützt durch eine Kette von Basteien und Gräben, das Hochschloß mit dem Kapitelsaal und der Marienkapelle. Neben diesem Bau entstand in Meister Winrichs Tagen das Mittelschloß mit dem Sommerremter, einem Versammlungs- und Speisesaal mit herrlichem Ausblick auf die Weichselniederung.

Im Schutze der Ordensburgen wurden in einem halben Jahrhundert rund neunzig deutsche Städte gegründet, in denen deutsche Bürger zu Ansehen und Wohlstand kamen. Deutsche Bauern siedelten in über 1400 Dörfern, und deutsche Ritter wurden vom Hochmeister mit weitausgedehnten Landgütern belehnt.

Die Städte im Ordensgebiet schlossen sich dem Städtebund der Hanse an (vgl. S. 121). Der Orden selbst trieb regen Handel mit Bernstein, Holz und Getreide. Gemeinsam mit der Hanse zwang er unter Winrich von Kniprode den Dänenkönig
1370 zum Frieden von Stralsund (1370). Selbst auf der Insel Gotland faßte der Orden Fuß.

Von Pommern bis zum Finnischen Meerbusen erstreckte sich das Herrschaftsgebiet des Ordens. Englische und französische Ritter dienten im Orden, weil sie in diesem Dienst die Erfüllung christlicher Ritterpflichten suchten, wie vorher auf den Kreuzzügen.

Winrich von Kniprode gehörte so zu den mächtigsten Fürsten seiner Zeit. Das Ordensgebiet war damals der bestverwaltete Staat Europas. Die Komture waren keine Lehnsmannen, sondern dem Hochmeister durch ihre Ordensgelübde zu unbedingtem Gehorsam verpflichtet. Wie moderne Beamte leiteten sie eine straffe Verwaltung, wie sie vordem nur im normannischen Sizilien bestanden hatte.

2. Der Niedergang der Ordensmacht

Innere Schwierigkeiten. Auf diese Blütezeit des Ordens folgte aber bald der Verfall. Als der Großfürst Jagiello von Litauen 1386 die polnische Königstochter Jadwiga (Hedwig) heiratete und beide Länder vereinigte, wurden die Litauer christlich. Der Ordensstaat war jetzt umklammert. Zugleich verlor er seine Missionsaufgabe.

Da die Ordensritter nicht heiraten durften und keine Kinder hatten, war der Orden auf ständigen Zustrom aus dem Reich angewiesen. Als nun der Missionseifer, die Kriegstüchtigkeit und die Zucht im Orden nachließen, wurde dieser immer mehr Versorgungsanstalt für die jüngeren Söhne des Adels. Die Ordensritter gewöhnten sich an ein üppiges Leben. Städter und Bauern des Ordenslandes empfanden die Ab-

Links: Der Sommerremter im Hochmeisterpalast ist der schönste Raum der Marienburg. Er umfaßt zwei Stockwerke und liegt nach drei Seiten frei, so daß er vom Sonnenlicht hell durchflutet wird. Seine Decke, ein Sterngewölbe, wird von einer einzigen Säule getragen (Remter = Refektorium = Speisesaal). – Rechts: Das äußere Bild des Hochmeisterpalastes wird bestimmt durch die mächtigen Türme an den Ecken. Die Strebepfeiler vor der Fassade werden durch doppelte Granitsäulen unterbrochen.

gaben an den Orden seitdem als drückend und waren erbittert über das hochfahrende Wesen der Herren und den reichen Handelsgewinn des Ordens.

Neben dem Ordensadel gab es noch Landedelleute, die entweder aus dem Reiche stammten oder Reste des einheimischen preußischen Adels waren. Sie durften das Land nicht mitregieren. Sehnsüchtig schauten sie nach Polen, wo der Adel in immer stärkerem Maße an der Regierung des Landes Anteil gewann. Sie nahmen insgeheim Verbindung zum Herrscher des polnisch-litauischen Großreichs auf.

Der Zusammenbruch. Gemeinsam griffen Polen und Litauer das Ordensgebiet an. Bei Tannenberg besiegten sie 1410 das Ordensheer. Der Landadel ging mitten in der Schlacht zum Polenkönig über. Der Komtur Heinrich von Plauen zog sich in die Marienburg zurück und verteidigte sie mit Umsicht und Tatkraft. So fiel denn der erste Thorner Friede noch glimpflich aus. Immerhin mußte eine große Kriegsentschädigung gezahlt werden. Heinrich von Plauen wurde zum Hochmeister gewählt. Er suchte Städter und Landedelleute zur Mitwirkung bei der Verwaltung des Ordensstaates heranzuziehen. Das rief den Widerstand der Ordensritter hervor. Heinrich von Plauen wurde des Hochverrates angeklagt und eingekerkert.

1410

Nach einem neuen Sieg des Polenkönigs verlor der Orden dann im zweiten Thorner Frieden 1466 das Kulmer Land, Pommerellen und das Ermland. Der Hochmeister mußte dem polnischen König einen Treueid und Heeresfolge leisten. Als Hochmeister Albrecht von Brandenburg den Ordensstaat in ein weltliches Herzogtum verwandelte (1525), erkannte er sogar die Lehnshoheit des polnischen Königs an (vgl. S. 201).

In den baltischen Ländern hielt sich ein Landmeister des Ordens, bis 1561 Estland an Schweden und Rußland, Livland an Polen fiel und Kurland in polnische Lehnsabhängigkeit geriet.

Der Aufstieg Polens. Polen stieg in diesen Kämpfen zur slawischen Großmacht auf, insbesondere nachdem 1569 die endgültige Verschmelzung Litauens mit Polen erfolgt war. Die Macht des polnischen Staates erstreckte sich damals von der Ostsee bis zum Dnjepr und an die Randgebiete des Schwarzen Meeres. Die Polenkönige schränkten nun die Sonderrechte der Deutschen erheblich ein; besonders die Deutschen in den Städten, in Pommerellen und im Kulmer Land wurden davon betroffen.

Wir fassen zusammen:

Seit 1226 missionierte und kultivierte der Deutsche Ritterorden Preußen. Der Hochmeister machte den Ordensstaat mit Hilfe strenger Ordensregeln und einer straffen Verwaltung bis zum Jahre 1370 zur Vormacht am Südufer der Ostsee. Durch Getreidehandel wurde der Orden reich.

Er verlor seine Aufgabe durch die Verbindung von Polen und Litauen (1386). Bauern, Landedelleute und Bürger lehnten sich gegen die nun nicht mehr zeitgemäße Bevorzugung der Ordensritter auf. Sie verbündeten sich mit dem polnischen König. Die Reformarbeit Heinrichs von Plauen nach der Schlacht von Tannenberg (1410) konnte die endgültige Niederlage des Ordens nicht verhindern. Im zweiten Thorner Frieden (1466) geriet das Land in Abhängigkeit vom König von Polen. Das Ermland, Pommerellen und das Kulmer Land wurden polnisches Staatsgebiet.

Polen entwickelte sich im Laufe des Spätmittelalters zur slawischen Großmacht.

V. Die Hanse

1. Entstehung und Organisation

Unsicherheit und Gefahren. Niederdeutsche Kaufleute hatten schon vor der deutschen Ostsiedlung Handel über die Nordsee getrieben. Ihre Schiffe, die „Koggen", segelten gemeinsam, um sich gegen See- und Strandräuber beizustehen. Aber der Einfluß der Deutschen im Nord- und Ostseehandel war in der ersten Hälfte des 12. Jahrhunderts noch recht gering.

Brach zu jener Zeit an einem Frachtwagen ein Rad und berührte die Achse den Boden, so gehörte nach dem Grundruhrrecht die Ladung dem Eigentümer des Bodens. War ein Schiff gestrandet, so beanspruchten die Uferbewohner nach altem Strandrecht alle ans Land gespülte Ware für sich. Manches Schiff wurde aber auch durch falsche Lichtzeichen ins Verderben gelockt. Gegen alle diese Ansprüche

Das Holstentor in Lübeck wurde 1466–1478 erbaut. Der Mittelbau mit dem Treppengiebel (vgl. S. 103) erscheint fast zierlich zwischen den beiden mächtigen Rundtürmen mit Luken und Schießscharten

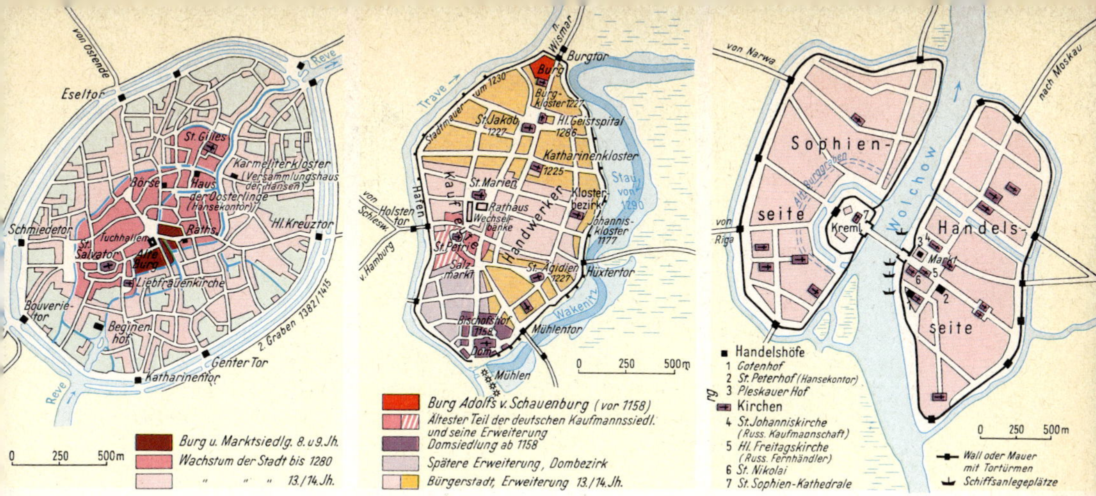

Pläne der Städte Brügge, Lübeck und Nowgorod

und Gefahren hielten die Kaufleute in der Fremde zusammen. Auf diese Weise schützten sie sich gegen Rechtlosigkeit und wahrten ihre Handelsfreiheit. Sie bildeten eine kleine verschworene Schar mit gemeinsamen Interessen, eine „Hanse". Der Rückgang des friesischen Handels brachte die große Chance für die Hansekaufleute.

Von der Kaufmannshanse zum Städtebund. Als „Hanse" bezeichnete sich zuerst die Vereinigung Kölner Kaufleute in London. Sie betrieben Wein- und Tuchhandel. Ihr Haus wurde später „Stalhof" genannt, weil dort das Tuch „gestalt", d. h. geprüft wurde. Nach der Neugründung Lübecks (vgl. S. 113) schlossen sich alle am Handel über Lübeck beteiligten Kaufleute zu einem großen Verband zusammen, dem schließlich auch die Kölner Hanse beitrat. Andere Handelsherren deutscher Herkunft schlossen sich an. So wurde der Stalhof der Mittelpunkt aller dort lebenden deutschen Kaufleute mit gemeinsamen Hafen- und Landungsplätzen, Lagerhallen und Speichern, Kaufhäusern und Unterkunftsräumen.

Eine andere frühe Kaufmannsvereinigung war seit dem 12. Jahrhundert die Gemeinschaft der deutschen Gotlandfahrer. Diese Gemeinschaft erneuerte einen wohl schon von Heinrich dem Löwen geschlossenen Handelsvertrag mit Nowgorod, der Stadt am Ilmensee. Als Stützpunkt für ihre regelmäßigen Ostseefahrten diente Wisby auf der Insel Gotland. Bis in die zweite Hälfte des 14. Jahrhunderts blieb es der große Freihafen, in dem die Waren aus Ost und West zusammentrafen. Aus dem Osten brachte man Pelzwerk, Getreide, Holz, Hanf, Wachs und Honig; der Westen bot Tuche, Leinwand, Salz und Eisenwaren an. In Wisby haben damals Tausende von Kaufleuten ihr gutes Auskommen gefunden.

Heute ist Wisby nur noch ein kleines Fischerstädtchen. Aber eine mächtige Stadtmauer und die Ruinen vieler Kirchen zeugen von der einstigen Größe des hansischen Hauptumschlagplatzes in der Ostsee.

Ebenso wie die deutschen Kaufleute im Ausland schlossen sich zwischen 1238 und 1350 dann auch die Städte in der Heimat zusammen. Aus der Zusammenarbeit deutscher Kaufleute in der Fremde erwuchs die Gemeinschaft ihrer Heimatstädte. Als erste verbündeten sich Lübeck, Rostock und Wismar (1238) und einige Jahre danach Hamburg und Lübeck zur Bekämpfung der See- und Straßenräuber. Schließlich bekannten sich im 15. Jahrhundert über 150 Städte zur „dudeschen hanse", d. h. der deutschen Hanse. Sie war jedoch kein dauernder, festgefügter Verband. Die Städte schlossen sich lediglich zur Wahrung ihrer Interessen von Fall zu

Die Stadt Köln 1531. Rechts der noch unvollendete Dom

Fall zusammen; doch blieben sie in ständigem Gedankenaustausch. Wohlstand herrschte in allen, aber keine Stadt blühte so auf wie Lübeck.

Vororte und Quartiere. Lübeck hatte die Führung und war zugleich Vorort des „wendischen Quartiers". Wenn dort eine Hansetagung, eine „Tagfahrt" abgehalten wurde, fanden sich die Ratsherren aus West und Ost, Nord und Süd zusammen: von Kampen in Holland bis Königsberg und Reval, von Kiel bis Köln, Soest und Magdeburg, Berlin und Breslau. Außer dem wendischen gab es noch drei andere Quartiere: das rheinische mit Köln, das sächsische mit Braunschweig und das preußische mit Danzig als Vororten.

Tagfahrten und Verhansung. Auf den Tagfahrten prüften die Ratsherren Verträge mit fremden Fürsten, hießen sie gut oder verwarfen sie und schlossen Handelsabkommen unter den Hansestädten. Gegen Städte, die den gemeinsamen Interessen zuwiderhandelten, leiteten sie ein Verfahren ein mit dem Ziel des Ausschlusses von gemeinsamen Unternehmungen (der „Verhansung") oder der Blockade. Lieber wolle er mit allen Fürsten der Welt verhandeln als mit hansischen Ratssendeboten, erklärte einmal der Bevollmächtigte des Königs von England. Krieg führten die Städte nur zum Schutze ihres Handels; denn, wie ein Lübecker Bürgermeister sagte: „Leicht ist das Fähnlein an die Stange gebunden, aber es kostet viel, es in Ehren wieder herunterzunehmen."

Europahandel und Kontore. Die Hansekoggen waren Segler mit ein oder zwei Masten, breit, bauchig und hochbordig, damit sie viel tragen und den Stürmen trotzen konnten. Sie schafften die Waren an die Stapelplätze, die Kontore. Wichtige Kontore waren in London, Nowgorod und Brügge. Heute ist Brügge eine Mittelstadt in Flandern; ihr Hafen ist versandet. Damals war sie Welthandelsplatz.

Der Deutsche Orden und die Hanse

Dort ankerten neben den Wollschiffen aus England die Schiffe Hamburger und Bremer Bierfahrer, westfranzösischer Weinhändler aus Bordeaux oder baskischer und spanischer Kaufleute. Bald kamen noch die venetianischen und genuesischen Galeeren dazu. Sie tauschten mit den deutschen Kaufleuten Seide, Zypernwein und Feigen gegen russische Pelze, ostelbisches, vor allem preußisches Getreide und rheinisch-westfälische Eisenwaren.

Das berühmteste unter allen Kontoren war das Kontor in B e r g e n, die „D e u t s c h e B r ü c k e". In langer Reihe standen dort die hohen Blockhäuser am Hafen. Vor jedem reichte eine Brücke weit ins Wasser hinaus. Hier wurden die Schiffe vertäut und löschten ihre Ladungen an Getreide, Salz, Bier und Wein gegen den Stockfisch, die billige Fastenspeise.

In den Kontoren lebten die Kaufleute nach strengen Regeln zusammen. Frauen waren ausgeschlossen. Jeden Haushalt betreute ein Hauswirt. Die übrigen Insassen teilten sich nach Alter und Ansehen in Gesellen, Boots- und Stubenjungen. Wer als Lehrling eintreten wollte, dem mochte bange sein vor den Prüfungen, die er bestehen mußte. Wer zäh war und seine Augen offenhielt, konnte draußen kaufmännischer Angestellter für einen in der Heimat tätigen Kaufherrn, später vielleicht sogar dessen Teilhaber im Geschäft und ein vermögender Kaufmann und geachteter Ratsherr in der Heimatstadt werden. Denn der reiche Kaufmann reiste nicht mehr mit seiner Ware, sondern leitete die Geschäfte aus der „S c r i v e k a m e r e", dem Büro in der Hansestadt. Bezahlt wurde mit barem Gelde oder mit Schecks, d. h. Anweisungen auf Guthaben (s. S. 124).

Die Schonenfahrer. An der Südspitze des heutigen Schweden, in S c h o n e n, hatten Hansestädte einen Uferstreifen erworben und durch Gräben und Pfahlwerk gegen das Dänische Reich, zu dem das Land damals gehörte, abgegrenzt. Niederlassungen mit

Baracken und Speichern boten Wohn- und Lagerräume für die Schonenfahrer. Nebeneinander lagen hier Niederlassungen von Danzig, Stettin, Stralsund, Rostock, Lübeck und Bremen. Den größten Teil des Jahres waren die Plätze verlassen. Aber wenn im Sommer die großen Heringszüge zum Laichen bis in den südlichen Sund mit seinen flachen Küstengewässern vordrangen, kamen Tausende von Fischern, Einsalzern, Böttchern und Reepschlägern (Seilern), bis es im Herbst am Strande wieder still wurde. Die für das Einpökeln der Fastenspeise nötige Salzmenge lieferte die Saline von L ü n e b u r g. Die so eingesalzenen Heringe dienten in ganz Europa als Fastenspeise.

Geld- und Kreditwesen. Schon in der Zeit der Kreuzzüge (vgl. S. 67) waren die oberitalienischen Städte zu mächtigen Wirtschaftszentren herangewachsen. Genua, Pisa, Mailand und vor allem Venedig blühten auf. Den Kaufleuten dieser Städte erschien es zu umständlich, die eine Ware gegen die andere einzutauschen. Sie verkauften deshalb ihre Ware gegen Geld. Mit einem Beutel Geldes konnten sie unbeschwerter reisen als mit einer ganzen Warenladung. So begann in Europa wieder eine Zeit der G e l d w i r t s c h a f t.

Sehr bald erkannten die italienischen Kaufleute, daß auch der Beutel Geldes ersetzt werden konnte durch eine einfache Anweisungsquittung auf eine gleiche Menge Geldes, aufgeschrieben auf ein Stück Papier. Das Geld wurde inzwischen sicher bei einer B a n k aufbewahrt. Der Kaufmann, der die Anweisung auf das Geld, d. h. den S c h e c k, annahm, glaubte seinem Handelspartner, daß er diesen Scheck auch jederzeit gegen Bargeld einlösen konnte. Aus dem italienischen Worte „credo" entstand für dieses Vertrauen der Fachausdruck K r e d i t.

Das in Oberitalien entstandene moderne Geld- und Bankwesen verbreitete sich schnell bis nach Flandern (Brügge) und erreichte in kurzer Zeit alle anderen europäischen Länder, durch die Hanse auch Deutschland.

2. Die Zeit des größten Ansehens

Der Tag von Stralsund. Der Dänenkönig W a l d e m a r A t t e r d a g (1340–1375) versuchte, die Hansekaufleute aus Schonen zu verdrängen. Er beseitigte alle Vorrechte, erhob Zoll von den Schiffen, die durch den Sund fuhren, rüstete ein großes Heer und eroberte Wisby.

Im R a t h a u s z u K ö l n beschloß daraufhin die Hanse, verbündet mit dem Deutschen Orden (vgl. S. 118), den Kampf gegen Dänemark. Die hansische Flotte
1370 eroberte Kopenhagen. Im F r i e d e n z u S t r a l s u n d (1370) erzwang die Hanse, daß ihre alten Vorrechte aufs neue bestätigt und ihr alle Verluste reichlich ersetzt wurden. Die Dänen mußten sogar versprechen, in Zukunft keinen König anzuerkennen, der nicht die Zustimmung der Hanse fand.

Als Kaiser Karl IV. nach Lübeck kam und die Ratsherren mit „Ihr Herren" anredete, lehnten sie diese Anrede, die nach altem Brauch nur dem Adel zukam, vornehm-bescheiden ab. Da erklärte der Kaiser: „Ihr s e i d Herren!"

Mit dem Stralsunder Frieden, an dem Lübeck das Hauptverdienst hatte, gewann die Hanse ihr höchstes Ansehen. Sie behauptete ihr Übergewicht auch, als Dänen, Norweger und Schweden, die drei nordischen „Brudervölker", 1397 unter dem Zepter

Rechts: Für die allmähliche Übernahme des römischen Rechts in Deutschland (vgl. S. 195) gibt das Hamburger Stadtrecht eines der ersten Beispiele. Es wurde 1497 in einer reichbebilderten Handschrift aufgezeichnet, der auch das nebenstehende Bild entnommen ist. Auf der linken Bildseite ist ein Kran zu sehen, mit dem ein Schiff entladen wird. Im Vordergrund Kaufleute und Seefahrer vor dem Haus des Zollschreibers. Im Hafen selbst verschiedene Schiffsarten: Flußkähne, Jollen und Koggen.

der klugen, tatkräftigen Königin Margarete, der Tochter Waldemars, in der „Kalmarer Union“ vereinigt wurden.

Gegen die Seeräuber. Ihre Machtstellung in Nordeuropa wußte die Hanse in hartnäckigen Kämpfen auch gegen die Seeräuber zu verteidigen, die von ihren Raubnestern und Schlupfwinkeln aus die Segler der Kaufleute überfielen und das gestohlene Gut nachher in den Hansestädten feilboten. Klaus Störtebeker und Godeke Michels führten lange Jahre die Vitalienbrüder an. Mit großer Mühe gelang es den Hamburgern endlich, Störtebeker bei Helgoland gefangenzunehmen. Er wurde mit achtzig anderen Piraten enthauptet.

3. Niedergang der Hanse

Äußere Gründe. Noch wenige Jahrzehnte dauerte die Vorherrschaft der Hanse im Nord- und Ostseegebiet. Allmählich änderten sich jedoch die Verhältnisse. Die Heringszüge nahmen ihren Weg nicht mehr an Schonen vorbei, sondern durch die Nordsee und verschafften den Holländern hohe Gewinne. Rußland, England, die Niederlande und die nordischen Länder erstarkten und nahmen den Handel in eigene Hände.

Innere Gründe. Kleinlicher Handelsneid störte die Einigkeit. Dadurch wurde die Einführung einer gemeinsamen Finanzverwaltung verhindert und die Abhaltung gemeinsamer Tagfahrten immer mehr erschwert und schließlich vereitelt. Die deutschen Landesfürsten verboten ihren Städten vielfach die Zugehörigkeit zur Hanse, da sie ihnen zu eigenmächtig wurden. Kaiser und Fürsten des Reiches halfen der Hanse ebensowenig wie einst dem Deutschen Orden.

Das Ende der Hansemacht. Der russische Zar verschleppte deutsche Kaufleute von Nowgorod nach Moskau, die Schweden kaperten lübische Schiffe. In London schloß Königin Elisabeth I. 1598 den Stalhof. Englische und holländische Schiffe befuhren nach 1450 in immer größerer Zahl die Ostsee, nachdem der Dänenkönig ihnen den Sund freigegeben hatte. Vergebens suchte der tatkräftige Bürgermeister von Lübeck, Jürgen Wullenwever, die Dänen noch einmal zu zwingen, einen hansefreundlichen König einzusetzen. Das Unternehmen ging über Lübecks Kraft, und Wullenwever endete auf dem Schafott (1537).

Am Ende des 16. Jahrhunderts war von der großen Gemeinschaft nicht viel mehr übrig als der Name. Die Macht der Hanse war dahin, mit ihr ein Stück deutschen Wohlstandes und deutscher Bürgerfreiheit. Bremen und Hamburg jedoch sind bis heute „Freie Hansestädte“ geblieben.

Wir fassen zusammen:

Aus der Vereinigung niederdeutscher Kaufleute im Ausland entstanden (seit 1238) Bündnisse der Heimatstädte, unter denen Lübeck führte. Diese Hanse bestand aus vier Quartieren. Sie besaß Auslandskontore in Brügge, Bergen, Nowgorod und London und einen Stützpunkt im gotländischen Wisby. Von Schonen aus wurden Heringe als Fastenspeise nach ganz Europa geliefert.

Nach italienischem Vorbild führte die Hanse in Nord- und Mitteleuropa die moderne Geldwirtschaft und den bargeldlosen Zahlungsverkehr ein.

Sehr bald nach dem Höhepunkt hansischer Macht im Frieden zu Stralsund (1370) begann der Abstieg. Die übrigen europäischen Nationen erstarkten. Ständekämpfe und Verbote der deutschen Landesherren lähmten die Mitgliederstädte. Gegenseitiger Handelsneid zerstörte den Zusammenhalt. Ein Kapitel deutscher Bürgerfreiheit war zu Ende.

Das Ende des Mittelalters

I. Veränderungen in Staat und Kirche

1. Rudolf von Habsburg und Ottokar von Böhmen

Zersplitterung des Reiches. Als die Kaisermacht der Staufer untergegangen war (vgl. S. 86), gab es deutsche Könige nur noch dem Namen nach. Der erste, ein Graf von Holland, starb bald. Ein Engländer und ein Spanier bewarben sich um die deutsche Krone und sparten nicht mit „Handsalven", d. h. Bestechungsgeldern für die deutschen Fürsten. Ein Teil der Fürsten wählte den Engländer, ein anderer Teil den Spanier. Der eine König kam nur wenige Male in sein Reich, der andere ließ sich in Deutschland überhaupt nicht sehen. So taten die großen und kleinen Fürsten, was sie wollten. Das einst so machtvolle Reich löste sich immer mehr in eine Vielzahl selbständiger Herrschaftsgebiete auf. Wo zur Zeit Ottos des Großen weiträumige Herzogtümer bestanden hatten, herrschten jetzt Markgrafen, Landgrafen, Pfalzgrafen, Bischöfe, Äbte und viele kleinere Herren. Jeder kam sich in seinem kleinen Gebiet wie ein König vor, nutzte Rechte, die früher dem König gehört hatten, schloß Bündnisse und Verträge und führte Fehden auf eigene Faust. Die Leidtragenden waren die Bauern und Bürger, also fast die gesamte Bevölkerung.

Das Ende des „Interregnums". Ursprünglich war der Kreis derjenigen Fürsten, die den deutschen König wählten, ziemlich groß gewesen. Nach Vorverhandlungen gaben bei der eigentlichen Wahl die Erzbischöfe von Köln, Mainz und Trier ihre Stimme zuerst ab. Dann folgten die anwesenden geistlichen und schließlich die weltlichen Fürsten und auch diese wieder in der Reihenfolge ihrer Bedeutung.

In der Zeit nach dem Sturz der Staufer hatte sich der Kreis der Wahlfürsten (Kurfürsten) auf einige wenige bedeutende Herrscher verengt: die drei rheinischen Erzbischöfe (s. o.), den Pfalzgrafen bei Rhein, den Herzog von Sachsen und den Markgrafen von Brandenburg. Später kam noch der König von Böhmen hinzu. Ende des 13. Jahrhunderts stand die Zahl von sieben Kurfürsten endgültig fest.

Im Jahre 1273 versammelten sich die Kurfürsten in der Reichsstadt Frankfurt am Main, um der „kaiserlosen, der schrecklichen Zeit" ein Ende zu machen. Nach Ruhe und Ordnung sehnten sich Bauern und Bürger. Auch der Papst drängte zu einer Wahl. Von ihrer Macht und ihren Rechten wollten die Fürsten jedoch nichts verlieren. Deshalb einigten sie sich auf die Wahl des Grafen Rudolf von Habsburg zum deutschen König (1273–1291), weil er ihnen ungefährlich erschien.

Teilstück der Grabplatte Rudolfs von Habsburg im Kaiserdom zu Speyer

× Richard v. Cornwall
×1 Alfons v. Kastilien

Rudolf war ein langgewachsener, hagerer und schweigsamer Mann mit einer Adlernase. Durchdringend blickten die scharfen Augen aus einem blassen Gesicht.

Die „Habichtsburg" lag in der Schweiz auf einem Berge zwischen Aare und Reuß. Der Habsburger hatte auch im Elsaß und im Schwarzwald erheblichen Landbesitz durch Fehden und kluge Geschäfte und mit solchem Eifer und solcher Hartnäckigkeit erworben, daß der Bischof von Basel einmal meinte: „Herr Gott, sitz fest, sonst setzt sich dieser Rudolf auf deinen Platz!" So war er als Graf ein reicher Herr, für einen König aber hatte er doch eine zu geringe Hausmacht. Gerade deswegen aber wählten ihn sechs der sieben Kurfürsten.

Die Zustimmung im Reich war allgemein. Das „Interregnum", d. h. die „Zwischenherrschaft", war zu Ende. Nur Ottokar von Böhmen stand grollend beiseite.

König Ottokars Glück und Ende. Ottokar von Böhmen stammte aus dem slawischen Geschlecht der Przemysliden. Diesem hatten die Staufer am Ende des 12. Jahrhunderts die erbliche Königswürde verliehen. Seither war die Bindung Böhmens an das Reich sehr eng geworden. Am Prager Hof und in der Staatskanzlei wurde deutsch gesprochen. Ottokar selbst war von mütterlicher Seite her ein Verwandter der Staufer. Er siedelte deutsche Handwerker und Kaufleute in Böhmen und Mähren an (vgl. S. 115). Durch Erbschaft oder Kampf gewann er Österreich, Steiermark, Kärnten und Krain, so daß sich sein Herrschaftsgebiet bis zur Adria erstreckte.

Ottokar wollte einen „Mann ohne Ruhm, ohne Macht und niedergedrückt von Armut" nicht als deutschen König über sich anerkennen. Aber Rudolf bezwang ihn und belehnte ihn nur mit Böhmen und Mähren. Doch schon nach zwei Jahren mußte König Rudolf erneut mit einem starken Heer gegen den Böhmenkönig ziehen. Auf dem Marchfeld, einer Ebene nördlich von Wien, kam es zur Schlacht. Ottokar wurde auf der Flucht wider alle Rittersitte wehrlos niedergestochen. Seinem Sohne Wenzel verblieben nur die Stammlande Böhmen und Mähren. Österreich, Steiermark, Kärnten und Krain gab Rudolf als Lehen an seine Söhne. Diese Länder bildeten den Grundstock für die spätere Großmacht des Hauses Habsburg (1278).

Rudolf und das Reich. Nach diesem Sieg ging Rudolf daran, im Reich für Ordnung und Sicherheit zu sorgen. Scharf griff er gegen die Landfriedensbrecher durch, bezwang ihre Burgen und ließ Widerspenstige aufhängen. Bauern und Bürger dankten ihm diese harten Maßnahmen. Das Reich blühte unter seiner starken, ordnenden Hand auf. Aber mitten in diesen Bemühungen starb Rudolf, ohne die Kaiserkrone erlangt und die Nachfolge gesichert zu haben. Im Dom zu Speyer wurde er in der Saliergruft beigesetzt.

2. Das Wahlkönigtum im späten Mittelalter und Kaiser Karl IV.

Hausmachtpolitik. Die selbstsüchtigen Kurfürsten, denen König Rudolf zu mächtig geworden war, wählten nach dessen Tod wieder einen machtlosen Grafen. Ein Herrscherhaus löste seither das andere ab: Nassau, Habsburg, Wittelsbach und Luxemburg. Das umfangreiche Königsgut, auf dem in früheren Jahrhunderten die königliche Macht beruht hatte, war in die Hände der Fürsten geraten. So mußte jeder neugewählte König seine Hausmacht vergrößern, wenn er Geltung oder gar Einfluß auf die Wahl seines Nachfolgers gewinnen wollte. Die Habsburger trieben die geschickteste Hausmachtpolitik.

Die Stärkung der kurfürstlichen Macht. Auch dem Papst gegenüber verteidigten die Kurfürsten die gewonnene Macht und wiesen jede päpstliche Einflußnahme auf die

Zur Zeit Dantes boten viele italienische Städte einen wehrhaften Anblick. Einen guten Eindruck vom Aussehen einer solchen Stadt vermittelt San Gimignano in der Toskana. Von den ursprünglich 72 turmartigen Hausburgen der sich bekämpfenden Adelsfamilien sind 13 erhalten geblieben. Sie wurden im 13. und 14. Jh. erbaut.

Königswahl zurück. Sie traten 1338 zum sogenannten Kurverein zu Rhense zusammen und erklärten:

„Wenn jemand von den Kurfürsten des Reiches zum König gewählt wird, so bedarf er einer Bestätigung durch den Apostolischen Stuhl nicht mehr." Eine spätere Fürstenversammlung fügte noch die Erklärung hinzu: „Der rechtmäßig gewählte deutsche König ist zugleich römischer Kaiser."

Der Verlust Italiens. Italien entglitt den Kaisern und litt unter ständigen Parteikämpfen in und zwischen den selbständig gewordenen Städten. Das Verlangen nach Ruhe und Ordnung wuchs überall und verklärte die Erinnerung an das staufische Kaisertum. Vergeblich hoffte Dante, der größte Dichter des italienischen Volkes, auf eine Wiederkehr der Zeiten Kaiser Rotbarts.

Kaiser Karl IV. Mit Karl IV. (1347–1378) aus dem Hause Luxemburg erhielt das Reich wieder einen starken Herrscher. Karls Vater war durch Heirat König von Böhmen geworden.

Am französischen Hof, bei den Verwandten seiner Mutter, hatte Karl Französisch und Lateinisch gelernt. Mit fünfzehn Jahren beherrschte er auch Italienisch und Deutsch; er galt als einer der gelehrtesten Fürsten seiner Zeit.

Karl kam in jungen Jahren nach dem von seinem Vater vernachlässigten Böhmen und sorgte dort für Ruhe und Ordnung. In Prag wurden unter seiner Regierung prachtvolle Gebäude errichtet. Auf dem Steilufer über der Moldau entstand der

Zeitgenössische Darstellung eines Geißlerzuges

Hradschin, die Burg des Königs. Ein großer Dom wurde gebaut. 1348 gründete Karl IV. in Prag die erste deutsche Universität.

Karl war auch ein genauer Rechner und ein kluger Geschäftsmann. Das Silber der von ihm ausgebauten Bergwerke Böhmens füllte seine Kassen. Unablässig förderte er die Wirtschaft, um das Land zu kräftigen. Deutsche Bauern und Handwerker fanden seine Unterstützung. Wo er konnte, linderte er die Folgen der „Schwarzen Pest", die in den Jahren 1347 bis 1349 überall in Deutschland wütete. Allein in dem von Böhmen lehnsabhängig gewordenen Schlesien fielen der Seuche vier Fünftel der Einwohner zum Opfer.

Der „Schwarze Tod". Die Beulenpest war auf Schiffen, die vom Schwarzen Meer kamen, nach Süditalien eingeschleppt worden. Unaufhaltsam drang die Seuche in ganz Europa vor und hielt vor allem in den enggebauten Städten furchtbare Ernte. Oft erlag mehr als ein Drittel der Bevölkerung der unheimlichen Krankheit.

Die Menschen sahen in der Krankheit eine Strafe Gottes. Sogenannte „Geißler" zogen mit Fahnen und Kreuzen durch Deutschland und sangen Bußlieder. In aller Öffentlichkeit schlugen sie sich den Rücken blutig, um Gott zu versöhnen und das „große Sterben" zu wenden. Als die Bewegung der „Geißler", die viele Menschen mitriß, auch die Ordnung der Kirche bedrohte, wurde sie 1349 vom Papst verboten.

Die Seuche gab aber auch Anlaß zu einer grausamen Judenverfolgung, die in ganz Deutschland tobte, vor allem aber im Rheinland. Man verbreitete das Gerücht, daß die Juden die Brunnen vergiftet und so die Seuche hervorgerufen hätten. Sie hätten einst den Heiland ermordet, und deshalb sei ihnen alles zuzutrauen.

In Wirklichkeit benutzten Fürsten und Städte die Gelegenheit, um ihre Schulden abzuschütteln, denn das kirchliche Zinsverbot hatte dazu geführt, daß die Geldgeber in vielen Fällen Juden waren. Da diese aber vor den Gerichten als Leute minderen Rechtes selten Unterstützung fanden, waren sie gezwungen, sich durch hohe Zinsforderungen schadlos zu halten (vgl. S. 106). „Das Geld war die Ursache, warum die Juden getötet wurden", schreibt ein Zeitgenosse, „wären sie arm und die Landesherren ihnen nichts schuldig gewesen, so hätte man sie nicht verbrannt."

Pest und Judenverfolgung führten um die Jahrhundertmitte zu einem schweren wirtschaftlichen Rückschlag.

Kaiser Karl IV. und die Kurfursten. Darstellung in einem Wappenbuch aus dem Jahre 1370

Die Goldene Bulle. Mit der „G o l d e n e n B u l l e" (1356) regelte Karl IV. die Wahl des Königs durch die Kurfürsten auch gesetzlich. Dieses erste Reichsgrundgesetz trägt seinen Namen nach der goldenen Kapsel oder Bulle, die an der Urkunde hing und das Siegel umschloß. **1356**

Den Vorsitz bei der Wahlhandlung führte nach den Bestimmungen dieses Gesetzes der Erzbischof von Mainz. Wer von der Mehrheit der sieben Kurfürsten (vgl. S. 127) gewählt wurde, war König. Eine Doppelwahl sollte es also nicht mehr geben. Die Bestätigung der Wahl durch den Papst war nicht erforderlich (vgl. S. 129). Als Wahlort wurde Frankfurt am Main bestimmt, als Krönungsort Aachen.

In der „Goldenen Bulle" wurden auch die Vorrechte der Kurfürsten festgelegt. Es waren manche darunter, die früher nur der König besessen hatte, z. B. das Recht, Bergwerke anzulegen und Münzen mit dem eigenen Bildnis zu prägen. Die Bewohner kurfürstlicher Gebiete sollten nicht mehr dem Königsgericht unterstehen, sondern die Kurfürsten waren hier selbst die obersten Richter. Um ihre Macht über die Jahrhunderte hinweg zu sichern, wurde festgesetzt, daß die weltlichen Kurlande ungeteilt an den ältesten Sohn vererbt werden mußten. Alle diese Bestimmungen bestätigten die U n a b h ä n g i g k e i t d e r F ü r s t e n vom Kaiser, wie sie sich seit Friedrich II. (vgl. S. 83) herausgebildet hatte.

Karl IV. wollte durch dieses Gesetz die Kurfürsten zu „zuverlässigen Trägern und unerschütterlichen Säulen" des „Heiligen Reiches" machen. Da sie sich jedoch um ihre neuen Pflichten, bei der Regierung des Reiches mit Rat und Tat zu helfen, nicht kümmerten, trugen sie bei zu einer jahrhundertelangen Zersplitterung und Ohnmacht des Deutschen Reiches.

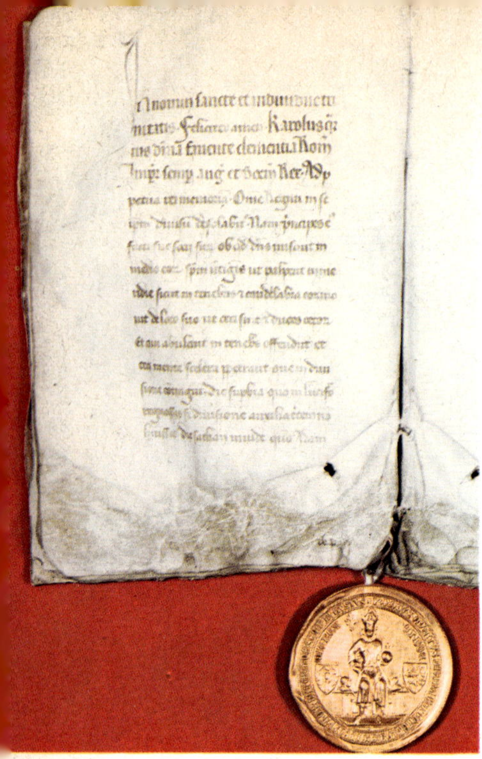

Links: Die erste Seite der „Goldenen Bulle“ von 1356, deren Bestimmungen über die Königswahl bis 1806 Gültigkeit behielten.

Rechts: Der Palast der Päpste in Avignon, der in zwei Bauabschnitten zwischen 1334 und 1352 errichtet wurde. Die Ecken sind mit Türmen von verschiedener Stärke versehen, die dem gotischen Palast zusammen mit den gewaltigen Mauern ein burgartiges Aussehen verleihen. Der Palast erhebt sich hoch über der Stadt und der Rhone.

Der Ausbau der Landesherrschaften. In dem gleichen Maß wie die Fürsten ehemals königliche Rechte an sich zogen, begannen sie, den Ständen in ihren Territorien, den Rittern, Bürgern und Bauern, jede Mitwirkung bei der Regierung zu versagen. Kurfürst Friedrich II. Eisenzahn aus dem Hause der Hohenzollern, die seit 1415 die Mark Brandenburg regierten, ließ die Burgen der Ritter zerstören und den Bürgern von Berlin eine Zwingburg, das Stadtschloß, bauen. Wie er, so unterdrückten auch andere Fürsten die gegen diese Maßnahmen entstehenden Ritter- und Städtebünde.

3. Die Kirche in Not

Verweltlichung der Kirche. Wie im Reich, so lag auch in der Kirche vieles im argen. „Verweltlicht ist sie ganz und gar“, hörte man im 14. Jahrhundert klagen. Die Päpste brauchten viel Geld für ihre Hofhaltung und die Verwaltung. Zu den gewohnten Abgaben, wie dem „Peterspfennig“, traten im Laufe der Jahrhunderte solche, die besonders die Geistlichen schwer belasteten. Jeder neu ernannte Erzbischof empfing in Rom das „Pallium“ (seit 1215) und mußte dieses Zeichen seiner Würde teuer bezahlen. Einkünfte nicht besetzter geistlicher Stellen nahm die Kurie für sich in Anspruch. Selbst die niederen Geistlichen mußten beim Amtsantritt einen Teil ihrer ersten Einnahmen abgeben. Dies alles erregte vielerorts Mißstimmung.

„Babylonische Gefangenschaft“ und Schisma. Seit dem Interregnum fehlte den Päpsten die Hilfe des deutschen Kaisers. Das zeigte sich bald in einem Streit mit dem französischen König. Als der Papst mit dem Bann drohte, ließ ihn der König gefangennehmen. Schließlich gerieten die Päpste völlig in französische Abhängigkeit. Sie ver-

ließen Rom und residierten zu A v i g n o n in Südfrankreich. Dort erinnert noch heute ein gewaltiger Palast an die Zeit der „babylonischen Gefangenschaft der Kirche" (1309–1376). Zwar kehrte der Papst 1377 nach Rom zurück, starb aber schon im folgenden Jahr. Sein Nachfolger wurde von den französischen Kardinälen nicht anerkannt. Diese wählten einen Gegenpapst, der wieder in Avignon residierte. Seither gab es zwei Päpste, die sich und ihre Anhänger wechselseitig bannten.

Eine Kirchenversammlung (Konzil zu P i s a, 1409) setzte beide Päpste ab und wählte einen neuen. Dadurch wurde die Lage aber noch schwieriger; denn die bisherigen Päpste erkannten die Absetzung durch das Konzil nicht an. So hatte die Kirche jetzt drei Päpste. Die unheilvolle Kirchenspaltung (griech. „S c h i s m a") stürzte die Menschen in große Gewissensnot; denn jetzt war eigentlich die ganze Christenheit im Bann, der von dem einen oder dem anderen Papst über die Anhänger seiner Gegner verhängt worden war. Immer allgemeiner wurde der Ruf nach einer „Reform der Kirche an Haupt und Gliedern".

Die Mystiker. Aber auch in dieser Zeit kirchlicher Wirren blühte echtes religiöses Leben. In Deutschland bemühten sich besonders die Dominikaner (M e i s t e r E c k h a r t, J o h a n n e s T a u l e r, H e i n r i c h S e u s e) um seine Verinnerlichung und strebten danach, Gott unmittelbar zu erleben. Man nennt die von diesen Männern ausgelöste Bewegung, die weite Kreise des Volkes ergriff, die deutsche M y s t i k (griech. myein = Augen und Lippen schließen). T h o m a s v o n K e m p e n (1380–1471) schrieb sein Büchlein von der „Nachfolge Christi".

Wiclif und Hus. Die Kirchenspaltung erschien dem Oxforder Theologieprofessor J o h n W i c l i f (ca. 1330–1384) als ein sicheres Zeichen für den Verfall der Kirche.

Hus auf dem Weg zum Scheiterhaufen

Er forderte die Wiederherstellung der reinen christlichen Lehre auf Grund der Heiligen Schrift. Diese übersetzte er in die Sprache seines Volkes. Er verwarf die Transsubstantiation, griff Papst- und Mönchtum heftig an. Außerdem predigte er die Armut der Apostel und forderte die Einziehung des kirchlichen Besitzes, um die Reinheit der Kirche zu sichern. Wiclifs Lehren verbreiteten sich schnell.

In Prag fand er einen beredten Anhänger in dem Magister Johannes Hus. Dieser forderte Predigt und Bibel in der Landessprache, wandte sich gegen den Lebenswandel vieler Geistlicher und kämpfte gegen den Ablaß. Er verschärfte den Gegensatz zwischen den Tschechen und den Deutschen, die die besten Pfründen, d. h. die einträglichen Kirchenämter, innehatten. Schließlich zogen deutsche Professoren und Studenten der Universität Prag 1409 nach Leipzig, wo eine neue Universität gegründet wurde.

In Deutschland waren viele der Meinung, Hus gehe mit seinen Forderungen zu weit. Aber man war sich darüber einig, daß in der Kirche, vornehmlich in Rom, eine gründliche Erneuerung eintreten müsse. König Sigismund, der Sohn Karls IV., setzte deshalb in Rom durch, daß ein großes Konzil nach Konstanz einberufen wurde.

1414 bis 1418

Das Konzil zu Konstanz. Zum Konzil in den Mauern der alten deutschen Bischofsstadt am Bodensee (1414–1418) erschienen der König, ein Papst und viele geistliche und weltliche Würdenträger. Nach Konstanz kamen aber auch Kaufleute, Schreiber, fahrende Schüler und Gaukler, im ganzen über 70 000 Menschen.

Drei Aufgaben waren dem Konzil gestellt: das Schisma sollte beseitigt und die Kirche an „Haupt und Gliedern" wiederhergestellt (reformiert) werden. Außerdem sollte geprüft werden, ob die Lehren des Johannes Hus mit der Auffassung der Kirche übereinstimmten.

Sigismund zeigte sich klug und geschickt im Verhandeln. Zwei Päpste wurden vom Konzil abgesetzt, einer erklärte freiwillig seinen Verzicht. Das Schisma war damit beseitigt, die Einheit der Kirche wiederhergestellt. Die andere Hauptaufgabe des Konzils, die Reform der Kirche, blieb dagegen ungelöst. Viele Mißstände dauerten fort.

Zwischendurch verhandelte das Konzil über die Lehren von Hus. Der Kaiser hatte den gebannten Hus nach Konstanz geladen und ihm freies Geleit zugesichert, damit er sich verteidigen könne. Das Konzil erklärte aber einen Teil seiner Lehren für ketzerisch und verlangte kurzerhand ihren Widerruf. Als Hus sich weigerte, wurde er zum hartnäckigen Ketzer erklärt und einem weltlichen Gericht übergeben. Sigismund hielt sich dem Ketzer gegenüber nicht mehr an das Versprechen freien Geleits gebunden. Hus wurde zum Tode verurteilt und auf dem Scheiterhaufen verbrannt (1415). Seine Asche wurde in den Rhein gestreut.

Die Entwicklung der Eidgenossenschaft

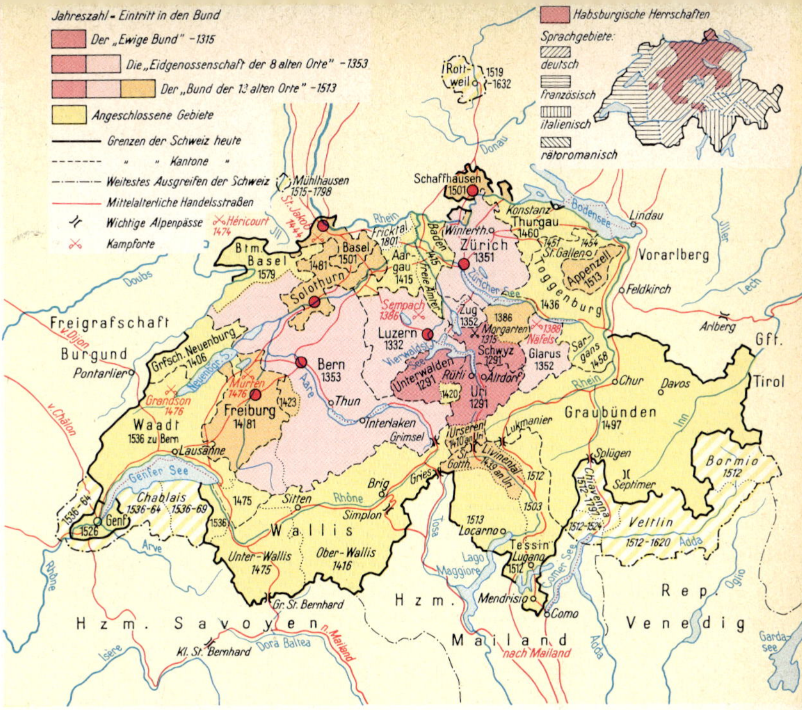

Die Hussitenkriege. Die Tschechen waren über den Treuebruch Sigismunds und die Hinrichtung von Hus tief empört. Ein erbitterter Aufstand begann. Der Haß der Anhänger von Hus galt allem, was deutsch und katholisch in Böhmen war. Sigismund ließ den Kreuzzug gegen die Hussiten predigen, aber die Kraft des Reiches war zu schwach. Obwohl die deutschen Heere grausam in Böhmen hausten, konnten sie die Hussitenbewegung nicht unterdrücken. Tschechische Bauernheere fielen sengend und brennend in Deutschland ein. Bis an die Ostsee dehnten sie ihre Züge aus. Ein solcher Schrecken ging den Hussiten voraus, daß die deutschen Aufgebote oft auseinanderliefen, wenn sie nur von weitem den unheimlichen Schlachtgesang der Feinde hörten.

Erst 1433 gelang es einem weiteren Konzil zu Basel, sich mit dem gemäßigten Teil der Hussiten zu verständigen. Ihnen wurde der Abendmahlskelch auch für die Laien und die Predigt in tschechischer Sprache zugestanden. Nur allmählich kehrten in Böhmen wieder Ruhe und Ordnung ein.

4. Verluste an den Grenzen des Reiches

Die Schweizer Eidgenossenschaft. Im Gebiet des Vierwaldstätter Sees und der Zugänge zum Gotthardpaß lebten seit Jahrhunderten freie alemannische Bauern. Im Jahre 1291 hatten sich die drei „Waldstätten" Schwyz, Uri und Unterwalden zwecks gemeinsamer Verteidigung zu einem „ewigen Bund" zusammengeschlossen.

Uri konnte sich darauf berufen, daß es nur vom Reich abhängig war und König Rudolf von Habsburg diese Reichsunmittelbarkeit bestätigt hatte. Unterwalden gehörte jedoch zum Herrschaftsgebiet der Habsburger, die auch in Schwyz, das an sich reichsunmittelbar war, Ansprüche erhoben.

So richtete sich der Bund der Waldstätten in erster Linie gegen die Söhne Rudolfs von Habsburg. Es kam jedoch nicht zu offener Empörung. Wilhelm Tell ist eine sagenhafte Gestalt. Die Geschichtsforschung konnte nicht nachweisen, daß der schweizerische Freiheitskämpfer wirklich gelebt hat.

1315 Erst 1315 versuchte der habsburgische Herzog von Österreich, die Macht des Bundes mit Gewalt zu brechen. Sein Ritterheer wurde aber am Morgartenpaß von den freiheitsliebenden Bauern vernichtet.

Die Bauern ließen von der Höhe des Morgartenberges Felsblöcke hinunterrollen und verwirrten dadurch die Reiterscharen, die auf der engen Straße dichtgedrängt heranzogen. Dann brach das Aufgebot der Schwyzer und Urner Landleute hervor und warf sich auf die schwergerüsteten Reiter des Herzogs. Diese wurden niedergehauen oder in den See gedrängt. Der Sieg am Morgartenpaß hat die Freiheit der Waldstätten entschieden.

Die „Urkantone" Schwyz, Uri und Unterwalden erneuerten daraufhin ihren Bund, der sie von Habsburg unabhängig machte, nicht aber vom Reich, dem sie weiterhin unmittelbar zugehören wollten. Fünf weitere „alte Orte" traten dem Bund bei. Mit der Zeit wuchs die Eidgenossenschaft auf dreizehn Orte an, deren Führung allmählich an die Stadtkantone Zürich und Bern überging. 1386 schlugen die Eidgenossen bei Sempach, nördlich von Luzern, erneut ein habsburgisches Ritterheer vernichtend.

Im nächsten Jahrhundert erwehrten sich die tapferen Eidgenossen, „die Schweizer", wie man sie damals zu nennen anfing, zunächst der Franzosen, dann Karls des Kühnen von Burgund (vgl. S. 138). Mit dem Reich fühlten sich die Bewohner des Alpenlandes nur noch lose verbunden, bis sie ihr Gebiet 1648 völlig aus dem Reichsverband herauslösten.

Der Freiheitskampf der Dithmarscher. Im Jahre 1459 starb das Geschlecht der Schauenburger aus, die über die Grafschaft Holstein und das Herzogtum Schleswig geherrscht hatten. Die Stände dieser beiden Gebiete, d. h. die Vertreter von Adel, Bürgern und freien Bauern, wählten den Dänenkönig zu ihrem Landesherrn. Die Regierung der beiden deutschen Länder und diejenige Dänemarks blieben voneinander getrennt. Jedoch waren Schleswig-Holstein und Dänemark fortan durch die Person eines Herrschers verbunden. Man nennt dies eine Personalunion.

Der Dänenkönig mußte bei der Übernahme der Herrschaft geloben, daß Grafschaft und Herzogtum „up evig ungedeelt" bleiben sollten. Holstein verblieb zudem als Lehen des deutschen Königs im Verband des Reiches.

Von Holstein aus machte der Dänenkönig Herrschaftsansprüche auch über die Dithmarscher geltend, die zwischen Elbe, Eider und Nordsee in einer freien Bauerngemeinschaft lebten und bisher noch keinem Landesherrn gehorcht hatten. Beim Herannahen eines überlegenen Heeres des Dänenkönigs (1500) verschanzten sie sich, öffneten die Schleusen ihrer Deiche und besiegten Ritter und Söldner. Ein halbes Jahrhundert später mußten die Dithmarscher zwar die Herrschaft des Dänenkönigs anerkennen; sie behielten jedoch das Recht, ihr Land selbst zu verwalten.

Karl der Kühne von Burgund. Westlich des Reiches regierten die Herzöge von Burgund. Ihr Herzogtum bestand aus anderen Gebieten als das Königreich Burgund des Hochmittelalters, das seit dem Interregnum zerfallen war.

Rechts oben: Philipp dem Guten, dem Vater Karls des Kühnen, wird eine Chronik des Hennegaus überreicht (Buchmalerei, 1448). – Unten: Kunstliebend wie die Herzöge von Burgund war auch der Herzog Johann von Berry, der seine Hauptstadt Bourges und seine Schlösser mit wertvollen Kunstwerken ausstattete. Eine Seite aus dem von den Brüdern von Limburg für den Herzog geschaffenen Stundenbuch (um 1415) zeigt diesen an der Tafel mit dem Bischof von Chartres beim Empfang von Gästen.

aproche · aproche

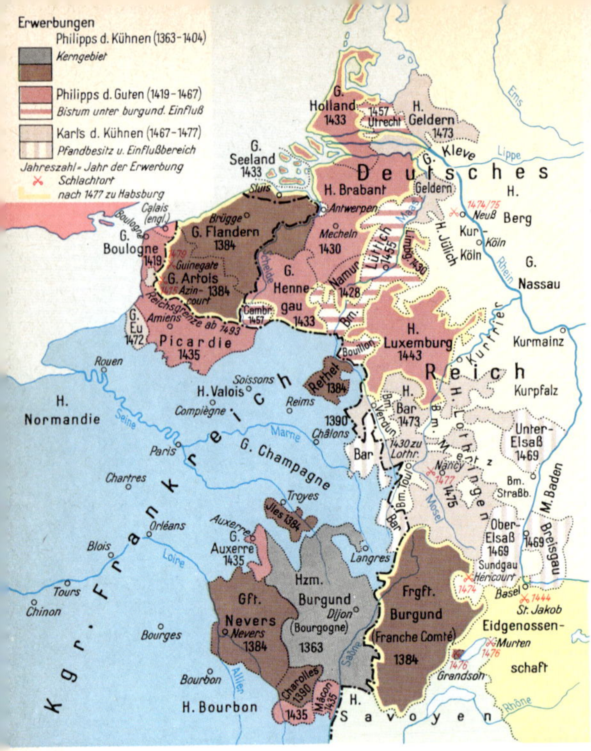

Die Entwicklung Burgunds

Die Herzöge von Burgund bauten im 14. und 15. Jahrhundert durch Erbschaften, Kaufverträge und Gewaltsamkeiten eine Herrschaft auf, die sich zwischen Deutschland und Frankreich vom Schweizer Jura bis zur Nordsee erstreckte und eine Reihe wirtschaftlich aufblühender Landschaften umfaßte: im Süden Burgund am Oberlauf von Saône, Loire und Seine, im Norden die reichen Gebiete von Flandern und Holland mit Brügge, Gent und Antwerpen, den Städten des Tuchhandels und des Bankwesens (vgl. S. 124). Zwischen beiden Teilen lag trennend das Herzogtum Lothringen. Der gewaltsame und ehrgeizige letzte Herzog von Burgund, Karl der Kühne, wollte sein Herrschaftsgebiet noch erweitern, Lothringen, das Elsaß und die Schweiz erobern und ein burgundisches Königreich daraus machen.

Der damalige Kaiser aus dem Hause Habsburg, Friedrich III. (1440–1493), ließ den Dingen ruhig ihren Lauf. Er hoffte, daß dereinst sein Sohn Maximilian ohne jede Anstrengung und Gefahr der Erbe des jetzt so gefährlichen Gegners sein werde. Hartnäckig verfolgte Friedrich III. in jahrelangen Verhandlungen das Ziel, Maximilian mit der einzigen Tochter Karls des Kühnen, der vielumworbenen Maria von Burgund, zu verheiraten. Dies gelang schließlich im Jahre 1477, nachdem Karl im Kampf gegen Schweizer Bauern und lothringische Ritter bei Nancy getötet worden war.

5. Der Verfall des Rittertums

Rittertum und Söldnerwesen. Die vielen Reichsministerialen, die einst hinter dem kaiserlichen Banner „über Berg" gezogen waren, hatten im späten Mittelalter keine Aufgaben mehr, während die Kaufleute in den Städten zu Ansehen und Wohlstand kamen. Groß war die Geldnot dieser Ritter. Die Bauern leisteten wohl noch Frondienste und entrichteten auch ihre Abgaben, wie es seit altersher festgelegt war. Aber diese Einkünfte blieben dieselben, während die lebensnotwendigen Waren in den Städten immer teurer wurden. Viele Ritter verarmten.

Noch folgenschwerer für den Ritterstand war es, daß die Städte und Landesfürsten sich mit ihrem Gelde Söldner mieten konnten und dazu in so großer Zahl, daß die Ritteraufgebote diesen unterlegen waren. „Reisläufer", d. h. tüchtige Schweizer, gingen auf die Wanderschaft, um sich jemandem zu verdingen. Bald gab es auch Söhne des deutschen Landes, die sich vermieteten. Sie nannte man „Landsknechte". Ausgerüstet waren sie mit mächtigen zweihändigen Schwertern und später auch mit Musketen, den ersten Feuerwaffen (s. u.).

Die geschlossenen „Gewalthaufen" der Landsknechte hielten mit ihren langen Spießen jedem Reiterangriff stand und holten im Nahkampf mit ihren gefährlichen

H e l l e b a r d e n, den Stoßlanzen, den Reiter vom Pferde. Auch waren die „F ä h n l e i n" der Landsknechte, Abteilungen zu je etwa 400 Mann Fußvolk, dem schwerfälligen, eisengepanzerten ritterlichen Lehnsheer an Beweglichkeit überlegen.

Vor der Schlacht falteten die „Spießgesellen" ihre rauhen Hände zum Gebet, sonst aber führten sie ein wüstes Leben, verschwendeten bei Becher und Würfelspiel Sold und Beute und stolzierten in bunter, prahlerischer Tracht mit Pluderhose und breitrandigem Hut einher. Ließ die Löhnung zu lange auf sich warten, fielen sie über Dörfer und Städte des Fürsten her, in dessen Dienst sie gerade standen.

Eine umwälzende Veränderung des Kriegswesens rief die Verwendung des S c h i e ß p u l v e r s und die Entwicklung von Feuerwaffen aller Art hervor (vgl. S. 165).

Die Raubritter. Der Ritterstand hatte sich überlebt. Es nützte wenig, daß sich die Ritter in Bünden zusammenschlossen. Wer klug war, paßte sich der Zeit an; mancher Ritter trat als Söldnerführer in den Dienst eines Fürsten oder einer Stadt. Viele ließen ihre Söhne die Rechte studieren, damit sie als „Schreiber" die Leitung der Verwaltung bei einem Landesfürsten übernehmen konnten.

Diejenigen Ritter, die sich nicht umstellen konnten, versuchten mit Gewalt, sich ihr vermeintliches Recht zu verschaffen. Sie drängten den Reisenden ihren Geleitschutz auf, verlangten dafür aber besonders von den Kaufleuten erhebliche Abgaben. Wurden Straßen- und Brückenzoll verweigert, dann beraubten sie die Planwagen oder schleppten die „Pfeffersäcke" auf die Burg, um von ihnen ein hohes Lösegeld zu erpressen. Bald wurden diese R a u b r i t t e r eine wahre Landplage.

Die Feme. Im Reiche nahm die Unsicherheit zu. Die Gerichte versagten. Zu den gelehrten Richtern, die nach römischem Recht in den fürstlichen Landgerichten das Urteil sprachen, hatte das Volk kein Vertrauen. So gewann in dieser Zeit der Raubritter und Strauchdiebe eine besondere Art der Rechtsprechung eine gewisse Bedeutung: die h e i m l i c h e F e m e. Sie ging auf alte Volksgerichte zurück, die sich aus früher Zeit in Westfalen erhalten hatten.

Die Feme verfolgte in ganz Deutschland Rechtsverletzungen, welche die Obrigkeit nicht bestraft hatte, und führte die Rechtsbrecher heimlich der Bestrafung zu. Diese

Darstellung einer Gerichtsverhandlung um 1530. Auf erhöhtem Sitz in der Mitte der Richter. Vor ihm und auf der Seite sitzen die Schreiber und Schöffen. Im Vordergrund ankommende und weggehende Gerichtsboten mit Spießen, sowie ein Rechtsanwalt mit prozessierenden Bauern. Im Hintergrund links die Folter.

Links: Kaiser Maximilian, wie ihn Albrecht Dürer (vgl. S. 169) auf dem Reichstag zu Augsburg 1518 gezeichnet hat. Die Eintragung in der rechten Ecke lautet: „Das ist Kaiser Maximilian, den hab ich, Albrecht Dürer, zu Augsburg hoch oben auf der Pfalz in seinem kleinen Stüble konterfeit, da man zählte 1518 am Montag nach Johannis dem Täufer."

Rechts: Fischfang und Jagd aus Kaiser Maximilians „Fischereibuch" (1504), gemalt von Jörg Kölderer. Im Vordergrund Hofleute bei Musik und Tanz. Auf den steilen Berghängen eine Gemsjagd; die Jäger sind mit langen Spießen bewaffnet. Im Tal eine Hirschjagd; im vorderen Kahn ein Jäger mit Armbrust.

wurden unter drohenden Formeln vor den Freistuhl geladen. Auch in Abwesenheit des Angeklagten wurde verhandelt. Ein Freigraf leitete nach altem Brauch auf bekannter Malstatt (nach ahd. mahal = Gerichtsversammlung, Gerichtsstätte) und bei „scheinender Sonne" die Gerichtsverhandlung, wie es sich „vor dem freien Stuhl gebührt, wie das Kaiser Karl (der Große) gesagt hat und es von altersher gehalten wurde". Sieben Freischöffen, die „Wissenden", fällten das Urteil und führten es aus. Hatten sie ein Todesurteil gesprochen, so hängten sie den Gerichteten und stießen ein Messer mit den Buchstaben SSGG (Strick, Stein, Gras, Grieß = Sand) in den nächsten Baum zum Zeichen, daß die Feme hier ihres Amtes gewaltet hatte. Der Arm der Feme reichte weit, und es war kaum möglich, ihm zu entkommen.

Femegerichte gab es in vielen Teilen Deutschlands, besonders aber in Westfalen. Kaiser und Fürsten zählten zu den „Wissenden". Das Ansehen der Feme schwand jedoch, als die Freigrafen und Freischöffen ihr Amt mißbrauchten und als Einnahmequelle betrachteten. Wer vor dem einen Freistuhl in Abwesenheit verurteilt worden war, ließ vor dem anderen seinen Ankläger verurteilen. Im Laufe der Zeit hoben die Landesherren die Freistühle auf oder verwandelten sie in landesherrliche Gerichte.

6. Kaiser Maximilian und die Reichsreform

1493 bis 1519

Freund der Bürger und Künstler. Von Kaiser Maximilian (1493–1519), dem Sohne des unfähigen Kaisers Friedrich III., erwartete ganz Deutschland, daß er durch eine umfassende Reichsreform die Ohnmacht und Zerrissenheit des Reiches beseitige. Er war im Gegensatz zu seinem Vater außerordentlich lebhaft und vielseitig und faßte deshalb immer wieder neue Pläne, anstatt eine Sache beharrlich zu Ende zu führen.

Auf vielen Bildern begegnet uns sein scharfgeschnittenes Gesicht mit den blitzenden Augen und der starken Adlernase. Seine frische, natürliche Art, sein ritterlicher Sinn

Links: Die Schweizer siegen 1476 bei Murten über das Ritterheer Karls des Kühnen von Burgund (vgl. S. 136 und 138).

Rechts: Deutschland im Zeitalter der Reformation

und seine Leutseligkeit gewannen ihm alle Herzen. Er kannte keinen Hochmut, scherzte mit jedermann, streifte als leidenschaftlicher Jäger gern allein in den Bergen umher und suchte irgendwo eine bescheidene Unterkunft. Gern entfloh er dem höfischen Leben. So hatte er z. B. in Augsburg ein eigenes Haus. Dort lebte er oft mehrere Wochen, begab sich froh und unbekümmert unter die Bürger und feierte ihre Feste mit.

Maximilian förderte die Wissenschaften. Er beherrschte selbst sieben Sprachen (Latein, Deutsch, Flämisch, Französisch, Italienisch, Tschechisch, Ungarisch). Großen Künstlern seiner Zeit, wie Albrecht Dürer (vgl. S. 169) und Peter Vischer, gab er ehrenvolle Aufträge. Er ließ alte Handschriften, Urkunden, Münzen und Inschriften sammeln und vergab Aufträge an Geschichtsschreiber, Kupferstecher und Dichter, welche die geschichtlichen Taten seines Hauses und seines Volkes verherrlichen sollten.

Letzter Ritter und Vater der Landsknechte. Das Volk nannte ihn den „letzten Ritter" und den „Freund der Landsknechte". Beim Gießen der modernen Geschütze konnte er stundenlang zusehen (vgl. S. 166). Und doch hing er gleichzeitig noch mit ganzem Herzen an der versinkenden Welt des Rittertums. Kaum hatte er mit einem Fähnlein von Landsknechten mehrere Stunden geübt, in dicht-

geschlossenen Haufen vorzurücken, die langen Spieße zu fällen oder einen „Igel" zu bilden, so fand er wieder seine Freude daran, nach alter Rittersitte seine Lanze im Turnier zu brechen.

Versuch einer Reichsreform. Maximilian sah seine wichtigste Aufgabe in der Stärkung seiner Hausmacht. An einer Kräftigung des Reiches war er nur insoweit interessiert, als auch seine eigene Macht dadurch wuchs. Dem König gegenüber strebten die Stände des Reiches nach einer Reform, die auch ihnen Vorteile bot. Als Maximilian zum Kampf gegen den König von Frankreich Hilfe brauchte, machte er der Reformbewegung auf dem Reichstag von Worms (1495) Zugeständnisse. Er verkündete einen **1495**
ewigen Landfrieden, der jede Fehde verbot und zum erstenmal nicht nur für eine befristete Zeit gelten sollte. Bei Streitigkeiten sollten die Gerichte entscheiden. Oberstes Gericht wurde das Reichskammergericht. Es hatte einen festen Sitz, ganz gleich, wo der Herrscher sich gerade aufhielt. Die Richter wurden besoldet. Dies Gericht war die erste von der Person des Herrschers gelöste Zentralbehörde des Reiches.

Als Gegenleistung bewilligten die Stände die erste Reichssteuer, den „Gemeinen Pfennig“, der eine Kopfsteuer für alle Reichsangehörigen sein sollte. Auch die Unkosten des Reichskammergerichts sollten daraus bestritten werden. Aber Maximilian selbst sammelte in seinen Erbländern diese Steuer nicht ein. Dem Reichskammergericht gegenüber erhob er sogar seinen Hofrat (1498) zum gleichberechtigten Gericht. Da es keine Reichsfinanzverwaltung gab, kümmerten sich auch die Fürsten nicht mehr um den Reichspfennig. Nie wurden genügend Richter angestellt. So schleppten sich manche Prozesse am Reichskammergericht durch die Jahrhunderte hin, auch wenn die Prozeßführenden längst verstorben waren.

Reichsregiment und Reichskreise. Die Fürsten griffen einen Gedanken Karls IV. (vgl. S. 131) in veränderter Form wieder auf. Sie erhielten die Zustimmung Maximilians zur Einrichtung eines festen Reichsregiments, d. h. einer Regierung. Unter dem König oder einem von ihm bestellten Vorsitzenden sollten in Nürnberg 20 Vertreter der Reichsstände dauernd tagen. Nach zwei Jahren löste sich das „Reichsregiment“ jedoch wieder auf.

Bedeutungsvoller war die Einteilung des Reiches in Reichskreise. Zunächst wurden sechs, im Jahre 1512 schließlich zehn Reichskreise eingerichtet (Österreich, Burgund, Kurrhein, Oberrhein, Schwaben, Franken, Bayern, Niedersachsen, Obersachsen und Westfalen). Diesen Kreisen wurde die Wahrung des Landfriedens übertragen. Zugleich sollten sie Wehrkreise für die Aufstellung der Reichstruppen sein und dazu beitragen, daß der König die Förderung seiner Erblande nicht über die Interessen der Reichspolitik stellte.

Auseinandersetzungen mit Frankreich. Die burgundische Erbschaft seiner Frau verwickelte Maximilian in Kämpfe mit dem französischen König, der als ursprünglicher Lehnsherr des Herzogs von Burgund Ansprüche erhob (vgl. S. 138). Nach mehreren Kriegen behielt Maximilian den Nordosten Burgunds und die Niederlande.

Als der König von Frankreich 1494 in Italien eingefallen war, wurde er durch einen Bund, den Maximilian mit dem Papst, Spanien, Venedig und Mailand geschlossen hatte, zum Rückzug gezwungen. Zum Krieg gegen Frankreich aber fehlte Maximilian das Geld. Die deutschen Fürsten machten ihm den Vorwurf, daß er seine Mittel nicht für das Reich, sondern zur Stärkung seiner eigenen Hausmacht verwenden wollte. So konnte Maximilian auch nichts unternehmen, als der französische König einige Jahre später Mailand eroberte.

Selbst die von einem Reichstag gebilligte Romfahrt des Königs zur Erlangung der Kaiserkrone ließ sich nicht verwirklichen. Daraufhin nahm Maximilian den Kaisertitel an, ohne in Rom gekrönt worden zu sein. So taten es später fast alle Kaiser des „Heiligen Römischen Reiches Deutscher Nation“.

Habsburg erbt ein Weltreich. In die Regierungszeit Maximilians fallen zwar einige Maßnahmen, die sich für das Reich in der Zukunft segensreich auswirken sollten, aber auch eine ganze Reihe politischer Mißerfolge. Umso mehr Erfolg hatte der Kaiser bei der Erweiterung seiner Hausmacht.

Weit auseinander lagen die Gebiete des habsburgischen Hauses. Um sie zu verbinden, richtete Maximilian eine Post für den regelmäßigen Briefverkehr ein. Berittene Postboten der Adelsfamilie von Taxis beförderten die Briefe. Eine Postlinie führte von Brüssel über Köln und Augsburg nach Wien.

Seinen Sohn Philipp den Schönen vermählte Maximilian mit Johanna, der Erbin der Länder Aragonien und Kastilien, die sich zum Königreich Spanien zusammengeschlossen hatten (vgl. S. 148). Johanna von Spanien gebot auch über das Königreich Neapel, d. h. über Unteritalien mit Sizilien, und über die spanischen Kolonien in der neuen Welt.

Der Erbe all dieser Länder war Philipps und Johannas Sohn Karl. Dieser wurde nach dem Tode seines Großvaters Maximilian als Karl V. deutscher Kaiser (1519).

Wir fassen zusammen:

Der Untergang der Hohenstaufen hatte die deutschen Landesfürsten gestärkt. Rudolf von Habsburg (1273–1291) setzte sich zwar gegenüber Ottokar von Böhmen durch und begründete die Hausmacht der Habsburger. Er sicherte den Frieden im Reich. Aber nach seinem Tode wechselten sich Herrscher aus verschiedenen Häusern auf dem deutschen Thron ab.

Durch die häufigen Thronwechsel stärkte sich der Einfluß einiger Fürsten. Diesen 7 Kurfürsten wurden durch die Goldene Bulle Karls IV. 1356 erhebliche Sonderrechte bestätigt.

Durch „Babylonische Gefangenschaft“ und Schisma verweltlichte die Kirche. Konzilien versuchten sie zu reformieren. Aber selbst das Konzil zu Konstanz (1414–1418), das die Lehre des Johann Hus verdammte, konnte die Übelstände in der Kirche nicht beseitigen.

Das Reich erlitt Verluste an allen Grenzen.

Zur Zeit Kaiser Maximilians (1493–1519) wurde deutlich, daß eine neue Zeit begann. Aus kriegstechnischen, politischen und wirtschaftlichen Gründen hatte sich der Ritterstand überlebt. Die Bemühungen um eine Reichsreform blieben vergeblich.

II. Aufsteigende Nationalstaaten im Westen und Osten Europas

1. Frankreich und England

Die Anfänge Frankreichs. Während die Stämme im Deutschen Reich unter den Sachsenkaisern zusammenwuchsen, zerfiel das Westfrankenreich in Herzogtümer und Grafschaften, deren Fürsten selbständig regierten und den König nur als fernen Oberherrn anerkannten. Als die Karolinger 987 ausstarben, wurde der Herzog Hugo Capet zum König gewählt. Er und seine Nachfolger hatten jedoch nur die „Ile de France“, das Pariser Becken, fest in ihrer Hand.

Die mächtigsten Lehnsleute waren die Herzöge der Normandie, die seit 1066 zugleich Könige von England waren. Sie erwarben durch Erbschaften alle Landstriche entlang der Atlantikküste von der flandrischen Grenze im Norden bis zu den Pyrenäen, so daß sie schließlich fast die Hälfte Frankreichs besaßen. **1066**

Der große englische Freiheitsbrief. Die Normannenkönige hatten das Lehnswesen des Festlandes nach England gebracht. Von neu erbauten Burgen und Schlössern aus beherrschten normannische Adlige als Lehnsmannen des Königs das Land. Die unterworfenen Angelsachsen blieben Bauern und bildeten die Bevölkerung der reichen Handelsstadt London.

Als die direkten Nachkommen des Erobererkönigs Wilhelm ausstarben, begann die Regierung einer Nebenlinie, des Hauses Anjou-Plantagenet (1154). Der englische König beherrschte jetzt England ohne Schottland und Wales, dazu die weiten Gebiete in Frankreich, für die er jedoch Lehnsmann des französischen Königs blieb. Nach dem Tode von Richard Löwenherz (vgl. S. 76) geriet sein Bruder und Nachfolger Johann ohne Land in einen Streit mit dem Erzbischof von Canterbury. Als er diesen vertrieb, wurde er von Papst Innozenz III. für abgesetzt erklärt.

Jeanne d'Arc wird bei ihrer Ankunft in Chinon von König Karl VII. begrüßt. Zeitgenössischer Bildteppich.

Er mußte England vom Papst zu Lehen nehmen. Als Johann schließlich noch eine Niederlage durch den französischen König erlitt (vgl. S. 82), zwangen ihn Adlige und Bischöfe sowie die Bürger von London unter Führung des Erzbischofs von Canterbury zur Anerkennung ihrer Forderungen. Diese waren im großen Freiheitsbrief, der „Magna Carta Libertatum" (1215) aufgeschrieben. Einige der Artikel
1215 lauten:

„Kein freier Mann soll gefangen, eingesperrt, enteignet, geächtet oder verbannt werden, wenn er nicht von seinen Standesgenossen oder auf Grund des allgemeinen Rechts verurteilt worden ist.

Die Barone werden 25 Adlige aus dem Königreich auswählen, die als ‚Allgemeiner Rat' nach allen ihren Kräften den Frieden und die Freiheiten, die unser Herr, der König, ihnen bewilligt und gesichert hat, festhalten sollen.

Kein Schild- oder Hilfsgeld (= Steuer) soll im Königreich aufgelegt werden, außer durch diesen ‚Allgemeinen Rat' des Königreiches."

Die Magna Carta (Great Charter) wurde Grundlage für die Freiheit aller Engländer, obwohl sie zunächst nur für die Adligen, die Bürger von London und die wenigen übrigen Freien galt.

Das englische Parlament entsteht. Aus dem „Allgemeinen Rat", der durch je zwei adlige Vertreter der Grafschaften und je zwei Bürger der wichtigsten Städte und
1295 Flecken ergänzt wurde, entstand ein Parlament, d. h. eine Versammlung. 1295 wurde das Parlament zum erstenmal in dieser erweiterten Form vom König einberufen. Diese Vertretung des Volkes teilte sich später in das Oberhaus (House of Lords) und das Unterhaus (House of Commons). Zum Oberhaus ge-

hörten die erblichen oder vom König ernannten Mitglieder des hohen Adels, die Lords, sowie eine Reihe von Bischöfen. Im Unterhaus waren der niedere Adel und die Bürger vertreten. Zunächst durfte der Sprecher des Parlaments (Speaker) dem König nur Beschwerden vortragen, die aber berücksichtigt werden mußten. Allmählich entwickelte sich daraus das Recht, bei der Gesetzgebung mitzuwirken und neue Steuern zu bewilligen.

Der Hundertjährige Krieg. Der Streit zwischen England und Frankreich brach erneut aus, als 1328 das französische Königshaus der Kapetinger ausstarb, die französischen Großen aber den erbberechtigten englischen König als Nachfolger ablehnten. Die englischen Könige versuchten, mit Waffengewalt ihr Recht auf die französische Krone durchzusetzen, und führten – mit Unterbrechungen – einen mehr als hundertjährigen Krieg (1339–1453), der für sie zunächst erfolgreich verlief. Englische Heere drangen in Frankreich ein. Mächtige Vasallen der Krone Frankreichs, der Herzog von Burgund und die Grafen von Flandern, stellten sich auf die Seite der Engländer. **1339 bis 1453**

In nahezu hoffnungsloser Lage, als die Engländer ganz Nordfrankreich beherrschten, erschien im französischen Heerlager ein einfaches Landmädchen aus Lothringen: Jeanne d'Arc. Sie fühlte sich von Gott und der Mutter Maria dazu berufen, Frankreich von den Engländern zu befreien, und verstand es, den verzagenden fran-

Frankreich und England im Mittelalter

zösischen Truppen neuen Mut einzuflößen. In schimmernder Rüstung, mit einem selbstgenähten weißen Lilienbanner in der Hand, ritt sie an der Spitze der Truppen, befreite 1429 das belagerte Orleans und führte den französischen Thronerben nach Reims zur Krönung.

Obwohl die „Jungfrau von Orleans" bald darauf in Feindeshand geriet und in Rouen 1431 als Hexe (Ketzerin) verbrannt wurde, blieb schließlich der französische König siegreich. Um die Jahrhundertmitte wurde das ungerechte Urteil widerrufen; Jeanne d'Arc wurde die Nationalheilige Frankreichs.

England nach dem Hundertjährigen Kriege. In diesem Kriege hatte der englische König bis auf Calais alle Besitzungen auf dem Festland verloren. Seine Macht war bereits in der Zeit vor dem Kriege ständig gesunken. Auch die Erwerbung von Wales (1284) hatte diese Entwicklung nicht aufhalten können. Thronstreitigkeiten führten schließlich zu einem grausamen dreißigjährigen Bürgerkrieg (1455–1485). Zwei Adelsparteien bekämpften sich unter den Wappenzeichen der „weißen" und „roten" Rose in erbitterten Fehden. Die englischen Adelsfamilien vernichteten sich gegenseitig. Erst Heinrich VII. aus dem Hause Tudor konnte nach 1485 Macht und Ansehen der Krone wieder festigen.

Stärkung der französischen Königsmacht. Die Macht des französischen Königs war durch die Erfolge im „Hundertjährigen Krieg" sehr gestiegen. Er unterwarf nach und nach die großen Vasallen und richtete ein starkes Königtum auf. Eine feste Steuer wurde eingeführt und durch königliche Beamte auch eingetrieben.

Die Einnahmen dienten zum größten Teil dazu, ein stehendes Söldnerheer, das dem König treu ergeben war, zu unterhalten. Erhob sich gegen seine Anordnungen Widerspruch, so ließ der König durch eigene Gerichte seine Ansprüche durchsetzen. Der letzte abtrünnige Vasall, Karl der Kühne, Herzog von Burgund, fiel 1477. Jetzt wollte der französische König die Gebiete von Burgund und Flandern einziehen. Da trat ihm Kaiser Maximilian entgegen (vgl. S. 144). Aus diesen Auseinandersetzungen entwickelte sich der Gegensatz zwischen Habsburg und dem französischen Königshaus Valois.

2. Spanien

Kampf gegen die Araber. Die Araber hatten seit 711 einen großen Teil der iberischen Halbinsel besetzt. Gegen die „Ungläubigen" führten christlich gebliebene Bergvölker im Nordwesten einen jahrhundertelangen, erbitterten „heiligen Krieg". Allmählich gelang es ihnen, die Araber zurückzudrängen. Vier christliche Königreiche entstanden: Kastilien, Aragon, Navarra und Portugal.

Die Gründung des Königreiches Spanien. Schließlich heiratete König Ferdinand von Aragonien Isabella, die Erbin des Königreiches Kastilien. Wie Frankreich entwickelte sich jetzt auch Spanien zu einer geschlossenen Monarchie. Dem Adel wurde die Unterhaltung eigener Truppen untersagt. Der König vergab

Rechts: Gerichtsverhandlung gegen den Herzog von Alençon. Gemälde von Jean Fouquet (1458). Der Herzog war einer der großen Vasallen, die sich der französischen Krone beugen mußten. Trotz seiner Verdienste um die Befreiung Frankreichs von den Engländern wurde der Herzog in diesem Prozeß zum Tode verurteilt.

Links: Die Alhambra, das maurische Kalifenschloß in Granada. Sie ist eine der eigenartigsten Schöpfungen der Baukunst. Ein Gebäudeviereck umschließt den hier abgebildeten Löwenhof (vollendet 1354). Leichte Bogengänge, die von 168 zierlichen Marmorsäulen getragen werden, umgeben ihn. In der Mitte steht der berühmte Löwenbrunnen. Zwölf Marmorlöwen tragen zwei prächtige Alabasterschalen.

Rechts innen: Das aufsteigende russische Reich hatte seinen Mittelpunkt in Moskau und sein Nationalheiligtum am Grabe des hl. Sergius in der Dreifaltigkeitskathedrale von Sagorsk. Dort malte Andrej Rublew um 1420 seine berühmten Ikonen (Heiligenbilder), darunter die hier abgebildete Dreifaltigkeitsikone. – Außen: Die Uspenskij-(Himmelfahrts-)Kathedrale des Kremls in Moskau, erbaut 1475–1479.

Kirchenämter und wurde mit der Durchführung der Inquisition beauftragt. Bürger halfen bei der Einrichtung einer neuen königlichen Polizeitruppe.

1492 Im Jahre 1492 eroberte diese vereinigte Macht Granada, die letzte Festung der Mauren auf europäischem Boden. Mit Ausnahme Portugals und des kleinen Navarra war nun die ganze Halbinsel unter einer Krone vereinigt.

Entwicklung der westeuropäischen Nationalstaaten. Während in Deutschland die Macht der Kaiser im ausgehenden Mittelalter immer mehr abnahm und die Fürsten immer mächtiger wurden, erstarkten in Frankreich und England sowie in Spanien die Monarchien (Königsherrschaften) gegenüber dem hohen Adel.

In diesen Ländern konnten die Könige das Machtstreben der großen Lehnsträger nicht zuletzt deswegen unterbinden, weil die Krone in bestimmten Familien für lange Zeit erblich war. So brauchten die Könige den großen Vasallen nicht immerfort neue Wahlversprechungen zu machen und ihnen Königsrechte zu überlassen. Die englischen und französischen Könige stützten sich seit dem Hundertjährigen Kriege und die spanischen seit der Mitte des 15. Jahrhunderts in wachsendem Maße auf die Bürger. Sie ließen sich von ihnen bei der Verwaltung des Landes helfen und nutzten ihr Geld.

3. Moskau übernimmt das Erbe Ostroms

Herrschaft der Mongolen. Bevor die Mongolen 1241 nach Schlesien einfielen, hatten sie die zahlreichen russischen Fürsten unterworfen. Ein Teil der Mongolen, der später die „Goldene Horde" genannt wurde, ließ sich an der unteren Wolga, in der südlichen Ukraine und auf der Halbinsel Krim nieder (vgl. S. 88). Sie übten nur

eine lockere Oberherrschaft über die russischen Fürsten aus. Diese mußten im Auftrage des Chans die Steuern und Tribute eintreiben und für Ordnung sorgen. Kirchen und Klöster blieben verschont.

Der Aufstieg Moskaus. Die Befreiung Rußlands spielte sich nicht in einem großen, auffälligen Befreiungskampf ab. Die ganze Zeit der Mongolenherrschaft war erfüllt vom Widerstand gegen Willkürmaßnahmen, gegen Steuererhebungen und Plünderungszüge.

Kurz vor Beginn der Mongolenzeit war die Residenz des Großfürsten von Kiew (vgl. S. 32) nach Moskau verlegt worden. Von hier aus begann der Fürst von Moskau „die russische Erde zu sammeln", d. h. die kleinen Fürsten zu unterwerfen. Seine Stellung festigte sich dadurch, daß er im Auftrage des Chans alle Tribute bei den anderen russischen Fürsten einsammelte und sie am Sitz der „Goldenen Horde" in Sarai ablieferte.

Das Ende des Oströmischen Reiches. Während des großen Mongolensturmes war um 1300 der mit den Seldschuken verwandte Türkenstamm der Osmanen von Turkestan nach Kleinasien ausgewichen. Hier gründeten die Türken ein bedeutendes Reich. Schon bald setzten sie auf die Balkanhalbinsel über. Mit ihren bogenschießenden Reitern waren sie den christlichen Balkanvölkern militärisch überlegen. 1389 zertrümmerten sie in der Schlacht auf dem Amselfeld zwischen Morava und Ibar das serbische Großreich, bald darauf auch das bulgarische Reich (vgl. S. 15 und 62).

Das ganze Mittelalter hindurch hatte Konstantinopel das Erbe des Römischen Reiches in Südosteuropa behauptet. Wohl war die griechisch-orthodoxe Kirche seit 1054, abgesehen von dem kurzen Lateinischen Kaisertum (1204–1261), eigene Wege gegangen. Aber die Handelsverbindungen zwischen Ost und West waren deshalb nicht unterbrochen. Die Handelsstädte Venedig, Genua und Pisa unterhielten enge Beziehungen zu Ostrom (vgl. S. 62).

Feinde von allen Seiten gefährdeten Ostrom. Normannen entrissen ihm den Rest von Unteritalien, Venezianer faßten in Griechenland Fuß; von Norden wurde das oströmische Reich durch die Bulgaren bedroht, von Osten und Südosten durch mohammedanische Völker.

Auch die osmanischen Türken hatten den Islam angenommen. Ihnen gelang am
1453 29. Mai 1453 die Eroberung Konstantinopels. Fünfzig Tage lang hatte die Stadt der Belagerung trotzen können, obwohl die Türken mit zwanzigfacher Übermacht vor den Toren lagerten und mit Riesengeschützen zentnerschwere Steinkugeln auf die Verteidigungsanlagen schleuderten. Der letzte oströmische Kaiser fand im Kampf den Tod. Europa erzitterte vor der Schreckensbotschaft.

Das oströmische Kaisertum hatte das weströmische Reich um fast 1000 Jahre überlebt. Konstantinopel hieß nun „Stambul". Die Hagia Sophia wurde eine Moschee. Über ihr erhob sich statt des Kreuzes fortan der Halbmond. Von nun an bedeuteten die Türken eine ständige Gefahr für den europäischen Südosten, vor allem für das Königreich Ungarn.

Das „dritte Rom". Der Fall Konstantinopels machte den Vorrang Moskaus noch deutlicher, da nun der Patriarch von Moskau das eigentliche Oberhaupt des östlichen Christentums wurde. Moskau war auch durch die Übernahme byzantinischer Kunst und Kultur Erbe der oströmischen Tradition geworden.

Großfürst Iwan III. von Moskau schüttelte um 1500 die mongolische Oberherrschaft endgültig ab. Er unterwarf auch die letzten russischen Fürstentümer, zuletzt die stolze und mächtige Handelsrepublik Nowgorod, und bezeichnete sich mit Recht als Herrscher aller Russen und als Zar.

Wir fassen zusammen:

Während die Macht des Königs in Deutschland gegen Ende des Mittelalters abnahm, gelang es den Königen von Frankreich und England, ihre Herrschaft zu festigen.

Der Hundertjährige Krieg zwischen England und Frankreich (1339–1453) endete nach dem Eingreifen der Jungfrau von Orleans mit der Vertreibung des englischen Königs vom Festland (bis auf Calais).

Der im Frieden beschäftigungslos gewordene englische Adel zerfleischte sich im Bürgerkrieg. So konnten die Könige aus dem Haus Tudor, auf das Bürgertum gestützt, England zu einem gefestigten Nationalstaat machen. Trotz Anwachsens der Königsmacht behielt aber die Magna Carta Libertatum (1215), die Grundlage englischer Bürgerfreiheit, weiterhin Geltung.

Auch dem französischen Königtum gelang die Errichtung eines geschlossenen Nationalstaates. Der letzte gefährliche Vasall, Karl der Kühne von Burgund, fiel 1477.

In Spanien waren die Araber in jahrhundertelangem Kleinkrieg zurückgedrängt und 1492 ganz vertrieben worden. Erbe der vereinigten Reiche von Kastilien und Aragon wurde der Habsburger Karl, der Enkel Kaiser Maximilians.

Im Osten Europas entwickelte sich unter den russischen Fürstentümern zur Zeit der Mongolenherrschaft das starke Großfürstentum Moskau als Sammelpunkt der russischen Erde. Großfürst Iwan III. schüttelte um 1500 die Fremdherrschaft ab.

Ostrom hatte das Erbe des Römischen Reiches durch das Mittelalter hindurch bewahrt. Der Sultan der osmanischen Türken eroberte Konstantinopel 1453.

Der Fall Konstantinopels machte Moskau als Sitz des griechisch-orthodoxen Patriarchen zum „dritten Rom".

Der Neuzeit entgegen

I. Humanismus und Renaissance in Italien

1. Stadtrepubliken und Tyrannenstaaten

Nach dem Zusammenbruch der staufischen Herrschaft war Italien, besonders in seinem Nordteil, in zahlreiche einzelne Herrschaften zerfallen. Die meisten von ihnen waren Stadtrepubliken. Unter ihnen ragten Venedig und Florenz durch Reichtum und Macht hervor.

Venedig. Die Lagunenstadt Venedig beherrschte mit ihrer großen Flotte den Handel im östlichen Mittelmeer. Ihr Oberhaupt war der auf Lebenszeit gewählte „Doge". Über die Sicherheit im Innern wachte der „Rat der Zehn". Feinde des Gemeinwesens ließ er über die „Seufzerbrücke" zu tödlicher Haft in die gefürchteten Bleikammern bringen. Im Verkehr mit anderen Mächten bildete die Republik die Kunst der „Diplomatie" aus. Sie hielt bei fremden Fürsten und Freistaaten ständige Gesandte, scharfblickende, nüchtern urteilende Beobachter der Menschen und Verhältnisse. Ihre Wahrnehmungen, die sie in schriftlichen Berichten nach Hause meldeten, ermöglichten es der venetianischen Regierung, drohende Gefahren schon von weitem zu erkennen und ihnen durch kluge Verhandlungen oder auch mit den Waffen rechtzeitig zu begegnen.

Florenz. Die Stadt am Arno war bedeutend durch die Veredelung und den Verkauf von Woll- und Feingeweben und durch ihre Geldgeschäfte. In Florenz wurden jährlich mehr Textilien erzeugt als in Straßburg, Frankfurt und Köln zusammen. Die Florentiner Unternehmer kauften den Rohstoff auswärts, vor allem in England, ließen ihn durch Handwerker und Tagelöhner bearbeiten und setzten dann die veredelte Ware mit großem Gewinn auf dem europäischen Festland und im Orient ab. Daneben betrieben Florentiner Handelsgesellschaften auch das Leih- und Wechselgeschäft. Sie umgingen das kirchliche Zinsverbot (vgl. S. 130) und gaben an Fürsten und Städte gegen sehr hohe Zinsen Darlehen (Kredite). Das namhafteste Handelshaus war das der Medici.

Die in Florenz geprägte Goldmünze, der Florin, war in fast allen Ländern im Umlauf. Italienische Bankorganisation und Buchhaltung wurden vorbildlich. Der Wortschatz der italienischen Bankiers hat sich z. T. bis heute erhalten.

Condottieri. Seit die italienischen Städte keinen Herrn mehr über sich hatten (vgl. S. 129), gerieten

Reiterstandbild des venezianischen Condottiere Bartolomeo Colleoni (gest. 1475) von Andrea Verrocchio. Das kurz nach Colleonis Tod in Bronze gegossene, lebensgroße Denkmal zeigt das trotzige Selbstbewußtsein der Renaissancemenschen.

Das Kastell der Gonzaga in Mantua, ein Beispiel für das Aussehen der Burg eines Stadtherren. Das Fürstengeschlecht der Gonzaga behauptete die Herrschaft über Mantua seit 1382.

sie häufig in Streit. Ihre Kriege übertrugen sie gern Söldnern, die von einem „Condottiere" geführt wurden. Diese Condottieri waren meist gewalttätige, gewissenlose Abenteurer, die den Krieg als Geschäft betrieben. Auf Bestellung führten sie Gefechte, Handstreiche, Belagerungen und Verwüstungen durch. Ohne Sinn für Recht und Treue, dienten sie dem, der sie am besten bezahlte, und verließen bedenkenlos ihren Auftraggeber, wenn sein Feind ihnen höheren Sold in Aussicht stellte.

Manche unter den Condottieri, ehrgeizige, machthungrige Naturen, machten sich selbst zu Herren einer Stadt oder suchten auf andere Weise ein Fürstentum zu erwerben.

Tyrannenstaaten. Auch innerhalb der einzelnen Städte herrschte vielfach kein dauerhafter Friede. Mächtige Adelsgeschlechter kämpften blutig gegeneinander, bis eine Familie gesiegt und ihr Oberhaupt die Herrschaft an sich gerissen hatte. Da diese Gewaltherrscher widerrechtlich an die Macht gekommen waren, konnten sie von ihren Untertanen keine Treue erwarten. Deshalb umgaben sie sich mit einer Leibwache, bargen sich hinter den dicken Mauern düsterer Stadtburgen oder suchten den Anschlägen ihrer Feinde durch Dolch und Gift der eigenen Schergen zuvorzukommen.

Die meisten dieser Tyrannen sind zu Recht vergessen. Einige von ihnen haben sich als Förderer der Wissenschaften und Künste einen Namen gemacht.

2. Die Wiederentdeckung der Antike

Ein neues Verhältnis zur Antike. Im Mittelalter hatte man Rom als die Stadt der Apostelfürsten verehrt. Die Reste des heidnischen Roms waren unbeachtet geblieben. Die Ruinen wurden als Steinbrüche genützt, marmorne Bauteile der Tempel und Paläste zu Kalk gebrannt. Allmählich aber begannen die Römer sich den Zeugnissen

Die Schule von Athen. Wandgemälde von Raffael (um 1510) im Vatikan. In der Mitte Aristoteles und Platon. Unten, zweites Porträt von rechts: Selbstbildnis Raffaels (vgl. S. 160).

ihrer heidnischen Vergangenheit mit Stolz und Ehrfurcht zuzuwenden. Adlige Familien führten ihre Herkunft auf alte römische Geschlechter zurück. Gelehrte verfolgten im Gelände den Verlauf der alten Straßen und Wasserleitungen, entzifferten halbverwitterte Inschriften und suchten die Reste des alten Roms aus Schutt und Trümmern auszugraben.

Auch die antiken Schriftsteller fanden stärkere Beachtung und Wertschätzung. Bisher hatte man die Regeln für das richtige Leben der Bibel und den Büchern der großen Kirchenlehrer entnommen. Nun wandte man sich den Dichtern und Philosophen des Altertums als den Lehrern wahrer Menschlichkeit (Humanität) zu. Eifrig suchte man nach verschollenen Abschriften ihrer Werke, erwarb sie für viel Geld, gab ihnen kostbare Einbände, studierte sie und suchte sie nachzuahmen. Die Kenner der alten Literatur nannte man Humanisten.

Die Humanisten. Weil sie wußten, was die Alten gewußt, und dachten und sprachen, wie die Alten gedacht und gesprochen hatten, gewannen die Humanisten hohes Ansehen. Fürsten und Stadtrepubliken stellten sie als Sekretäre an, beauftragten sie, wichtige Briefe abzufassen und bei öffentlichen Feierlichkeiten lateinische Prunkreden vorzutragen.

Hochgestellte Personen suchten den persönlichen Umgang der Gelehrten, vertrauten ihnen die Erziehung ihrer Kinder an und nahmen auch selbst an ihrem Unterricht teil. Kenner des Griechischen fanden im Hause der Medici in Florenz gastliche Aufnahme. Der Hausherr selbst, Cosimo de' Medici, lernte zusammen mit seinen Töchtern die griechische Sprache und ließ sich die Philosophie Platons in der Ursprache erklären. Ohne deren Kenntnis glaubte man weder ein guter Bürger noch ein guter Christ sein zu können.

An den Universitäten lehrten die Humanisten die Redekunst (Rhetorik). Für schöne Verse, die sie verfaßten, wurden sie mit dem Lorbeerkranz gekrönt. Kein Wunder,

Ansicht der Stadt Florenz im Jahre 1498. Dargestellt ist die Verbrennung des Bußpredigers Savonarola auf der Piazza della Signoria.

daß manche Humanisten auf diejenigen Menschen, die nicht die antiken Sprachen und Schriften kannten, als auf die „rohe Menge der Ungebildeten" hochmütig hinabschauten.

3. Die Kunst der Renaissance

Auch für die italienischen Künstler wurde die Antike anspornendes Vorbild. Sie studierten die alten Bauten und Statuen, die man ausgrub, und suchten sie in eigenen Werken nachzuahmen und zu übertreffen. Diese Kunst, in der die „antike Art" gleichsam eine „Wiedergeburt" erfuhr, nannte man später die Kunst der „Renaissance".

Architektur. In der Baukunst betonten die Baumeister statt der gotischen Vertikale die Waagerechte. An die Stelle der Bündelpfeiler setzten sie die Säule. Den Spitzbogen verdrängte der römische Rundbogen; statt scharfkantiger Dächer erhoben sich Kuppeln. Kirchen baute man nicht mehr mit dem Kreuzrippengewölbe, sondern mit flacher Kassettendecke oder antikem Tonnengewölbe. Den Baukörpern gab man mathematische Formen (Würfel, Zylinder, Kegel und Halbkugeln). Das Ideal der Architekten war der Zentralbau, bei dem sich das Gebäude von einer senkrechten Mittelachse gleichmäßig nach allen Seiten entwickelte.

Bildhauerkunst. Die Bildhauer strebten nach der Naturtreue, die man an den antiken Skulpturen vorzufinden glaubte. Sie verewigten ihre Zeitgenossen in sprechend ähnlichen Bildnisbüsten oder monumentalen Reiterdenkmälern.

Rechts: Die Dichterkrönung des Enea Silvio Piccolomini durch Kaiser Friedrich III., den Vater Kaiser Maximilians. Fresko von Bernardo Pinturicchio (1455–1513) in der Dombibliothek von Siena. Beachte die zum Teil noch unbeholfene Handhabung der Zentralperspektive! Als Sekretär eines Kardinals nahm Enea Silvio am Basler Konzil (vgl. S. 135) teil, trat später in die Kanzlei Friedrichs III. ein und wurde 1458 als Pius II. zum Papst gewählt.

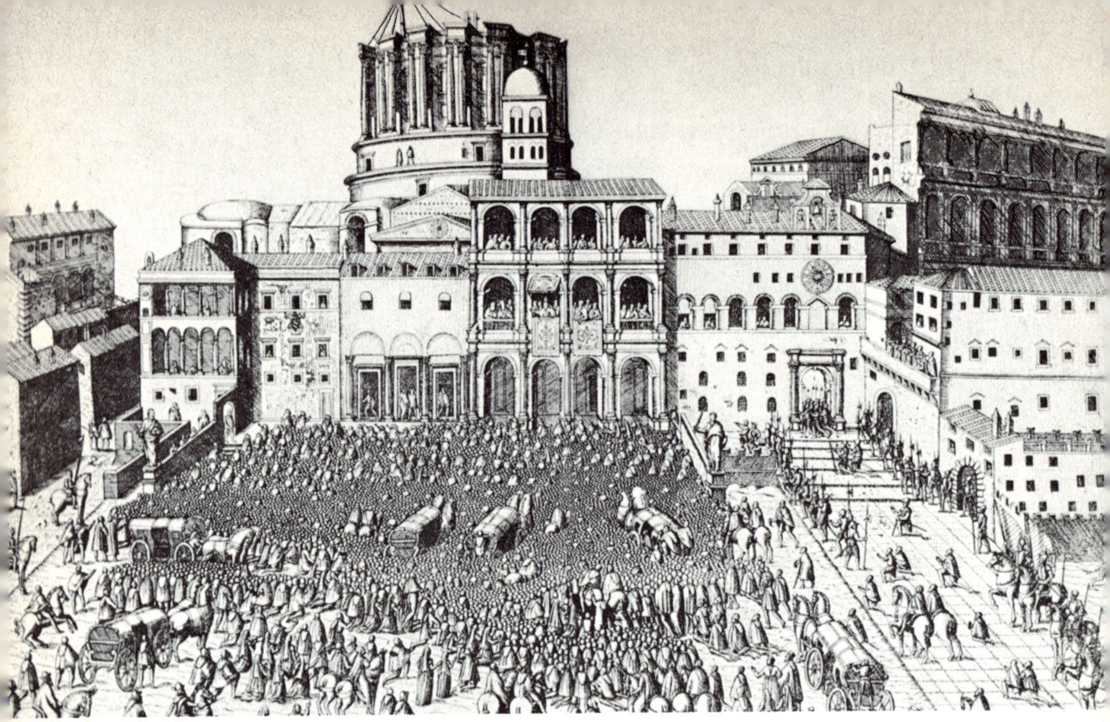

Erteilung des päpstlichen Segens aus der Vorhalle von St. Peter in Rom. Stich eines unbekannten Künstlers aus dem 16. Jh. Hinter der Vorhalle sind der Giebel der alten Basilika und die im Bau befindliche Kuppel des neuen Petersdomes zu sehen.

Mit Vorliebe stellten die Bildhauer, wie die antiken Künstler, den nackten Menschen dar. In der mittelalterlichen Kunst hatte das Nackte nur zur Darstellung des Sündenfalls durch Adam und Eva, der Erlösung durch Christus am Kreuze und der letzten menschlichen Bestimmung beim Jüngsten Gericht gedient. Nun wurde es zum Sinnbild menschlicher Vollkommenheit, und man widmete ihm angestrengteste künstlerische Überlegungen und beharrlichen Fleiß. Genaue Kenntnis der Körperformen und ihrer Größenverhältnisse (Proportionen) wurden unentbehrlich. Denn man stellte nicht nur Gestalten der heidnischen Götter- und Heldensage, sondern auch der Heiligen Geschichte hüllenlos dar. Dabei mußte jedes Glied, jeder Muskel und jeder Nerv dazu beitragen, Empfindungen, Leidenschaften und religiöse Hoffnungen auszudrücken.

Sehr beliebt in Plastik und Malerei wurde der Putto, ein nacktes Büblein mit Flügeln. Eigentlich ein Nachkomme des kindlichen Liebesgottes der heidnischen Zeit, wurde er nun zum Engel. Putti tauchten in der Umgebung der Heiligen und der Gottesmutter auf und flochten um Altäre, Tabernakel und Kanzeln ein Gewinde von Spielen, Tänzen und Gesängen.

Malerei. Die Maler der Renaissance entdeckten die Zentralperspektive, d. h. die Tatsache, daß gleichgroße Gegenstände bei wachsendem Abstand vom Auge des Betrachters kleiner erscheinen, daß Parallelen, die in die Tiefe hineinführen, sich einander immer mehr nähern, bis sie im Fluchtpunkt zusammenlaufen.

Diese Entdeckung erlaubte den Künstlern, ihren Bildern eine große räumliche Tiefe zu geben. Gern verlegten sie die dargestellten Vorgänge in schöngewölbte Räume, die durch Rundbögen und Säulenhallen den Blick in ferne Landschaften freigaben. Vornehmster Gegenstand der Malkunst war aber der schön gewandete, geschmeidig sich bewegende Mensch, in dessen Antlitz und Gestalt man himmlische Hoheit und irdische Anmut zu verschmelzen trachtete.

Links: Tempietto („Tempelchen“) im Hof von San Pietro in Montorio zu Rom, 1502 erbaut von Donato Bramante. Der Rundtempel wurde als Weihestätte über dem Ort errichtet, wo der Apostelfürst Petrus das Martyrium erlitten hat. Beispiel eines Zentralbaues streng antikischer Prägung. — Rechts: Moses. Marmorskulptur von Michelangelo. Geschaffen 1513–1516 für das Grabmahl Papst Julius' II.

Städte und Fürsten als Förderer der Künste. Wie die Humanisten erfreuten sich auch die Renaissancekünstler der Gunst der Herrschenden. Von allen Seiten flossen ihnen Aufträge zu.

Vermögende und einflußreiche Familien gewöhnten sich daran, die Künstler mit Bauten zu beauftragen, die vor der Öffentlichkeit ein Zeugnis ihrer Macht und ihres Ruhmes ablegen sollten. Cosimo de' Medici, der erste Bürger von Florenz, verwandte einen großen Teil seines Reichtums auf solche Bauvorhaben und sammelte mit der Großzügigkeit eines Königs kostbare Bücher und Kunstwerke. Die Städte übertrugen Baumeistern, Bildhauern und Malern den Bau und die Ausschmückung der Hauptkirchen, um die Würde des Gottesdienstes und das Ansehen des Gemeinwesens zu erhöhen. Die Fürsten strebten danach, den Glanz ihrer Hofhaltung zu steigern, und bestellten prachtvolle Stadtpaläste mit weiträumigen Treppenhäusern und offenen Höfen, reizende Landhäuser inmitten planvoll angelegter Gärten und würdige Grabdenkmäler, die der Vergänglichkeit Trotz bieten sollten. Die Päpste wünschten, ihren apostolischen Sitz zur Verherrlichung ihres göttlichen Auftrags mit architektonischen und malerischen Werken zu schmücken, und riefen die besten Künstler Italiens in die ewige Stadt, wo an der Stelle der alten baufälligen Basilika von St. Peter ein neuer Dom errichtet wurde.

Die Künstler der Renaissance. Während die italienischen Staaten sich fast ohne Unterbrechung bekriegten, während französische, spanische und schweizerische Heerhaufen das Land plündernd durchzogen, um die Fremdherrschaft vorzubereiten, wetteiferten die italienischen Künstler miteinander, ihren Auftraggebern zu dienen.

Links: Jünglingsfigur aus dem Deckenfresko Michelangelos in der Sixtinischen Kapelle zu Rom. In vierjähriger, mühevoller Arbeit (1508–1512) hat Michelangelo ohne jeden Gehilfen ein riesiges Deckengemälde geschaffen, das die Schöpfungsgeschichte darstellt. Die außergewöhnliche Anstrengung beim Malen in gekrümmter Rückenlage hat Michelangelo selbst in einem seiner Sonette geschildert. Der abgebildete Ausschnitt zeigt eine der Jünglingsgestalten, die die Bildfelder der mittleren Reihe jeweils an den Ecken begrenzen. — Rechts: La Bella („die Schöne“). Bildnis einer unbekannten Dame, gemalt von Tizian (gest. 1576), dem bedeutendsten Vertreter der venezianischen Kunst.

Ihre Arbeiten begleitete die leidenschaftliche Anteilnahme der gesamten Stadtbevölkerung.

Lionardo da Vinci (1442–1519), der Schöpfer der berühmten Mona Lisa und des Mailänder Abendmahls, wirkte an italienischen und französischen Fürstenhöfen als Künstler, Forscher, Baumeister und Ingenieur.

Raffael (1483–1520), berühmt durch seine lieblichen Madonnen, schmückte die päpstlichen Privatgemächer mit riesigen Gemälden, die auf den frischen Verputz aufgetragen wurden (Fresken), malte Bildnisse von Päpsten, Kardinälen und edlen Frauen und leitete ein Heer von Künstlern und Handwerkern bei Bau- und Grabungsarbeiten, ehe er, nur 37jährig, starb.

Michelangelo (1475–1564) schuf die gewaltige Figur des zürnenden Moses und entwarf die Kuppel von St. Peter, das Wahrzeichen des päpstlichen Roms. Sein liebstes

Rechts: Die Sixtinische Madonna. Gemälde von Raffael (um 1512). Das Bild wurde für eine dem hl. Sixtus geweihte Kirche in Piacenza gemalt; heute befindet es sich in Dresden. Hoheitsvoll und lieblich schwebt Maria mit dem göttlichen Kind auf dem Arm aus Wolken herab, milden Ernst in Blick und Miene. Der greise Papst Sixtus IV. und die hl. Barbara weisen als Fürbitter die Gottesmutter auf die sündenbeladene Menschheit zu ihren Füßen hin. Zwei nachdenkliche Engelsbübchen stützen sich behaglich auf; ihnen ist die himmlische Erscheinung vertraut.

Arbeitsgerät war der Meißel, mit dem er gigantische Gestalten aus dem toten Stein zu übermenschlichem Leben erweckte. Michelangelos Werke erreichten nach der Auffassung der Zeitgenossen die letzten Grenzen der Phantasie und der künstlerischen Ausdruckskraft.

Wir fassen zusammen:

Nach dem Zusammenbruch der Stauferherrschaft zerfiel Italien in Stadtrepubliken und Tyrannenstaaten. Unter ihnen ragten hervor: Venedig durch Seemacht und Diplomatie, Florenz durch Tuchhandel und Geldgeschäfte.

Fürsten und Stadtrepubliken Italiens begünstigten das Studium der alten Sprachen und Literaturen (Humanismus) und förderten die neue Kunst der Renaissance. Bedeutende Renaissancekünstler waren: Lionardo da Vinci, Raffael und Michelangelo.

II. Neuzeitliches Leben nördlich der Alpen

1. Neue Unternehmensformen in Bergbau und Handel

Aufschwung im Bergbau auf Edelmetalle. Im 15. Jahrhundert stieg der Bedarf an Metall erheblich an, sowohl an Eisen wie an Buntmetallen. Diese Rohstoffe brauchte man, um die neuen Waffen herzustellen und um die teuren Einfuhren aus dem Orient bezahlen zu können. Um die begehrten Erze ans Tageslicht zu heben, schürfte man in größeren Tiefen. Das Ergebnis war ein gesteigerter Ertrag der Silber- und Kupfergruben. Da die Fundstätten fast ausschließlich in Tirol, im Erzgebirge und im nachbarlichen Ungarn lagen, kam der „Bergsegen" vor allem Deutschland zugute. Ein Nürnberger Metallhändler schrieb 1523: „Silber findt man die Menge in keinem anderen Land denn im Heiligen Reich, sondern alle umbliegende christliche und unchristliche Land müssen aus Teutschen Landen mit Silber gespeist und versehen werden."

Finanzierung durch Außenstehende. Bisher war der Bergbau genossenschaftlich im Kleinbetrieb erfolgt: Freie Bergleute und Hüttenarbeiter hatten eigenhändig zu gemeinsamem Gewinn geschürft und geschmelzt. Das Vordringen in größere Tiefen und die schwierigere Wasserhaltung verschlangen aber beträchtliche Mittel, die von den Bergknappen allein nicht aufgebracht werden konnten. Daher trat man nun an bergbaufremde Geldgeber heran und finanzierte die neuen Anlagen durch die Ausgabe von Anteilscheinen, sogenannten „Kuxen". Namen wie „Kaufleutezeche", „Fleischhäuerzeche" und „Bäckerzeche" machen deutlich, welche Kreise sich nun mit ihrem Geld am Bergbau beteiligten.

Soziale Folgen. Für die Bergleute und Hüttenknechte hatte diese Veränderung zur Folge, daß sie zwar nach wie vor die gefährliche und harte Arbeit unter Tage und am Schmelzofen verrichten mußten, am Ertrag oder Gewinn aber vielfach nicht mehr beteiligt waren. Diese Herabsetzung zu Lohnarbeitern ertrugen die berufsstolzen Männer nur schwer. So kam es bei ungerechter Behandlung oder in Zeiten der Not zu Streiks auf der einen, Aussperrungen auf der anderen Seite. Und im großen Bauernkrieg 1525 erhoben sich mancherorts mit den Bauern auch die Bergknappen gegen ihre Herren und Geldgeber.

Kapitalgesellschaften als Geldgeber. Der Aufschwung des Bergbaus hatte zunächst dazu geführt, daß die Geldmittel in der Umgebung der Schächte flüssig ge-

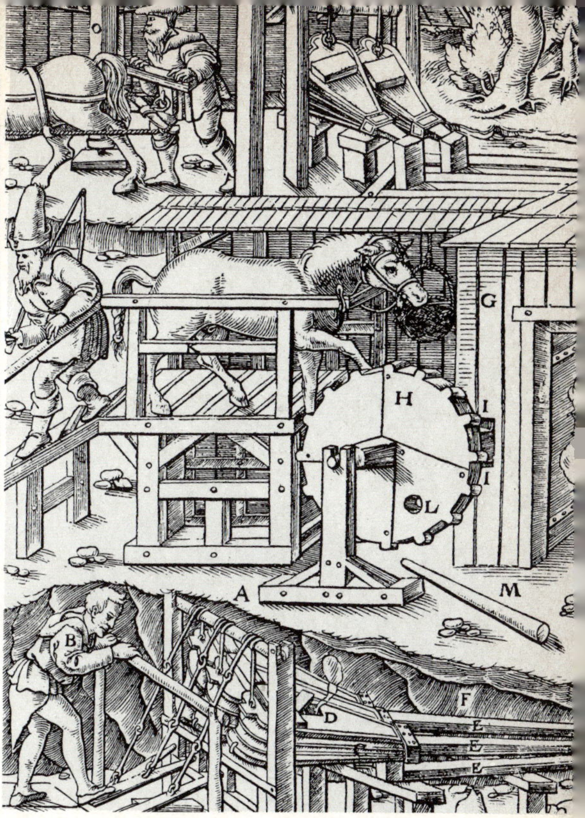

Zwei Abbildungen aus dem Bergbaubuch des Agricola von 1557. Links: Verschiedene Schachtsysteme und die Einfahrtmethoden der Bergleute. Einer der Bergleute wird mit Hilfe einer Winde in den Schacht befördert. Von einer anderen Winde, die durch zwei Bergleute bedient wird, rollt ein Seil ab, an dessen Ende ein Knebel als Sitz befestigt ist. — Rechts: Ein durch einen langen Hebel gedrehter Wellbaum (Göpel) zum Antrieb von zwei Blasebälgen. Darunter ein Tretrad, das von einem Pferd bewegt wird. Ganz unten eine Tretvorrichtung für die Blasebälge zur Bewetterung der Schachtanlage.

macht wurden. Als dann Gruben und Hütten weiterhin größer und kostspieliger wurden, gerieten sie in die Hand geldstarker Kapitalgesellschaften, die nicht im Land heimisch waren. Diese suchten zunächst den Handel mit Erzen an sich zu bringen. Dann erstrebten sie, um die Preise hochzuhalten, das Recht des Alleinverkaufs (Verkaufsmonopol). Schließlich erwarben sie durch den Ankauf von Kuxen die Bergwerke und Hütten selbst.

Indem diese Firmen sich den stets geldbedürftigen Fürsten als Darleiher unentbehrlich zu machen wußten, gelangten sie zu einer beherrschenden Stellung im Silber- und Kupfergeschäft. So mußten z. B. die Habsburger ihr Tiroler Silber und Kupfer ganz in die Hand von Gesellschaften geben; deren bedeutendste war die der Fugger in Augsburg.

Der Aufstieg der Fugger. Die Fugger hatten anfangs die Leinen- und Barchentweberei betrieben und waren dann zu dem gewinnbringenderen Handel mit Tuchen übergegangen. Ein Teil des Geschlechtes ließ sich bei der Zunft der Goldschmiede einschreiben, um mit Gold, Silber, Juwelen und Perlen handeln zu können. Diese Geschäfte brachten die Fugger mit hochgestellten Personen in Verbindung, die Schmuck und Edelsteine zu kaufen oder in Zahlung und zum Pfand zu geben wünschten. Schließ-

Links: Jakob Fugger in einem Kontor mit seinem Hauptbuchhalter Matthäus Schwarz. Schwarz trat nach seiner Lehrzeit in Italien in den Dienst Fuggers und ist Verfasser eines der ersten Lehrbücher über doppelte Buchführung (1519). Einige Jahre darauf gab er eine biographische Bilderfolge in Auftrag, aus der auch die nebenstehende Abbildung stammt. Die Schilder im Hintergrund nennen Orte, an denen sich Kontore Fuggers befanden.

Rechts: Wirtschaft und Handel der Fugger und Medici

lich wurden die Fugger auch im Erzgeschäft tätig. Gab die Firma geldbedürftigen Landesherren Kredite, so ließ sie sich ihre Forderungen mit Kupfer oder Silber bezahlen; auch pachtete oder kaufte sie Bergwerke und Hütten und betrieb sie in eigener Rechnung mit hohem Gewinn. Daneben verschmähte sie den Handel mit gemeinen Erzeugnissen wie Salz und Fellen keineswegs. So trat sie schließlich in den Kreis der Weltfirmen und Großbanken ein und arbeitete mit Päpsten und Kaisern zusammen.

Handelsorganisation. Ihre Erfolge dankten die Fugger nicht nur ihrem Unternehmungsgeist, sondern auch einer überlegenen Organisation. Während die Zentrale des Geschäfts in Augsburg verblieb, hatte die Firma ihre Niederlassungen längs der großen Handelsstraßen über den ganzen Kontinent verteilt. Von den Mittelpunkten der Metallgewinnung (Tirol und Ungarn) aus gingen die Kupfer- und Silbertransporte südwärts zum Mittelmeer, nordwärts über Stettin und Danzig nach Rußland oder nach Antwerpen („Antorff"), nach Amsterdam und weiter nach Spanien.

Geldgeschäfte der Fugger. Ganz konkurrenzlos waren die Fugger im Bankgeschäft. Ihre Handelsorganisation erlaubte ihnen, Fürsten und geistlichen Herren Gelder in unerhörter Höhe vorzuschießen und die Summen von einem europäischen Handelsplatz zum andern zu überweisen. So finanzierten sie die W a h l K a r l s V. zum Kaiser mit einem Darlehen von mehr als einer halben Million Gulden, und Jakob Fugger durfte es wagen, den Habsburger später in einem Mahnbrief daran zu erinnern, daß dieser ohne die Hilfe seines Hauses die Kaiserkrone nicht hätte erlangen können.

Jakob Fugger zwischen den Zeitaltern. Wie Kaiser Maximilian hatte auch Jakob Fugger zwei Gesichter und gehörte zwei Zeitaltern an. Sein Augsburger Haus wirkte nach außen durchaus bürgerlich, wie es das Herkommen gebot; innen stellte es den Reichtum und die Macht seiner Gesellschaft zur Schau und sah Kaiser und Reichsfürsten als staunende Gäste. Als Geschäftsmann dachte Jakob Fugger neuzeitlich; er „wollte gewinnen, dieweil er könnte". Als Christ war er ein treuer Sohn der alten Kirche. Besorgt um das Heil seiner Seele, stiftete er vor den Toren seiner Heimatstadt eine Kleinsiedlung, die „Fuggerei". Darin fanden über hundert Familien auf seine Kosten Unterkunft, kleine Handwerker und Tagelöhner, die sonst auf Almosen angewiesen gewesen wären. Sie zahlten nur eine ganz geringe Miete; ihre wichtigste Gegenleistung war, täglich für das Seelenheil des Stifters, seiner Voreltern und Nachkommen gemeinsam zu beten.

2. Technische Neuerungen

Aufkommen der Feuerwaffen. Die Erfindung des Schießpulvers schreibt die Sage dem Franziskanermönch Berthold Schwarz zu. In Wirklichkeit war längst bekannt, welche Sprengkraft eine Mischung von Salpeter, Schwefel und Kohle besaß (vgl. S. 90). Seit Beginn des 15. Jahrhunderts nahm der Gebrauch der Feuerwaffen zu. Die ersten Kanonen wurden noch wie Fässer aus eisernen Dauben

Links: Kaiser Maximilian beim Geschützgießen in Augsburg. Holzschnitt von Hans Burgkmair im „Weißkunig", der um 1515 entstandenen Biographie zur Verherrlichung der Taten Maximilians.

Rechts: Inneres einer Druckerei. Kupferstich von Hans Merian in Gottfrieds „Chronica" (Frankfurt am Main, 1642). Im Vordergrund zwei Stöße bedruckter Bogen; daneben unbedrucktes Papier. Dahinter Drucker bei der Arbeit an den Pressen. Der Drucker ganz rechts schwärzt den Letternsatz mit zwei Ballen ein. Im Hintergrund stehen die Setzer an den Kästen, in denen sich die Lettern befinden. Die Manuskripte für ihre Arbeit sind an Ständern befestigt.

zusammengefügt. Später lernte man, Geschützrohre aus einem Stück zu gießen. Die schweren Feuerwaffen waren beweglicher als die alten Katapulte und Wurfmaschinen und übertrafen sie bei weitem an Durchschlagskraft. Kein Panzer, keine Mauer hielt den Mörsern, Kartaunen und Feldschlangen stand. Wer sie besaß, war auch einem zahlenmäßig stärkeren Feind überlegen. Hingegen blieben die Handfeuerwaffen, die kurze Reiterpistole und die lange Donnerbüchse, noch lange Zeit unhandlich, umständlich zu bedienen und wenig wirksam, da sie am Zündloch mit einer Lunte zur Entladung gebracht werden mußten. Wurde das Pulver verschüttet oder feucht, so ging der Schuß nicht los.

Herstellung und Bedienung der Feuerwaffen galten als ein bevorzugtes Fachgebiet deutscher Technik. Die deutschen Geschützmeister waren berühmt. In Nürnberg wurde zuerst ein Feuerstein zur Zündung am Gewehrschloß angebracht; von dem Wort „Flint" (= Feuerstein) hat die Flinte ihren Namen.

Erfindung des Buchdrucks. Einen besonders wichtigen Beitrag zur Gestaltung einer neuen Zeit leisteten die Deutschen mit der Erfindung der Buchdruckerkunst (vgl. S. 90). Immer noch mußten die Bücher mit der Hand abgeschrieben werden. Zwar hatte man inzwischen von den Arabern die Papierherstellung gelernt und kannte auch Druck und Vervielfältigung mit Stempeln, Holztafeln und Metallplatten. Aber für die Massenherstellung von Schriften waren diese Verfahren nicht geeignet, und die meisten Bücher wurden nach wie vor in Schreibstuben vervielfältigt.

Der entscheidende Fortschritt ist dem Mainzer Johann Gutenberg zu verdanken. Ihm gelang es um 1450, einzelne Lettern aus Metall zu gießen, die man aneinan-

derreihen, abdrucken und wieder auseinandernehmen konnte. Das erst machte den preiswerten Massendruck möglich. Gutenbergs Hauptwerk war die berühmte 42zeilige Bibel. Andere Bücher sowie Kalender, Flugblätter, Ablaßbriefe folgten.

Von Mainz aus verbreitete sich die Buchdruckerei sehr schnell. 50 Jahre nach ihrer Erfindung gab es Druckereien schon in 20 deutschen Städten. Auch in Italien richteten die Deutschen die ersten Werkstätten (Offizinen) ein und lieferten viele Erstdrucke theologischer und klassischer Texte. Bis zum Jahre 1500 waren 35 000–40 000 verschiedene Werke gedruckt. Die Zahl der damals schon vorhandenen Bücher wird auf 10–12 Millionen geschätzt. Alle Nachrichten und alle neuen Gedanken fanden nun rasche Verbreitung. Das gedruckte Wort begann eine Macht zu werden.

3. Deutsche Gelehrte und Künstler

Nationalstolz deutscher Humanisten. Auch in Deutschland gab es Gelehrte und Dichter, die das Studium der alten Sprachen und Schriften betrieben. Wie die Italiener ihren römischen Vorfahren nacheiferten, so suchten die deutschen Humanisten ihre Vorbilder in der germanischen Vergangenheit. Damals wurde in einem deutschen Kloster die „Germania" des Tacitus aufgefunden und gedruckt, in der germanische Einfalt, Reinheit und Freiheit der Weichlichkeit und Sittenverderbnis des kaiserlichen Roms gegenübergestellt sind. Aus diesem Buche schöpften die deutschen Humanisten einen begeisterten Nationalstolz auf die Tugenden ihrer Ahnen. Einer von ihnen, Jakob Wimpheling, der am Oberrhein lehrte, schrieb die erste Gesamtdarstellung deutscher Geschichte. Sie stand unter dem Motto: „Wir wollen stolz darauf sein, daß unsere Vorfahren Deutsche waren."

Ein anderer Humanist, der nicht als Gelehrter, sondern als Dichter und politischer Schriftsteller hervortrat, gab dem deutschen Stolz und Freiheitssinn eine entschiedene Richtung gegen Rom.

Ulrich Hutten, ein Streiter gegen Rom. Hutten war ein fränkischer Reichsritter aus der Rhön. Zum Geistlichen bestimmt, verschmähte er die gesicherte Laufbahn eines adligen Stiftsherren und führte, vielfach krank und mittellos, als fahrender Ritter und Poet ein unstetes Leben. Auf einer Italienreise wurde er zum Gegner des Papsttums. Sein Vorbild war Arminius, der Befreier Germaniens von römischer Knechtschaft. Immer leidenschaftlicher kämpfte Hutten in seinen Schriften gegen römisches Recht und die Mißstände am römischen Papsthof. „An drei Dingen", schrieb er einmal, „hat man in Rom Überfluß: an Altertümern, Gift und wüsten Plätzen; drei andere sind ganz verschwunden: Einfalt, Mäßigkeit und Gewissenhaftigkeit."

Gelehrte Forschungsarbeit. Nicht alle Humanisten liebten den heftigen Tagesstreit. Mancher zog sich in die „glückliche Ruhe" gelehrter Studien zurück. In emsiger Arbeit begründete Johann Reuchlin aus Pforzheim die hebräische Sprachwissenschaft (Philologie). „Es ist vor mir keiner gewesen", konnte er sagen, „der sich unterstanden hätte, die Regeln der hebräischen Sprache in ein Buch zu bringen". Vieles hatte er jüdischen Rabbinern zu verdanken, die er allenthalben aufsuchte, um Auskünfte von ihnen zu erbitten.

Als ein getaufter Jude in blindem Bekehrungseifer verlangte, man solle alle nichtbiblischen jüdischen Bücher verbrennen, widersetzte sich Reuchlin in einem Gutachten. Aus Ehrfurcht vor den überlieferten Schriften erklärte er es für unrecht, die Texte zu vernichten. Die Juden solle man durch ruhige Belehrung zu überzeugen suchen.

Nikolaus Kopernikus. In stiller Zurückgezogenheit arbeitete auch der Wegbereiter eines neuen Weltbildes, Nikolaus Kopernikus. Er war in Thorn als Sohn eines aus Krakau zugewanderten deutschen Kaufmannes geboren und hatte in seiner Vaterstadt, in Bologna und Padua Kirchenrecht, Naturwissenschaften, Medizin und Pflanzenkunde studiert. Als Domherr in Frauenburg am Frischen Haff lebte er seinen astronomischen Studien. Sein Hauptwerk „Von den Umwälzungen der Himmelskörper" entstand zwischen 1523 und 1532, wurde aber erst nach seinem Tode 1543 in Nürnberg gedruckt.

Das Kopernikanische Weltbild. Seit Aristoteles stellte man sich vor, daß die Erde der Mittelpunkt des Weltalls sei. Die um sie kreisenden Himmelskörper dachte man sich an kristallenen Kugelschalen (Sphären) befestigt. Diese Vorstellung wurde, nur wenig geändert, bis ins 16. Jahrhundert gelehrt und für wahr gehalten, obwohl die Beobachtungen der Astronomen damit nicht recht zusammenstimmen wollten.

Kopernikus glaubte, der Zwiespalt zwischen der herkömmlichen Vorstellung und den neueren Beobachtungen lasse sich beheben, wenn man annehme, daß der Mittelpunkt der Sphären nicht die Erde sei. „Alle Bahnkreise (der Sterne)", behauptete er, „umgeben die Sonne, als stünde sie in aller Mitte, und daher liegt der Mittelpunkt der Welt in Sonnennähe."

Kopernikus brach also nicht völlig mit der Überlieferung. Er hielt fest an der Endlichkeit der Welt in der Himmelskugel und an der Lehre von der Kreisbahn der Plane-

Links: Ulrich von Hutten. Holzschnitt aus Huttens „Gesprächsbüchlein" (1521). — Rechts: Nikolaus Kopernikus. Holzschnitt eines unbekannten Meisters des 16. Jh.

ten. Aber indem er die Sonne zum Mittelpunkt des Weltalls erklärte, warf er neue Fragen auf, die später zur völligen Preisgabe des alten Weltbildes führten (vgl. Bd. 3, S. 83). So legte Kopernikus den Grund zur neuzeitlichen Gestirnkunde.

Albrecht Dürer. Von den deutschen Malern arbeiteten viele in der überkommenen Weise weiter. Der neuen Malerei Italiens stand am nächsten Meister Albrecht Dürer aus Nürnberg (1471–1528). In ihm verband sich eine geniale Begabung mit dem Fleiß des Handwerkers und dem unstillbaren Wissensdrang des Forschers.

Unermüdlich bildete Dürer mit Zeichenstift, Stichel und Pinsel ab, was sein Blick erfaßte. Rein und genau sah er die Natur: Landschaften und Orte, große und kleine Tiere, Rasenstücke und Blumen. Stärker noch fesselte ihn der Mensch in allen seinen Erscheinungsformen: Fürsten und Herren, Gelehrte und Handwerker, Damen und Kavaliere im Modekostüm, Landsknechte in ihrer malerischen Tracht, tanzende und verkaufende Bauern, Koch und Köchin, Trommler und Dudelsackpfeifer, Türken und Neger.

Dürers Streben nach Naturwahrheit kannte keine Grenzen: „Je genauer dein Werk dem Leben gemäß ist in seiner Gestalt, je besser dein Werk erscheint." Selbst die „kleinsten Runzelein" im Gesicht eines greisen Mannes schienen ihm wichtig.

Fabelwesen der Alten und Gestalten seiner Phantasie stellt Dürer mit einer Kraft der Anschauung dar, als sei er ihnen begegnet. Die höchsten Gegenstände der Kunst aber fand er in der Welt der Bibel und der Legende: das Leben der Gottesmutter, die Leiden Christi, Apostel und Heilige, die Letzten Dinge. Ihnen widmete er sein höchstes Können.

Links: Selbstbildnis des dreizehnjährigen Dürer. Silberstiftzeichnung aus dem Jahre 1484. – Rechts: Das große Rasenstück. Aquarell von Albrecht Dürer (1503).

Die Kunst der Renaissance lernte Dürer auf zwei Italienreisen kennen. Fast alle Bilder, die er im Süden und nach seiner Rückkehr malte, zeigten den Einfluß dessen, was er an den Werken der Italiener bewunderte: Klarheit des Aufbaus, große, ruhige Linien, satte Farben.

Die Italiener hatten es aufgebracht, daß ein Maler den eigenen Kopf an passender Stelle auf einem religiösen oder historischen Bild darstellte. Dürer übernahm nicht nur diese Gewohnheit, er schuf als erster Künstler des Nordens eine ganze Reihe selbständiger Selbstbildnisse. Fast alle seine Werke tragen sein Namenszeichen.

Als erster Deutscher suchte Dürer der Kunst durch theoretische Studien wissenschaftliche Grundlagen zu geben. Da er fand, daß die deutschen Maler bisher „an der Kunst der Messung, auch Perspektive und dergleichen Mangel gehabt" hätten, ging er daran, die Malerei durch Mathematik und Experimente über Handwerksbrauch und bloß praktische Erfahrung zu erheben. Seine Ergebnisse faßte er in mehreren Schriften zusammen. Die „Vier Bücher von menschlicher Proportion", die nach seinem Tod erschienen, wurden in das Lateinische und in mehrere moderne Sprachen übersetzt.

Rechts: Die Vier Apostel, das berühmte Spätwerk Dürers von 1526. Dürer hat die beiden Bilder ohne Auftrag geschaffen und dem Rat seiner Vaterstadt Nürnberg geschenkt. Johannes und Petrus sind in das Schriftwort vertieft dargestellt, Paulus und der leidenschaftlich erregte Markus mit geschlossenem Bibelbuch, aber mit blankem Schwert. Die Anordnung der Figuren und der monumentale Faltenwurf der Gewänder zeigen den Einfluß der italienischen Renaissancekunst.

Die breiteste Wirkung erreichte Dürer durch seine zahlreichen Holzschnitte und Kupferstiche. Sie wurden nicht nur von seiner Frau auf Märkten und Messen verkauft, sondern gingen auch auf den Lastwagen befreundeter Kaufmannsfamilien durchs Land und fanden in ganz Europa Absatz. Zum Tiefsten, was Dürer schuf, gehören seine berühmten Radierungen, die „Melancholie", „Hieronymus im Gehäus" und das Blatt vom Ritter, der, unbeirrt von Tod und Teufel, die dunkle Welt durchreitet.

Wir fassen zusammen:

Nördlich der Alpen nahm der Bergbau mit Hilfe fremder Kapitalien einen starken Aufschwung. Das Handelshaus der Fugger wurde eine Weltfirma.

Das Kriegswesen änderte sich durch die zunehmende Verwendung von Feuerwaffen. Erfindung und Ausbreitung des Buchdrucks machten das gedruckte Wort zu einer Macht im öffentlichen Leben.

Von den deutschen Humanisten traten hervor: Ulrich Hutten als Wortführer gegen das päpstliche Rom, Reuchlin als Begründer der hebräischen Sprachwissenschaft. Kopernikus legte den Grund zur neuzeitlichen Astronomie.

Unter den deutschen Malern der Zeit stand Albrecht Dürer der italienischen Renaissance am nächsten.

III. Entdeckungen und Eroberungen

1. Erdkenntnis und Welthandel des Mittelalters

Die Erdkenntnis des Mittelalters. Das geographische Wissen des Altertums war im Mittelalter langsam erweitert worden. Germanen hatten die Kenntnis des europäischen Nordens hinzugefügt. Von Arabern und einzelnen europäischen Reisenden (vgl. S. 91) war der mittlere und ferne Osten bereist und beschrieben worden. Nahezu vergessen hatte man jedoch die antike Vorstellung von der Kugelgestalt der Erde (vgl. Bd. I, S. 106). Für die meisten mittelalterlichen Menschen war die Erde eine kreisrunde Scheibe, umströmt vom unermeßlichen Grenzmeer, dem Ozean. Er umgab die Welt im Westen (Kap „Finistère"!), im Norden und Osten mit unüberwindlichen Schranken.

Im Süden galt den Europäern lange die afrikanische Wüste mit ihrer todbringenden Glut als Grenze der bewohnten Welt. Kein christlicher Schiffer traute sich, an der Westküste Afrikas über das Südende Marokkos hinauszufahren. An der ostafrikanischen Küste kamen die arabischen Händler bis Madagaskar. Auf ihren leichten, ungenagelten Schiffen ließen sie sich wohl auch durch die wechselnden Monsunwinde von Ostafrika nach Indien und zurück treiben. Eine Umsegelung Afrikas wagten sie ebensowenig wie die Christen.

Mittelalterlicher Welthandel. In den Grenzen der bekannten Welt hielt sich auch der mittelalterliche Handelsverkehr. In Europa waren zwei große Handelsgebiete beherrschend: das Mittelmeer mit den italienischen Seestädten, Nord- und Ostsee mit der Hanse. Daran angeschlossen waren das Innere Rußlands und der weite Orient bis nach Indien.

Links: Prinz Heinrich der Seefahrer. Ausschnitt aus einem Bild des portugiesischen Malers Nuno Gonçalves. – Rechts: Vasco da Gama (nach einem alten Stich).

Ursachen der Entdeckungsfahrten. Seit dem Vordringen der Türken (vgl. S. 151) war der Handelsweg nach Indien versperrt. Nur noch durch Vermittlung der Araber, verteuert durch hohe Durchgangszölle, kamen Seide, Gewürze, Baumwolle und Edelsteine nach Europa. Daher suchten die seefahrenden Staaten der Pyrenäenhalbinsel außerhalb des türkischen Machtbereichs den Zugang zu den Ursprungsländern dieser vielbegehrten und hochbezahlten Waren. Hinzu kam der Wunsch, das Christentum auszubreiten.

2. Die großen Entdeckungsfahrten

Die Erkundung des Seewegs nach Indien. Portugiesische Seefahrer erkundeten als erste in kühnen, planmäßigen Fahrten die Küsten des schwarzen Erdteils. Unter Prinz Heinrich dem Seefahrer († 1463) hatten die Portugiesen gelernt, größere Segelschiffe als die im Mittelmeer üblichen, von Sklaven geruderten Galeeren zu bauen. 1445 entdeckten sie jenseits der Wüstenzone am „grünen Vorgebirge" (Kap Verde) das tropische Afrika. Weitere Fahrten führten sie um das „Kap der Stürme" an der Südspitze Afrikas. „Kap der Guten Hoffnung" nannte es der König von Portugal, weil nunmehr eine bessere Aussicht bestand, um Afrika herum den Seeweg nach Indien zu finden. Tatsächlich gelang es 1498 dem Portugiesen Vasco da Gama, mit einem arabischen Lotsen an Bord nach Kalikut zu segeln. Damit war die Seeverbindung von Westeuropa nach Südasien hergestellt.

Indien um 1500. Den Augen abendländischer Besucher mußte sich Indien mit Dschungel und Wüste, mit den feuchtheißen Mangrovenwäldern seiner Küsten und dem ewigen Schnee des Himalaya als ein „Wunderland" darstellen, voll der erstaunlichsten Erscheinungen.

Der lehrende Buddha auf der Wand eines der Heiligtümer in der alten buddhistischen Universitätsstadt Nalanda (um 700)

Hier wurde der Elefant als Arbeits- und Reittier gezähmt. Hier galten die Kühe als heilig; ihr Fleisch zu essen war den Strenggläubigen eine Todsünde. Indiens Schriftkultur war ein Jahrtausend älter als die des Abendlandes. In dunkelprächtigen Höhlentempeln glänzten goldene Standbilder Buddhas, des „Erleuchteten". Sie erinnerten daran, daß sich von hier aus die Weltreligion des Buddhismus nach China, Japan, Tibet und Inselindien ausgebreitet hatte, während sie sich in Indien selbst nicht behaupten konnte. Aus Indien hatten die Europäer durch arabische Vermittlung ihre Ziffern, vor allem das wichtige Nullzeichen, übernommen.

Die Gegensätze des indischen Lebens waren groß. Über eine Bevölkerung, die nicht selten durch Mißregierung, Hungersnöte, Überschwemmungen und die hier heimische Beulenpest in Not und Elend hinabgedrückt wurde, herrschten zahlreiche Maharadschas und andere Große in Palästen, die mit einem maßlosen Aufwand an edelsten Stoffen, Schnitzereien, Juwelen und Gold erbaut waren. Nackte Asketen verbrachten ihr Leben in strenger Kasteiung; Reiche und Vornehme pflegten verfeinertsten Lebensgenuß. Neben unaussprechlichen Grausamkeiten und schnödem Verrat fand man ritterlich-vornehme Gesinnung und die rückhaltlose Treue adliger Witwen, die sich lebendig verbrannten, um dem gestorbenen Gatten folgen zu können.

Gesellschaftlich war Indien zerrissen. Die indische Bevölkerung, die schon damals mit 100 Millionen Menschen weit zahlreicher als die europäische war, schied sich seit dem Altertum in feste soziale Gruppen, zwischen denen es weder Heirat noch auch nur Tischgemeinschaft gab. An der Spitze dieser „Kasten" standen die Brahmanen oder Priester, es folgten die Fürsten, Adligen und Krieger, weiterhin die Gewerbetreibenden und die Bauern. Außerhalb dieser Ordnung lebten die von allen verachteten „Unberührbaren", die Parias.

Diese Einteilung in Kasten bestimmte auch das religiöse Leben (Hinduismus). Nach der Anschauung der Hindus bilden alle Lebewesen, angefangen bei den Pflanzen, eine große Stufenleiter. Jedes Wesen, das geboren wird, erhält seinen Platz auf Grund seiner guten oder bösen Taten in einem vergangenen Leben (Lehre von der Seelenwanderung).

Obwohl Meere und hohe Gebirge das Land als natürliche Grenzen umgeben, waren seit Alexander dem Großen immer wieder fremde Einwanderer und Eroberer nach Indien eingedrungen, Skythen, „weiße Hunnen", Araber, Mongolen. Sie hatten die bisherige Bevölkerung aus ihren Sitzen vertrieben oder sich mit ihr vermischt. So kam es, daß die Inder vielen Rassen und Völkern angehörten.

Im 13. Jahrhundert war Indien von den Mohammedanern erobert worden. Seitdem erhoben sich neben den gewaltigen Tempeln der Hindus mit ihren Rippen- oder Stufentürmen und den Kaskaden von Menschen- und Tierplastiken auch Moscheen,

Rechts oben: Der „Meeresstrandtempel" von Mahabalipuram (südlich von Madras), erbaut in den Jahren 680–720. — Unten: Die Welt nach der Beschreibung des Ptolemäus, aus einer 1482 in Ulm gedruckten Ausgabe seiner „Geographie". Die Karte zeigt das Weltbild vor der Entdeckung Amerikas mit den drei Kontinenten Europa, Afrika und Asien.

SEPTENTRIO VEL APARCTIAS
AQVILO VEL BOREAS
CECIAS APELIOTES
EVROPA
ASIA
LIBIA INTERIOR
AFFRICA
ARABIA
ETHIOPIA INTERIOR
MARE INDICVM
MARE INDICVM
MARE
PRASODVM

Links: Christoph Kolumbus. Zeitgenössisches Gemälde von Sebastiano del Piombo

Rechts: Kolumbus landet auf der Insel Guanahaní, der er den Namen „San Salvador" gibt. Zeichnung von Theodor de Bry in „Grands voyages", Frankfurt 1594.

deren Minarette hoch emporragten. Araber beherrschten bei der Ankunft der Portugiesen als Unternehmer und Beamte Indiens Seehandel mit China und dem Vorderen Orient. Staatliche Einheit hatte der Islam dem Lande nicht gebracht. Vorübergehend hatte sich ein mohammedanisches Reich über fast ganz Indien ausgedehnt. Dann war es wieder zersplittert und hatte in einem Chaos einander befehdender Kleinstaaten geendet.

Der Gedanke der Westfahrt. Die Ostroute nach Indien war in beharrlichem Suchen gefunden worden. Am Schreibtisch eines Gelehrten entstand der Gedanke, den Seeweg nach Asien in westlicher Richtung zu suchen. Der Florentiner Naturwissenschaftler Toscanelli war, wie eine wachsende Zahl von Gebildeten seiner Zeit, der Überzeugung, daß die Erde die Gestalt einer Kugel habe und daß man daher China und die „Gewürzländer" auch durch eine Westfahrt über den Atlantik erreichen könne. Er zeichnete eine neuartige Weltkarte und berechnete die Ost-West-Entfernung von Europa nach Asien irrtümlich auf nur 130 Längengrade.

Den Gedanken Toscanellis machte sich ein wagemutiger Seemann aus Genua zu eigen. Mit Leidenschaft und Hartnäckigkeit verfocht er ihn gegen alle Zweifler. Er wurde darin bestärkt durch den portugiesischen Hofastronomen Martin Behaim aus Nürnberg. Behaim fertigte als erster einen „Erdapfel" (Globus); auf den Raum des westlichen Ozeans setzte er die Worte: „Wie wohl die Welt simpel ist, daß man just überall mit Schiffen fahren oder gehen mag, wie hie steht!" Diese zuversichtliche Überzeugung lebte auch in dem Mann, der als erster die Fahrt über das Westmeer wagen wollte, in dem Genuesen Christoph Kolumbus.

Die Entdeckung der neuen Welt durch Kolumbus. Vergebens suchte K o l u m b u s zunächst in Portugal, dann in Spanien die Mittel für die geplante Westfahrt zu erlangen. Erst als 1492 Granada gefallen war (vgl. S. 150), erhielt er von der Königin Isabella drei Schiffe von zusammen 250 Tonnen mit 120 Mann Besatzung. Das größte Schiff war nur 23 m lang und 6,7 m breit. Das Flaggschiff, zu Ehren der Gottesmutter „Santa Maria" genannt, führte in den Segeln das Kreuz.

Von den K a n a r i s c h e n I n s e l n nahm das kleine Geschwader am 6. September 1492 Kurs nach Westen. Länger, als Kolumbus angenommen hatte, dauerte die Fahrt über das fremde Meer. Obwohl er den Matrosen die zurückgelegten Strecken kürzer angab, als er sie schätzte, begannen sie zu murren und verlangten die Umkehr. Aber unbeirrbar verfolgte Kolumbus sein Ziel. Es gelang ihm, die Unzufriedenen zu beschwichtigen, und schließlich mehrten sich die Anzeichen nahen Landes.

Am 12. Oktober 1492, früh um 2 Uhr, entdeckte ein Matrose im Mondlicht den Saum einer Küste. Bei Anbruch des Tages betraten die Spanier die Insel G u a n a h a n í. Kolumbus nahm sie für Spanien in Besitz und nannte sie zu Ehren des Erlösers „San Salvador". **1492**

Bei der Weiterfahrt fand er auf anderen Eilanden eine paradiesische Tropenlandschaft mit harmlosen kupferfarbigen Menschen. In dem Glauben, eine Inselgruppe Indiens erreicht zu haben, sprach Kolumbus von „W e s t i n d i e n" und von seinen Bewohnern als den „Indianern".

Weitere Schicksale des Kolumbus. Noch dreimal unternahm Kolumbus die Fahrt nach Westen und entdeckte dabei die Inseln Kuba und Haïti, die Mündung des Orinoco und die Küste von Mittelamerika. Trotzdem verharrte er im Irrtum über die Lage und Zugehörigkeit der neuen Länder: bis zu seinem Tode glaubte er, das „Ende des Orients“ angesteuert zu haben.

Hohe Ehren und Belohnungen wurden ihm zuteil, aber auch Rückschläge und Kränkungen blieben ihm nicht erspart. Als Seefahrer war Kolumbus wagemutig und zäh; als Kolonisator versagte er. Die Grausamkeit und Habgier seiner Gefährten, die er nicht zu zügeln wußte, trieb die Eingeborenen zu verzweifelten Aufständen und rief Zwietracht unter den Europäern hervor. Das erhoffte Gold fand sich nicht. So siegten am spanischen Hofe Neid und Mißgunst. Nach der dritten Reise wurde Kolumbus in Ketten nach Spanien geführt, dann allerdings wieder freigelassen. Enttäuscht, früh gealtert und verlassen starb er (1506) in Valladolid.

Sieben Jahre später (1513) entdeckte der Spanier Balboa die Landenge von Panamá und überquerte sie bis zum Stillen Ozean. Der neue Erdteil wurde ungerechterweise nicht nach seinem ersten Entdecker genannt, sondern nach dem florentinischen Forschungsreisenden Amerigo Vespucci, der die neuentdeckten Gebiete als erster beschrieb. Erst sehr viel später erhielt einer der südamerikanischen Staaten den Namen Columbia.

Magellan und die erste Erdumsegelung. Kolumbus war es nicht vergönnt gewesen, Ostindien auf dem Westwege zu erreichen. Diese Aufgabe löste der Portugiese Magellan (Magelhães), der in spanische Dienste getreten war.

Mit 5 Schiffen und 265 Mann segelte Magellan 1519 nach Brasilien, um eine Westpassage zu suchen. Nach mühsamen Erkundungen gelang ihm zwischen eisigkalten, von Stürmen umbrausten Felseninseln hindurch in der klippenreichen „Magellan-Straße“ die Durchfahrt zum Stillen Ozean.

Nur mit drei Schiffen – zwei waren verlorengegangen – begann nun die kühne Westfahrt über das neue, unbekannte Meer. Drei Monate und 20 Tage sollte sie dauern. Furchtbar wüteten Krankheiten und Entbehrungen. Das Trinkwasser wurde faulig; den Zwieback fraßen die Maden. Die hungernden Besatzungen vergriffen sich am Lederwerk der Takelung; Ratten galten als Leckerbissen. Endlich am 6. März 1520 wurde die Insel Guam in der Marianengruppe erreicht: die Idee Toscanellis war verwirklicht, die Westfahrt nach Asien gefunden.

Die Rückfahrt erlebte Magellan nicht mehr; auf den Philippinen erlag er einem feindlichen Speerwurf. Für die Überlebenden waren die Leiden noch nicht zu Ende. Erst 1522, nach dreijähriger Abwesenheit, kam das einzige übriggebliebene Schiff, die „Vittoria“, nach Spanien zurück. Sein Holz war verfault, nur 22 Mann der Besatzung lebten noch. Aber die erste Erdumsegelung war geglückt, die Kugelgestalt der Erde bewiesen, und der Erlös aus der Ladung des einen Schiffes übertraf die Kosten des ganzen dreijährigen Unternehmens.

Weitere Entdeckungen. Später beteiligten sich an den Fahrten nach Westen auch die Holländer, Engländer und Franzosen. Dabei wurden Nordamerika und die Inseln des Nördlichen Eismeeres entdeckt.

Abseits von den Weltmeeren geschah die Entdeckung und Eroberung Sibiriens durch die Russen (vgl. S. 229).

3. Die Eroberungen der iberischen Nationen

Die Wirkung der Entdeckungen. Die Nachrichten von den großen Entdeckungsfahrten wurden durch mündliche Berichte und durch den Buchdruck schnell überall bekannt. Ein wahrer Taumel von Abenteuerlust, Machthunger und Goldgier ergriff

Teilstück der Pyramide des altmexikanischen Gottes Quetzalcoatl im Tempelbezirk von Teotihuacan

die iberischen Völker und trieb sie, die noch unbekannten Länder zu unterwerfen und auszubeuten.

Die Begründung der portugiesischen Kolonialmacht. In Indien gingen Beauftragte der portugiesischen Regierung mit harter Gewalt gegen eingeborene und arabische Fürsten vor.

In erbarmungslosen Kämpfen begründeten sie an den südasiatischen Küsten eine gewaltige Kolonialherrschaft, deren Mittelpunkt G o a war. Von Lissabon über West- und Ostafrika nach Indien, Malakka und China wurden zahlreiche Stützpunkte errichtet, befestigte Anlageplätze mit Kirchen, Hospitälern, Speichern und Werften. Durch ihre allgegenwärtige Kampfflotte beherrschten die Portugiesen die östlichen Gewässer. Der gesamte I n d i e n h a n d e l ging durch ihre Hände und brachte ihnen hohe Gewinne. Der kleine portugiesische Staat in Europa regierte so ein riesiges Handelsreich in zwei fremden Erdteilen.

Auch in B r a s i l i e n faßten die Portugiesen Fuß. Mittelamerika und das übrige Südamerika wurden jedoch von den Spaniern erobert.

Das Reich der Azteken. Auf dem Hochland von M e x i k o hatten die Azteken ihre Herrschaft über fremde Stämme errichtet. „Herr der Menschen“ nannte sich ihr Kaiser Montezuma. Auf gut bewässerten Ländereien zog die Bevölkerung des Aztekenreiches im H a c k b a u Mais, Tomaten, Tabak, Kakao und metallgrüne Agaven zur Bereitung eines Rauschgetränks. G e s c h i c k t e H a n d w e r k e r fertigten Kupfergeräte, kunstvolle Waffen, prächtige Webereien und aus Gold, Edelsteinen und den Federn bunter Tropenvögel kostbaren Schmuck. Zug- und Reittiere und den Gebrauch des Eisens kannten die Azteken nicht.

Inmitten eines großen Sees, zugängig über lange Dammwege, lag wie ein zweites Venedig die Hauptstadt Tenochtitlan mit Tempeln und Palästen. Auf ihren Märkten fanden 60 000 Händler und Käufer Platz.

Überall im Lande erhoben sich, wie ehemals in Mesopotamien, Tempelpyramiden, die den Weltenberg darstellten. Die weihrauchdurchdufteten Heiligtümer waren für einen grausigen Götzendienst errichtet: ihre Opfersteine starrten schwarz von menschlichem Herzblut, das den aztekischen Gottheiten regelmäßig als Nahrung dargeboten wurde.

Die Eroberung Mexikos durch Cortés. Der spanische Ritter Hernan Cortés, ein bedenkenloser Mann von eiserner Willensstärke, hatte von dem Aztekenreich unbestimmte Kunde. Mit einem kleinen Heer verließ er Kuba und landete 1519 an der Ostküste Mexikos. Bei dem späteren Vera Cruz schlug er ein befestigtes Lager auf. Dann drang er gewaltsam in das Landesinnere ein. Cortés' Streitmacht war nur gering, 550 Weiße, 200–300 Indianer und in Begleitung der Weißen einige Neger. Aber der Donner der von den Spaniern mitgeführten Geschütze und das Schnauben und Wiehern ihrer Pferde erschütterten den Kampfgeist der Eingeborenen. So konnte Cortés nach Tenochtitlan vordringen, den Aztekenherrscher Montezuma in Haft nehmen und zur Unterwerfung zwingen.

Lange sahen die Azteken in den „kalkgesichtigen" Fremden die Sendboten einer entwichenen Gottheit, deren Rückkehr über das Ostmeer in alten Wahrsagebüchern prophezeit war, und zeigten sich gefügig. Dann, als die Spanier gegen den heidnischen Götzendienst vorzugehen begannen, kam es zu einem allgemeinen Aufstand. Von einer vielfachen Überzahl eingeschlossen, rettete sich der verwundete spanische Feldherr in der „Nacht der Trübsal" (1520) mit einer kleinen Gruppe Überlebender aus der Stadt. Im nächsten Jahr kehrten die Spanier mit Verstärkungen zurück. Nach 107 Tagen Kampf und Belagerung ging Tenochtitlan in Blut und Brand zugrunde, mit ihm das Aztekenreich (1521).

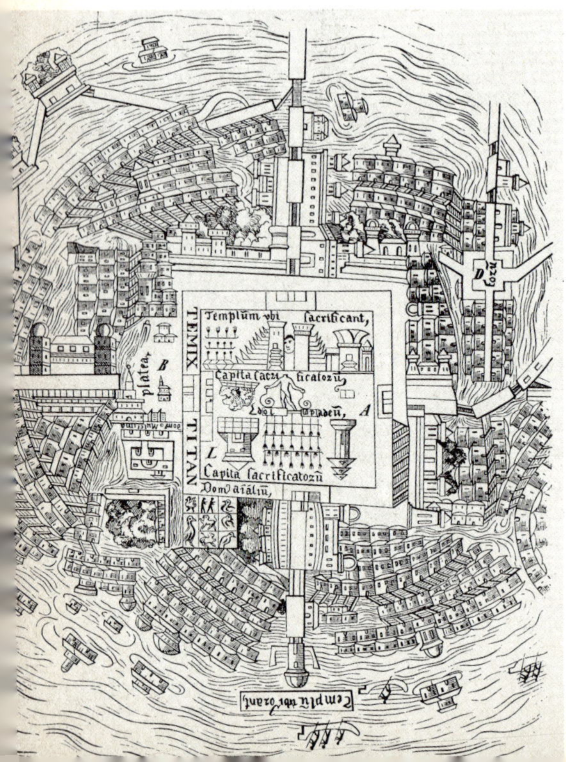

Plan der Stadt Mexiko im Jahre 1524 mit dem großen Opferplatz und dem kaiserlichen Tiergarten. Die Spanier folgten bei dem Wiederaufbau der Inselstadt der ursprünglichen Anlage der Azteken. Aus dem Bericht des Hernan Cortés an Kaiser Karl V. (Praeclara Ferdinandi Cortesei de Nova Maris Oceanis Hispania Narratio).

Cortés verhandelt mit Hilfe der indianischen Dolmetscherin Marina mit den Tlaxcalteken, mit denen er sich gegen die Azteken verbündete (mexikanische Bilderhandschrift).

Cortés ließ die Stadt wieder aufbauen und nahm das Land in spanische Verwaltung. Die blutbesudelten Tempelwände wurden geweißt, Kreuze aus Steinen und Holz errichtet, und an die Stelle der Götzen mit ihren gräßlichen Fratzen trat das Bild der Jungfrau Maria mit dem Jesusknaben.

Das Ende des Inkareiches. Ein Jahrzehnt später eroberte Francisco Pizarro für die spanische Krone das Goldland Perú. Hier bestand das merkwürdige Inkareich.

Inkas hießen die Angehörigen der Herrschersippe. Der regierende Inka galt als irdischer Sohn des Sonnengottes. Unterstützt von einem mächtigen Adel und von den Priestern der verschiedenen Gottheiten, leitete er sein Volk und unterworfene Stämme. Große, gut ausgebaute Staatsstraßen liefen entlang der Küste und überwanden die Höhen und Schluchten der Kordilleren mit großen Treppen und kunstvollen Hängebrücken. Im Abstand von ein oder zwei Wegestunden standen in besonderen Häusern Laufboten bereit, um die Befehle des Herrschers im Stafettenlauf in alle Teile seines Reiches zu tragen. Als Gedächtnisstütze benutzte man das „Kipu", eine aus farbigen Schnüren geknüpfte Knotenschrift.

Alles Ackerland war dreigeteilt: es gehörte den Göttern (als Tempelland), dem Herrscher und den Dorfsippen. Nur weniges war Privateigentum, z. B. Wohnung und Hausgerät. Pflug, Wagen und Zugtiere waren unbekannt. Als Last- und Wolltier hielt man das Lama. Der Boden wurde mit primitiven Geräten bestellt. Doch düngte man mit Guanomist, und an der trockenen Küste waren großartige Bewässerungsanlagen mit Kanälen, Schleusen und Wasserleitungen gebaut. Zu den Kulturpflanzen gehörten Tabak und Kartoffel.

Alle einfachen Untertanen waren zur Gemeinschaftsarbeit verpflichtet. Luxus war ihnen verboten; Müßiggang wurde fast wie ein Verbrechen beurteilt. Dagegen garantierte der Staat allen Menschen, auch den Alten und Kranken, Kleidung und Nahrung.

Das Inkareich verfügte über ein großes Heer und über Bergfestungen, die aus gewaltigen Quadern ohne Mörtel ritzenlos aufeinandergefügt waren. Da Pizarro mit seinen 177 Soldaten der Inkastreitmacht hoffnungslos unterlegen war, nahm er den Inkafürsten, der sich waffenlos zu einer Unterredung einfand, gefangen und ließ ihn (1532) erwürgen, obwohl das erschreckte Volk eine ungeheure Goldmenge als Lösegeld zusammenbrachte. Über die Verteilung dieser Beute brach unter den Spaniern ein förmlicher Krieg aus, bei dem Pizarro getötet wurde.

Die Reste der Palastburg Machu-Picchu, einer Grenzfestung der Inkas. Steinerne Treppen führen zu den verfallenen Mauern aus gewaltigen geschliffenen Granitklötzen. Im Hintergrund der Huayno-Picchu, der „Junge Berg“.

Das spanische Kolonialreich. Den Spaniern ging es nicht, wie den Portugiesen, um Seebeherrschung, sondern um Landeroberung. Daher begnügten sie sich nicht wie jene mit einzelnen Stützpunkten, sondern nahmen ganz Mittel- und Südamerika in Besitz, außer Brasilien, das den Portugiesen zufiel.

Zunächst plünderten die „Konquistadoren“ (Eroberer) die unterworfenen Länder nur aus, um sich schnell zu bereichern. Ohne Entschädigung enteigneten sie die Besitzungen der Indianer und verteilten sie an Spanier. Die Eingeborenen wurden versklavt und mußten auf Plantagen, in Bergwerken und Goldwäschereien Zwangsarbeit leisten. Viele erlagen den Anstrengungen, manche flüchteten oder suchten den Tod; ganze Landstriche wurden menschenleer. Um sie wieder zu bevölkern, fanden förmliche Menschenjagden statt.

Vergebens protestierten die spanischen Missionare. Einen leidenschaftlichen Fürsprecher fanden die Unterdrückten und Gequälten in dem Geistlichen Bartholomeo de las Casas. Durch geduldige Bemühungen erreichte er, daß Indianerschutzgesetze erlassen wurden. Sein Vorschlag, statt der Indianer mehr als bisher afrikanische Negersklaven einzuführen und als Arbeiter zu verwenden, ersetzte freilich nur ein Übel durch ein anderes.

Langsam traten an die Stelle roher Ausbeutung eine geordnete Verwaltung und die menschliche Fürsorge für die Unterworfenen. Die Eingeborenen durften nicht mehr versklavt werden, sie galten als unmündige Schutzbefohlene. In Missionsdörfern wurden sie von Geistlichen zu Christen und spanischen Untertanen erzogen. Ehen der Weißen mit Indianern waren erlaubt. Die Kinder (Mestizen) konnten Priester werden und fanden im geistlichen Beruf den Zugang zum gesellschaftlichen Aufstieg. Allmählich ver-

Grausamkeiten der Spanier in Mexiko. Illustration von Theodor de Bry zu einer lateinischen Ausgabe von de las Casas' Traktat über die Vernichtung der Indianer Amerikas (Frankfurt, 1598).

wischten sich die Rassengrenzen. Amerika wurde die Silberprovinz des spanischen Staates. Und es gelang der christlichen Mission und der spanischen Kolonialverwaltung, einen ganzen Erdteil mit Millionen fremdrassiger Eingeborener zu einem europäischen Leben zu führen.

Wir fassen zusammen:

Auf der Suche nach einer Seeverbindung nach Südasien entdeckte Kolumbus 1492 Amerika. Vasco da Gama gelangte (1498) nach Indien. Schiffe Magellans umsegelten als erste die ganze Erde (1519–1522).

Die Portugiesen gründeten um den Indischen Ozean eine gefürchtete Seeherrschaft. Ferdinand Cortés zerstörte (1521) das Aztekenreich in Mexiko, Francisco Pizarro (1532) den Staat der Inkas in Perú. Die spanische Kolonialverwaltung in Mittel- und Südamerika führte nach anfänglicher Ausbeutung die indianische Bevölkerung zum Christentum und zu europäischen Lebensformen.

Die Reformation

I. Religiöses Leben in Deutschland

Gesteigerte Volksfrömmigkeit. Wer aus dem Italien der Renaissance über die Alpen kam, bemerkte den besonderen religiösen Eifer, der in Deutschland herrschte. In den Städten erhoben sich prachtvolle Gotteshäuser, geschmückt mit Schnitzaltären, Vesperbildern und herrlich leuchtenden farbigen Fenstern. Durch Schenkungen und Stiftungen suchten die Gläubigen ihr eigenes Seelenheil und das ihrer Verwandten zu fördern. Zahlreiche Gebetsbruderschaften entstanden; man glaubte, sich gegenseitig die Verdienste guter Werke und Fürbitten zuwenden zu können. Gewaltig war der Andrang des Volkes zu den Gnadenmitteln der Kirche. Wallfahrten und Umzüge häuften sich, nicht selten in ungeordneter (tumultuarischer) Form. Als im Taubertal der junge Hans Böheim, der „Pfeifer von Niklashausen", zur Buße aufrief, zogen ganze Dörfer in Prozessionen zu ihm; an manchem Tage waren 30 000 Menschen dort versammelt. Fürsten und Klöster sammelten unermüdlich Reliquien; Kurfürst Friedrich der Weise von Sachsen, der Landesherr Luthers, besaß 19 000 Teilstücke. Nicht immer erfüllte echte Gläubigkeit die Herzen; Aberglaube, Hexenfurcht, krankhafte Wundersucht, Sterndeutung und Weltuntergangsängste quälten die Menschen. Doch gab es viel innige Marienverehrung, inbrünstige Versenkung in die Leiden Christi und schlichte Versuche, ihm durch tätige Nächstenliebe nachzufolgen.

Mißstände in der Kirche. Die Geistlichkeit hatte viel von ihrem Ansehen eingebüßt. Zu arg und zu offensichtlich waren die Mißstände in der Kirche (vgl. S. 132 f.). In manchen Klöstern war der Glaubenseifer erloschen, die Ordenszucht geschwunden. Die Domkapitel wurden fast ausschließlich von Adligen besetzt; dabei galt die Ahnenprobe oft mehr als die geistliche Würdigkeit. Viele deutschen Bischöfe hielten Hof und führten Fehden wie die weltlichen Fürsten; Macht- und Lebensgenuß schien ihnen wichtiger als ihr Hirtenamt. Die niederen Geistlichen waren zumeist arm und ungebildet; sie wußten nicht aus eigener Kenntnis der Bibel zu predigen und erfüllten häufig nur gewohnheitsmäßig ihre gottesdienstlichen Aufgaben.

Über die hohen kirchlichen Ämter in Deutschland wurde zum großen Teil in Rom verfügt. Hier verwaltete das Papsttum mit der Gesamtkirche zugleich einen weltlichen Staat. Hofhaltung und Kunstpflege verschlangen große Summen. Diese Gelder suchte die päpstliche Finanzverwaltung vor allem in Deutschland aufzutreiben. Sie forderte daher für die Verleihung geistlicher Ämter und für die Befreiung von kirchlichen Vorschriften hohe Abgaben, die von den Klerikern auf die Gläubigen abgewälzt wurden. Manche deutschen Geistlichen häuften (kumulierten) Pfründen, ohne die damit verbundenen Pflichten zu erfüllen.

Kritik und Reformwünsche. An diesen Mißständen wurde von vielen Seiten Kritik geübt. Fleißige Handwerker mißbilligten das untätige Leben mancher Klosterinsassen. Kaufleute entrüsteten sich über die wirtschaftlichen Vorrechte, welche die Kirche genoß. Der Adel sah neidisch auf den riesigen kirchlichen Besitz, der durch Kauf und Schenkung ständig wuchs. Die Humanisten spotteten über das „barbarische" Latein und das ungelenke Auftreten der Durchschnittsgeistlichen. Fromme Laien beobach-

Wallfahrt zur Kapelle der schönen Maria in Regensburg 1519. Holzschnitt von Michael Ostendorfer. Die Kirche war an der Stelle erbaut, wo die Synagoge der aus der Stadt vertriebenen Juden gestanden hatte. Sie war das Ziel großer Wallfahrten. Auf dem Bild im Vordergrund Kranke, die sich vor der Bildsäule zu Boden werfen, um von ihren Leiden geheilt zu werden.

teten mit Abscheu den anstößigen Lebenswandel sittenloser Kleriker. Der einfache Mann entbehrte eine schlichte, jedem zugängliche Form der Erbauung.

Auch auf kirchlicher Seite wollten die Klagen über Mängel und Mißbräuche nicht verstummen. Pflichtbewußte Bischöfe suchten Bildung und Lebenswandel ihrer Geistlichen zu bessern, drangen aber, aufs ganze gesehen, damit nicht durch. Schon begannen die Landesherren, sich einzelner offenkundiger Notstände in der Kirche anzunehmen, und der päpstliche Hof konnte sich ihren gerechten Forderungen nicht verschließen. Das Bedürfnis nach einer durchgreifenden Reform war allgemein. Wer aber sollte sie vollbringen? Viele Blicke richteten sich auf den deutschen Humanisten Erasmus von Rotterdam, der als „König der Wissenschaften" verehrt wurde.

Erasmus von Rotterdam. Erasmus, 1466 in den Niederlanden geboren, hatte lange an verschiedenen ausländischen Universitäten studiert. Er war ursprünglich Augustinermönch und Priester, wurde aber durch den Papst von seinen Ordensgelübden entbunden und widmete sich ganz seiner gelehrten Arbeit. Er fühlte sich gleichermaßen in Holland, England, Frankreich, Italien und Deutschland beheimatet und ließ sich schließlich in Basel nieder.

Erasmus wollte Frömmigkeit und Bildung, biblische Offenbarung und antike Philosophie verbinden. „Christus ist aller (gelehrten) Erziehung und Beredsamkeit Gipfel", schrieb er einmal. Das wahre Christentum bestehe nicht in äußeren Werken,

Erasmus von Rotterdam. Gemälde von Quentin Massys (1517). Am Bücherbord hängt eine Buchbinderschere.

nicht in den Sakramenten, auch nicht in den Lehrsätzen (Dogmen) und gottesdienstlichen Formen der Kirche, sondern in Nächstenliebe und schlichter Herzensfrömmigkeit. Es finde sich nur in der Heiligen Schrift, die ohne spätere Zusätze in der ursprünglichen Gestalt studiert werden müsse. Erasmus selbst unternahm es, das Neue Testament nach den besten Handschriften im griechischen Urtext gereinigt (kritisch) herauszugeben.

Durch sein Zurückgehen auf die Bibel, durch die Verwerfung der guten Werke, durch seinen in lateinischen Schriften vorgebrachten Spott über kirchliche Zeremonien, Heiligenverehrung und Volksaberglauben, über faule Mönche und unwissende Priester wurde Erasmus ungewollt zu einem Wegbereiter der Reformation. Aber er selbst glaubte sich zum Reformator keineswegs berufen. Ihm war die ungestörte, heitere Ruhe des Weisen wichtiger als der Tumult des Glaubensstreites. Auch war er ängstlich auf seine Gesundheit bedacht, dem Lärm der Straße und den Wechselfällen des Lebens abgeneigt und fühlte sich am glücklichsten im Umgang mit Büchern und im Briefwechsel mit fernen Freunden. Nicht von dem vornehmen Gelehrten Erasmus sollte der Kampf um die kirchliche Erneuerung ausgehen, sondern von dem willensstarken Volksmann Martin Luther.

II. Martin Luther

1. Luther im Kloster

Schüler und Student. Martin Luther wurde am 10. November 1483 in Eisleben geboren. Sein Vater war vom Bauernsohn zum Bergwerksteilhaber aufgestiegen. Martin sollte nach des Vaters Willen den sozialen Aufstieg fortsetzen, die Rechtswissenschaften studieren und ein angesehener fürstlicher oder städtischer Rat werden. Er besuchte die heimatlichen Lateinschulen und begann seine Studien an der Universität Erfurt. Im Kreise der Gefährten galt er als ein „hurtiger fröhlicher Gesell", der gerne sang und die Laute spielte. Wie üblich, durchlief Luther zunächst die „Artistenfakultät", promovierte zum „Magister der freien Künste" und wandte sich dann dem eigentlichen juristischen Fachstudium zu. Der Vater hielt schon eine wohlhabende Braut für ihn bereit. Da verließ Martin plötzlich die Lebensbahn, die ihm so klar vorgezeichnet schien.

Der Eintritt ins Kloster. Auf einer Wanderung überraschte den Studenten auf freiem Felde ein schweres Gewitter. Ein Blitzstrahl schlug so nahe bei ihm ein, daß

Luther zu Boden stürzte. In höchstem Todesschrecken rief er die Schutzpatronin der Bergleute, die Hl. Anna, an und gelobte, ein Mönch zu werden.

Von dem übereilten Gelübde hätte sich Luther wohl lösen können, doch erlaubte ihm sein Gewissen kein Zurück. Er empfand das Erlebte als den unmittelbaren Ruf Gottes, ihm ganzen Gehorsam zu leisten. Ohne Einwilligung des Vaters und gegen den Rat seiner Freunde trat Luther in das Kloster der Augustiner-Eremiten zu Erfurt ein. Damit erfuhr sein Leben die entscheidende Wendung.

Der junge Luther als Mönch. Kupferstich von Lucas Cranach d. Ä. (1520)

Mönch und Professor. Die Augustiner-Eremiten waren Bettelmönche. Das Kloster war aber wohlhabend, die Mönche kamen aus höheren Schichten des Bürgertums, die Patres waren Gebildete. Luther wurde nicht nur mit dem Bettelsack von Tür zu Tür geschickt, um sich in Demut zu üben, sondern auch zu Bibellektüre und theologischen Studien angehalten. Nach zwei Jahren empfing er die Priesterweihe. Nicht lange danach wurde er an die neugegründete Universität W i t t e n b e r g berufen. Dort erwarb er, lehrend und lernend, die Würde eines Doktors der Theologie und übernahm die wichtigste Professur, den Lehrstuhl für Bibelerklärung. Zu seinen Pflichten gehörte es auch, täglich im Kloster und in der Stadtkirche zu predigen und im Auftrag des Ordens umfangreiche Verwaltungsaufgaben zu erfüllen. Während er so in eine vielseitige und angespannte Tätigkeit hineinwuchs, machte Luther schwerste Gewissenskämpfe durch.

Luthers Ringen um einen „gnädigen" Gott. Die Regel der Augustiner-Eremiten war streng, die Zucht in ihren Klöstern gut. Luther nahm seine Mönchspflichten bitterernst. Trotzdem quälte ihn immer wieder die Frage: Wie bekomme ich einen gnädigen Gott? Unüberbrückbar schien ihm die Kluft zwischen den Forderungen des Allmächtigen und der Unfähigkeit des Menschen zu echter Reue und dauerndem Besitz der göttlichen Gnade. War nicht der Mensch durch die Erbsünde in der Wurzel verderbt und gänzlich unfähig, an seinem Heile im geringsten mitzuwirken? Wie sollte er, nach dem Gebote der Heiligen Schrift, die furchtbare Majestät Gottes lieben, vor deren Zorn doch sein Herz in Furcht erbebte? Qualen der Verzweiflung ergriffen den einsamen Mönch, so groß und schrecklich, daß kein Trostwort von Oberen und Brüdern sie lindern konnte.

Nach langem, angestrengtem Studium der Bibel und der großen Kirchenlehrer fand Luther die befreiende Gewißheit durch ein neues Verständnis des Evangeliums: Die „Gerechtigkeit Gottes", von welcher der R ö m e r b r i e f (1, 17) spricht, besteht nicht darin, den Sünder nach seinem Verdienst zu richten, sondern darin, ihn aus erbarmender Liebe gerecht zu machen. Diese rechtfertigende Gnade Gottes ist allen verheißen und gewiß, die sie in gläubigem Vertrauen ergreifen: „Der Gerechte wird seines Glaubens leben." Nicht durch gute Werke, sondern nur im Glauben (sola fide) erlangt der Mensch die Gnade Gottes, „Sünder und gerecht zugleich".

Diese Rechtfertigung des Menschen „allein durch den Glauben" wurde für Luther zum Kern des Evangeliums. Damit begann er sich innerlich bereits von Lehre und Praxis der alten Kirche zu lösen. Doch trug er zunächst seine Erkenntnisse nicht über den Kreis seiner Schüler und Kollegen hinaus. Auch war er nicht gesonnen, die Kirche anzugreifen. Dazu forderte ihn erst ein äußeres Ereignis heraus.

2. Luthers Schritt in die Öffentlichkeit

Der Ablaßstreit. Für den Bau der Peterskirche (vgl. S. 159) hatte der Papst einen Ablaß ausgeschrieben.

Ablaß war nach der Lehre der Kirche der Nachlaß zeitlicher Sündenstrafen. Er konnte gewonnen werden bei aufrichtiger Reue nach würdiger Beichte. Zum Ausdruck seiner Bußgesinnung sollte der reuige Sünder Gebete verrichten, eine Wallfahrt machen, Almosen geben oder ein Geldopfer bringen. Der 1517 ausgeschriebene Ablaß war ein „Geldablaß" und konnte auch den „armen Seelen" im Fegefeuer zugewendet werden.

In den Diözesen Magdeburg und Halberstadt verkündete ihn der Dominikaner Johann Tetzel in marktschreierischer Weise, indem er die Bedeutung der Geldspenden grob übertrieb. Luthers Landesherr hatte das Auftreten Tetzels in seinen Landen verboten. Aber viele Wittenberger zogen über die Grenze, um den Ablaß in dem nahegelegenen Jüterbog zu gewinnen, darunter auch Pfarrkinder Luthers. Manche von ihnen meinten, nicht die zeitlichen Sündenstrafen, sondern die Sünde selbst würde durch das geforderte Geldopfer getilgt. Als Lehrer der Kirche und als Seelsorger glaubte Luther eingreifen zu müssen.

1517 **Die 95 Thesen.** Am Vortage des Allerheiligenfestes, am 31. Oktober 1517, schlug Luther an der Tür der Schloßkirche zu Wittenberg 95 Streitsätze (Thesen) in lateinischer Sprache an. Darin hieß es:

1. Da unser Meister und Herr Jesus Christus spricht: Tut Buße, will er, daß das ganze Leben seiner Gläubigen auf Erden eine stete oder unaufhörliche Buße sein soll.
27. Die preisen Menschentand, die da vorgeben, daß, sobald der Groschen in den Kasten geworfen klinget, von Stund an die Seele aus dem Fegfeuer fahre.
37. Ein jeder wahrhaftige Christ, er sei lebendig oder tot, ist teilhaftig aller Güter Christi und der Kirchen, aus Gottes Geschenk, auch ohne Ablaßbriefe.
62. Der rechte wahre Schatz der Kirchen ist das heilige Evangelium der Herrlichkeit und Gnade Gottes.

Mit seinen Thesen wollte Luther, wie das üblich war, zu einem Streitgespräch (Disputation) unter fachkundigen Theologen auffordern. Dazu kam es nicht. Aber durch die fast hundert Druckereien, die es damals gab, wurden Luthers Sätze über ganz Deutschland verbreitet und bald auch ins Deutsche und in die meisten fremden Volkssprachen des Abendlandes übersetzt. Überall erregten sie ungeheures Aufsehen. Die deutschen Humanisten begrüßten Luther als ihren großen Vorkämpfer im Streit gegen Rom. Weltliche und geistliche Fürsten ermahnten ihn zur Standhaftigkeit gegen die zu erwartenden Angriffe.

Links: Titel der Bannbulle von Papst Leo X. Lateinische Originalausgabe mit Doppelkrone, Schlüssel Petri und der Überschrift „Contra errores Martini Lutheri". — Rechts: Papst Leo X. mit den Kardinälen Giulio Medici, dem späteren Papst Clemens VII., und Ludovico de' Rossi. Gemälde von Raffael.

Das Eingreifen der Kurie. Von sächsischen Dominikanern der Ketzerei bezichtigt, wurde Luther nach Rom geladen. Aber sein Landesherr, Kurfürst Friedrich der Weise von Sachsen, hielt die Hand über seinen Professor und setzte durch, daß Luther auf deutschem Boden verhört wurde. Im Fuggerhaus zu Augsburg verlangte der gerade in Deutschland weilende päpstliche Legat Kardinal Cajetan den einfachen Widerruf; Luther verweigerte ihn. Einem päpstlichen Kammerherrn, der den Streit gütlich beizulegen suchte, versprach Luther zu schweigen, wenn auch seine Gegner Ruhe hielten. Aber der Kampf der geistlichen Gelehrten ging weiter.

Die Leipziger Disputation. Im Sommer 1519 fand in Leipzig zwischen Luthers Kollegen Karlstadt und dem Ingolstädter Theologen Johann Eck eine Disputation statt, in die Luther sich hineinziehen ließ. Dabei entriß ihm der wortgewandte Eck das Bekenntnis, auch Päpste und Konzilien könnten irren und hätten geirrt; unter den Sätzen des Johannes Hus seien auch evangelische und christliche gewesen. Mit diesen Behauptungen hatte sich Luther öffentlich vom Boden der kirchlichen Lehre entfernt.

Luthers reformatorische Hauptschriften. Schon bewegte der Streit um das „reine Gotteswort" nicht nur die Theologen, sondern die Bürger in der Werkstatt, die Ritter auf den Burgen und die Bauern auf dem Felde. Um zur Klärung beizutragen, veröffentliche Luther (1520) seine reformatorischen Hauptschriften.

Links: Philipp Melanchthon. Kupferstich von Albrecht Dürer (1526)

Rechts: Titelblatt und eine Seite aus der ersten vollständigen Bibelübersetzung Martin Luthers

In dem „Sermon von den guten Werken" schrieb er, daß die guten Werke nicht Verdienst vor Gott schüfen, sondern selbst erst aus dem gottgeschenkten Glauben hervorgingen, wie die Früchte aus dem Baum. In der Schrift „An den christlichen Adel deutscher Nation" forderte Luther die Fürsten und städtischen Obrigkeiten auf, für die Besserung der kirchlichen Ordnungen und Gebräuche zu sorgen, da sie von kirchlicher Seite nicht zu erhoffen sei; er verkündete das allgemeine Priestertum der Gläubigen, bekämpfte die Obergewalt des Papstes in der Kirche, die Mönchsgelübde, die von der Kirche geforderte Ehelosigkeit der Geistlichen, die Heiligen- und Reliquienverehrung und verlangte ein freies, durch den Kaiser einzuberufendes Konzil. In dem lateinischen Büchlein „Von der babylonischen Gefangenschaft der Kirche" verwarf er vier der sieben Sakramente, welche die römische Kirche kennt, und ließ nur Taufe, Buße und Abendmahl als durch die Heilige Schrift begründet gelten. In der Schrift „Von der Freiheit eines Christenmenschen" schließlich lehrte Luther, daß ein Christenmensch ein freier Herr aller Dinge sei im Glauben, aber allen untertan in der Liebe zum Nächsten.

Luther kam es nicht in den Sinn, eine neue Kirche zu schaffen. Er wollte die eine Kirche Christi, die er entstellt glaubte, „reformiert", in reiner Gestalt wiederhergestellt, sehen. Aber indem er einen abgesonderten geistlichen Stand verwarf, die priesterliche Verpflichtung auf alle Laien ausdehnte und die besondere Stellung des Papstes anzweifelte, bedrohte er den Bau der bestehenden Kirche bis in seine Fundamente hinein.

Luthers Bruch mit der Kirche. Noch vor dem Erscheinen dieser Schriften verdammte eine päpstliche Bulle 41 Sätze Luthers als ketzerisch und bedrohte ihn mit

I.

WOl dem der nicht wandelt im rat der Gottloſen/noch trit auff den weg der ſünder/Noch ſitzt da die Spötter ſitzen.
Sondern hat luſt zum Geſetz des HERRN/Vnd redet von ſeinem Geſetze tag vnd nacht.
Der iſt wie ein bawm gepflantzet an den waſſerbechen/der ſeine frucht bringet zu ſeiner zeit/Vnd ſeine bletter verwelcken nicht/vnd was er machet/das gerett wol.
Aber ſo ſind die Gottloſen nicht/Sondern wie ſprew/die der wind verſtrewet.
Darumb bleiben die Gottloſen nicht im gerichte/noch die ſünder jnn der Gemeine der gerechten.
Denn der HERR kennet den weg der gerechten/Aber der gotloſen weg vergehet.

II.

WArumb toben die Heiden/Vnd die leute reden ſo vergeblich?
Die Könige im lande lehnen ſich auff/vnd die Herrn ratſchlahen miteinander/Wider den HERRN vnd ſeinen geſalbeten.
Laſſet vns zureiſſen jre bande/vnd von vns werffen jre ſeile.
Aber der im Himel wonet/lachet jr/Vnd der HERR ſpottet jr.
Er wird eineſt mit jnen reden jnn ſeinem zorn/Vnd mit ſeinem grim wird er ſie ſchrecken.
Aber ich

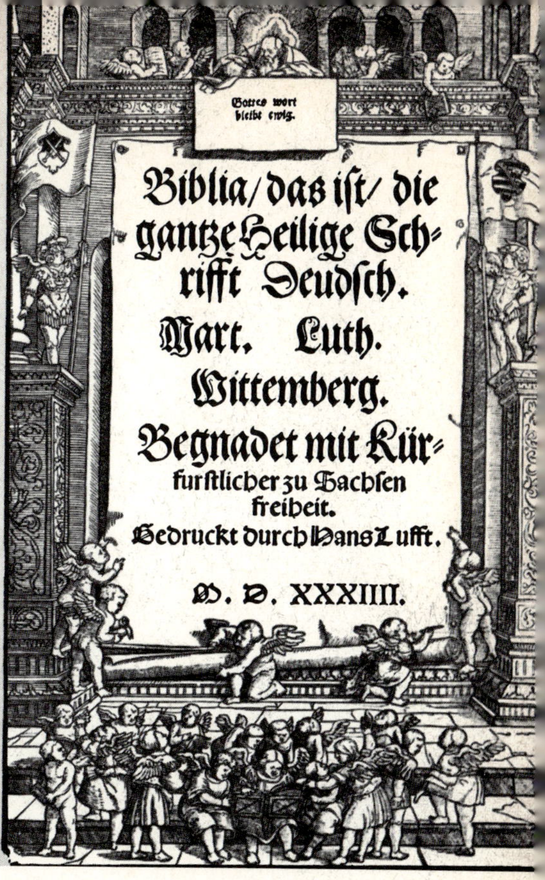

dem Bann, falls er nicht binnen 60 Tagen widerriefe. Luther beugte sich nicht. Vor dem Elstertor in Wittenberg, in Gegenwart von Professoren und Studenten der Universität, übergab er einen Plakatdruck der Bannandrohungsbulle und einige kirchliche Rechtsbücher dem Feuer. Mit dieser sinnbildlichen Handlung sagte er sich von der römischen Kirche los.

Luthers Freunde. Luther stand auch nach der Bannung nicht verlassen da. Von allen Seiten erhielt er Zuspruch und Hilfe. Sein bedeutendster Helfer wurde Philipp Melanchthon aus Bretten, ein Humanist, der schon als Jüngling das Griechische in erstaunlichem Maße beherrschte. Melanchthon wurde an die Universität Wittenberg berufen, studierte Theologie und wurde Luthers treuester Freund und Mitarbeiter.

3. Luther vor Kaiser und Fürsten

Die Kaiserwahl von 1519. Anfang 1519 war Kaiser Maximilian gestorben. Um seine Nachfolge hatten sich König Franz I. von Frankreich und Maximilians Enkel Karl beworben. Die Kurfürsten hatten sich für Karl entschieden.

Karl war König von Spanien, Neapel und Sizilien, Herr der neuentdeckten Länder in Übersee, Erbe des gesamten österreichischen Hausbesitzes und der Anwartschaft auf Böhmen und Ungarn (vgl. S. 145). Er und seine Berater waren sich darüber einig, daß diese gewaltige Ländermasse ohne die Kaiserwürde auseinanderfallen müsse. Durch politische Zugeständnisse, kräftige „Handsalben“, welche die Fugger vorschossen, und militärischen Druck hatte Karl die Kurfürsten auf seine Seite gebracht.

1521 kam der neue Kaiser Karl V. nach Deutschland. Zu seinem ersten Reichstag, den er nach Worms einberief, wurde auch Luther, unter Zusicherung freien Geleites, geladen.

Luther in Worms. Das Schicksal des Johannes Hus (vgl. S. 134) war in Deutschland nicht vergessen. Aber Luther entschloß sich, der kaiserlichen Einladung zu folgen: „Wenn so viele Teufel zu Worms wären als Ziegel auf den Dächern, wollte ich doch hinein.“

1521 Am 17. April 1521 stand Luther in der niedrigen Hofstube der bischöflichen Residenz zum erstenmal vor dem Kaiser und einigen Reichsfürsten. Vor ihm lagen aufgestapelt seine Bücher. Auf die Frage, ob er sich zu ihnen bekennen oder etwas davon widerrufen wolle, bat er mit leiser Stimme um Bedenkzeit. Am nächsten Tage, in einer Vollversammlung des Reichstages, erklärte Luther in wohlbedachten Worten, daß und warum er nichts widerrufen könne. Seine Rede gipfelte in den Sätzen:

„Wenn ich nicht durch Zeugnisse der Schrift und klare Vernunftgründe überzeugt werde – denn weder dem Papst noch den Konzilien allein glaube ich, da es am Tage ist, daß sie öfters geirrt und sich selbst widersprochen haben – so bin ich durch die Stellen der Hl. Schrift, die ich angeführt habe, überwunden in meinem Gewissen und gefangen in dem Worte Gottes. Daher kann und will ich nichts widerrufen, weil wider das Gewissen etwas zu tun weder sicher noch heilsam ist. Gott helfe mir, Amen.“

Der Kaiser hob die Sitzung auf, Luther wurde vom Reichsherold in seine Herberge geleitet.

Das Wormser Edikt. Am andern Tag ließ Karl V. den Fürsten eine von ihm selbst aufgesetzte Erklärung vorlesen, mit der er Luthers Sache verwarf.

„Ihr wißt“, hieß es darin, „daß ich abstamme von den allerchristlichsten Kaisern der edlen deutschen Nation, von den katholischen Königen von Spanien, den Erzherzögen von Österreich, den Herzögen von Burgund, die alle bis zum Tode getreue Söhne der römischen Kirche gewesen sind, Verteidiger des katholischen Glaubens, der geheiligten Bräuche und Gewohnheiten des Gottesdienstes. Nach deren Beispiel habe ich bislang auch gelebt. Es ist sicher, daß ein einzelner Bruder irrt, wenn er gegen die Meinung der ganzen Christenheit steht, da sonst die Christenheit tausend Jahre oder mehr geirrt haben müßte. Deshalb bin ich entschlossen, meine Königreiche und Herrschaften, Freunde, Leib und Blut, Leben und Seele einzusetzen. Denn das wäre eine Schande für uns und für Euch, Ihr Glieder der edlen deutschen Nation, wenn in unserer Zeit durch unsere Nachlässigkeit auch nur ein Schein des Irrglaubens und Beeinträchtigung der christlichen Religion in die Herzen der Menschen einzöge.“

Die lutherfreundlichen Fürsten sollen erbleicht sein, als der junge Herrscher in der größten Schicksalsfrage Deutschlands so entschieden seine persönliche Überzeugung kundgab.

Luther konnte sich mit Geleit für drei Wochen auf die Heimreise machen. Dann erließ der Kaiser das W o r m s e r E d i k t. Darin erklärte er Luther im Namen des Reichstags in die Acht und verbot jedermann, seine Schriften zu besitzen, zu lesen oder zu verbreiten. Da Karl schleunigst Deutschland verlassen mußte, um gegen Frankreich ins Feld zu ziehen (vgl. S. 200), konnte er sich um die deutschen Verhältnisse vorerst nicht weiter kümmern. Nur wenige Fürsten führten das Wormser Edikt in ihren Ländern aus. So konnte Luthers Lehre sich ausbreiten.

Luther auf der Wartburg. Zum Schrecken seiner Anhänger war Luther noch vor Ende des Wormser Reichstages aus der Öffentlichkeit verschwunden. Man glaubte ihn tot. In Wirklichkeit hatten ihn Reisige seines Landesherrn bei Eisenach zum Scheine gefangengenommen und auf die Wartburg in Sicherheit gebracht. Dort, in der Abgeschiedenheit des Thüringer Waldes, in der „Region der Vögel und der Luft", begann der Reformator die Bibel ins Deutsche zu übersetzen.

Auch ohne Luther nahm die neue Lehre ihren Weg. Wittenberger Studenten, Ordensbrüder, städtische Prediger, auch Laien trugen sie durch ganz Deutschland. Zur mündlichen Weitergabe kam die schriftliche durch Tausende von Flugschriften. Mit ihren Abbildungen sprachen sie auch zu den Menschen, die nicht lesen konnten.

III. Wirren und Aufstände

1. Bilderstürmer und Schwarmgeister

Nicht überall wurde Luthers Lehre richtig verstanden. Ungeduldige Neuerer begannen, gewaltsam das Althergebrachte zu beseitigen. In Erfurt brach ein wüster „Pfaffensturm" los. In Wittenberg kämpfte Karlstadt leidenschaftlich gegen Messe und Zölibat, gegen Bilder- und Reliquienverehrung. Mönche verließen ihre Klöster, ergriffen bürgerliche Berufe und heirateten. Gottesdienste wurden gestört, Seitenaltäre in den Kirchen abgebrochen, Bilder, Heiligenstatuen und Marienfiguren zerschlagen und verbrannt.

Verwirrung stiftete auch das Auftreten der „Zwickauer Propheten", die Luther als „Schwarmgeister" tadelte. Diese grüblerischen Bibelleser, zumeist arme Tuchmacher des Erzgebirges, hielten nicht das Wort der Schrift für maßgebend, sondern die Erleuchtung, die Gott ihnen ins Herz gebe. Sie rühmten sich prophetischer Gaben und verwarfen die Kindertaufe.

Als Luther von diesen Wirren erfuhr, kehrte er trotz Acht und Bann nach Wittenberg zurück. Mit zornigen Predigten brachte er die Neuerer zur Ruhe (1522).

Fast gleichzeitig erhoben sich die Reichsritter.

2. Die Erhebung der Reichsritter

Seitdem das Fußvolk die Schlachten entschied, hatte das Rittertum an Bedeutung und Ansehen verloren (vgl. S. 138 f.). Viele Adlige lebten kümmerlich, suchten bei Städten und Landesfürsten Dienste oder brachten sich als Bauernschinder und Raubritter durch. Als seit Luthers Auftreten die Unzufriedenheit mit den kirchlichen Zuständen offen ausbrach, faßten oberrheinische und fränkische Ritter den Plan, die geistlichen Fürstentümer unter sich aufzuteilen, um ihre alte Stellung als Stützen des Kaisertums wiederzugewinnen. An ihrer Spitze stand Franz von Sickingen, ein deutscher Condottiere, der über vortrefflich ausgebaute Burgen und eine ansehnliche Streitmacht aus Landsknechten, Reitern und Geschützen verfügte. Sickingen war durch Ulrich von Hutten (vgl. S. 168) mit Luther in Verbindung gebracht und für die neue Lehre gewonnen worden. Ehrgeiz, Haß gegen die „Pfaffenherrschaft" und die Erwartung seiner adeligen Standesgenossen trieben ihn zur Gewalttat.

Nach Raubritterweise zog Sickingen im Jahre 1522 gegen den Erzbischof von Trier, um ihn aus Land und Herrschaft zu vertreiben. Aber das Unter- **1522/23**

Ebernburg.

Geſtalt vnd Form des geſchloß Oberburg / weilend Franciſcus von Sickingen geweſen / vnd durch die baid Churfürſten Trier vnd Pfaltz / auch den Fürſten von Heſſen erobert Anno Fünfftzehundert vnd dreyundzwaintzigiſten jar.

Links: Die Ebernburg, das Stammschloß Franz von Sickingens. Hier sind Huttens erste Schriften entstanden. Wie die Feste Landstuhl wurde die Ebernburg 1523 von den Gegnern Sickingens belagert und eingenommen.

Rechts: Bauern mit der Bundschuhfahne bedrohen einen Ritter. Holzschnitt aus der Zeit des Bauernkrieges im „Trostspiegel" von Hans Schäufelin.

nehmen scheiterte kläglich. Sickingen wurde von den fürstlichen Nachbarn des Trierers auf seiner Feste L a n d s t u h l bei Kaiserslautern eingeschlossen und fand bei der Erstürmung den Tod. Die Mauern der Ritterburg hatten der landesfürstlichen Artillerie nicht standgehalten. Eine neue Zeit war angebrochen; mit der politischen Rolle der Ritterschaft war es endgültig vorbei.

3. Der große Bauernkrieg

Die Lage der Bauern. In Deutschland gab es zu jener Zeit nur noch wenige freie Bauern. Die meisten waren von geistlichen oder adligen Herren abhängig und leisteten ihnen Jahr für Jahr A b g a b e n u n d D i e n s t e. Sie lebten dabei im allgemeinen ohne Not, aber doch schlechter als zur Blütezeit des Bauerntums (vgl. S. 98). Denn nach dem Schwarzen Tod (vgl. S. 130) waren die Preise für landwirtschaftliche Erzeugnisse gesunken, und die Einkünfte der Bauern hatten ihre alte Höhe nicht wieder erreicht. Auch war es jetzt den jüngeren Bauernsöhnen nicht mehr möglich, brachliegendes Land zu roden oder nach dem Osten auszuwandern. Daher mußten mancherorts die Bauerngüter eine wachsende Zahl von Menschen ernähren, die auf den Höfen ruhenden Lasten aber blieben in gleicher Höhe bestehen. Nicht selten suchten die Grundherren die Abgaben noch willkürlich zu steigern.

Schlimmer noch litten die Bauern unter dem zunehmenden D r u c k d e r L a n d e s h e r r e n. Nach dem Herkommen waren Besitzrecht und persönlicher Rechtsstand der Bauern vielfältig verschieden. In einem Dorf konnten Freie, Hörige und Leibeigene nebeneinander leben. Derselbe Mann konnte von einem Grund-, einem Leib- und einem Gerichtsherrn abhängig sein. Manche dörflichen Angelegenheiten erledigten die Bauern nach Gewohnheitsrecht unter sich. Die Fürsten aber hatten das

Ziel, aus ihren zufällig ererbten oder eroberten Gebieten einen einheitlichen Staat aufzubauen, in dem für alle Untertanen gleichen Standes dasselbe Recht galt und fürstliche Beamte das Land gleichmäßig verwalteten.

Hierfür nun bot das römische Recht eine bequeme und wirksame Handhabe. Es lag seit einem Jahrtausend fest, es wurde an den Hochschulen gelehrt, man brauchte es nur einzuführen und verfügte auf diese Weise sofort über ein Gesetzbuch, das für das ganze Land Gültigkeit besaß. Das römische Recht aber sprach den Herren das Obereigentum an allem Grund und Boden zu und stufte die Bauern einheitlich als „Sklaven" ein.

Darauf gestützt, begannen weltliche und geistliche Landesherren, die Bauern in ihrem Rechtsstand zu drücken, z. B. den Freien zum Zinser, den Zinser zum Leibeigenen zu machen. Da die Fürsten außerdem für ihre Reisigen, Landsknechte und Kanonen mehr Geld brauchten als früher, wo sie ihre Kriege mit Lehnsleuten führen konnten, bürdeten sie den Bauern höhere Lasten auf und eigneten sich die dörfliche Allmende zum alleinigen Gebrauch an. An die Stelle der bäuerlichen Selbstverwaltung setzten sie die landesherrliche Verwaltung durch Vögte und Amtleute.

Bei all dem scheuten die Landesherren nicht vor Lüge und Gewalttat zurück. Wenn aber die Geschädigten sich widersetzten und das „alte Recht" begehrten, so fanden sie keinen unparteiischen Richter.

So wurde der Bauer, während sich die anderen Stände ihrer Freiheiten erfreuten, in seinen Rechten immer mehr beschränkt. Da er von der täglichen Mühe ungelenk und stumpf war, hatte er noch Spott und Verachtung der Adligen und Bürger zu tragen.

Dabei hatte der „Karsthans" längst erkannt, daß alle Welt nur von seiner Arbeit in Hitze und Kälte lebte und daß Gott alle Menschen gleich erschaffen hatte: „Als Adam grub und Eva spann, wo war denn da der Edelmann?" Und hatte nicht Christus alle Menschen gleichermaßen erlöst? Wie durfte sich da einer erdreisten und zum anderen

Links: Thomas Müntzer. Kupferstich von C. von Sichem

Rechts: Plünderung eines Klosters. Federzeichnung aus der Handschrift Jakob Murers über den Bauernkrieg

sagen: Du bist mein Eigen? War es nicht Pflicht der Bauern, der „göttlichen Gerechtigkeit" zum Durchbruch zu verhelfen?

Erste Unruhen. Wie früher schon in England und Frankreich, machte sich die Erbitterung der Unterdrückten in örtlichen Aufständen Luft. Am Oberrhein gab es immer wieder Verschwörungen unter dem Zeichen des bäuerlichen Bundschuhs. In Württemberg erhob sich der „arme Konrad" gegen die Willkür der Obrigkeit. Erheblich verstärkte sich die Unruhe unter den Bauern, seitdem Luther das Wort Gottes zur alleinigen Richtschnur des sozialen Lebens zu machen schien. Mit seiner Predigt von der Freiheit eines Christenmenschen brachten die Bauern ihr Anliegen in Verbindung. Als Luther 1521 in Worms weilte, hieß es im Elsaß: „Der Karsthans will zum Freihans werden." Drei Jahre später wurde die schwelende Glut zum Feuersturm.

1524/25 **Der große Aufstand.** Im Herbst 1524 sammelten sich im oberen Schwarzwald, im Allgäu und in Oberschwaben starke Haufen bewaffneter Bauern. In 12 Artikeln, die sie aus der Bibel zu begründen versuchten, faßten die Bauern Anfang 1525 ihre Forderungen zusammen: freie Pfarrerwahl, freie Verkündigung des Evangeliums, Abschaffung der Leibeigenschaft, Beseitigung der drückenden grundherrlichen Lasten, Anteil an Wald, Wasser und Weide – das waren die wichtigsten. Hier und da wurde auch die Abschaffung der Fürsten- und Herrengewalt verlangt, nur die kaiserliche sollte bestehen bleiben.

In Thüringen verkündete der Prediger Thomas Müntzer ein Reich ohne Not und Armut und gründete einen „getreulichen Bund göttlichen Willens", dem alle Frommen vom gemeinen Mann bis zu den Fürsten angehören sollten. Als die sächsischen Herzöge nicht beitraten, griff er sie mit heftigen Worten an und predigte den gewaltsamen Untergang aller Gottlosen.

Zunächst suchten die Bauern ihre Absichten durch Verträge zu erreichen. Als aber die Fürsten und Herren nicht das geringste Entgegenkommen zeigten, sondern zum Kriege rüsteten, griffen die Bauern zur Gewalt. Sie zerstörten Burgen und Schlösser (allein in Franken 292) und verwüsteten die Klöster (in Thüringen 70). Auch kam es zu einzelnen Bluttaten, so in dem schwäbischen Städtchen Weinsberg, wo die Bauern den Grafen von Helfenstein und 17 Adlige durch die Spießgasse trieben.

Während Norddeutschland, Böhmen und Bayern ruhig blieben, breitete sich die Erhebung fast über ganz Oberdeutschland aus. Nichts schien ihr widerstehen zu können. Adlige, Klöster und Städte, ja Bischöfe und Kurfürsten des Reiches wurden gezwungen, sich der bäuerlichen Bewegung anzuschließen und die zwölf Artikel anzunehmen. Am stärksten wütete der Kampf in Franken. Hier fanden die Bauern die Unterstützung der unzufriedenen Handwerker in den Städten und gewannen auch einzelne Ritter zu Anführern, so Götz von Berlichingen „mit der eisernen Hand“ und Florian Geyer aus Giebelstadt bei Würzburg.

Das Ende der Erhebung. Der Bauernaufstand war die erste große Massenerhebung der deutschen Geschichte. Und doch brach er schnell und ruhmlos zusammen. Den wohlbewaffneten, geübten und einheitlich geführten Heeren, welche die Fürsten im Sommer 1525 ins Feld führten, konnten die ungeordneten bäuerlichen Haufen nicht widerstehen. In wenigen Wochen waren sie geschlagen und zerstreut. Bei Frankenhausen am Fuße des Kyffhäusers erlagen die thüringischen Scharen unter Thomas Müntzer dem Heer Philipps von Hessen und seiner Standesgenossen, bei Königshofen an der Tauber die süddeutschen Bauern der Streitmacht des Schwäbischen Bundes unter dem Truchseß von Waldburg.

Furchtbar war die Rache der Herren. Aufständische Dörfer wurden niedergebrannt oder mit hohen Strafgeldern belegt. Über 100 000 Bauern, 10–15%

der wehrfähigen Mannschaft in den betroffenen Gebieten, fanden den Tod. Die meisten fielen bei der Verfolgung auf dem Schlachtfeld, viele Hunderte wurden vom Henker verbrannt, geköpft, verstümmelt ins Elend gejagt. Dem fränkischen Bildhauer und Holzschnitzer Tilmann Riemenschneider brach die Folter die Hände, so daß er seine Kunst nicht mehr ausüben konnte. Alle Bauern mußten die Waffen abliefern; damit schied der Bauer aus den wehrhaften Ständen der Nation aus.

Die Folgen des Bauernaufstandes. Für drei weitere Jahrhunderte wurden die Bauern in Knechtschaft und Unterdrückung zurückgehalten. Stumm und ohne Hoffnung, sannen sie nicht länger auf Empörung, nahmen aber auch keinen Anteil mehr an den Geschicken ihres Volkes.

Sieger und Gewinner des Bauernkrieges waren die Landesfürsten. Aus eigener Kraft, ohne Hilfe von Kaiser und Reich, hatten sie den Aufstand niedergeschlagen. Ihnen kam die Zerstörung zugute, welche die Bauern angerichtet hatten. Viele Klöster blieben verwaist und konnten von den Herren eingezogen werden. Die geschleiften Burgen wurden zumeist nicht wieder aufgebaut. Der Adel zog von den Höhen in die Städte und an die Fürstenhöfe. Das Zeitalter des ritterlichen Fehdewesens war endgültig vorbei.

Große Bedeutung hatte der Ausgang des Bauernaufstandes auch für Luther. Der Reformator hatte zunächst manche bäuerliche Beschwerde als berechtigt anerkannt, den Herren scharf ins Gewissen geredet und beide Parteien zum Frieden ermahnt. Als dann die Bauern sich empörten und ihre Handlungsweise aus dem Evangelium zu begründen suchten, hatte sich der Glaubensmann gegen ihre „räuberischen und mörderischen Rotten" erklärt und die Obrigkeiten aufgefordert, den Aufruhr gnadenlos niederzuwerfen.

Die Unterstützung der deutschen Fürsten fand Luthers Sache auch weiterhin. Die Bauern aber sahen in ihm nur noch den Herrenknecht. Sie wandten sich von ihm und seiner Lehre ab und standen fortan der Reformation gleichgültig, wenn nicht feindselig gegenüber. So setzte der Bauernkrieg auch dem lebendigen Gemeindechristentum der ersten Jahre ein Ende.

Wir fassen zusammen:

Für das religiöse Leben in Deutschland um 1500 waren kennzeichnend: eine gesteigerte Volksfrömmigkeit, Kritik an den Mißständen in der Kirche und der weitverbreitete Wunsch nach kirchlichen Reformen.

Martin Luther bekämpfte 1517 den Geldablaß mit 95 Thesen. In der Auseinandersetzung mit seinen Gegnern löste er sich von Lehre und Einrichtung der Kirche. Auf dem Wormser Reichstag 1521 lehnte Luther den Widerruf seiner Lehren ab. Das Wormser Edikt ächtete ihn als Ketzer und verbot die Verbreitung seiner Schriften.

In den folgenden Jahren wurde Deutschland durch Wirren und Aufstände aufgewühlt. Bilderstürmer und Schwärmer brachte Luther selbst zur Ruhe; eine Erhebung der Reichsritter und der große Bauernaufstand (1524/25) wurden von den Landesherren niedergeworfen.

Rechts: Kaiser Karl V. Gemälde von Tizian (1548)

MDXLVIII

Links: König Franz I. von Frankreich. Gemälde von Tizian (vgl. S. 160 und 199).

Rechts: Kampf der Landsknechte bei Pavia. Holzschnitt von Hans Schäufelin.

IV. Das habsburgische Universalreich und die Ausbreitung der Reformation in Deutschland

1. Die Kriege Karls V.

Der Kaiser. „Gott hat uns ein junges, edles Blut gegeben und damit viele Herzen zu großer Hoffnung erweckt", hatte Luther geschrieben, als Karl V. zum Kaiser gewählt worden war. Diese Hoffnung war in Worms zerstört worden. Karl V. fühlte sich nicht als Deutscher, sondern als Herrscher eines allumfassenden (universalen) Reiches, von dem Deutschland nur ein Teil war. Dies gewaltige Reich wurde durch die Person des Herrschers und den gemeinsamen römisch-katholischen Glauben zusammengehalten. Eine Glaubensspaltung mußte seine Einheit bedrohen. Deshalb hätte Karl V. das Wormser Edikt gern mit aller Strenge durchgeführt. Aber immer wieder mußte er in der Glaubensfrage nachgeben, weil er die Hilfe der lutherfreundlichen Fürsten gegen Franzosen und Türken brauchte.

Kriege gegen Franzosen und Türken. Hauptgegner des Kaisers war der französische König F r a n z I. Frankreich war fast auf seiner gesamten Landseite, von den Pyrenäen bis an die Schelde, von habsburgischem Gebiet umklammert. Diesen Ring zu sprengen war für die französische Monarchie eine Lebensfrage. Wechselvolle und langwierige Kriege entstanden daraus. Hauptkriegsschauplatz war Italien.
1525 Bei P a v i a siegte Karl V. 1525 in der größten Schlacht des Jahrhunderts. Der fran-

zösische König geriet in Gefangenschaft. Aber Karl V. verlor die Früchte des Sieges, als Franz I. die gegebenen Versprechungen nach seiner Freilassung brach.

Zeitweilig mußte sich Karl V. auch gegen den Papst wenden, der sich aus Sorge um die Unabhängigkeit des Kirchenstaates mit dem französischen König verbündete. 1527 wurde Rom von meuternden kaiserlichen Landsknechten erstürmt und geplündert (Sacco di Roma).

Im Südosten hatte Habsburg gegen die Türken zu kämpfen, die stärkste Militärmacht der damaligen Welt. 1521 hatten sie unter dem kriegerischen Sultan Soliman II. Belgrad erobert, den Schlüssel zum Donauraum; 1526 besiegten sie das ungarische Heer bei Mohacs, 1529 standen die Türken zum erstenmal vor Wien. Die Belagerung der Stadt mißlang ihnen, aber der größte Teil Ungarns blieb in türkischen Händen. In dem kleineren regierte hinfort nach Erbrecht Karls Bruder Ferdinand als König. **1529**

Auch am Mittelmeer stieß Karl V. mit den Türken zusammen. Ein türkischer Abenteurer, Cheireddin Barbarossa, eroberte Algerien und Tunis. Im Bunde mit Franz I. beunruhigten seine Seeräuberschiffe die Mittelmeerküsten und verschleppten zahllose christliche Bewohner Spaniens und Italiens in die Sklaverei.

2. Die Ausbreitung der Reformation in Deutschland

Sehr schnell wurde die lutherische Lehre in Mittel- und Norddeutschland herrschend. Früh führten Kursachsen, Hessen und zahlreiche Reichsstädte die Reformation durch. 1525 trat Albrecht von Brandenburg, der Hochmeister des Deutschherrenordens, zum Luthertum über und verwandelte den geistlichen Ordensstaat in das weltliche Herzogtum Preußen. Später fand die Reformation auch in Süddeutschland Anhänger.

Um die rechtliche Stellung der neuen Lehre. Noch immer waren die Anhänger Luthers durch das Wormser Edikt mit der Acht bedroht. So bemühten sie sich, ihre rechtliche Stellung zu verbessern. Auf fast allen Reichstagen wurde über die neue Lehre verhandelt.

1526 beschloß der 1. Reichstag zu Speyer in Abwesenheit des Kaisers einstimmig, bis zu einem allgemeinen Konzil möge jede im Reichstag vertretene Obrigkeit, jeder „Reichsstand", es mit der neuen Lehre halten, wie er es „gegen Gott und Kaiserliche Majestät hoffe und vertraue zu verantworten". 1529 hingegen setzte eine bloße Mehrheit des 2. Reichstags zu Speyer fest, jede Neuerung in kirchlichen Dingen solle unterbleiben, das Wormser Edikt nunmehr durchgeführt werden. Dagegen erhoben die Anhänger Luthers Einspruch (Protest), weil in Gewissensfragen kein Mehrheitsbeschluß gelten könne; seitdem hießen sie „Protestanten".

1530 Auf dem Reichstag zu Augsburg 1530 suchte Karl V. persönlich den religiösen Streit zu schlichten. Die Protestanten legten die Augsburger Konfession (Confessio Augustana) vor, eine Bekenntnisschrift, die Melanchthon in versöhnlichem Geiste verfaßt hatte. Der Kaiser ließ von altgläubigen Theologen eine Widerlegung (Confutatio) anfertigen. Die Protestanten wurden als besiegt erklärt und aufgefordert, binnen sechs Monaten zur alten Kirche zurückzukehren. Daraufhin schlossen sie sich (1531), um ihren Glauben zu sichern, zum Schmalkaldischen Bund zusammen.

Erneute Türkengefahr veranlaßte den Kaiser, noch einmal einzulenken. Der Nürnberger Religionsfrieden 1532 vertagte die Augsburger Beschlüsse auf unbestimmte Zeit. Bis zu einem allgemeinen Konzil durften die Protestanten bei ihrem Bekenntnis bleiben.

Das Ergebnis dieser Reichstagsbeschlüsse war, daß die Reformation schrittweise von Reichs wegen freigegeben wurde. Gleichzeitig verschärfte sich der Gegensatz zwischen Alt- und Neugläubigen.

Der Ausbau der evangelischen Landeskirchen. Luther hatte zunächst gehofft und gewünscht, daß der neue Glaube sich selbst seine Formen schaffen würde. Dann hatten die Unruhen und die Wirren gezeigt, daß dem neuen Bekenntnis auch bald eine feste Ordnung gegeben werden müsse. Diese konnte nur mit Hilfe der weltlichen Obrigkeiten gestiftet werden, die ja auch vor Luthers Zeit schon kirchliche Aufgaben wahrgenommen hatten. Da der Kaiser sich der Sache Luthers versagte, wurde die Reformation Angelegenheit der Landesherren und städtischen Obrigkeiten.

Ein Muster kirchlicher Organisation schuf Luther in Kursachsen. An die Stelle des Bischofs, der früher den Kirchensprengel beaufsichtigt hatte, trat jetzt als „Notbischof" der Landesfürst. In der Kirchenaufsicht wurde er durch ein Konsistorium und durch Superintendenten unterstützt. Aus dem eingezogenen Kirchengut besoldete er die Pfarrer. Alle Geistlichen durften heiraten.

Kern des neuen Gottesdienstes bildeten Predigt und Gemeindegesang. Luther selbst dichtete nach dem Vorbild der Psalmen und lateinischen Hymnen Kirchenlieder, darunter das Trutzlied der Reformation „Ein' feste Burg ist unser Gott". Die Messe wurde abgeschafft. Von den Sakramenten wurden nur Taufe und Abendmahl beibehalten.

Zur Verbreitung der neuen, „evangelischen" Lehre schrieb Luther den Großen und den Kleinen Katechismus. 1534 war seine Bibelübersetzung fertig. Ihre kraftvolle und innige Sprache schien Luther der „Mutter im Hause, den Kindern auf der Gasse, dem gemeinen Mann auf dem Markt" abgelauscht zu haben. Bald wurde sie das Hausbuch für alle evangelischen Deutschen, die lesen konnten.

Der kursächsische Kanzler verliest vor dem Kaiser (unter dem Baldachin) die Augsburger Konfession. Zeitgenössischer Stich.

Damit möglichst viele das Lesen lernten, regte Luther die Gründung von Volksschulen an. Melanchthon ordnete und verbesserte den Unterricht an den Lateinschulen, denn die Kenntnis der alten Sprachen galt den Reformatoren als unerläßlich zum vollen Verständnis des Evangeliums.

3. Zwingli und die Entstehung der Reformation in der Schweiz

Eine reformatorische Bewegung eigener Prägung hatte sich in der Schweiz gebildet. Ihr Führer war Huldreich Zwingli, Stadtpfarrer in Zürich.

Zwingli, ein Schüler des Erasmus, wollte in der Stadtgemeinde urchristliche Frömmigkeit wiederherstellen und das gesamte häusliche und öffentliche Leben sittlich „nach der Schnur Christi" neu ausrichten. Auf sein Betreiben wurde durch Mehrheitsbeschluß der Bürgerschaft alles beseitigt, was nicht ausdrücklich in der Bibel bezeugt war: Messe, Bilder, Orgelspiel. Der Gottesdienst wurde zur Predigtstunde in kahlem Versammlungsraum, das Abendmahl zur Erinnerungsfeier.

Hierin lag ein unüberbrückbarer Gegensatz zu Luther, der an der Gegenwart Christi im Abendmahl festhielt. Ein Religionsgespräch zwischen Luther und Zwingli, das auf Einladung des Landgrafen Philipp von Hessen 1529 in Marburg stattfand, brachte keine Einigung.

Zwei Jahre später (1531) fiel Zwingli im Kampfe für seine Lehre gegen die Bauern der katholischen Urkantone.

V. Außerdeutsche Reformationen

1. Die Entstehung der anglikanischen Kirche

Seit 1520 waren Schriften Luthers nach England gelangt, ohne dort eine reformatorische Volksbewegung hervorzurufen. Auch der englische König Heinrich VIII., ein gebildeter, aber selbstsüchtiger Mann, hielt an der alten Lehre fest, trennte sich aber aus persönlichen Gründen von Rom.

Heinrich VIII. wollte sich von seiner ersten Gemahlin scheiden lassen, weil sie ihm keinen männlichen Erben geboren hatte. Doch der Papst weigerte sich, die Ehe für ungültig zu erklären. Da machte sich Heinrich selbst zum Oberhaupt der englischen Kirche, und das englische Parlament erkannte diese Änderung durch den Suprematsakt von 1534 als rechtsgültig an.

Nachdem er so Herr der Kirche in England geworden war, schaffte Heinrich VIII. die kirchlichen Gerichtshöfe ab und löste die Mönchsorden auf. Der riesige geistliche Grundbesitz, der schon lange die Begehrlichkeit der Laien erregt hatte, wurde zugunsten der Krone eingezogen und verkauft oder verschenkt.

Eine durchgreifende Änderung des Bekenntnisses erfolgte zu Heinrichs Zeiten nicht. Erst unter seinem Nachfolger erhielt die „anglikanische" Kirche eine reformatorische Glaubenslehre und Liturgie.

2. Der Calvinismus

Jean Calvin. Der dritte große Reformator, Jean Calvin, war rund 25 Jahre jünger als Luther und Zwingli und stammte aus Nordfrankreich. Er kam von der Rechtswissenschaft über den Humanismus zur Theologie. Als die reformatorische Lehre, der er sich angeschlossen hatte, in Frankreich verfolgt wurde, floh er nach Basel. Dort schrieb er das Buch „Unterricht im Christentum" (Institutio religionis christianae), das in immer neuen, erweiterten Auflagen erschien und Calvins Lehre zusammenfaßte.

Calvins Lehre. Eigentümlich für Calvins Theologie ist die Lehre von der Prädestination: Gott hat durch ewigen Beschluß vorherbestimmt, „was nach seinem Willen aus jedem Menschen werden sollte. Nicht alle nämlich werden mit derselben Bestimmung erschaffen, sondern den einen wird das ewige Leben, den anderen die ewige Verdammnis vorweggesetzt." Weshalb nicht alle Menschen erwählt sind, ist ein unerforschliches Geheimnis.

Die Verantwortung des Menschen vor Gott wird durch die Vorherbestimmung nicht im mindesten verringert. Sichere Zeichen der Erwähltheit gibt es nicht. Dem Menschen bleibt nur, sich mit Furcht und Zittern seines ewigen Heils zu versichern, indem er versucht, sein Leben durch gesteigerte Pflichterfüllung zu heiligen und die Welt zum Ruhme Gottes umzugestalten. Das Leben des Frommen muß ein ununterbrochener Kampf gegen die Sünde sein, ein Fortschreiten zu immer höheren Graden der Heiligkeit. Richtschnur sind ihm die Gebote der Gottes- und Nächstenliebe. Was dem Menschen an Gütern und Fähigkeiten gegeben ist, soll er unermüdlich zur Ehre des Höchsten und zum Wohle des Nächsten und der Gesamtheit gebrauchen.

Die Reformation in Genf. Auf weiteren Reisen kam Calvin durch Genf. Hier beschwor ihn ein Glaubensgenosse, zu bleiben und für die Reformation zu wirken. Es

Links: Jean Calvin. Zeitgenössisches Gemälde. — Rechts: Heinrich VIII. von England. Gemälde von Hans Holbein d.J. (1497–1563), dem Hofmaler des Königs.

war, erzählt Calvin, „als ob Gott aus der Höhe seine Hand nach mir ausstreckte, um mich festzuhalten". Er ließ sich in Genf nieder und wurde 1541 mit der Neuordnung der kirchlichen Verhältnisse in der Stadt beauftragt. Mit unbeugsamer Willenshärte und nie erlahmender Arbeitskraft ging der schmächtige und kränkliche Mann an sein Werk. Die Bürger von Genf mußten sich durch Eid verpflichten, die Reformation anzunehmen. Alle Erinnerungen an die katholische Zeit wurden gewaltsam beseitigt, „Papisten" und Irrgläubige grausam verfolgt. **1541**

Die Genfer Kirchenordnung. Der Gottesdienst, den Calvin einrichtete, war so nüchtern wie der in Zürich, nur kam Psalmengesang hinzu. In der Kirchengemeinde schuf Calvin viererlei Ämter: das der Prediger, das der Doktoren, die für christliches Schulwesen und Reinerhaltung der Lehre zu sorgen hatten, das der Diakonen, denen Hospitalwesen und Krankenpflege zufiel, und das der Presbyter, der Laienältesten. Die hervorstechendste Einrichtung der Gemeinde war das Konsistorium, ein aus den Pastoren und Ältesten gebildetes Sittengericht, das wöchentlich zusammentrat. Ihm oblag die unerhört strenge sittliche Leitung und Überwachung der Gemeindemitglieder.

Kirchenzucht und Sittenpolizei. Regelmäßiger Besuch der zahlreichen Gottesdienste und Teilnahme an der Abendmahlsfeier waren Pflicht und wurden streng kontrolliert. Geld- und Gefängnisstrafen standen auf Karten- und Würfelspiel, prunkvoller Kleidung, Gelagen und anstößigen Tänzen. Theateraufführungen, Schützenfeste und ähnliche Vergnügungen wurden stark eingeschränkt oder abgeschafft. Sogar die Gasthäuser blieben eine Zeitlang nur für Auswärtige offen. Das häusliche Leben wurde durch Visitationen der Ältesten überwacht, durch Kinder, Freunde und

Verwandte bespitzelt. Wer sich einer Verfehlung schuldig machte, wurde vor das Konsistorium geladen, öffentlich gerügt, mit Bußgang im härenen Gewande und Ausschluß vom Abendmahl bestraft. Der kirchlichen Ahndung folgte die Bestrafung durch die weltliche Obrigkeit: Geldbuße, Kerker, Verbannung, Folter oder Tod.

Mit zäher Unerbittlichkeit erzog Calvin so eine ganze Stadtgemeinde zu Glaubenstreue, Sittenstrenge, sozialem Pflichtbewußtsein, eifriger Liebestätigkeit und emsiger Arbeit. Doch erstreckte sich seine Wirkung weit über Genf hinaus.

Die Ausbreitung des Calvinismus. Von der Stadt an der Grenze von romanischem und germanischem Sprachbereich, an der großen Durchgangsstraße von der Rhone zum Rhein ging ein neues, hartes Geschlecht kampfbereiter Theologen in die benachbarten Länder hinaus. Durch unzählige Briefe blieb Calvin mit ihnen in Verbindung, riet, vermittelte, half, griff mit Weisungen ein. So drang der Calvinismus, mit dem die Zwinglianer zur „reformierten Kirche" verschmolzen, nach Frankreich, Deutschland, Polen, Ungarn, den Niederlanden, England und Schottland vor, und die Zeit lag nicht mehr fern, da er auch in der Neuen Welt Fuß fassen sollte.

VI. Der Entscheidungskampf um die Reformation in Deutschland

Karls V. Entschluß zur Gewaltanwendung. Mit Groll hatte Kaiser Karl V. die Ausbreitung der neuen Lehre beobachtet. Erst 1544, nach einem Frieden mit dem französischen König und einem Waffenstillstand mit den Türken, konnte er sich wieder der Glaubensfrage zuwenden. Auf sein Drängen berief der Papst 1545 ein allgemeines Konzil nach Trient. Es sollte nicht dem Kaiser, sondern dem Papst unterstehen; deshalb und weil eine nichtdeutsche Mehrheit auf dem Konzil zu erwarten war, weigerten sich die deutschen Protestanten, Vertreter zu entsenden und sich seinen Beschlüssen zu unterwerfen. Darauf beschloß Karl V., Gewalt anzuwenden. Mit dem Schwert wollte er das Luthertum zur Rückkehr in die alte Kirche, die Fürsten des Schmalkaldischen Bundes zum Gehorsam gegen die kaiserliche Majestät zwingen. Als er gegen die Häupter des Bundes, den Kurfürsten von Sachsen-Wittenberg und den Landgrafen Philipp von Hessen, die Acht verhängte, war der Krieg unvermeidlich. Luther erlebte seinen Beginn nicht mehr; er starb 1546 in Eisleben.

1546/47 **Der Schmalkaldische Krieg 1546/47.** Entgegen seinen Wahlversprechungen ließ der Kaiser spanische Truppen nach Deutschland kommen. Er verbündete sich nicht nur mit katholischen Fürsten, sondern zog auch den ehrgeizigen evangelischen Herzog Moritz von Sachsen-Meißen auf seine Seite, indem er ihm die Kurwürde und kursächsisches Gebiet versprach. Die schmalkaldischen Truppen, die in Süddeutschland standen, waren zunächst überlegen an Stärke, blieben aber ohne entschlossene Führung. Als Herzog Moritz in kursächsisches Gebiet einfiel, zogen sie heim. Der Kurfürst von Sachsen wurde bei Mühlberg an der Elbe 1547 durch kaiserliche Truppen unter Herzog Alba besiegt und geriet in Gefangenschaft. Der Kaiser ließ ihn wegen Rebellion zum Tode verurteilen und begnadigte ihn dann zu „ewiger Haft". Auch Philipp von Hessen verlor seine Freiheit.

Das Augsburger Interim. Die Streitmacht des Schmalkaldischen Bundes besiegt, seine Führer in kaiserlicher Haft: welch günstige Gelegenheit, die Selbstherrlichkeit der Fürsten zu beseitigen und die kirchliche Einheit des Reiches wiederherzustellen! Inmitten seiner fremdländischen Truppen erschien Karl V. auf dem „geharnischten Reichstag“ zu Augsburg (1548) und ordnete eine Zwischenregelung, das „Augsburger Interim“, an: Bis zur endgültigen Entscheidung durch das Konzil sollten die Protestanten nach päpstlicher Einzelerlaubnis Laienkelch und Priesterehe behalten dürfen, im übrigen zu katholischer Lehre und Gottesdienst zurückkehren.

Damit freilich waren beide Parteien unzufrieden, die Katholiken, weil das Interim dem Konzil vorgreife, die Evangelischen, weil es ihren Glauben bedrohe. Schon fehlte es auch an katholischen Priestern zur Feier des Meßopfers. Hunderte von evangelischen Predigern wanderten aus den kaiserlich besetzten oberdeutschen Gebieten aus und suchten in dem starkbefestigten Magdeburg Zuflucht. Von hier, aus „unseres Herrgotts Kanzlei“, fochten sie mit Büchern und Flugschriften für ihre Sache.

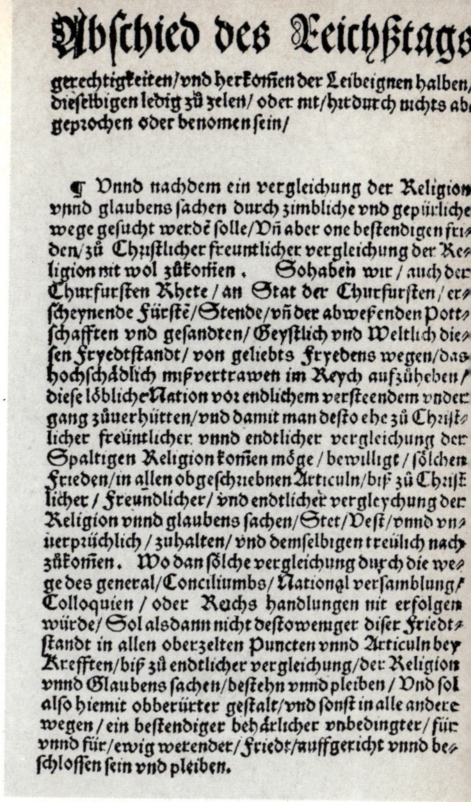
Abschied des Reichßtags

gerechtigkeiten/vnd herkom̃en der Leibeignen halben/ dieselbigen ledig zů zelen/ oder mit/hirdurch nichts abgeprochen oder benomen sein/

¶ Vnnd nachdem ein vergleichung der Religion vnnd glaubens sachen durch zimbliche vnd gepürliche wege gesucht werdē solle/Vñ aber one bestendigen friden/zů Christlicher freuntlicher vergleichung der Religion nit wol zůkom̃en. Sohaben wir/ auch der Churfursten Rhete/an Stat der Churfursten/erscheynende Fürstē/Stende/vñ der abwesenden Pottschafften vnd gesandten/Geystlich vnd Weltlich diesen Fryedtstandt/ von geliebts Fryedens wegen/das hochschädlich mißvertrawen im Reych aufzůheben/ diese löbliche Nation vor endlichem versteendem vndergang zůuerhütten/vnd damit man desto ehe zů Christlicher freüntlicher vnnd endtlicher vergleichung der Spaltigen Religion kom̃en möge/ bewilligt/ sölchen Frieden/in allen obgeschriebnen Articuln/biß zů Christlicher/Freundlicher/vnd endtlicher vergleychung der Religion vnnd glaubens sachen/Stet/Vest/vnnd vnuerprüchlich/zuhalten/vnd demselbigen treülich nachzůkom̃en. Wo dan sölche vergleichung durch die wege des general/Conciliumbs/Nationgl versamblung/Colloquien/oder Reichs handlungen nit erfolgen würde/ Sol alsdann nicht destoweniger diser Friedtstandt in allen oberzelten Puncten vnnd Articuln bey Krefften/biß zů endtlicher vergleichung/der Religion vnnd Glaubens sachen/bestehn vnnd pleiben/ Vnd sol also hiemit obberürter gestalt/vnd sonst in alle andere wegen/ein bestendiger beharlicher vnbedingter/für vnnd für/ewig werender/Friedt/auffgericht vnnd beschlossen sein vnd pleiben.

Eine Seite des Reichstagsabschieds von 1555 mit der Nachricht vom Religionsfrieden

Der Fürstenaufstand. Der Kampf gegen das Interim wurde bald zum Kampf gegen den Kaiser. Den meisten deutschen Fürsten, auch den katholischen, war Karl V. zu stark geworden. Das Schicksal ihrer gefangenen Standesgenossen machte sie um ihre „teutsche Libertät“ (Adelsfreiheit) besorgt. Moritz von Sachsen-Meißen fand seinen Landgewinn zu klein, wechselte enttäuscht abermals die Partei und verschwor sich mit anderen Fürsten gegen den Kaiser. Auch verhandelte er insgeheim um Unterstützung mit dem König von Frankreich. Gegen Hilfsgelder wurden dem französischen Herrscher die Städte Metz, Toul und Verdun, die französisch sprachen, aber zum Reiche gehörten, ausgeliefert.

Als die Truppen der aufständischen Fürsten im März 1552 nach Tirol vorstießen, wurde der Kaiser völlig überrascht. Er entkam mit knapper Not von Innsbruck nach Italien und überließ es seinem Bruder Ferdinand, den Frieden wiederherzustellen. Ferdinand schloß mit den Fürsten den Passauer Vertrag (1552). Darin wurde das Augsburger Interim aufgehoben und der Ausgleich der religiösen Streitigkeiten dem nächsten Reichstag übertragen.

Die Abdankung des Kaisers. Vergeblich versuchte Karl V., Metz, das Tor zum Reich, zurückzuerobern. Dann entsagte er der Herrschaft. Sein Lebenswerk, die religiöse Einigung der abendländischen Welt, war gescheitert, Karl selbst krank und erschöpft. Seinen gewaltigen Besitz teilte er. Seinem Sohn Philipp (II.) überließ er Spanien, Neapel, Sizilien, Sardinien, Mailand, die Freigrafschaft Burgund, die Niederlande und die Länder in Übersee. Die österreichischen Stammlande, Böhmen und die Kaiserwürde erhielt Karls Bruder Ferdinand (I.). So war das Haus Habsburg fortan in eine spanische und eine deutsche Linie gespalten. Karl selbst zog sich in ein kleines Schloß bei dem spanischen Kloster San Yuste zurück, wo er 1558 starb.

1555 **Der Augsburger Religionsfrieden.** Inzwischen war der in Passau vereinbarte Reichstag in Augsburg zusammengetreten und hatte unter dem Vorsitz Ferdinands beschlossen:

1. Die lutherisch-augsburgische Konfession ist gleichberechtigt mit der römisch-katholischen. Die anderen Bekenntnisse sind von diesem Übereinkommen ausgeschlossen.
2. Die Wahl des Bekenntnisses steht nur den Reichsständen frei. Den Untertanen bestimmt der Landesherr die Konfession: „Wessen das Land, dessen der Glaube" (cuius regio, eius religio). Stimmen die Regierten mit dem Bekenntnis ihrer Obrigkeit nicht überein, so bleibt ihnen nur das Recht, Hab und Gut zu verkaufen und auszuwandern. In Reichsstädten sollen beide Konfessionen einander dulden.
3. Die eingezogenen Kirchengüter verbleiben den lutherischen Ständen.
4. Geistliche Fürsten, die zum Luthertum übertreten, verlieren Amt und Besitz („geistlicher Vorbehalt", von den Protestanten nicht anerkannt). Den Untertanen geistlicher Fürsten, die sich bereits zur Augsburger Konfession bekennen, soll ihr Glaubensstand erhalten bleiben (Declaratio Ferdinandea, von den Katholiken nicht gebilligt).

Der Augsburger Religionsfrieden (1555) bedeutete den Verzicht auf ein einheitliches Bekenntnis, die Verhärtung der konfessionellen Spaltung in Deutschland. Er bot dem Konfessionsstreit weiterhin reiche Nahrung: Die Protestanten hielten oft den geistlichen Vorbehalt nicht ein; die Katholiken waren unzufrieden, weil mancher Bischof fast nur noch über Protestanten herrschte. So war der „Friede" nur ein Waffenstillstand; der Endkampf stand noch bevor.

Wir fassen zusammen:

Da Kaiser Karl V. in Kämpfe mit Türken und Franzosen verwickelt war (Schlacht bei Pavia 1525), konnte sich das Luthertum ungehindert in Deutschland ausbreiten. Eine feste Ordnung erhielt es in den evangelischen Landeskirchen; dem neuen Glauben gab Philipp Melanchthon in der Augsburger Konfession von 1530 klaren Ausdruck.

1534 trennte Heinrich VIII. die englische Kirche von Rom. In Genf führte Johann Calvin seit 1541 die Reformation durch. Auch Schweden und Dänemark wurden evangelisch.

Im Schmalkaldischen Krieg (1546/47) warf Karl V. die deutschen Protestanten nieder. Doch brachte ihn ein Fürstenaufstand um die Früchte des Sieges. Im Augsburger Religionsfrieden von 1555 wurde das Luthertum als gleichberechtigte Konfession anerkannt.

Die Zeit der Glaubenskämpfe

I. Die Reform der katholischen Kirche

Die Reformation hatte der katholischen Kirche schwere Verluste zugefügt. In Deutschland bekannten sich zeitweilig 4/5 der Bevölkerung zum neuen Glauben. In der Schweiz war (durch Zwingli und Calvin) eine reformatorische Bewegung von weltweiter Ausstrahlung entstanden. In Dänemark und Norwegen zwang die Krone der widerstrebenden Bevölkerung die neue Lehre auf, selbst das entlegene Island mußte das Luthertum annehmen. In Schweden begünstigte der junge König Gustav Wasa, der Befreier seines Volkes von der dänischen Herrschaft, die Reformation. England hatte sich entschlossen und vollständig von Rom und dem Papsttum losgesagt. Selbst in den romanischen Nationen bildeten sich Gemeinden von Luthers Anhängern, und auch Bischöfe und Kardinäle neigten seinen Lehren zu.

Zwar kam der weltliche Arm der wankenden Kirche zu Hilfe. Aber Gewalt allein hätte den völligen Sieg der religiösen Umwälzung nicht aufgehalten, wenn sich nicht in der alten Kirche eine innere Erneuerung vollzogen hätte. Ansätze dazu hatten sich schon vor Luthers Auftreten gezeigt. Ihren stärksten Ausdruck fand die Erneuerungsbewegung in den neuen Mönchsorden. Der bedeutendste unter ihnen war der Jesuitenorden, den Ignatius von Loyola begründete.

1. Der Jesuitenorden

Ignatius von Loyola. Ignatius, ein baskischer Edelmann, war zum Offizier bestimmt und erzogen worden. Eifrige Lektüre von Ritterromanen hatte in ihm den Wunsch erweckt, mit Waffen und Pferden zu glänzen und durch Liebesabenteuer und Kriegstaten Ruhm zu erwerben. Eine schwere Verwundung führte in ihm eine gänzliche Sinneswandlung herbei. Aus dem Hauptmann Karls V. machte sie den Stifter eines kämpferischen religiösen Ordens.

Als nach der Einnahme einer spanischen Stadt die Franzosen die halb zerschossene Zitadelle stürmten, stand Ignatius heldenkühn in der Bresche, bis ihm eine Kugel das rechte Bein zerschmetterte. Auf langem, qualvollem Krankenlager las er die Geschichte Jesu und Lebensbeschreibungen der großen Heiligen. Ihre Martyrien und wunderbaren Taten schienen dem schmerzdurchwühlten Manne ruhmvoller und nachahmenswerter als die der Helden und fahrenden Ritter. Er entschied sich, geistlicher Soldat Christi, der Gottesmutter und des heiligen Petrus zu werden.

Die Gründung der Gesellschaft Jesu. Nach seiner Genesung machte Ignatius eine Pilgerfahrt zum wundertätigen Bild der Madonna auf der steilen Höhe des Montserrat bei Barcelona. In der Kapelle hängte er seine Waffen auf und hielt dann vor dem Gnadenbild der Gottesmutter die Waffenwacht, ganz wie ein Knappe am Vorabend des Ritterschlages. Am folgenden Morgen verschenkte er sein Reittier und seine kostbaren Gewänder und kleidete sich als bettelnder Pilger.

Links: Ignatius von Loyola. Kupferstich nach einem zeitgenössischen Gemälde.

Rechts: Japanische Tuschmalerei auf einer Bildrolle vom Ende des 12. Jh. Das von dem Mönch Keion gemalte Bild stellt die Entführung eines Kaisers durch Bewaffnete eines aufständischen Hofbeamten im Jahre 1159 dar.

Nach einer Wallfahrt ins Heilige Land studierte Ignatius, zuletzt in Paris, Philosophie und Theologie. Als Vierzigjähriger saß er unter Kindern und Jünglingen, um sich die Grundlagen des Wissens zu erwerben. Zugleich sammelte er einen kleinen Kreis von Anhängern um sich. Im Kirchlein auf dem Montmartre verbanden sie sich (1534) durch feierliche Gelübde zum Kampfe für den Glauben. 1540 erhielt die von
1540 Ignatius gegründete „Gesellschaft Jesu" (Societas Jesu – S. J.) vom Papst die Bestätigung.

Ziele und Organisation des Ordens. Ignatius hatte erkannt, daß es gelte, die Kräfte der katholischen Kirche zu stärken und zu sammeln. Er wollte die ihr entfremdeten Massen wieder an kirchliche Sitte und Ordnung gewöhnen, ketzerische Meinungen bekämpfen und vor allem die Jugend gewinnen. Das war nur möglich, wenn die Jesuiten nicht hinter Klostermauern lebten. Darum trugen sie keine Mönchskutte, sondern waren wie Weltgeistliche gekleidet.

Die Ziele des Ordens verlangten außerdem straffste Disziplin. Ignatius gab ihm daher einen streng militärischen Aufbau. Die Leitung hat ein auf Lebenszeit gewählter General mit dem Sitz in Rom. Die Niederlassungen (Collegien) sind in Provinzen mit einem Provinzial an der Spitze zusammengefaßt. Die Ordensleute werden sorgfältig ausgewählt, durch Studien eingehend auf ihre Tätigkeit vorbereitet und durch geistliche Übungen (Exerzitien) zu Glaubensstärke und Selbstzucht erzogen. Sie legen nicht nur die üblichen drei Gelübde ab, sondern verpflichten sich durch ein viertes zu unbedingtem Gehorsam gegenüber dem Papst.

Gelübde 1) Keuschheit 2) Armut 3) Gehorsam

Ausbreitung und Tätigkeit der Jesuiten. Nach seiner Bestätigung durch den Papst breitete sich der Orden rasch aus und war bald in ganz Europa bekannt. Als Ignatius starb (1556), zählte die Gesellschaft Jesu etwa 1000 Mitglieder in 100 Häusern und 13 Provinzen, 1624 über 16 000.

Eifrig waren die Jesuiten um die Wiedergewinnung Zweifelnder und Abtrünniger bemüht. Durch schlicht volkstümliche Predigten, die mit vieler „Glut des Geistes und der Augen" vorgetragen wurden, durch Glaubenslehre und seelsorgerliche Unterweisung wirkten sie der religiösen Unwissenheit und Gleichgültigkeit der Massen entgegen. Der Niederländer Petrus Canisius schrieb als erster einen Katechismus für das katholische Volk.

Besonderen Wert legte der Jesuitenorden auf die Heranbildung eines erneuerten Priesternachwuchses. Für die Ausbildung deutscher Geistlicher wurde 1552 in Rom das Collegium Germanicum gegründet. An fast allen europäischen Universitäten konnten die Jesuiten Lehrstühle besetzen; sie brachten verfallene Lehrstätten wieder zur Blüte und gründeten neue Schulen, besonders für Söhne von Adligen und Fürsten, aber auch für Begabte niederer Herkunft. Als Prinzenerzieher und Beichtväter der Fürsten fanden sie den Weg an die Höfe und gewannen Einfluß auf Verwaltung und Politik.

Heidenmission. Getreu ihrem Wappenspruch „Omne genu flectatur in nomine Jesu" (Jedes Knie beuge sich in Jesu Namen) suchten die Jesuiten den katholischen Glauben auch unter den heidnischen Völkern auszubreiten. In Mittel- und Südamerika erwarben sie sich große Verdienste als verständnisvolle Erzieher der primitiven Indianerstämme zu seßhafter und christlicher Lebensführung. 1542 begann der Orden sein Bekehrungswerk im portugiesischen Asien. Die Jesuiten lernten die asiatischen Sprachen und studierten die Religionen des Ostens, um wirksamer predigen und diskutieren zu können. Der Spanier Franz Xavier drang bis Japan vor.

Das japanische Mittelalter. In „Nippon", dem Land der aufgehenden Sonne, hatte sich neben dem einheimischen Shintoismus, etwa gleichzeitig mit der christlichen Mission im Frankenreich, der Buddhismus ausgebreitet (vgl. S. 174). Zur Zeit des 3. Kreuzzuges war dann aus dem japanischen Beamtenstaat ein Lehnsstaat geworden. Die führende Gesellschaftsschicht war der Ritteradel der „Bushi“ oder „Samurai“. In den einzelnen Territorien herrschten große Grundherren, die „Daimyos“. Oberster Lehnsherr war der „Shogun“, eine Art erblicher Hausmeier. Der von einem Hofstaat umgebene „Tenno“ (Kaiser) galt als geistliches Oberhaupt des Reiches, besaß aber keine wirkliche Macht.

Als Inselvolk trieben die Japaner Seehandel mit China und Korea und Seeraub. Vor zwei Mongoleneinfällen bewahrten das Inselreich sein tapferer Kriegeradel und ein rechtzeitig losbrechender Drehsturm, der „Kamikaze“ („Götterwind“). 1543 erreichten schiffbrüchige Portugiesen die japanische Küste und brachten die Kenntnis der Feuerwaffen mit.

Kulturell hatte Japan dem asiatischen Festland, vor allem China, viel zu danken. Im 14. und 15. Jahrhundert entstand dann eine eigene japanische Kultur mit besonderer Pflege der Tuschmalerei, des Blumenanordnens, des dreizeiligen 17silbigen Kurzgedichts (Haiku) und des Baus von Kleingärten. Sie gipfelte in der Teezeremonie. Ihren Sinn hat ein alter „Teemeister“ so ausgedrückt:

„Der Geschmack sei bitter, aber im Bittren süß / Die Geräte seien einfach, aber trotz der Einfachheit schön / Der Raum sei bescheiden, aber ruhig / Der Garten sei klein, aber gepflegt / Der Verkehr unter den Freunden sei innig, aber doch höflich / Häufig komme man zusammen, aber der Aufwand sei gering / Man genieße, aber man vermeide den Luxus / Nur um diese Dinge handelt es sich, und wer ihnen widerspricht, hat nichts mit mir zu tun.“

Die Abschließung Japans. Zunächst war die Jesuitenmission in Japan erfolgreich. Durch die Bereitschaft zum Märtyrertod, durch Barmherzigkeit und medizinisches Können, durch eine den Fortschritt fördernde Tätigkeit hatten sich die Missionare großes Ansehen verschafft, und dank der Unterstützung einiger Daimyos konnten sie viele Küstenbewohner bekehren. Aber die Shogunatsregierung fürchtete, daß Christen und Europäer ihre Herrschaft und die Selbständigkeit Japans bedrohen könnten. Deshalb verbot sie den christlichen Glauben und brach auch die Handelsbeziehungen zu den katholischen Ländern ab. Die christlichen Kirchen wurden zerstört, die Missionare festgenommen, die Gläubigen verfolgt. Nur der Handel mit China und dem protestantischen Holland blieb zugelassen. Zum einzigen Außenhandelshafen wurde Nagasaki bestimmt. Das Inselreich schloß sich gegen die Außenwelt ab. So konnte in Japan das „Mittelalter“ bis ins 19. Jahrhundert dauern.

2. Das Konzil von Trient

1545 bis 1563

Das große Reformkonzil, um dessen Zustandekommen sich Karl V. so sehr bemüht hatte (vgl. S. 206), war endlich am Vorabend des Schmalkaldischen Krieges in Trient zusammengetreten. Dort tagte es mit zwei langen Unterbrechungen von 1545 bis 1563. Zwar gelang es ihm nicht, den Zwiespalt der Konfessionen zu überbrücken und die Einheit des Glaubens wiederherzustellen; insofern wurden die Erwartungen der Reformfreunde, besonders Karls V. und seines Nachfolgers, enttäuscht. Doch hatten die Beschlüsse des Konzils große Bedeutung für die Verfassung und das religiöse Leben der römischen Kirche bis zur Gegenwart.

Unter dem Eindruck des weitverbreiteten Abfalls von Rom schlossen sich die treu gebliebenen Glieder der katholischen Kirche noch enger dem Papst an. Seine Stellung in der Kirche erfuhr, nicht zuletzt durch den Einfluß der Jesuiten, eine gewaltige Stärkung. Die katholische Glaubenslehre wurde scharf gegen die reformatorische abgegrenzt und im sogenannten „Tridentinum“ klar und verbindlich zusammengefaßt. Irrlehren sollten fortan durch ein „Verzeichnis (Index) verbotener Bücher“ von den Gläubigen ferngehalten werden. Gegen die eingerissenen Mißstände erließ das Konzil Reformdekrete: Die Häufung kirchlicher Ämter wurde untersagt, der Handel mit ihnen unterbunden, der Geldablaß völlig abgeschafft. Die Auf-

Sitzung des Konzils von Trient. Zeitgenössischer Stich aus dem „Speculum Romanae Magnificentiae".

sichtsgewalt der Bischöfe in ihren Sprengeln wurde verstärkt. Zur besseren Vorbildung der Geistlichen sollten Priesterseminare eingerichtet werden.

Das Konzil von Trient beseitigte manche Schäden. Es gab der römisch-katholischen Kirche nicht nur die innere und äußere Geschlossenheit zurück, die sie eingebüßt hatte. Es befähigte sie auch, an die Reformation verlorene Gebiete wiederzugewinnen („Gegenreformation"). Einen treuen Helfer fand sie in dem neuen spanischen König.

Wir fassen zusammen:

Nach den schweren Verlusten der Reformationszeit vollzog sich in der katholischen Kirche eine innere Erneuerung. Der von Ignatius von Loyola gegründete Jesuitenorden wirkte in Europa, Südamerika und Asien durch Unterricht, Seelsorge und Heidenmission. Das Konzil von Trient (1545–1563) stellte die katholische Glaubenslehre verbindlich fest, stärkte die Gewalt des Papstes und begann mit der Beseitigung der Mißstände in der Kirche.

II. Glaubenskämpfe in Westeuropa

1. Philipp II. von Spanien

Die Persönlichkeit Philipps. Seiner äußeren Erscheinung nach mehr Nordländer als Romane, war Philipp II. (1556–1598) in spanischer Umgebung aufgewachsen und erzogen. Sein Auftreten zeigte die steife Würde und kühle Beherrschtheit, die dem spa-

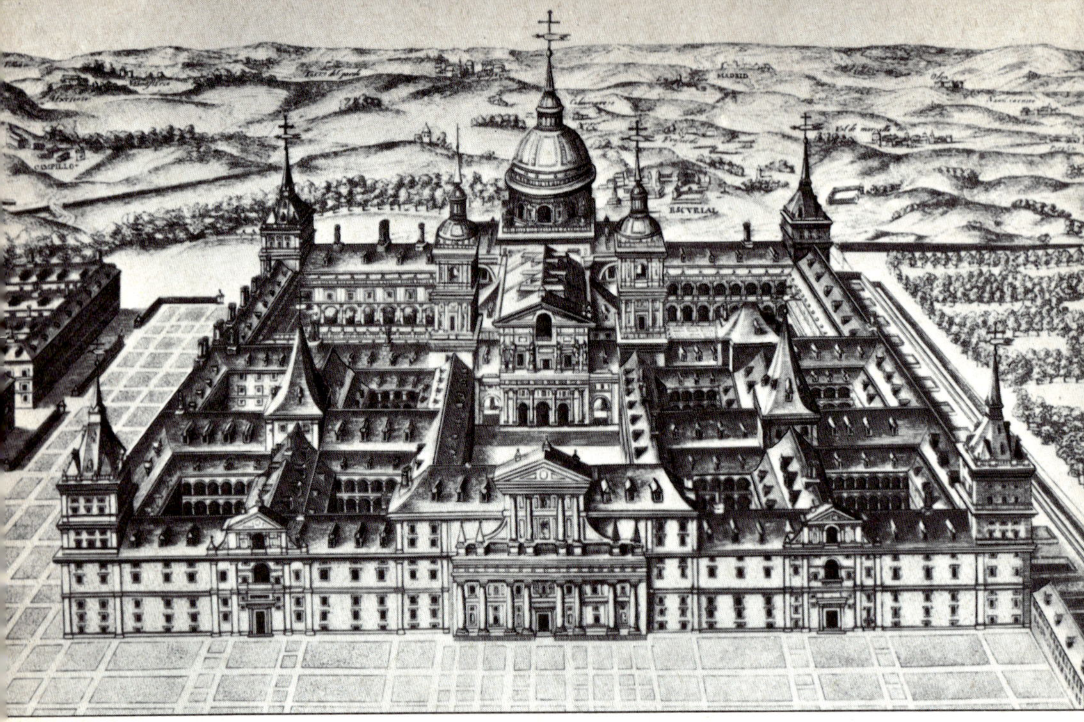

Der Escorial bei Madrid. Stich aus einem Städtebuch von 1572

nischen Hochadel eigen war. Philipp war kein Herrscher auf Reisen wie sein Vater Karl V. Nur selten zeigte er sich seinen Dienern und Untertanen. In seinen letzten Lebensjahren verließ er oft monatelang nicht seine Gemächer. Am liebsten lebte er zurückgezogen im Escorial.

Nordwestlich von Madrid, das Philipp II. anstelle von Toledo zum Regierungssitz gewählt hatte, ließ er einen gewaltigen Bau errichten, der teils als Palast, teils als Kloster und Grablege gedacht war. Den Kern der weitläufigen Anlage bildet eine dem hl. Laurentius geweihte Kirche. In das Gewölbe unter ihrem Hochaltar ließ Philipp II. nach dem Wunsche seines Vaters alle Toten der spanisch-habsburgischen Familie überführen. Er selbst beanspruchte in dem Riesenbau nur drei klösterlich bescheidene Räume für Gebet, Arbeit und Ruhe. Die kahle Schlafzelle des Königs lag unmittelbar neben dem Chor der Kirche, so daß Philipp von seinem Lager aus auf den Hochaltar blicken konnte.

Philipp als Herrscher. Philipp war langsam von Entschluß, ängstlich auf Wahrung seiner Autorität bedacht, mißtrauisch gegen seine Ratgeber. Daher erledigte er die Regierungsgeschäfte am liebsten schriftlich. Während Spaniens Armeen unter ausgezeichneten Feldherren in vielen Ländern kämpften und seine starken Flotten die Meere befuhren, saß der König Tag und Nacht vor Bergen von Depeschen und Berichten,

Rechts oben: Die Seeschlacht von Lepanto (vgl. S. 216). Ausschnitt aus einem Fresko von Andrea Vicentino im Palazzo Ducale in Venedig. — Unten: Jäger im Schnee. Gemälde von Pieter Brueghel (1565). In der Zeit des niederländischen Aufstandes (vgl. S. 217) malte Brueghel in Brüssel diese Winterlandschaft. Die ganze Liebe des Malers galt dem niederländischen Bauerntum, das er bei seiner mühevollen Arbeit und den ausgelassenen Festen beobachtete. Vermutlich stellt das Gemälde den Monat Januar dar. Jäger kehren müde heim, Bauern brennen am offenen Feuer Korn, auf dem gefegten Eis erkennt man Schlittschuhläufer.

die ihm alle vorgelegt werden mußten, und arbeitete sie mit dem Fleiß eines Kanzleibeamten gewissenhaft durch. Vom Schreibtisch aus führte er Kriege und Verhandlungen, verwaltete er die riesigen Besitzungen, die er geerbt hatte.

Philipp war ehrlich bemüht, ein streng gerechter und treuer Völkerhirte zu sein. Aber gegen persönliche und Glaubensfeinde verfuhr er mit grausamer Härte. Höher als weltliche Ziele stand ihm nach altspanischer Überlieferung die Verteidigung des katholischen Glaubens und der Kirche gegen äußere und innere Gegner.

Kampf gegen Ungläubige und Ketzer. Wie sein Vater Karl V. führte Philipp II. Krieg gegen die Türken. 1571 besiegte sein Halbbruder Juan d'Austria die türkische Flotte bei Lepanto. Dieser Sieg brachte nicht nur Spanien die Vorherrschaft im Mittelmeer ein, er diente auch dem Schutze der gesamten westlichen Christenheit. Hingegen galt die übrige Außenpolitik Philipps II., vor allem sein Kampf gegen den „Lutheranismus" in Frankreich, England und den Niederlanden, fast ausschließlich der Stärkung einer spanisch geführten katholischen Völkerfamilie.

In der spanischen Innenpolitik verfuhr der König unglücklich. Protestanten, getaufte Juden (Marranen) und Mauren (Moriskos) ließ er durch die Inquisition verfolgen. Diese gefürchtete Behörde, die Philipp auch gegen politische Gegner einsetzte, stärkte wohl die innere Einheit der spanischen Monarchie, vernichtete aber Bevölkerungsteile, die durch ihre Arbeitsamkeit für die spanische Wirtschaft von großem Wert waren.

2. Der Aufstand der Niederlande

Die Niederlande unter Philipp II. Der wertvollste Besitz der spanischen Krone waren die Niederlande. Mit ihren 200 ummauerten Städten, ihren Tuchwebereien

Links außen: Wilhelm von Oranien. Gemälde von Anthonis Mor, um 1555. – Innen: Philipp II. von Spanien. Gemälde von Tizian (vgl. S. 199 und 200).

Rechts: Der Freiheitskampf der Niederlande

und den großen Umschlaghäfen Antwerpen und Amsterdam stellten sie in jener Zeit das blühendste Städtegebiet Europas und eines der reichsten Länder der bekannten Erde dar. Hier lebten mächtige, auf ihre alten Rechte und Freiheiten stolze Stadtbürgerschaften und selbstbewußte Adelsgeschlechter, welche die Statthalterposten in den 17 Provinzen besetzten und bei der Erhebung der Steuern mitbeschlossen. In den nördlichen Provinzen hatte zunächst das Luthertum, später auch der streitbare Calvinismus Fuß gefaßt.

Für Philipp II. waren die Niederlande ein ungeliebtes Nebenland. Er ließ es durch eine Generalstatthalterin mit spanischen Beratern verwalten, suchte den Niederländern erhöhte Steuerlasten aufzubürden und ihnen das Recht der Mitverwaltung zu schmälern. Um den Calvinismus zu bekämpfen und die Beschlüsse des Konzils von Trient durchzuführen, vermehrte Philipp II. die Bischofsstellen und setzte Inquisitionsgerichte ein.

Adelsbund und Bildersturm. Zugunsten der alten Freiheiten und der Glaubensverfolgten verband sich ein Teil der niederländischen Adligen mit Protestanten und milder gesinnten Katholiken. In feierlichem Aufzug überreichten sie der Generalstatthalterin in Brüssel eine Bittschrift (Petition), in der sie die Abschaffung der Inquisition, die Milderung der Ketzeredikte und die Einberufung eines gemeinsamen Landtages, der „Generalstaaten", verlangten. Als die Bittsteller erschienen, soll ein Höfling bemerkt haben: „Das ist nur ein Haufe Bettler (gueux)". Dieses Spottwort nahmen die Anhänger der Freiheitsbewegung als Ehrennamen an. Zunächst betonten die „G e u s e n" ihre Treue zum König, später wurde das Wort die Sammelbezeichnung für alle niederländischen Feinde Spaniens.

Der Bittschrift folgte ein wilder Bildersturm. In sechs entsetzlichen Wochen wurden zahllose Kirchen von bewaffnetem Pöbel geschändet, ihrer Kunstschätze beraubt und verwüstet. Das Land trieb der offenen Revolution entgegen.

Eine Sitzung des von Alba 1567 eingesetzten „Blutrates". Anonymer Stich

Albas Blutherrschaft. Nun schickte Philipp II. an der Spitze einer starken spanischen Elitetruppe den Herzog Alba ins Land. Alba befürwortete eine Politik der härtesten Glaubensverfolgung und der rücksichtslosen Durchsetzung der königlichen Gewalt. Er hatte von Philipp II. fast unbegrenzte Vollmachten und errichtete eine furchtbare Schreckensherrschaft. Der „Rat der Unruhen", den er einsetzte, vom Volk „Blutrat" genannt, verurteilte Tausende zum Tod durch Schwert, Strick und Brand. Unter ihnen waren auch die altkirchlichen Statthalter Graf Egmont und Graf Horn.

Wilhelm von Oranien und die Geusen. Eine andere führende Persönlichkeit des Widerstandes, Wilhelm von Oranien, hatte sich rechtzeitig nach Deutschland in Sicherheit gebracht. Von hier aus fiel er wiederholt mit geworbener Mannschaft ins Land und organisierte den Kampf gegen die Fremdherrschaft. Kernlande des Widerstandes wurden die Provinzen Holland und Seeland. Die Natur dieser Landschaften mit ihren vielen, den Einheimischen wohlbekannten Hindernissen und Schlupfwinkeln ermöglichte es einer kleinen Zahl mutiger Männer, der stärksten Militärmacht Europas erfolgreich zu widerstehen.

Es gab in dem jahrzehntelangen Ringen keine großen Feldschlachten, sondern nur kleinere Gefechte, Belagerungen von Städten, nächtliche Anschläge, Überfälle auf schmalen Dammwegen. Aus Waldverstecken brachen die „Buschgeusen" hervor. Die „Wassergeusen" hielten sich in den Wasserläufen des Wattenmeeres und der Strommündungen versteckt und kaperten oder versenkten die spanischen Schiffe, die Nachschub brachten. Auf unmenschliche Grausamkeiten der Spanier antworteten die Niederländer mit der Tapferkeit der Verzweiflung. Mehr als einmal durchstachen sie die Deiche, überschwemmten „um der Freiheit willen", wie eine Gedenkmünze sagte, ihre Felder und Weiden mit dem Salzwasser der Nordsee und ersäuften darin die verhaßten Unterdrücker.

Die Bartholomäusnacht (vgl. S. 220). Gemälde von François Dubois.

Abfall und Spaltung der Niederlande. 1579 schlossen sich die nördlichen Provinzen zur Utrechter Union zusammen. Zwei Jahre später (1581) erklärten sie Philipp II., daß er von ihnen „für einen Tyrannen gehalten" und „nicht mehr als Fürst anerkannt, sondern verlassen" werde.

Aber auch schwere Rückschläge blieben nicht aus. Den Nachfolgern Albas gelang es, die katholisch gebliebenen südlichen Provinzen auf die spanische Seite zu ziehen. 1584 wurde Wilhelm von Oranien, das Herz des Widerstandes, durch einen von Philipp II. gedungenen Mörder umgebracht. Im nächsten Jahr ging Antwerpen nach langer Belagerung an die Spanier verloren. Würden die Niederländer trotz aller Tapferkeit den Kampf aufgeben müssen?

3. Religionskriege in Frankreich

Der französische Protestantismus. Durch deutsche und Schweizer Wanderprediger waren Luthers und Calvins Lehren auch in Frankreich verbreitet worden. Aber hier, wo der Satz galt „un roi, une loi, une foi" (ein König, ein Gesetz, ein Glaube), hatten die Protestanten, anders als in Deutschland, von Anfang an alle geistliche und weltliche Gewalt gegen sich. Trotzdem entstanden, besonders in Süd- und Westfrankreich, evangelische Gemeinden. 1561 waren es bereits über 2000, und die Zahl ihrer Mitglieder wuchs so stark, daß die Privathäuser für die geheimen Gottesdienste nicht mehr ausreichten und sich die Gläubigen in Scheunen, Höhlen und Wäldern, auf freiem Feld oder gar in Kähnen auf Seen versammelten.

Auch strenge Verfolgung durch die Gerichte konnte die Bewegung nicht eindämmen, sondern erhöhte nur den Glaubenstrotz der „Hugenotten", wie die

Protestanten nach einem alten Genfer Parteinamen der Eidgenossen (eygenôts) genannt wurden. Durch Calvin beraten, gaben sie sich, ohne Anlehnung an weltliche Gewalten, in sogenannten Synoden eine feste kirchliche Organisation.

Die Stellung des Hochadels. Den Protestanten schloß sich auch ein Teil des französischen Hochadels an. Ihre Führer entstammten der Familie der Bourbonen, die mit dem Königshause verwandt waren. An die Spitze der katholischen Partei trat das lothringische Herzogsgeschlecht der Guise. Unter seinem Einfluß nahm die Verfolgung der Hugenotten ungesetzliche Formen an. Die Guise und ihre bewaffneten Anhänger riefen den Pöbel zum Kampfe auf. Es kam zu Mißhandlungen auf offener Straße, zu Überfällen, Plünderungen, Morden. Furchtbare Bluttaten, wie die von Vassy-sur-Blaise, wo die zum Gottesdienst in einer Scheune versammelten Hugenotten niedergemacht wurden, lösten den allgemeinen Bürgerkrieg aus.

Konfessionelle Bürgerkriege. Die „Hugenottenkriege" gehören zu den düstersten Kapiteln der französischen Geschichte. Gleich einem endlosen Fieberkrampf verzehrten sie die Kräfte des Landes, machten den französischen Boden zum Kampfplatz fremder Söldnertruppen und brachten eine geistige und sittliche Verwilderung ohnegleichen mit sich. Auf katholischer Seite fochten spanische, päpstliche und savoyische Hilfstruppen, auf hugenottischer die vielgefürchteten deutschen „reîtres" aus der Pfalz und aus Hessen. Der konfessionelle Hader verdunkelte das Bewußtsein der Franzosen, einer Nation anzugehören. In den blutigen Wirren gingen christliche Moral und ritterliches Ehrgefühl verloren. An ihre Stelle traten Verlogenheit, Grausamkeit und hemmungslose Gewalttat.

Das Königtum zwischen den Parteien. Das schwache Königtum war zunächst von den Guise abhängig. Dann gelang es dem Führer der Hugenotten, dem Admiral Coligny, beherrschenden Einfluß auf den jungen König Karl IX. zu gewinnen. Er versuchte, den Herrscher zum Kampf gegen Philipp II. von Spanien fortzureißen. Dem widersetzte sich die Königinmutter, Katharina von Medici, eine Italienerin. Ein Attentat auf Coligny mißlang. Aus Furcht vor der Rache des Admirals und aus Eifersucht auf seinen übermächtigen Einfluß entschloß sich Katharina zu einem Massenmord an den hugenottischen Führern.

Höchste Steigerung des Religionshasses. In der Bartholomäusnacht
1572 (23./24. August 1572) wurde der grausige Plan ausgeführt. Zur Vermählung der Schwester des Königs mit dem protestantischen Heinrich von Navarra weilten zahlreiche Hugenotten in Paris. Als nach Einbruch der Dunkelheit die Glocken läuteten, drangen die fanatisierten Massen in die Häuser der Protestanten ein und ermordeten die Ahnungslosen ohne Rücksicht auf Alter und Geschlecht. Auch Coligny fand den Tod. Heinrich von Navarra konnte sich retten.

Von der französischen Hauptstadt breitete sich der Blutrausch über die Provinzen aus. In ganz Frankreich zählte man 12 000 bis 14 000 Tote. Ein Staatsmann jener Zeit schrieb in seinen Erinnerungen: „Unter dem Deckmantel der Religion atmete man nur Rache, Haß, Mord und Brand."

Das Ende des Hauses Valois. Der französischen Krone brachte die Greueltat keinen Gewinn. Trotz des ungeheuerlichen Blutbades kämpften die Hugenotten unter der Führung Heinrichs von Navarra weiter. Das Königtum aber geriet in hilflose Abhängigkeit von der katholischen Partei. Karl IX. starb, zerrüttet von Gewissensbissen. Sein Nachfolger, Heinrich III., ein schwächlicher, lasterhafter Mensch, wurde durch einen Aufruhr aus Paris vertrieben. Der wahre Herrscher Frankreichs schien der Herzog von Guise zu sein.

Da Heinrich III. nicht hoffen konnte, sich von dem mächtigen Rivalen im offenen Kampfe zu befreien, ließ er ihn im königlichen Schloß durch seine Leibwache niederstechen. Diese tückische und rohe Gewalttat erschütterte die Autorität der Krone vollends und brachte auch die katholische Partei gegen den tyrannischen Monarchen auf. Der vergiftete Dolch eines Fanatikers machte seinem Leben ein Ende.

Mit Heinrich III. starb das Königshaus der Valois aus. Wer würde Thronfolger werden – Heinrich von Navarra, der Führer der Hugenotten, oder Philipp II. von Spanien? Beide waren mit dem Ermordeten verwandt. Philipp hatte 1580 durch Erbschaft die Krone von Portugal erworben. In seinem rund um die Erde reichenden Kolonialbesitz „ging die Sonne nicht unter". Würde Philipp nun auch Frankreich von sich abhängig machen und damit ganz Westeuropa unter seine Herrschaft bringen? Die Entscheidung fiel im Kampf um das Inselreich England.

4. England unter Elisabeth I.

Festigung der Reformation. In England war die von Heinrich VIII. begonnene Reformation ins Stocken geraten, als seine Tochter Maria die Katholische versuchte, die altkirchlichen Verhältnisse wiederherzustellen. Sie war die zweite Gemahlin Philipps II. und machte die englische Politik von der spanischen abhängig. Unter ihrer Regierung verloren die Engländer ihren letzten festländischen Besitz aus dem Hundertjährigen Krieg, Calais, an die Franzosen.

Nur kurze Zeit regierte Maria. Dann bestieg eine andere Tochter Heinrichs VIII., die „jungfräuliche Königin" Elisabeth I., im Alter von 25 Jahren den englischen Thron. Sie war persönlich an religiösen Fragen nicht interessiert, stellte aber aus Gründen des Staatswohles die anglikanische Kirche wieder her und gab ihr die Form, die sie bis heute behalten hat.

Der königliche Supremat (Oberherrschaft) über die Kirche wurde in gemilderter Form wieder aufgerichtet. Jeder Inhaber eines staatlichen oder kirchlichen Amtes mußte ihn durch einen Eid anerkennen. Die höchsten Geistlichen des Landes waren die Erzbischöfe von Canterbury und York. In der Form des Gottesdienstes übernahm man einiges, z. B. den farbigen Priesterornat, von der alten Kirche. Aber die Lehre war protestantisch, und zwar vorwiegend calvinisch. Der Liturgie lag das Common Book of Prayers zugrunde.

Wachsender Gegensatz zu Spanien. England hatte damals nur 3½ Millionen Einwohner. Es besaß ein geringes Staatseinkommen, eine junge, zunächst unfertige Flotte und ein höchst mangelhaftes Heer und stellte damit nur eine drittrangige Macht dar. Trotzdem wurde es in die festländischen Kämpfe mehr und mehr hineingezogen. Französische und holländische Protestanten flüchteten nach England und fanden dort gastliche Aufnahme. Englische Seeleute

Königin Elisabeth I.

Englische Brander (mit explosiven Stoffen geladene Feuerschiffe) treffen im Kanal auf die spanische Armada. Zeitgenössischer Stich.

und Soldaten unterstützten als Freiwillige die Geusen in ihrem Kampf gegen die Spanier. Englische Freibeuter wie Francis Drake, der Weltumsegler, John Hawkins und Frobisher kaperten, mit königlichen Freibriefen versehen, spanische Silberschiffe, die aus Amerika heimkehrten, und überfielen spanische Häfen in den Kolonien und im Mutterland. Lange gelang es Elisabeth, den spanischen König zu beschwichtigen. Schließlich aber führte ihr Vorgehen gegen die schottische Königin Maria Stuart den Konflikt herbei.

Der Tod Maria Stuarts. In Schottland hatten sich die Calvinisten gegen ihre katholische Königin, die schöne, aber haltlos leidenschaftliche Maria Stuart, erhoben und sie aus dem Land vertrieben. Maria suchte Asyl in England. Von den englischen Katholiken wurde sie als rechtmäßige Herrscherin auch Englands angesehen, da sie mit den Tudors verwandt war und Elisabeth aus einer kirchlich nicht anerkannten Ehe Heinrichs VIII. stammte. Elisabeth nahm daher die gefährliche Rivalin in Haft. Immer wieder zettelten Marias Anhänger, vom Ausland angetrieben und unterstützt, Verschwörungen an, die Elisabeths Leben und Herrschaft bedrohten. Nach neunzehnjähriger Haft ließ Elisabeth die Nebenbuhlerin vor Gericht stellen und wegen Mitwisserschaft zum Tode verurteilen. Trotz spanischen Einspruchs wurde das Urteil vollstreckt (1587). Als das Haupt der „gekrönten Märtyrerin des Katholizismus" unter dem Henkersbeil fiel, begann Spanien den offenen Kampf.

Walter Raleigh, der Gründer der Kolonie Virginia, nimmt bei seiner Landung in Amerika einen spanischen Gouverneur gefangen. Stich von Theodor de Bry, Frankfurt 1596.

Der Untergang der Armada. Eine gewaltige „Armada" (Streitmacht) rüstete Philipp II. gegen das Inselreich aus: 130 Schiffe, 2500 Kanonen, 7000 Seeleute, 17 000 Soldaten. Aber auch England hatte in den zahlreichen Unternehmungen gegen die spanische Seefahrt eine ansehnliche Kriegsflotte gewonnen, der es vertrauen durfte. Sie bestand aus leicht gebauten Fahrzeugen mit einer neuartigen Segeltechnik und Kampfesweise (Taktik): Statt das feindliche Schiff zu rammen oder zu entern, wie es seit dem Altertum üblich war (vgl. S. 215), hatten die Engländer gelernt, ihre Gegner aus der Ferne mit Geschützen niederzukämpfen, deren Wirkung durch eine sehr bewegliche Steuerkunst erhöht wurde.

Schon die Zeitgenossen empfanden, daß es beim Zusammenprall dieser Streitkräfte um eine weltgeschichtliche Entscheidung ging. Als die schweren spanischen Schiffe (1588) im Kanal von einer niederländisch-englischen Flotte besiegt, die übrigbleibenden bei ihrer Fahrt um Schottland herum zu einem erheblichen Teil durch Sturm und Wellen zertrümmert wurden, sahen viele darin ein Gottesgericht. „Gottes Hauch hat sie zerstreut" (flavit Jehova et dissipati sunt) ließen die holländischen Calvinisten auf ihre Siegesmedaillen prägen.

1588

Niedergang der spanischen Macht. In der Tat bedeutete die Vernichtung der Armada den Zusammenbruch der Politik Philipps II. Die Ausrüstung der Schiffe hatte die spanischen Finanzen erschöpft. Die Tausende altgedienter und erfahrener spanischer Soldaten, die den Tod im Meer gefunden hatten, waren nicht zu ersetzen. Eine neue gleichstarke Flotte konnte Philipp II. weder bauen noch bemannen.

Alle Gegner Spaniens aber wurden durch die ungeheure Niederlage seiner Streitmacht ermutigt. Der Höhepunkt der westeuropäischen Religionskämpfe war überschritten.

5. Der Ausgang der Glaubenskämpfe

Die Niederlande werden frei. In den Niederlanden ging der Krieg noch lange weiter. Spanien konnte die südlichen Provinzen, das heutige Belgien, die katholisch geblieben waren, durch politische Zugeständnisse behaupten. Hingegen war es nicht stark genug, die Nordprovinzen wieder zu unterwerfen. Ihnen brachte ein Waffenstillstand, der 1609 auf zwölf Jahre geschlossen wurde, praktisch die volle Unabhängigkeit und Glaubensfreiheit.

Aufstieg der Niederlande zur See- und Handelsmacht. Schon während des Freiheitskampfes begannen die „Vereinigten Niederlande", wie man sie im Unterschied zu den spanisch gebliebenen zu nennen pflegte, wirtschaftlich zu erstarken. Die reichen Gewinne des Kaperkrieges lockten die holländischen Seeleute auf alle Weltmeere hinaus. Sie entdeckten Australien (1605), gewannen Stützpunkte in Indonesien, besiedelten die Südspitze Afrikas und gründeten (1612) Neu-Amsterdam, das heutige New York. Auf vielen Hunderten von Kauffahrteischiffen brachten die Holländer die Schätze fremder Länder nach Hause. Amsterdam wurde der größte festländische Umschlagsplatz. So arbeiteten sich die Rebellen gegen die spanische Herrschaft in wenigen Jahrzehnten zur führenden seefahrenden Nation Europas empor.

Kulturelle Blüte der Niederlande. Gleichzeitig entwickelten sich an den niederländischen Universitäten, vor allem an der von Leyden, die Anfänge einer modernen, rein weltlichen Naturwissenschaft. Niederländer schufen Fernrohr und Mikroskop, die Instrumente zur Erforschung des Weltalls und der kleinsten Dinge. Hugo Grotius aus Rotterdam trat in seinen Schriften für eine neue Weltordnung ein, in der statt der rohen Gewalt das Völkerrecht gelten sollte. Konflikte der großen Mächte sollten durch friedliche Schlichtung beigelegt, rechtswidrige Angriffskriege durch gemeinsame Anstrengungen aller verhindert werden. Damit jedes Volk seine Lebensbedürfnisse durch Handel befriedigen könnte, verlangte Grotius gegen die überkommenen spanischen Herrschaftsansprüche die „Freiheit der Meere".

Große Leistungen brachte auch die niederländische Malerei hervor. In den südlichen Provinzen malte Peter Paul Rubens (1577–1640) religiöse und weltliche Bilder von leidenschaftlicher Bewegtheit. Die Maler der freien Niederlande erhielten keine kirchlichen Aufträge mehr, da die calvinische Kirche die Bilder verwarf. Deshalb malten sie biblische Darstellungen nur für die häusliche Betrachtung. Im übrigen schufen sie für Ratsstuben und Wohnzimmer Bilder des täglichen Lebens und der gewohnten Umgebung: lesende und musizierende Frauen, stille Höfe, Tierszenen, Stilleben und Stadtbilder. Unvergängliche Werke der Malerei und Graphik hinterließ der von seinen Zeitgenossen unverstanden gebliebene Rembrandt van Rijn (1606–1669).

Rechts oben: Die Übergabe von Breda (1625). Gemälde des spanischen Hofmalers Diego Velasquez (1599–1660). Ritterlich begrüßt der siegreiche spanische Feldherr Spinola die niederländische Besatzung und gewährt ihr ehrenvollen Abzug. Die Wut der Glaubenskämpfe beginnt dem Geist der Versöhnung zu weichen. — Unten: Die Nachtwache. Gemälde von Rembrandt (1642). Die Besteller des Bildes, Angehörige einer Schützengesellschaft, waren über das gelieferte Werk enttäuscht, weil Rembrandt statt der gewünschten fotografisch genauen Porträts den plötzlichen Aufbruch der Gilde dargestellt hatte.

Aufschwung der englischen Macht. Auch für England war 1588 die eigentliche Entscheidung gefallen. Die spanische Drohung hatte die Nation fest zusammengeschmiedet. Die Herrschaft des Protestantismus war gesichert. Die britische Seemacht konnte sich nach dem Untergang der Armada freier entfalten. Dem englischen Volk wurde deutlich, wo seine Zukunft lag: auf dem Meere, im Seehandel, im Abenteuer der „wagenden Kaufleute", in überseeischen Kolonialunternehmungen.

Noch 1588 faßten englische Kaufleute an der Guineaküste Fuß. Mehr und mehr verdrängten sie die hansischen Koggen aus der Ostsee. 1598 ließ Königin Elisabeth I. den Stalhof der Hanse in London schließen (vgl. S. 121). 1600 wurde für den Südasienhandel die größte britische Handelsgesellschaft, die East India Company, gegründet. Und 1607 begann die englische Ansiedlung in Nordamerika.

Die Größe der Zeitereignisse, die England erlebte, und das Bewußtsein zukunftschaffender Kraft, von dem es erfüllt war, spiegeln sich in den Werken William Shakespeares (1564–1616), des bedeutendsten Dramatikers der Weltliteratur.

Sieg Heinrichs IV. In Frankreich gelang es Heinrich von Navarra nach langen Kämpfen gegen die Guise und gegen spanische Truppen, die Krone zu erringen und das Land zu erobern. Da er einsah, daß nur ein katholischer Monarch die Einheit der überwiegend altgläubigen Nation wiederherstellen konnte, trat er zum Katholizismus über. Drei Wochen später öffnete ihm die Hauptstadt Paris ihre Tore. Als auch der Papst sich ihm zuwandte, wurde der neue König als Heinrich IV. überall anerkannt. Mit ihm gelangte die Dynastie der Bourbonen auf den französischen Thron.

Religiöser Friede in Frankreich. Heinrich, eine lebensfrohe, ritterliche Natur, haßte jeden religiösen Fanatismus. Sein Wunsch war es, alle „guten Franzosen" miteinander zu versöhnen und Eintracht und Frieden in seinem Königreich zu sichern.
1598 Im Edikt von Nantes (1598) bestätigte Heinrich IV. die katholische Konfession als die Staatsreligion Frankreichs, gewährte aber den Reformierten Gewissensfreiheit und beschränkte Ausübung ihres Gottesdienstes. Als Staatsbürger waren sie den Katholiken künftig gleichgestellt. Zu ihrer Sicherheit wurden ihnen zahlreiche feste Plätze überlassen. Kein zweiter Herrscher jener Zeit bewilligte Untertanen eines anderen Bekenntnisses ein ähnliches Maß an Sicherheit und religiöser Freiheit.

Ordnung und Wohlstand für alle Franzosen. Durch kluges Entgegenkommen gelang es Heinrich IV., die königliche Autorität zu festigen und Ruhe und Ordnung im Lande wiederherzustellen. Dem Adel verbot er, fernerhin Privatarmeen zu halten. Die königliche Polizei säuberte das Land von Räuberbanden, so daß die Bauern wieder in Frieden ihrer Arbeit nachgehen konnten. Mit Hilfe des protestantischen Ministers Sully gelang es Heinrich, die Staatsschulden zu vermindern, Straßen und Brücken wieder instandzusetzen und Kanäle zu bauen. Die französische

König Heinrich IV. von Frankreich.

Luxusindustrie, vor allem die Seidenverarbeitung, blühte auf und erreichte bald eine führende Stellung in Europa. In Kanada ließ Heinrich die Kolonisation wieder aufnehmen; Quebec wurde gegründet.

So erlangte Frankreich unter fester monarchischer Leitung nationale Einheit, inneren Frieden und wachsenden Wohlstand.

Wir fassen zusammen:

Philipp II. führte den von seinem Vater begonnenen Kampf gegen Ungläubige und Ketzer fort. Der Türkensieg von Lepanto (1571) brachte Spanien die Vorherrschaft im Mittelmeer. Gegen politische und religiöse Bedrückung erhob sich der Aufstand der Niederlande; die nördlichen Provinzen sagten sich 1581 von der spanischen Herrschaft los.

In Frankreich entbrannten zwischen Katholiken und Calvinisten die langdauernden Hugenottenkriege (Bartholomäusnacht 1572). Heinrich IV. gewährte den Hugenotten im Edikt von Nantes (1598) beschränkte Religionsfreiheit und bürgerliche Gleichberechtigung und gab dem zerrissenen Lande Ordnung und Wohlstand zurück.

Königin Elisabeth I. sicherte in England die Reformation. Der Untergang der spanischen Armada (1588) brachte in den westeuropäischen Religionskämpfen die Wende und legte den Grund zu Englands späterer Seeherrschaft.

III. Veränderungen in Nord- und Osteuropa

1. Der Kampf um die Vorherrschaft an der Ostsee

Im Norden und Osten Europas erhob sich nach dem Niedergang der Hanse und des Deutschen Ordens der Streit um die Herrschaft über die Ostseeküsten (dominium maris baltici). Dabei waren auch Dänemark und Rußland beteiligt, aber die entscheidenden Kämpfe spielten sich zwischen Schweden und Polen ab. Wie in Westeuropa ging es nicht nur um die Macht, sondern ebenso um das religiöse Bekenntnis.

Aufstieg Schwedens. Schweden hatte sich 1523 aus der seit 1397 bestehenden „Kalmarischen Union“ mit Dänemark und Norwegen gelöst, unter Gustav Wasa einen eigenen Staat begründet, das erbliche Königtum und die Reformation eingeführt und mit Hilfe des verweltlichten Kirchengutes eine Machtgrundlage geschaffen. 1561 war Estland an Schweden gekommen, später weitere Teile der baltischen Länder.

Die Gegenreformation in Polen. Polen reichte seit seiner Vereinigung mit Litauen (vgl. S. 120) von der Ostsee bis zum Schwarzen Meer. Es umfaßte außer der polnischen Bevölkerung deutsche, litauische, ruthenische, ukrainische und weißrussische Volksteile. Die protestantische Lehre hatte hier vor allem unter den Deutschen und unter dem niederen polnischen Adel, der Schlachta, viel Anhang gefunden. Doch war der polnische Protestantismus durch Lehrstreitigkeiten gespalten. So konnte die von Jesuiten getragene Gegenreformation sich schnell durchsetzen.

Der polnisch-schwedische Konflikt. 1572 starb das Herrscherhaus der Jagiellonen aus, Polen wurde Wahlkönigtum. Unter den neuen Königen war auch ein katholischer Wasa, Sigismund III. Ihm fiel später die schwedische Herrschaft zu, so daß er beide

Der Kampf um die Herrschaft an der Ostsee

Reiche in Personalunion verband. Als er versuchte, in Schweden das katholische Bekenntnis wieder einzuführen, und mit Heeresmacht im Land erschien, wurde er geschlagen und vom schwedischen Thron ausgeschlossen. König in Schweden wurde ein protestantischer Wasa. Seitdem ging der Kampf zwischen den beiden Mächten nicht nur um die Herrschaft über die Ostsee, sondern auch um den Protestantismus in Schweden und in den baltischen Ländern.

2. Der Aufstieg Rußlands unter Iwan IV.

Abseits von den europäischen Ereignissen vollzog sich die Festigung und Ausdehnung des russischen Staates.

1533 bis 1584

Innere Festigung. Zar Iwan IV., der Gestrenge (1533–1584), in Westeuropa zumeist der „Schreckliche" genannt, schuf ein stehendes Heer, verstärkte die schon früher eingeführte Artillerie und stattete besondere Schützenregimenter, die „Strelitzen", mit Handfeuerwaffen aus. Das russische Reich zählte nur knapp 5 Millionen Menschen. Iwan IV. suchte es zu stärken, indem er westeuropäische Techniker und Ärzte, darunter auch Deutsche, nach Moskau berief und den Warenaustausch mit dem Westen förderte. Mit Elisabeth von England stand er im Briefwechsel; englischen Kaufleuten erteilte er bedeutende Handelsprivilegien.

Kampf gegen die Bojaren. Um die Macht der hochadeligen Grundherren, der Bojaren, zu brechen, die den Zaren in Abhängigkeit zu bringen suchten, verließ Iwan (1564) Moskau, „unbekannt wohin", und drohte in einem Brief mit der Abdankung. Als das Volk der Hauptstadt ihn durch Abgesandte flehentlich bat, zurückzukehren und es aus den Händen der Mächtigen zu befreien, glaubte Iwan IV. sich ermächtigt, mit seinen Widersachern blutig abzurechnen, und vernichtete sie durch grausige Massenmorde.

Als Werkzeug benutzte Iwan IV. eine zu blindem Gehorsam verpflichtete „Sondertruppe". Sie trug am Sattelzeug der Pferde einen Hundekopf und einen Besen als Sinnbilder der ihr gestellten Aufgabe: sie sollte die Feinde des Zaren zerreißen und den Verrat aus dem moskowitischen Staatsgebiet hinausfegen. Zehntausende wurden Opfer ihres Terrors. Auch die Stadt N o w g o r o d , die er im Einverständnis mit den Bojaren glaubte, ließ Iwan IV. (1570) verwüsten.

Seine Strafmaßnahmen schädigten die russische Wirtschaft schwer, machten aber den Zaren zum Alleinherrscher über einen festgefügten Einheitsstaat.

Rußlands Außenpolitik. Auch nach außen suchte Iwan IV. seine Macht zu erweitern. Er eroberte die Tatarenchanate von K a s a n und A s t r a c h a n , erschloß dadurch den russischen Bauern fruchtbares Siedlungsland und machte die Wolga zu einem russischen Strom. Erfolglos blieb der Versuch, Rußland einen Zugang zur Ostsee zu erringen. Nach einem mörderischen fünfundzwanzigjährigen Krieg mußte Iwan alle seine Eroberungen in den baltischen Ländern wieder preisgeben, um sich (1582) von Polen den Frieden zu erkaufen. Von größter Bedeutung für die Zukunft wurde die unter Iwans Herrschaft begonnene Ausdehnung nach Osten.

Die Besitzergreifung Sibiriens. 1558 erhielt ein Angehöriger der Kaufmannsfamilie S t r o g a n o w vom Zaren die Erlaubnis, an der K a m a unbewohnte Gegenden zu besiedeln, Wald zu roden, Fischereirechte auszuüben, Salz und Salpeter zu gewinnen und auf Erze zu schürfen. Zum Schutze seiner Kolonisten durfte er befestigte Plätze einrichten und eine Privatarmee ausrüsten.

Die Besitzungen der Stroganows dehnten sich aus und umfaßten bald auch Gebiete, die jenseits des Urals lagen und zum Machtbereich eines Sibirien regierenden Chans gehörten. Gegen ihn unternahmen 1581 im Auftrage der Kaufleute 840 Donkosaken und Litauer einen siegreichen Feldzug, bei dem sie bis zum I r t y s c h gelangten.

Zar Iwan IV. Zeitgenössischer Kupferstich des Nürnberger Formschneiders Hans Weigel (gest. 1590)

Rußland im 15. und 16. Jh.

Seitdem stießen die Russen immer tiefer in die Steppen und Tundren vor. Den flinken Schwärmen der Kosaken und den europäischen Feuerwaffen konnte die einheimische Bevölkerung keinen Widerstand entgegensetzen. Erst die Ufer des Pazifischen Ozeans und die Grenzen des chinesischen Reiches boten dem russischen Vordringen Halt.

Die Zeit der Wirren. Nach dem Aussterben des Geschlechtes der Rurik (1598) folgte für Rußland eine Zeit der Herrschaftslosigkeit. Betrüger suchten sich des Zarenthrones zu bemächtigen, unter ihnen der „falsche Demetrius", den Schiller zum Helden seines letzten Dramas wählte. Eine polnische Armee drang ins Land ein; Moskau wurde von einer polnischen Garnison besetzt. Schließlich befreite ein Volksaufgebot
1613 die Hauptstadt, und im Jahre 1613 trat dort eine Versammlung aus allen Ständen zusammen und verkündete den Beschluß:

„Selbstherrscher über den wladimirschen und moskowitischen Staat und über alle großen rechtgläubigen russischen Staaten, Gossudar (Herrscher), Zar und Großfürst von ganz Rußland soll sein Michail Fjodorowitsch Romanow-Jurjew."

Damit war die Monarchie der Romanows begründet, die bis 1917 als „Herrscher aller Reußen" regierten.

Wir fassen zusammen:

In Polen siegte die Gegenreformation. Das protestantische Schweden gewann im Kampfe um die Ostseeherrschaft Teile der baltischen Länder. Zar Iwan IV. der „Schreckliche" machte Rußland durch blutige Härte zu einem festgefügten Einheitsstaat. Unter seiner Regierung begann die russische Besitzergreifung Sibiriens.

IV. Der Dreißigjährige Krieg (1618–1648)

1618 bis 1648

1. Die Gegenreformation in Deutschland

Der Augsburger Religionsfrieden von 1555 ersparte Deutschland für lange Zeit die blutigen Kämpfe, unter denen die westeuropäischen Länder zu leiden hatten. Die Kaiser und manche katholischen Fürsten zeigten sich duldsam. So konnten sich die protestantischen Kirchen zunächst noch ausdehnen. Selbst Bistümer wurden in weltliche Herrschaften umgewandelt. Dann begann die „Gegenreformation" durch die innerlich erneuerte katholische Kirche. Dieser kam zustatten, daß Lutheraner und Calvinisten untereinander uneinig waren. Die glaubenseifrigen und straff geleiteten Jesuiten dehnten ihren Einfluß bis nach Norddeutschland aus und führten viele Gebiete zum alten Glauben zurück.

Protestantische Union und katholische Liga. Unter solchen Umständen nahmen zwischen den Religionsparteien Mißtrauen und Abwehrbereitschaft immer mehr zu. Die Einrichtungen des Reiches wurden gelähmt und hörten allmählich auf zu funktionieren. Ein an sich unbedeutendes Ereignis, die Vollstreckung der Reichsacht an Donauwörth, führte zur Gründung von konfessionellen Kampfbünden.

In der Reichsstadt Donauwörth bestand seit langem ein Konflikt zwischen der evangelischen Mehrheit und der katholischen Minderheit sowie dem in der Stadt gelegenen Benediktinerkloster. 1606 kam es bei einer Prozession zu einem Zusammenstoß. Als Verhandlungen ohne Erfolg blieben, wurde Herzog Maximilian von Bayern mit der Vollstreckung der Reichsacht beauftragt. Er benutzte die Gelegenheit, um die Stadt in seine Hand zu bringen (1607).

Aus Sorge für ihre Sicherheit schlossen die evangelischen Fürsten 1608 die „Union", an deren Spitze der reformierte Kurfürst von der Pfalz stand. Im folgenden Jahr vereinigten sich die katholischen Fürsten zur „Liga". Ihre Führung übernahm Herzog Maximilian von Bayern. Er war im Geiste des Jesuitenordens erzogen und suchte den Katholizismus nach Kräften zu stärken. Maximilian warb eine schlagkräftige Truppe an. Ihr Feldherr war der Niederländer Graf Tilly. Die Liga lehnte sich an Spanien und den Papst an, die Union an die freien Niederlande und an England. Kampfbereit und voller Haß standen sich die beiden Religionsparteien gegenüber. Zum Ausbruch kam der Streit in Böhmen.

2. Der Böhmisch-pfälzische Krieg (1618–1623)

Der Aufstand der böhmischen Stände. Ein „Majestätsbrief", den Kaiser Rudolf II. als König von Böhmen erlassen hatte, gewährte den protestantischen Adligen und Städten in Böhmen freie Religionsausübung und das Recht, auf Königs-

gut Kirchen zu errichten. Als ein protestantisches Gotteshaus auf Kirchengrund geschlossen, ein anderes sogar niedergerissen wurde, erhob sich der Streit, ob in diesen Fällen, wie sonst seit altersher, Kirchengut als Königsgut anzusehen sei. Da eine Beschwerde der Protestanten beim Kaiser nichts half, drang ein Zug von Demonstranten in das Prager Schloß ein. Zwei kaiserliche Räte, in denen man die Urheber des ungnädigen kaiserlichen Bescheides vermutete, warf man mitsamt ihrem Geheimschreiber nach hussitischem Brauch zum Fenster hinaus in den Burggraben (Prager Fenster-
1618 sturz 23. Mai 1618).

Inzwischen hatte Kaiser Ferdinand II. den Thron bestiegen. Er gehörte zu der jungen katholischen Fürstengeneration, die durch die Schulen der Jesuiten gegangen war, und hatte in seinen Erblanden Tirol, Steiermark und Kärnten den Protestantismus mit blutiger Strenge verfolgt. Daher fürchtete der evangelische Teil der böhmischen Stände, daß Ferdinand alle Zugeständnisse seiner Vorgänger widerrufen würde, wenn er seine Regierung als Herrscher von Böhmen anträte, und wählte den Kurfürsten Friedrich V. von der Pfalz zum König. Der jugendliche Pfälzer, Führer der Union und Schwiegersohn des englischen Königs Jakobs I., nahm die Wahl an und zog in Prag ein.

Das „Winterkönigtum" Friedrichs V. von der Pfalz. Aber Friedrich V. gewann weder die Hilfe der Union noch die Unterstützung seines englischen Schwiegervaters. Hingegen fand Ferdinand II. an seinem Jugendfreund Maximilian von Bayern einen mächtigen Bundesgenossen. Nur etwa ein Jahr konnte sich Friedrich im Glanze seiner Königskrone sonnen. Dann rückte Tilly mit Truppen der Liga und des Kaisers heran und vernichtete das böhmische Heer vor den Toren Prags in der Schlacht am Weißen Berge (1620). Als „Winterkönig" verspottet, vom Kaiser geächtet, floh der Pfälzer nach England. Bald waren auch seine Stammlande besetzt. Heidelberg wurde erstürmt. Die berühmte Heidelberger Bibliothek, die viele kostbare Handschriften und frühe Drucke enthielt, schenkte Tilly dem Papst. Mit der pfälzischen Kurwürde wurde Maximilian für seine Verdienste belohnt.

Die Gegenreformation in Böhmen. In Böhmen hielt Ferdinand II. hartes Gericht. Er zerriß den Majestätsbrief und ließ die Anführer des Aufstandes hinrichten; andere verbannte er. Tausende emigrierten, als ihnen der katholische Glaube aufgezwungen werden sollte. Ihre Güter wurden eingezogen; drei Viertel des Bodens wechselten den Eigentümer. Die böhmischen Stände verloren das Wahlrecht, Böhmen wurde habsburgisches Erbland. So waren hier Protestantismus und ständische Freiheit zugleich vernichtet. Über das wieder katholisch gewordene Land übte der Kaiser die unumschränkte (absolute) Herrschaft aus.

3. Der Niedersächsisch-dänische Krieg (1625–1629)

Die Ausweitung des Krieges nach Norddeutschland. Der Krieg hätte zu Ende sein können. Aber einige Kriegshauptleute, die zur Unterstützung des Winterkönigs Söldner angeworben und in der Pfalz vergebens ihr Glück versucht hatten, wandten sich vor dem Ligaheer nach Norddeutschland und verheerten die Bistümer Westfalens. Tilly verfolgte den einen und schlug ihn im Münsterland. So standen plötzlich kaiserlich-ligistische Truppen siegreich in Nordwestdeutschland. Die norddeutschen protestantischen Fürsten hatten Grund, um ihren Besitz besorgt zu sein.

An ihre Spitze stellte sich König Christian IV. von Dänemark. Er war als Herzog von Holstein deutscher Reichsfürst; sein Gebiet ragte ins mittlere

Links: Der Prager Fenstersturz. Stich von Merian. — Rechts: Albrecht von Wallenstein. Ausschnitt aus einem Gemälde von Anthonis van Dyck (um 1630)

Norddeutschland herein; auch blickte er begehrlich nach den niedersächsischen Bistümern. Christian fand die Unterstützung Hollands und Englands, weil sie das Zusammenwirken der Liga und Spaniens am Niederrhein befürchteten. Noch ehe es zum Kampfe kam, stellte der Kaiser eine zweite, von der Liga unabhängige Armee auf. Ein böhmischer Edelmann, Albrecht von Wallenstein, hatte sich erboten, ihm aus eigenen Mitteln ein Heer zu werben.

Albrecht von Wallenstein. Sohn eines böhmischen Protestanten, aber früh zum Katholizismus übergetreten, war Wallenstein nach Studien an deutschen und italienischen Universitäten Soldat geworden und im Dienst des Kaisers schnell aufgestiegen. Eine reiche Heirat und der Kauf enteigneter Güter hatten den „Herzog von Friedland" zum wohlhabendsten Großgrundbesitzer Böhmens gemacht.

Wie die italienischen Condottieri betrieb Wallenstein den Krieg als Unternehmer. Nur die Anwerbung der Söldner bestritt er aus eigenen Mitteln. Den weiteren Unterhalt gewann er nach dem Grundsatz, daß der Krieg den Krieg ernähren müsse, durch „Beitreibungen" (Kontributionen): Ohne einen Unterschied zwischen Freund und Feind zu machen, ließ er das Land, wo er mit seinen Truppen stand, für Sold, Quartier und Verpflegung aufkommen. Städte, die er mit Werbung und Einquartierung verschonte, mußten Abstandsgelder zahlen. So war der Friedländer stets bei Kasse und konnte ein weit größeres Heer aufstellen, als bisher üblich und möglich gewesen war. Auch verdiente er durch die Lieferung von Heeresgut, das er auf seinen Gütern herstellen ließ.

Wallenstein hing der Sterndeuterei (Astrologie) an und war von brennendem Ehrgeiz erfüllt. Glaubensunterschiede ließen ihn kalt. Wenn nur die Manneszucht gewahrt wurde, sah er seinen Soldaten und Offizieren vieles nach. Daher trafen sich Abenteurer aller Nationen und Konfessionen in seinem Heer. Er wurde von ihnen gefürchtet, aber nicht geliebt.

Wallensteins Siegeszug. Gemeinsam mit Tilly besiegte Wallenstein die Gegner des Kaisers, verdrängte Christian IV. aus Deutschland und besetzte ganz Norddeutschland. Wallensteinsche Reiter stießen bis Kap Skagen vor und vertrieben die Dänen vom Festland. Der Kaiser belohnte den Friedländer mit dem Herzogtum Mecklenburg und ernannte ihn zum „General der ganzen kaiserlichen Schiffsarmada, wie auch des ozeanischen und baltischen Meeres General".

Dieser Titel war ein Programm: die Herrschaft des Kaisers sollte auch auf die Nord- und Ostsee ausgedehnt werden. Zwar verfügte der Kaiser nicht über Schiffe, und es gelang auch nicht, die Hansestädte für diesen Plan zu gewinnen. Auch scheiterte die Belagerung Stralsunds. Aber die Anwesenheit einer kaiserlichen Armee an der Ostsee reichte hin, um Schweden unruhig zu machen. Es unterstützte Stralsund von der See aus und schloß mit der Stadt einen Vertrag, der eine fast 200jährige Schwedenherrschaft in Vorpommern einleitete.

Die Befürchtung, daß Schweden hinter Dänemark in den Krieg eintreten könnte, trieb Wallenstein zum Ausgleich mit Dänemark. Zu Lübeck wurde (1629) mit Christian IV. ein glimpflicher Friede geschlossen. Der Dänenkönig blieb im Besitz seiner Länder. Die deutschen Gegner des Kaisers aber mußten harte Bedingungen hinnehmen.

Das Restitutionsedikt (1629). Noch vor dem Frieden zu Lübeck erließ Ferdinand II. ein „Restitutionsedikt". Es befahl die Herausgabe (Restitution) aller Kirchengüter, welche die protestantischen Fürsten seit 1552, entgegen dem geistlichen Vorbehalt des Augsburger Religionsfriedens, in ihren Besitz gebracht hatten: Das waren zwei Erzbistümer, 12 Bistümer, fast 500 Abteien, Stifter, Klöster und Kirchen. Die Durchführung des Restitutionsediktes hätte nicht nur die Reformation gefährdet, sondern auch die Macht des Kaisers im Reich unerhört gestärkt, denn die neu zu ernennenden katholischen Bischöfe wären völlig von der Unterstützung des Kaisers abhängig gewesen.

Die Absetzung Wallensteins. Als Kaiser Ferdinand II. (1630) in Regensburg einen Kurfürstentag abhielt, sah er sich der gemeinsamen Opposition der protestantischen und katholischen Fürsten gegenüber. Der Sündenbock, gegen den sich der Unwille aller richtete, war Wallenstein. Durch ihn war der Kaiser Herr der Protestanten geworden. Durch des Friedländers Kriegsführung, so argwöhnten die Fürsten, wolle der Kaiser ganz Deutschland derart schwächen, daß niemand seiner Selbstherrschaft sich widersetzen könnte. Besorgt um ihre „Libertät", neidisch auf den böhmischen Emporkömmling und gereizt durch seinen maßlosen Hochmut und sein prunkvolles Auftreten, forderten die Fürsten, der Kaiser solle Wallenstein absetzen. Schweren Herzens gab Ferdinand II. den Feldherrn preis, dem er in erster Linie seine glänzende Stellung verdankte. Und das in dem Augenblick, wo ein neuer Feind,

König Gustav Adolf von Schweden. Kupferstich nach einem Gemälde von Anthonis van Dyck (um 1630)

Die Belagerung von Magdeburg durch Tilly. Stich von Merian 1631 im „Theatrum Europaeum"

gefährlicher als die bisherigen, sich zum Angriff anschickte: Schweden unter König Gustav Adolf.

4. Der Schwedische Krieg (1630–1635)

Eingreifen Gustav Adolfs. In den beiden letzten Jahrzehnten hatte Schweden im Kampfe mit Rußland, Polen und Dänemark sich weiterer Teile der baltischen und preußischen Küste bemächtigt. Mit Sorge beobachtete der schwedische König Gustav Adolf die Vorgänge in Deutschland. Die Erfolge und Pläne der kaiserlichen Partei schienen ihm nicht nur die Sache der Gegenreformation zu stärken, sondern auch Schwedens Ostseeherrschaft zu bedrohen. Der schwedische König war wie seine Berater entschlossen, die Reformation in Deutschland vor der Vernichtung zu bewahren und den Kampf um Schwedens Machtstellung soweit wie möglich außerhalb seiner Grenzen zu führen. Dazu war es nötig, über die Unterstützung Stralsunds hinauszugehen. So landete Gustav Adolf im Juli 1630 mit einem kleinen, aber wohldisziplinierten Heer an der Odermündung.

Er wurde zu diesem Schritt ermutigt durch Frankreich. Hier wünschte ebenfalls der führende Politiker, Kardinal Richelieu, ein Ausgreifen der habsburgischen Macht zu verhindern. Vorerst unterstützte Frankreich den Schwedenkönig bloß durch Zahlung von Hilfsgeldern.

Schwedische Siege. In Wien hielt man den „Schneekönig" für keinen schlimmeren Gegner, als der Däne gewesen war, und man schien zunächst damit recht zu behalten. Die protestantischen Fürsten Norddeutschlands zögerten lange, auf die Seite Gustav Adolfs zu treten. Erst als Magdeburg, seit hundert Jahren Bollwerk des evangelischen Glaubens, bei der Belagerung durch Tilly in Flammen aufging, schlossen sich Brandenburg und Sachsen dem Schwedenkönig an. Und nun, da er Rücken und Flanke

1630 Kurfürstentag
1623 Fürstentag

Die Ermordung Wallensteins und seiner Generäle zu Eger. Kupferstich von Merian. Die obigen Bilder zeigen den Überfall auf die Generäle bei einem Festmahl. Auf den Bildern unten die Ermordung Wallensteins.

gedeckt hatte, gab der „Löwe aus Mitternacht" seinen Feinden die mächtige Pranke zu spüren. Zweimal schlugen seine bäuerlichen Soldaten die Truppen Tillys bei Breitenfeld nahe Leipzig (1631) und bei Rain am Lech (1632). Bald darauf zog Gustav Adolf in die bayerische Hauptstadt Maximilians ein. Die Liga war zerfallen; schwedische Truppen standen an der Grenze der habsburgischen Erblande.

Der Umschwung. Da Tilly bei Rain tödlich verwundet worden war, sah sich der Kaiser gezwungen, Wallenstein zurückzurufen. Der Friedländer ließ sich so lange bitten, bis er alles erreicht hatte, was er verlangte: das Versprechen, ein deutsches Reichsfürstentum zu erhalten, und fast unbegrenzte militärische und politische Vollmachten. Rasch brachte er eine neue Armee zusammen, befreite Böhmen von den eingedrungenen Sachsen und zwang Gustav Adolf, von dem Plan eines Einmarsches nach Österreich abzusehen. Bei Zirndorf westlich Nürnberg bezog Wallenstein ein stark befestigtes Lager und wies alle schwedischen Sturmangriffe ab. Dann folgte er dem abziehenden Gegner nach Sachsen. Hier, bei Lützen südwestlich
1632 Leipzig, kam es am 6. November 1632 zur entscheidenden Schlacht. Die Schweden behaupteten das Schlachtfeld, erlitten aber einen unersetzlichen Verlust: Gustav Adolf fiel im Reiterkampfe. Weitreichende Pläne sanken mit ihm ins Grab. Der deutsche Protestantismus war nun ohne Führung.

Wallensteins Tod. Anstatt nun die Schweden und ihre Verbündeten rasch niederzuwerfen, blieb Wallenstein mit seinem Heer abwartend in Böhmen stehen und ver-

Überfall und Plünderung eines Dorfes. Radierung aus den „Großen Schrecken des Krieges" von Jacques Callot (1633).

handelte mit Frankreich, Schweden, Sachsen und böhmischen Emigranten. Wollte er sich am Kaiser und an Maximilian von Bayern rächen? Lag ihm bloß an der Gewinnung eines Reichsfürstentums? Oder ging es ihm um die Versöhnung der Konfessionen und um die Wiederherstellung des Friedens im Reich? Tatenlos sah er zu, wie die Schweden Regensburg eroberten, und verpflichtete seine Offiziere (durch den sogenannten Pilsener Revers), ihm bedingungslos ergeben zu sein. Der Wiener Hof faßte Wallensteins Verhalten als Hochverrat auf, setzte ihn ab und ächtete ihn.

Die meisten Regimenter fielen darauf von dem Friedländer ab. Als er Anstalten machte, sich zu den Schweden zu flüchten, wurde Wallenstein in Eger mit seinen engsten Vertrauten von Offizieren seiner Armee ermordet (25. Febr. 1634).

5. Der Krieg mit Schweden und Frankreich (1635–1648)

Der Kriegseintritt Frankreichs. Durch Wallensteins Tod war die kaiserliche Armee erst recht zu einem verläßlichen Werkzeug der habsburgischen Politik geworden. Unter Erzherzog Ferdinand (III.) schlug sie bei Nördlingen die Schweden. Ganz Süddeutschland wurde in den nächsten Monaten von den Kaiserlichen besetzt. Daraufhin schlossen Sachsen, Brandenburg und andere protestantische Stände mit dem Kaiser den Sonderfrieden zu Prag (1635). Wieder einmal schien ein allgemeiner Friede möglich. Da trat Frankreich 1635 offen in den Krieg ein. Sein Ziel war, das Haus Habsburg niederzuzwingen und die französische Vorherrschaft in Europa vorzubereiten.

Machtkampf statt Glaubenskrieg. Frankreichs Eingreifen verlängerte den Krieg um 13 Jahre. Er wurde nun vollends zum Machtkampf: das katholische Frankreich, im Bunde mit dem lutherischen Schweden, stritt gegen das katholische Habsburg, das sich seinerseits mit den protestantischen Reichsständen geeinigt hatte. Kennzeichnend war, daß gleichzeitig ein Kampf zwischen Dänemark und Schweden, also zwischen zwei protestantischen Mächten, ausbrach. Während der Krieg im Norden mit einem schwedischen Sieg endete, zog sich das Ringen auf deutschem Boden ohne Entscheidung hin. Keine Partei konnte die andere wirklich besiegen. Das einzige Ergebnis war eine ungeheuerliche Verwüstung des deutschen Landes.

Schreckensjahre. In den Heeren der kriegführenden Parteien kämpften viele wilde oder gar verbrecherische Abenteurer aus aller Herren Ländern. Die Manneszucht war trotz der harten

Strafen schlecht. Verspätet oder gar nicht besoldet, hielt sich der Soldat durch Diebstahl, Raub oder Brandschatzung schadlos. Während sich die ummauerten Städte einigermaßen schützen konnten, lag das flache Land mit seinen unbefestigten Dörfern jedem Zugriff offen. Ärgste Landplage waren die riesigen Trosse mit Soldatenweibern und -kindern, welche die Heere begleiteten. Sie verzehrten, entführten oder verdarben die Vorräte und preßten den Einwohnern versteckte Habe durch ausgesuchte Quälereien ab. Nach ihrem Abzug blieben Hunger, Teuerung, Krankheit und Laster zurück. Viele Bauern wagten nicht mehr, ihre Äcker zu bestellen; ganze Landstriche lagen wüst. Verzweifelte bildeten Banden von Räubern und Gewaltverbrechern, überfielen versprengte Trupps oder plündernde Nachzügler (Marodeure) und übten für erlittene Unbill gräßliche Rache.

Langsam erlosch der Krieg, wie ein Feuer ausbrennt, wenn es keine Nahrung mehr findet. Jahrelang wurden in den westfälischen Städten Münster und Osna-
1648 brück Friedensverhandlungen geführt. Im Oktober 1648 kamen sie endlich zum Abschluß.

6. Der Westfälische Friede

Wie der Dreißigjährige Krieg weder Sieger noch Besiegte kannte, so trug auch der Westfälische Friede in allen wesentlichen Punkten die Züge eines Vergleichs.

Kirchliche Bestimmungen. Die Gleichberechtigung der lutherischen und katholischen Reichsstände wurde nun auch auf die reformierten ausgedehnt. Gewalttätigkeit zwischen den Konfessionen sollte verboten sein, im Reichstag Bekenntnisgleichheit herrschen, Streit in Religionsdingen ohne Mehrheitsbeschluß nur durch gütlichen Vergleich beigelegt werden. Für Bekenntnis und geistlichen Besitz wurde der Stand vom 1. Januar 1624 maßgebend: nur später verweltlichte geistliche Güter sollten zurückgegeben werden. In den habsburgischen Landen fand das „Normaljahr" keine Geltung; hier gab es noch lange Zeit gewaltsame Bekehrungen.

Gebietsveränderungen. Die freien Niederlande und die Schweiz schieden völkerrechtlich aus dem Reich aus.

Frankreich erhielt endgültig die Bistümer und Städte Metz, Toul und Verdun; ferner Breisach, den Sundgau und die Landvogtei über 10 im Elsaß gelegene Reichsstädte sowie das Besatzungsrecht im rechtsrheinischen Philippsburg.

Schweden bekam Vorpommern mit den Inseln Rügen, Usedom und Wollin, Wismar, das Erzstift Bremen (nicht die Stadt) und das Stift Verden.

Brandenburg, das erbliche Ansprüche auf ganz Pommern hatte, mußte sich mit Hinterpommern begnügen und wurde mit den Bistümern Cammin, Halberstadt und Minden sowie der Anwartschaft auf das Erzbistum Magdeburg entschädigt.

Verfassungsbestimmungen. Frankreich und Schweden übernahmen die Durchführung des Westfälischen Friedens und bekamen dadurch die Möglichkeit, sich künftig in die deutschen Verhältnisse einzumischen. Schweden wurde Reichsstand. Bayern behielt die Kurwürde; für die Pfalz wurde eine achte errichtet. Alle Reichsstände, auch die kleinsten, erhielten die volle Landeshoheit; sie hatten das Recht, Bündnisse untereinander und mit auswärtigen Mächten zu schließen. Die Befugnisse des Kaisers wurden eingeschränkt: nur mit Zustimmung der Reichsstände bzw. der Kurfürsten konnte er Bündnisse abschließen, die Reichsacht verhängen, Krieg und Frieden erklären und Steuern auferlegen.

Bekenntnisse in Europa um 1650

7. Die Folgen des Dreißigjährigen Krieges

Das lange Ringen hatte die Glaubensspaltung nicht beseitigt. Im Unterschied zu den meisten europäischen Staaten blieb Deutschland ein religiös uneinheitliches Land. Doch traten die konfessionellen Gegensätze mehr und mehr zurück.

Mit der Schweiz und den Niederlanden hatte das Reich seine beiden westlichen Eckpfeiler eingebüßt. Seine Küstenlinie war erheblich verkürzt, alle Strommündungen standen hinfort unter fremder Kontrolle. Frankreich hatte erste Schritte zum Rhein hin getan.

Während andere Nationen verjüngt und gestärkt aus den Glaubenskriegen hervorgegangen waren, war Deutschland ein geographischer Begriff ohne politischen Inhalt: Das Reich bestand aus fast 2000 selbständigen Herrschaften, die untereinander uneinig waren; die kaiserliche Macht war nur noch ein Schatten. Dem Ausland gegenüber würde Deutschland auf lange Zeit ohnmächtig sein.

Schon vor 1618 hatte der wirtschaftliche Niedergang Deutschlands eingesetzt. Die Zerstörungen des Krieges machten es bettelarm. Auf dem flachen Land lagen Tausende von Höfen und Dörfern in Schutt und Asche, in den Städten waren Gewerbe und Handel schwer getroffen. Durch die Abschnürung von den Küsten wurde Deutschland vom Welthandel abgeschnitten. Die wirtschaftliche Führung ging endgültig an Westeuropa über.

Ungeheuer waren die Verluste an Menschen; in Gebieten, in denen der Krieg besonders schlimm gewütet hatte, betrugen sie 60–70%. Die starke Bevölkerungszunahme, die Deutschland im vorhergehenden Jahrhundert erfahren hatte, war ausgelöscht. So hat der Dreißigjährige Krieg in Deutschland den Menschenüberschuß verschlungen, der andere Völker in der Folgezeit zu ausgreifender Kolonialpolitik und zum Erwerb neuen Siedlungsraumes fähig machte.

Wir fassen zusammen:

In Deutschland führte der wachsende Gegensatz zwischen Katholiken und Protestanten zur Bildung bewaffneter Kampfbünde. Ein Aufstand böhmischer Stände löste den Dreißigjährigen Krieg (1618–1648) aus. Zunächst siegte die katholisch-kaiserliche Partei: Nach der Niederlage des „Winterkönigs" stellte Kaiser Ferdinand II. in Böhmen den Katholizismus wieder her und begründete dort die unumschränkte Herrschaft der habsburgischen Dynastie; das Restitutionsedikt (1629) sah den Kaiser dank der Siege Tillys und Wallensteins über den Dänenkönig auf der Höhe seiner Macht. Dann bewahrte das Eingreifen Gustav Adolfs von Schweden den deutschen Protestantismus vor der Vernichtung. Wallenstein wurde als Verräter abgesetzt und ermordet. Als Frankreich unter Führung des Kardinals Richelieu offen in den Krieg eintrat, wurde Deutschland das Schlachtfeld für den Endkampf zwischen Frankreich und Habsburg um die Vormacht in Europa. Der Krieg schleppte sich ohne entscheidende Schlachten hin und erlosch nach zerstörerischen Schreckensjahren, in denen Deutschland verarmte und verödete.

Der Westfälische Friede von 1648 bestätigte den Augsburger Religionsfrieden von 1555 und dehnte ihn auf die Reformierten aus. Er erkannte das Ausscheiden der Schweizer Eidgenossen und der freien Niederlande aus dem Reiche völkerrechtlich an, gab Frankreich den Weg nach dem Rhein frei und überließ die deutschen Flußmündungen der schwedischen Kontrolle. Er verlieh den deutschen Reichsständen die volle Landeshoheit und besiegelte den Untergang der habsburgischen Vormachtstellung in Europa.

Alphabetisches Register

Das nachstehende Register soll als Stichwortverzeichnis dem Schüler das Nachschlagen von Orts- und Personennamen, Ereignissen, Begriffen usw. erleichtern. Es gibt ihm weiter die Möglichkeit, die Belegstellen unter bestimmten Gesichtspunkten aufzufinden.
Der Lehrer findet stichwortartig die Anhaltspunkte für die Erarbeitung geschichtlicher Zusammenhänge im Unterricht. Er erhält auch Anregungen für Arbeitsfragen und für die Behandlung der in den Bildungsplänen geforderten kultur-, sozial- und wirtschaftsgeschichtlichen Längs- und Querschnitte.

Aachen 20, 21, 24, 31, 38, 42, 44, 68, 80, 100, 131
Abgaben 29, 98, 111, 112, 138, 184, 194
Ablaß 188, 198, 212
Abt 11, 26, 28, 40, 47, 57, 59, 103, 127
Ackerbürger 102, 104
Adalbert von Bremen-Hamburg 54
Adalbert von Prag 44, 54
Adel,
böhm. 231
christl.-abendl. 63 ff., 94 f.
deutsch 193
engl. 146 f.
fränk. 3
franz. 220
ital. 42, 129, 154
niederländ. 217
im Ordensstaat 118 ff.
röm. 24, 52, 55
russ. 229
sächs. 16, 54
span. 148 f.
Adelheid, Gemahlin Ottos I. 41
Adolf von Schauenburg 110, 113, 121
Ägypten 8, 10
Afrika 172, 173, 174, 179, 224
Agnes von Poitou 53
Agricola 163
Aibling 21
Akkon 67
Alba 206, 218, 219
Albertus Magnus 78
Albigenser s. Katharer
Albrecht der Bär 71, 110, 113
Albrecht v. Brandenburg 120, 201
Alemannen 2, 3, 4, 35, 135
Alessandria 70
Alexander der Große 174
Algebra 10
Algerien 201
Alhambra 10, 150
Allgäu 196
„Allgemeiner Rat" 146
Allmende 28, 98, 111, 195, 196
al-Mansur 9
Alpen 15, 110, 162, 184
Alpenpässe 42, 45, 135
Altersheime 103
Altertum s. Antike
Altötting 21
Amerika 31, 145, 174, 177–183, 211, 213, 222, 223, 226
Amselfeld 151
Amsterdam 164, 217, 224
Angelsachsen 13–14, 145
Anjou-Plantagenet 145 f.
Anno von Köln 54
Antike 10, 154, 156, 159, 172
Antiochia 64
Antwerpen 138, 164, 217, 219
Apotheker 80, 104–105
Apsis 20, 47, 49
Apulien 32, 52
Aquitanien 4
Araber 4–10, 14, 25, 32, 62, 67, 80, 148 f., 172, 173, 174, 176
Aragonien 74, 76, 144, 148 f.
Architektur,
arab. 8–10, 150
fränk. 16–17, 20–21
gotisch 79, 103, 106 ff., 113, 114, 117, 119, 120, 133, 156
ind. 174–175
oström. 60–61
normann. 72–73
Renaissance 156, 159
röm. 10
roman. 36, 48–50, 69
russ. 150–151
Arianer 2
Aristoteles 155, 168
Armada 222, 223, 226, 227
Armenien 74, 76
Arminius 168
Asien 63, 211, 213, 226
Askanier 73, 110
Astrachan 229
Astronomie 10, 168
Atrium 48
Auctoritas 78
Augsburg 40, 62, 70, 100, 106, 140, 142, 144, 163, 164, 165, 166, 202, 207
Augsburger Interim 206 f.
Augsburger Konfession 202, 208
Augsburger Religionsfrieden 208, 231, 234, 240
Aussig 115
Australien 224
Austrien 4
Avignon 132–133
Awaren 18, 34, 35, 110
Azteken 179–181, 183

Babenberger 42, 68, 110
„Babylonische Gefangenschaft" 132 f.
Backsteingotik 108, 113
Baden-Württemberg 2
Bagdad 9, 10
Balboa 178
Balkan 14, 151
Balk, Hermann 117
Ballei 116
Bamberg 42, 44, 52, 95
Bankwesen 127, 138, 153, 164
Bann 57, 58, 84, 189, 191
Bari 82
Bartholomäusnacht 219, 220, 227
Basel 107, 128, 185, 204
Basken 123
Batu 86
Bauern 3, 22, 28–29, 49, 59, 70, 82, 98 f., 104, 110, 111, 127, 130, 132, 135, 138, 145, 194 ff.
Bauernaufstände 91, 196
Bauernkrieg 162, 194–198
Baustil s. Architektur
Bayern 3, 4, 14, 18–19, 34, 35, 38, 40, 41, 42, 52, 68, 70–71, 81, 110, 116, 144, 197, 238
Beamte 10, 22, 80, 88, 118
Behaim, Martin 176
Belgien 224
Belgrad 201
Benedikt 50
Benediktiner 13, 50
Benefizien 68
Berengar 41–42
Bergbau 54, 71, 115, 162 ff.
Bergen 123
Bergfried 93, 94
Berlichingen, Götz von 197
Berlin 122, 132
Bern 136

Bernhard von Clairvaux 64
Besançon 70
Bettelorden 78
Beuthen 114
Bildhauerkunst s. Plastik
Bildung 46–49, 52, 80
Birthälm 115
Bischof 2, 11, 13–14, 22, 26, 28, 38, 40, 50, 55, 56–57, 59, 70, 100, 103, 113, 127, 146, 184, 202
Blockade 122
Bobbio 12
Böheim, Hans 184
Böhmen 36, 42, 44, 52, 115, 127, 128 f., 133 f., 135, 191, 197, 207, 231–232, 233, 236, 240
Bojaren 33, 229
Boleslaw III. von Polen 110
Boleslaw Chrobry 34
Bologna 168
Bonifatius 13–14, 22
Bordeaux 123
Bornhöved 82
Bourbonen 220, 226
Bourges 136
Brahmanen 174
Bramante, Donato 159
Brandenburg 35, 41, 110, 113, 114, 127, 235, 237, 238
Brasilien 178, 179, 182
Braunschweig 70, 71, 100, 122
Braunschweig-Lüneburg 71
Breda 224
Breisach 238
Breitenfeld 236
Bremen 18, 103, 123, 124, 126
Bremen–Hamburg, Erzbistum s. Hamburg–Bremen
Brennabor 35
Brenner, Paß 64
Breslau 44, 114, 122
Bretagne 12
Bretten 191
Brindisi 80
Brueghel, Pieter 214
Brügge 64, 121, 122 f., 138
Brünn 115
Brüssel 124, 144, 217
Brun 40
Buchara 85
Buchdruck 88, 166–167, 172, 188
Buchmalerei 1, 12, 18, 38, 41, 46, 51, 57, 71, 75, 83, 87, 97, 99, 105, 125, 137, 141, 181
Buddhismus 174, 211
Budweis 115
Bürger 54, 59, 70, 82, 100 ff., 127, 132, 146, 150
Bürgerkrieg 68, 76, 148, 220
Bürgermeister 70, 72, 102
Bürgerrecht 104 ff.
Buhurt 95
Bulgaren 14, 42, 62, 151, 152
Burg (Ritterburg) 46, 54, 68, 71, 80, 93 ff., 116, 194, 198
Burgfriede 102
Burggraf 103
Burgund 4, 30, 42, 44–45, 52, 59, 74, 107, 113, 136 f., 144, 147, 148, 192, 207
Burgunder 2, 96
Bushi 212
Byzanz s. Konstantinopel, Ostrom

Cajetan 189
Calais 148, 221
Callot, Jacques 237
Calvin, Jean (Calvinismus) 204–206, 208, 209, 217, 219, 220, 221, 222, 223, 224, 227, 231
Canisius, Petrus 211
Canossa 55, 58, 71
Canterbury 145, 146, 221
Capitularia 22
Casas, de las, Bartolomeo 182, 183
Castel del Monte 81, 82
Ceylon 62, 90
Chaireddin Barbarossa 201
Chartres 109, 137
Chiavenna 71
Childerich 4
China 62, 85, 88–91, 174, 176, 179, 212, 230
Chinesische Mauer s. „Große Mauer“
Chinon 146
Chlodwig 2
Chorin 113, 114
Christian IV., Kg. von Dänemark 232 f., 234, 240
Christus 6, 15, 18, 22, 23, 41, 50, 185, 188, 195, 203
Citeaux 113
Clermont 60
Cluniazensische Reform 50, 52, 55–56
Cluny 50
Coligny, Gaspard de 220
Colleoni, Bartolomeo 153
Columban 12
Columbia 178
Columbus s. Kolumbus
Condottieri 153, 154, 193, 233
Cordoba 8, 9
Cordoba, Kalif von 9, 42
Cortés, Hernan 180–181, 183
Corvey 18
Cranach, Lukas 187
Cypern 74

Dänemark 31, 44, 76, 82, 123 f., 136, 208, 209, 227, 234, 235, 237
Dänen 21
Daimyo 212
Damaskus 10, 62
Damast 62
Damaszenerklingen 62
Dankwarderode 70
Dante 129
Danzig 101, 114, 115, 122, 164
Demetrius, der Falsche 230
Desiderius 15
Designation 35, 38, 68
deutsch 30
„Deutsche Brücke“ 123
Deutsch-Leipa 112
Deutscher Ritterorden 65, 66, 67, 116 ff., 123, 124, 227
Dichtung 22, 36, 81, 96, 155
Dienstmannen 44–45, 54, 68, 69, 94, 138
Diplomatie 153
Dithmarschen 98
Dithmarscher 136
Doberan 114
Dominikaner 78
Dominikus 78
domini terrae s. Landesherren
Domkapitel 59, 184
Donar 13
Donauwörth 231
Dorfformen 112
Dorpat 118
Drake, Francis 222
Dreifelderwirtschaft 28
Dresden 160
Dschingis Chan 85–86
Dürer, Albrecht 140, 142, 169–172
Duldsamkeit, religiöse 9, 65, 224, 226, 231
Dyck, Anthonis van 233, 234

Echternach 47, 50–51
Eck, Johann 189
Eckhart s. Meister Eckhart
Edessa 64
Eger 237
Egerer Goldbulle 80
Egmont, Graf 218
Eider 21, 36, 44, 136
Eidgenossenschaft s. Schweiz
Einhard 14, 15, 16, 18, 22, 24
Eisen 80, 162
Eisenach 78, 193
„Eiserne Krone“ 15
Eisleben 186
Elb- und Ostseeslawen 110
Elbing 117
Elisabeth I., Kgn. von England 126, 221–222, 226, 227
Elisabeth von Thüringen 78–79
Elsaß 93, 138, 196, 238
Emir 9

Emmeram 12, 41
Engelsburg 59
Engern 16
England, Engländer 32, 44, 64, 65, 66, 70, 71, 76, 95, 108, 121 f., 126, 127, 145 ff., 178, 185, 196, 204, 206, 208, 209, 216, 221–223, 226, 227, 232, 233
Erasmus von Rotterdam 185–186, 203
Erbmonarchie 76, 128
Eresburg 16
Erfurt 14, 71, 186, 187, 193
Erik der Rote 31
Ermland 119
Erzgebirge 162, 193
Escorial 214
Estland 227
Etzel 96
Evangeliar 39, 50–51, 71
Ewiger Landfriede s. Landfriede

Fähnlein 139
Falkenjagd 81, 83, 96
Familiennamen 112
Farben 65
Fehden 44, 52, 143, 184
Feme 139 f.
Ferdinand von Aragonien 148 f.
Ferdinand I. von Habsburg 201, 207
Ferdinand II. von Habsburg 232, 234, 237, 240
Ferdinand III. von Habsburg 237
Fernhändler 100, 104
Feuer, griech. 8
Feuertod 78, 134
Feuerwaffen 138, 165 f., 172, 195, 212, 228 f.
Finnland 54
Fläming 112
Flandern 30, 62, 76, 94, 110, 113, 122 f., 138, 145, 147, 148
Florenz 153, 155, 156, 159, 162, 176, 178
Flotte 8, 80
Fluchtburgen 35, 100
Flurzwang 28
Folter 139, 198, 206
Forchheim 21
Fouquet, Jean 149
Franken (Landschaft) 2–4, 11–29, 30–31, 35, 38, 41, 44, 144, 196, 197
Frankenhausen 197
Frankfurt am Main 21, 43, 100, 102, 127, 131, 153
Frankfurt an der Oder 113
Frankreich, Franzosen 30, 32, 63, 64, 65, 66, 95, 108, 133, 136 f., 144, 145 ff., 178, 185, 191, 192, 196, 200 f., 204, 206, 208, 216, 219, 221, 226, 227, 235, 237, 238, 239, 240
Franz von Assisi 76, 78
Franz I., Kg. von Frankreich 191, 200
Franziskaner 78, 90
Frauenburg 168
Freiburger Münster 106 ff.
Freigraf 140
Freiheit 28, 98, 146 f., 190, 194 f., 208, 226
Freistuhl 140
Fresko 76–77, 160, 214
Friaul, Markgraf von 41
Friedrich I. Barbarossa 68 ff.
Friedrich II., Kaiser 76, 80–84, 117, 131
Friedrich III., Kaiser 138, 140, 156
Friedrich von Baden 83–84
Friedrich II. Eisenzahn von Brandenburg 132
Friedrich V. von der Pfalz 232, 240
Friedrich der Weise, Kf. von Sachsen 184, 189, 203
Friedrich Roger s. Friedrich II., Kaiser
Friesen 3, 13, 14
Friesland 30, 98, 110, 121
Fritzlar 13
Frobisher, Sir Martin 222
Frondienste 29, 98, 104, 138, 194
Fugger 163–165, 172, 192, 198
Fulda 12, 13, 14, 15, 100

Galeeren 80, 123
Galizien 106
Gallien 2
Gallus 12
da Gama, Vasco 173, 183
Gaue, sächs. 16, 18
Gaufürst 2
Gaza 62
Gaze 62
Gebet 9, 47, 50
Geblütsrecht 68
Gefolgsleute 4, 25
Gegenkönig 57
Gegenpapst 59, 70, 133
Geismar 13
Geißler 130
Geld 10, 25, 98, 106, 130, 139, 150, 153, 188, 233
Geldwirtschaft (s. auch Banken) 124, 130, 138, 153, 162–164
„Gemeiner Pfennig“ 144
Genf 94, 138, 204, 205, 208
Genua 62, 124, 151
Gerichtswesen 20, 22, 40, 70, 81, 98, 102, 111, 115, 139 f., 143, 148, 149, 195, 205, 206, 218, 222
Germanen 108, 172
Gernrode 41
Gero, Markgraf 36, 40–41
Geschichtsschreiber 15, 34, 48, 69, 74, 89
Geschlechter s. Kaufmannsgeschlechter
Geselle 104, 123
Gesetze 3, 6, 16, 22, 40, 44, 55 f., 71, 80–82, 103 f., 118, 122, 128 f., 131, 134–135, 143 f., 146 f., 195
Getreide 28, 80, 88, 98, 118, 121 f.
Geusen 217, 222
Gewanne 28
Gewürze 62
Geyer, Florian 197
Ghetto 106
Ghibellinen s. Staufer
Gibraltar 8, 62
Gilde 104
Giotto 76–77
Giselbert von Lothringen 35
Gnesen 44, 55, 115
Goa 179
Götzendienst 18, 180
„Goldene Bulle“ 131
Goldene Horde 85, 88, 150 f.
Gonzaga 154
Goslar 34, 54, 71
Gotik s. Architektur
Gotland 113, 118
Gotlandfahrer 121 f.
Gottesfriedensbewegung 52, 59
Gottesurteil 58
Gottfried von Bouillon 64
Grafen 21, 22, 26, 28, 35, 40, 44, 76, 103, 127, 128
Gralskönigtum 98
Granada 10, 150, 177
Great Charter s. Magna Carta
Griechen 10, 22, 80, 152
Grönland 31
„Große Mauer“ 85, 88–89
Großgebietiger 116
Großmeister 64
Grotius, Hugo 224
Grundbesitz 3, 106
Grundherr 29, 98, 194
Grundherrschaft 28–29
Grundruhrrecht s. Recht
Guanahaní 176, 177
Gudrunlied 96
Guelfen s. Welfen
Guineaküste 226
Guise 220, 221, 226
Gustav Adolf, Kg. von Schweden 234, 235–236, 240
Gustav Wasa, Kg. von Schweden 209, 227
Gutenberg, Johann 166 f.

Habichtsburg 128
Habsburger 127 f., 135 f., 138, 140 ff., 148, 163, 164, 200, 201, 207, 235, 236, 237, 240
Hagia Sophia 60, 152
Haiti 177
Hakenpflug s. Pflug
Hamburg 100, 103, 121 f., 124, 126
Hamburger Stadtrecht 125
Hamburg–Bremen, Erzbistum 41, 54
Handel
antiker 10
arab. 32, 173, 176
chin. 88, 90–91, 176, 212
europ. 10, 41, 62–63, 67, 80, 100, 102, 104–106, 113, 120ff., 138, 151, 153, 162, 163, 164, 172, 224, 226, 239
Indien- 172, 173, 176, 179
japan. 212
Orient- 60–67, 153, 162
oström. 32, 62–63, 151
russ. 32, 172, 229
Handwerk 10, 47, 48, 79, 100, 104 f., 106, 113, 115, 128, 130, 153, 163
Handsalven 127
Hanse 118, 120 ff., 227, 234
Harun al Raschid 10
Harz 54, 71
Harzburg 54
Haufendorf 112
Hausmachtpolitik 128 f., 143 f., 144–145
Hausmeier 4
Havelberg 41
Hawkins, John 222
Hebräisch 80, 106
Heer, stehendes 80, 148
Heerbann 22, 35
Heeresversammlung, fränkische 3, 14
Hedschra 5
Hedwig von Polen 118
Heidelberg 83, 232
Heiliger Krieg (s. auch Kreuzzüge) 148
Heinrich I., dt. Kg. 35–37, 38, 110
Heinrich II., Kaiser 41, 45, 50
Heinrich III., Kaiser 47, 50, 52
Heinrich IV., Kaiser 53–59
Heinrich V., Kaiser 59, 68
Heinrich VI., Kaiser 74–76
Heinrich III., Kg. von Frankreich 221
Heinrich IV. (von Navarra), Kg. von Frankreich 220, 226, 227
Heinrich VII., Kg. von Engld. 148
Heinrich VIII., Kg. von Engld. 204, 205, 208, 221, 222
Heinrich, Bruder Ottos I., Hg. von Bayern 40
Heinrich der Löwe 68, 72–73 100, 113, 114
Heinrich von Plauen 119
Heinrich von Schlesien 86
Heinrich der Seefahrer 173
Heinrich der Stolze 68
Heldendichtung 96
Helgoland 126
Heliand 36
Hellebarde 139
Henker 106
Hennegau 137
Heringe 124 f.
Hermann Billung 40
Hermann von Salza 117
Hermannstadt 116
Herzöge 39, 40, 44, 70, 100, 103, 127
Hessen 13, 201, 220
Hildebrand, Kardinal s. Papst Gregor VII.
Hildesheim 36
Hinduismus 174
Hintersasse 29, 98
Hirsau 50
Hochmeister 116, 118, 119, 120
Höhenburg 93 ff.
Höriger 29, 98
Hofämter 3, 38
Hohenstaufen s. Staufer
Hohenzollern 132
Holbein d. J., Hans 205
Holland, Holländer 110, 122, 126, 138, 178, 185, 212, 221, 223, 233
Holstein 70, 82, 110, 136, 232
Horen 47
Horn, Gf. 218
House of Commons 147 f.
House of Lords 146 f.
Hradschin 129
Hufe 28, 111, 112
Hugenotten 219, 220, 221, 227
Hugo Capet 145
Hugo von Cluny, Abt 57
Humanismus, Humanisten 153, 155, 156, 162, 167–168, 172, 184, 188, 191, 204
Humbert de Silva Candida 55
Hundertjähriger Krieg 147 f., 150
Hunnen 35
Hus, Johannes 133 ff., 189, 192
Hussitenkriege 135
Hutten, Ulrich von 168 f., 172, 193, 194

Iglau 115
Ignatius von Loyola 209–210, 213
Ikonen 62, 150 f.
Imam 9
Indien, Inder 10, 172, 173–176, 179, 183
Indonesien 224
Ingelheim 22, 42
Inkas 181 f., 183
Innung
s. Zunft
Inquisition 78, 150, 216, 217
Interregnum 127, 128, 132, 136
Investitur 40, 55 ff.
Investiturstreit 55–59, 70, 80
Irland 12
Irminsul 16
Iroschotten 11–14
Irtysch 229
Isabella, Kgn. von Kastilien 148 f., 177
Islam 6–10
Island 31, 54, 209
Italien 12, 14, 16, 30, 32, 41, 42, 44, 56, 59, 61, 62, 65, 67, 69 ff., 74, 80, 82, 108, 124, 129, 144, 145, 153, 155, 167, 168, 169, 170, 184, 185, 200, 201
Iwan III., Zar 152
Iwan IV. der Schreckliche 228–229, 231

Jagiello von Litauen 118
Jagiellonen 227
Jakob I., Kg. von England 232
Japan 174, 210, 211–212
Jeanne d'Arc 146 f.
Jerusalem 36, 63–65, 67, 72–74, 84
Jesuiten 209–211, 212, 213, 227, 231, 232
Jiddisch 106
Johann von Berry 137
Johann ohne Land 76, 145–146
Johanna,
Kgn. von Spanien 144
Johanniter 65, 66
Juan d'Austria 216
Juden, Judentum 5, 9, 65, 80, 106, 168, 185, 216
Judenverfolgung 65, 106, 130
Jüterbog 188
Jütland 31

Kaaba 4–5
Kadi 9
Kämmerer 4, 38
Kärnten 42, 110, 128, 232
Kairo 10
Kaiserkrönung 24–25, 44, 74, 80, 144
Kaiserkrone 43
Kaiserswerth 54
Kaisertum 24, 42, 44, 45, 52, 55, 63, 66, 67, 74, 76, 84, 102, 126, 132, 141, 144, 191, 200, 207, 238

Kaiserswerth 54
Kalifen 6, 150
Kalikut 173
Kalmarer Union 126
Kama 229
Kampen 122
Kanada 227
Kanarische Inseln 177
Kapetinger 145, 147
Kapitalgesellschaften 163
Karakorum 86, 90
Karawanen 5, 67
Kardinäle 55–56, 133
Karl der Große 15–25, 38, 42, 44, 46, 52, 60, 110, 140
Karl der Kahle 30
Karl IV., Kaiser 124, 129 ff., 134
Karl V., Kaiser 145, 164, 180, 191–192, 198, 200–201, 202, 203, 206–207, 208, 209, 212, 214, 216, 227
Karl VII., Kg. von Frankreich 146 f.
Karl IX., Kg. von Frankreich 220
Karl von Anjou 84
Karl der Kühne von Burgund 136 f., 148
Karl Martell 4, 8, 10, 14
Karlsschrein 71
Karlstadt 189, 193
Karolinger 14–25, 30–31, 35, 40, 98, 145
„Karolingische Renaissance" 22
Karthago 8
Kasan 229
Kassel 100
Kaste 174
Kastell 100
Kastilien 144, 148 f.
Katharer 78
Katharina von Medici 220
Kaufleute 62–63, 67, 90, 100, 104, 113, 120 f., 128, 134, 138 f.
Kaufmannsgeschlechter 102, 104
Kelten 3
Kemenate 95
Ketzer 78, 134, 148, 216
Kiel 122
Kiew 32, 151
Kilian 12
Kirchenburg 115–116
Kirchenstaat 14, 42, 76, 80, 201
Klausur 46
Klöster 12–14, 18, 46–49, 50, 100, 113–114, 116, 184, 186 f., 190, 193, 197, 198, 204
Klosterreform 50
Knappe 72, 96
Knut, Kg. von Dänemark, England, Norwegen und Schottland 44
Kölderer, Jörg 141
Köln 40,54, 64, 71, 100, 106, 107, 121, 122, 124, 127, 144, 153
Kölner Dom 108
Kölner Königschronik 74
Königsboten (missi dominici) 22
-gewalt 78
-gut 3, 4, 20, 40, 54, 128
-krönung 38
-umritt 44
-wahl 127, 128–129, 131
Königtum 3, 4, 24, 28, 100, 103, 145, 146, 148, 150
Königsberg 118
Königshofen 197
Köpenick 112
Koggen 113, 120 f.
Kolberg 44
Kolonien 145, 177 ff., 221 f., 227
Kolonisation 40, 110 ff.
Kolumbus 176–178, 183
Komtur 116, 119
Konfuzius 88–89
Konquistadoren 182 f.
Konrad I., dt. Kg. 35
Konrad II., Kaiser 42–43, 44–45, 50
Konrad III., dt. Kg. 66
Konrad von Masowien 117
Konrad von Schlesien 112
Konradin 83, 84
Konstantinopel (s. auch Byzanz, Ostrom) 8, 14, 24, 60 ff., 63, 65, 76, 78, 151, 152, 155
Konstanz 52, 70, 134
Konstanze, Kaiserin 72, 76
Konsul 2, 68
Kontore 122 f.
Konzil 63, 76–77, 133, 134 f.
von Basel 135, 156
von Konstanz 134
von Pisa 133
von Trient 206 f., 212–213, 217
Kopernikus, Nikolaus 168 f., 172
Koran 6
Kordilleren 181
Korea 212
Krain 128
Krakau 44, 86, 114, 115, 168
Krak des Chevaliers 65
Kredit 124, 153
Kremsmünster 18
Kreuzfahrerstaaten 64 ff., 76
Kreuzzüge 63 ff., 72–74, 76, 84, 116, 124, 211
Kriemhild 16, 96
Krim 150
Kronstadt 116
Krummstab 38
Kuba 177, 180
Kublai Chan 89–90
Kulm 117
Kulmer Land 119, 120
Kurfürsten 127, 128, 129, 131, 238
Kurie 132, 189
Kurland 118, 120
Kurrhein (Reichskreis) 144
Kursachsen 201, 202, 206, 235, 237
Kurverein zu Rhense 129

Laieninvestitur 56 ff.
Laienkelch 135
Landesherren, -fürsten 81, 100, 126, 127, 132, 140, 185, 194, 195, 198, 208
Landfriedensgebot 44, 52, 59, 69, 82, 128
Landfriede, Ewiger 143, 144
Landfriedensgesetz s. -gebot
Landgraf von Thüringen 79
Landmeister 116, 117, 120
Landnot 98
Landsknechte 138, 142 f., 195
Landwirtschaft s. Bauern
Langobarden 12, 14, 15, 20, 32, 41
Latein 22, 24, 47, 48, 80, 129, 142
„Lateinisches Kaiserreich" 76, 151
Lateran 24, 76
Laterankonzil 76–77
Lechfeld (Schlacht) 40
Legnano 71
Lehnin 114
Lehnspyramide 26
Lehnswesen 25–29, 44–45, 47, 73, 74, 88, 145, 212
Lehrling 104
Leibeigene 29, 106
Leibeigenschaft 194, 196
Leipzig 102, 189
Leipzig, Universität 134
Leitmeritz 115
Lemberg 115
Leonardo da Vinci 160, 162
Lepanto 214 f., 216, 227
Leubus 114
Leyden 224
Liegnitz 86
Limburg 137
Lissabon 179
Litauen 118, 120, 227
Liutprand von Cremona 60
Livland 118, 120
Loire 8, 12
Lokator 110
Lombardei 69 ff., 80, 84
London 121 f., 145, 146, 226
Lords 147
Lorsch 16
Lothar I., Kaiser 30
Lothar von Supplinburg, Kaiser 68, 110

Lothringen 30, 35, 38, 40, 138
Lothringer 64
Ludwig der Deutsche 16, 30
Ludwig, frz. Kg. (Schwager Ottos I.) 72
Ludwig das Kind 30
Lübeck 72, 82, 100, 101, 113, 117, 120 ff., 234
Lüneburg 73, 124
Lüttich 59
Lützen 236
Luther, Martin 186–193, 198, 201, 202, 203, 204, 206, 209, 219, 231, 238
Luxemburg 128 ff.
Luzern 136

Madagaskar 172
Madrid 214
Mähren 115, 128 f.
Märtyrer 14
Magdeburg 41, 42, 100, 113, 122, 207, 235, 238
Magellan, Fernão de 178, 183
Magna Carta Libertatum 146 f.
Maifeld 22
Mailand 62, 70 ff., 74, 124, 144, 160, 207
Mainz 31, 38, 50, 68, 74, 100, 127, 131, 167
Mainzer Reichsfriede (1103) 58
Major domus s. Hausmeier
Malakka 179
Malerei (s. auch Buchmalerei) 77, 90, 91, 92, 109, 149, 151, 155, 157, 158, 160–161, 170–171, 173, 176, 186, 189, 199, 200, 205, 211, 215, 216, 225, 233, 234
Malstatt 140
Malta 66
Malteser 66
Mandarin 88, 90
Manessische Liederhandschrift 83
Mantua 154
Marburger Religionsgespräch 203
Marchfeld 128
Marco Polo 90
Margarete, Kgn. von Dänemark, Norwegen und Schweden 126
Maria von Burgund 138
Maria die Katholische, Kgn. von England 221
Maria Stuart 222
Maria Laach 48–49
Marienburg 117–118, 119
Marienwerder 117
Marken 20–21
 Bayer. Ostmark 110
 Bretonische 21
 Dänische 21, 36
 Friaul 20
 Mark Brandenburg 110, 113
 Mark Lausitz 41
 Mark Meißen 41, 52, 110
 Mark Schleswig 36
 Nordmark 41
 Pannonische 20
 Sorbische 20
 Spanische 20
Markgraf 21, 42, 44, 110, 127
Markloh 16
Markt 98, 102 f., 113
Marokko 172
Marschall 3, 38
Mathematik 11, 156, 170
Mathilde, Gemahlin Heinrichs des Löwen 70
Mathilde von Tuscien 57
„Mauren" 63, 150, 216
Maximilian I., Kaiser 138, 140 ff. 148, 156, 165, 166, 191
Maximilian von Bayern 231, 232 236, 237
mâze 96
Mecklenburg 54, 70, 82, 113, 114 234
Medici 153, 155, 159, 164, 189
Medina 5
Medizin 10, 48, 80
Meersen 31
Meister Eckhart 133
Meißen 41
Mekka 4–5, 10
Melanchthon, Philipp 190, 191, 202, 203, 208
Memleben 36, 42
Merian 235, 236
Merowinger 2–4, 14
Merseburg 35, 41, 58, 100
Mesopotamien 86, 180
Messe 102
Messina 76, 80
Metz 4, 207, 238
Mexiko 179–181, 183
Michelangelo 159, 160, 162
Michels, Godeke 126
Mieszko 34
Minarett 6, 9, 175
Ming-Dynastie 90, 91
Ministerialen s. Dienstmannen
Minnedienst 96
Minnelieder 82
Minnesänger 96
Missi dominici s. Königsboten
Mission, christliche 11, 12–14, 16, 44, 90, 110 f., 118, 182, 183, 211, 212
Mitbestimmungsrecht 106
Mittelalter 10, 35, 53, 94, 98, 154, 172
Mittelmeer 10, 153, 172, 173, 201, 216, 227
Mönche s. Klöster
Mönchsgelübde 64, 190
Mönchtum 47, 134, 186, 187
Mohacs 201
Mohammed 4–6
Mohammedaner 174, 176
Monarch 80, 148, 150
Monate 22, 27
Mongolen 82, 85 ff., 88, 89–91, 150 f., 174, 212
Monopol 80, 163
Monreale 73
Montezuma 179, 180
Montserrat 209
Morgartenpaß 136
Moritz, Hg. v. Sachsen-Meißen 206 f.
Moschee 6, 9, 174
Moses 6, 159, 160
Moskau 150 f., 152, 229, 230
Mossul 62
Mont Cenis 45, 48
Mühlberg 206
München 30, 70, 100, 236
Münster 18, 100, 238
Müntzer, Thomas 196, 197
Münzen 40, 80, 81
Muezzin 6
Mundschenk 4, 38
Musketen 138
Muslime 6
Musselin 62
Mystiker 133

Nagasaki 212
Nancy 138
Nanking 91
Nantes, Edikt von 226, 227
Nassau 128
Nationalgefühl 65, 167
Nationalstaaten 150
Naturalwirtschaft 10, 25
Naturwissenschaften 81, 168
Naumburg (Bober) 113
Naumburg (Saale) 41
Naumburger Dom 95
Navarra 148, 149, 226
Neapel 80, 84, 191, 207
Neapel, Königreich 145
Neger 180, 182
Neu-Amsterdam 224
Neustrien 4
Neuß 95
New York 224
Nibelungenlied 96
Niederlande (s. auch Holland) 144, 185, 206, 207, 214, 21 – 219, 224, 227, 238, 239, 240
Niedersachsen 144

Nimwegen 21
Nördlingen 237
Nomaden 40, 85 ff., 88
Nonnen 48
Nordafrika 8–10
Nordamerika s. Amerika
Nordelbien 16
Nordgermanen 31–32
Nordsee 172, 234
Normaljahr 238
Normandie 32, 145
Normannen 31–32, 52, 56, 59, 63, 74, 80, 152
Norwegen 31, 44, 54, 123, 124, 209
Novizen 47
Nowgorod 31, 113, 121 f., 152, 228
Nürnberg 62, 100, 101, 114, 144, 162, 166, 202

Oberrhein 144, 167, 196
Obersachsen 144
Odo, Abt von Cluny 50
Österreich 42, 52, 68, 96, 98, 110, 128, 136, 144, 191, 192, 207
Oliva 114
Olmütz 115
Oranien, Wilhelm von 217, 218–219
Orinoco 177
Orleans 148
Ortsnamen 112
Osnabrück 18, 238
Osterhofen 21
Ostfalen 16
Ostfranken 30, 35
Ostgermanen 108
Ostgoten 2, 14
Ostgrenze, deutsche 110
Ostmark, bayerische (s. auch Österreich) 40, 42, 110
Ostrom 8, 10, 14, 24, 32, 42, 60, 63, 74, 76, 151 f.
Ostsee 172, 226, 227, 228, 229, 231, 234, 235
Ostsiedlung 109 ff.
Otto I., Kaiser 38–42, 52, 60, 70, 110, 127
Otto II., Kaiser 42, 44, 55, 110
Otto III., Kaiser 44
Otto von Wittelsbach 70, 73
Ottokar von Böhmen 118, 128
Ottonen 35–44, 60
Oxford 133

Paderborn 16, 18
Padua 168
Päpste
  Alexander III. 70 ff.
  Clemens VII. 189
  Coelestin III. 75
  Gregor VII. 56–59
  Innozenz III. 76–78, 80, 145
  Johannes XII. 42
  Julius II. 159
  Leo III. 24
  Leo X. 189
  Pius II. 156
  Sixtus IV. 160
  Urban II. 60–61, 72
Palästina 63 ff., 86
Palas 93, 94
Palermo 73, 76, 80, 84
Pallium 24, 132
Pankow 112
Papier 88, 90
Papsttum 13, 14, 15, 24, 25, 42, 44, 52, 55, 56–59, 63 ff., 70 ff., 76, 77, 78, 80, 84, 90, 117, 127, 128, 130, 131, 132 ff., 144, 146, 184, 185, 190, 200, 209, 212, 213, 220, 231, 232
Papstwahldekret 55–56
Papyrus 10
Parias 174
Paris 4, 145, 210, 220, 221, 226
Parlament, engl. 146 f.
Parzival 96 f.
Passau 96, 100
Passauer Vertrag 207
Patriarch 76, 78
Patricius Romanorum 14, 15, 22, 52, 56
Patrizier 102, 104
Patrizius 2
Paulus 64, 170–171
Pavia 15, 200, 208
Pazifischer Ozean 230
Peking 89
Perser 10
Persien 86, 90
Personalunion 136, 228
Perú 181, 183
Pest 130, 194
Peterskirche 24, 42, 76, 158, 159 188
Peterspfennig 132
Petrus 24, 64, 170–171, 189
Pfalz (Königspfalz) 21, 38, 54, 69, 100, 140, 220, 231, 238
Pfalzgraf 21, 40, 70, 127
Pfalzgraf bei Rhein 127
Pflug 112
Pforta (b. Naumburg) 113
Pforzheim 168
Philipp I. (der Schöne), Kg. von Spanien 144
Philipp II., Kg. von Spanien 207, 212, 213–216, 217, 218, 219, 221, 223, 227
Philipp August, Kg. von Frankreich 74, 80
Philipp der Gute, Hg. von Burgund 137
Philipp, Lg. von Hessen 197, 208
Philippinen 178
Philippsburg 238
Philosophie 10, 155, 185
Piacenza 160
Piasten 114
Pilsen 115
Pinturicchio, Bernardo 156, 160
Pippin 14, 15
„Pippinische Schenkung" 14, 15
Pirmin 12
Pisa 62, 124, 133, 151
Pizarro, Francisco 181, 183
Plastik 55, 58, 79, 80, 95, 103, 114, 127, 156–157, 159, 174, 179
Platon 155
Poitiers 8
Polen 34, 40, 42, 44, 52, 82, 86, 106, 115, 117 ff., 206, 227, 229, 230, 231, 235
Polo s. Marco Polo
Pommerellen 115, 119–120
Pommern 72, 82, 113, 114, 118, 234, 238
Portugal, Portugiesen 76, 148, 173, 176, 177, 179, 182, 183, 211, 212, 221
Porzellan 62, 88
Posen 115
Post 86, 144
Potestas 78
Prädestinationslehre 204
Prämonstratenser 113
Prag 35, 41, 115, 128 f., 134, 232, 233, 237
Prager Universität 129, 134
Preußen 66, 116 ff., 201
Priesterehe, Verbot der (s. Zölibat)
Privileg 102
Provenzalisch 80
Przemysliden 128
Psalterium 1, 18
Ptolemäus 174
Putti 158, 160
Pyrenäenhalbinsel 8, 63

Quartiere 122
Quebec 227
Quedlinburg 35, 36, 42, 100

Räderpflug s. Pflug
Raffael 155, 160–162
Rahewin 69
Rain am Lech 236
Rainald von Dassel 70–71
Raleigh, Walter 223
Ramadan 5
Rat (Ratsherren) 102, 103 f., 122
Rathaus 102
Raubritter 139, 193

Ravenna 14
Recht (s. auch Gesetze)
arab. 9
deutsch. 112 f.
german. 14
röm. 124, 168, 195
Grundruhr- 120
Hanse- 122 f.
Markt- 102
Stadt- 102 ff., 113, 115
Stammes- 22
Strand- 120–121
Rechtsprechung s. Gerichtswesen
Rechtsstudium 139
Reformation 184, 186, 198, 201–206, 209, 213, 221, 227, 235
Regalien 40, 81, 103, 127, 131
Regensburg 12, 30, 41, 74, 100, 185, 234
Reichenau 12, 39, 47
Reichsadler 45, 80, 117
Reichsgut 56
Reichshofrat 144
Reichsinsignien 34, 38, 42–43, 45, 93
Reichskammergericht 143, 144
Reichskreise 144
Reichsreform 140 f., 143 ff.
Reichsregiment 144
Reichsritter 193
Reichsstädte 103, 127
Reichssteuer 144
Reichsunmittelbarkeit 103, 135 f.
Reims 22, 30, 148
„Reisläufer" 138
Reliquien 78, 184, 190
Rembrandt van Rijn 224
Remter 118–119
Renaissance 153, 156–162, 170, 172, 184
Restitutionsedikt 234, 240
Reuchlin, Johann 168, 172
Reval 118
Rhense 129
Ribemont 31
Richard Löwenherz 74, 76, 145
Richelieu 235, 240
Riemenschneider, Tilman 198
Ritter 25, 63, 64–67, 71, 74, 82, 93 ff., 110, 111, 132, 136, 138 ff.
Ritterbünde 132
Ritterorden, Deutscher s. Deutscher Ritterorden
Ritterorden, geistliche 64–65, 66
Robert Guiscard 32
Rodung 98, 194
Römer 2, 3, 10, 22, 42, 59
Römerstädte 100
Roger II., Normannenkönig 74, 76
Roland, Kardinal s. Papst Alexander III.
Roland (Bildsäule) 102
Rom 24, 42, 52, 56, 69, 70, 76, 80, 90, 132 f., 144, 154, 158, 159, 160, 168, 172, 184, 189, 201, 208, 211, 212
Romanische Sprache 3
Romanow 230
Roncalische Felder 70
Rosenkriege 148
Rostock 121, 124
Rothenburg (Oder) 113
Rotterdam 224
Rouen 147
Rubens, Peter Paul 224
Rudolf, Kg. von Burgund 44–45
Rudolf I. von Habsburg 127 f., 135
Rudolf II. von Habsburg 231
Rudolf von Rheinfelden 57, 58
Rügen 238
Rundling 112
Rurik 32, 33, 230
Rußland 32, 33, 42, 82, 86, 88, 106, 120, 126, 164, 172, 178, 227, 228–231, 235

Sachsen s. auch Kursachsen 3, 16–18, 35, 37, 68, 72, 110, 127, 144
Sachsenaufstand 54
Sachsenkriege 16–18
Sachsenhausen 18
Sagorsk 150 f.
Sakramentar 12, 41
Saladin 78, 84
Saleph 74
Salerno 59
Salier 44 ff., 68, 128
Saline 124
Salz 80, 123
Salzburg 20, 26, 41, 72
Samarkand 85
Samurai 212
San Gimignano 129
sanior pars 59
San Yuste 207
Sarai 88, 151
Sarazenen 8–9, 32, 42, 74, 80
Sardinien 207
Savonarola 156
Schauenburger 110, 113, 136
Scheck 123, 124
Schießpulver 88, 139
Schisma 132 f.
Schlesien 82, 86, 93, 113, 114, 150
Schleswig 36, 136
Schmalkaldischer Bund 202, 206, 208
Schmalkaldischer Krieg 206, 212
Schöffen 22, 102, 111, 139, 140
Schonen 123 f.
Schonenfahrer 123 f.
Schottland 44, 145, 206, 222, 223
Schulen 21, 22, 47, 203, 211
Schultheiß 102
Schwaben 34, 38, 68, 144, 196
Schwarz, Berthold 165
„Schwarzer Tod" s. Pest
Schwarzes Meer 31–32, 120, 130
Schwarzwald 98, 107, 196
Schweden 31, 32, 120, 124, 208, 209, 227–228, 231, 234, 235–237, 238, 240
Schweiz 98, 135 f., 138, 203, 209, 238, 239, 240
Schwertbrüderorden 118
Schwertleite 74, 96
Schwyz 135 f.
Seeräuber 113, 120, 126, 212
Seide 62, 80, 88, 123
Selbstverwaltung 103
Seldschuken s. Türken
Sempach 136
Serbien 151
Seuchen 102, 130
Seuse, Heinrich 133
Shakespeare, William 226
Shintoismus 211
Shogun 212
Sibirien 178, 229 f., 231
Sickingen, Franz von 193 f.
Siebenbürgen 115, 117
„Siebenbürger Sachsen" 116
Siedlungsformen 28, 111, 112
Siegfried 16
Sigismund, Kaiser 134 f.
Sigismund III., Kg. von Polen 227 f.
Silberbergwerke 54, 73, 130, 162
Silvio Piccolomini, Enea (s. auch Papst Pius II.) 156
Simonie 55, 56
Sizilien 32, 74, 76, 78, 80, 84, 118, 145, 191, 207
Skythen 174
Slawen 18, 20, 31–32, 33 ff., 40–42, 52, 108 ff., 116–120
Slawenaufstand 42, 110
Slawenkreuzzug 112
Slowenen 110
Smolensk 32
Söldner 136, 138 ff., 142 f., 148
Soest 113, 122
Soliman II. 201
Spanien, Spanier 8, 108, 123, 127, 144, 145, 164, 177, 178, 179, 180, 182, 183, 191, 192, 201, 206, 207, 214–216, 217, 218, 219, 220, 221, 222, 223, 224, 226, 227, 231, 233
Speaker 147
Speyer 48, 50, 52, 59, 100, 127, 128, 202
Spinola 224
Spreewald 112

Staat
arab.-islam. 9
chin. 88
engl. 145, 146–147
fränk.-karol. 21–25
fränk.-merow. 3
franz. 145, 148, 226
Inka- 181
japan. 212
Lehnsstaat 25–29, 44–45
mongol. 86
Ordens- 117–119
otton. 40, 59–60
russ. 151
siz. 80–81
span. 149–150
Stadt
arab. 9–10
deutsche 54, 81, 100 ff., 113
chin. 88
flandr. 100, 124, 216–217
ital. 62, 69 ff., 84, 100, 124, 153 ff.
mexik. 180
im Ordensgebiet 117, 119
Stadtherr 54, 103, 153
Stadtrecht s. Recht
Städtebünde 121 f., 132
Stämme 22, 33, 35, 40, 48
Ständekämpfe 106
staete 96
Stalhof 121, 226
Stambul 152
Stammesherzöge 4, 18, 35
Starost 110
Statutum in favorem principum 81
Staufer 68 ff., 76, 80–84, 93, 127, 128, 153
St. Bernhard, Paß 45, 62
St. Denis 30
St. Emmeram 30, 41
St. Gallen 1, 12, 36, 47
Steiermark 110, 128, 232
Stephan der Heilige 40, 52
Stettin 110, 124, 164
Steuern (s. auch Abgaben) 3, 9, 80, 103, 144, 146 f., 151, 217
Störtebeker, Klaus 126
Stoß, Veit 114
Stralsund 118, 124, 234, 235
Strandrecht s. Recht
Strasburg (Uckermark) 113
Straßburg 96, 101, 102, 107, 153
Straßendorf 112
Stroganow 229
Stundenbuch 137
Sueben 2
Sumatra 90
Süntel 16
Sulb 62
Sully 226
Sutri 52
Syagrius 2
Synode 52, 57, 63
Syrien 64, 65, 86

Tagfahrt 122, 126
Tannenberg 119
Tao 89
Tarik 8
Tassilo 18
Tataren s. Mongolen
Ta-tung 89
Tauler, Johannes 133
Taxis, von 144
Tell, Wilhelm 136
Tempelritter 64, 66
Temudschin s. Dschingis-Chan
Tenno 212
Tenochtitlan 180
Territorien (s. auch Landesherren und -fürsten) 81
Tetzel, Johann 188
Textilgewerbe 153, 162, 193
Theoderich 2
Thomas von Aquin 78
Thomas von Kempen 133
Thorn 117, 168
Thorner Friede 119–120
Thüringen 4, 36, 196, 197
Thüringer 2, 13
Tibet 174
Tilly 231, 232, 234, 235, 236, 240
Tirol 93, 162, 163, 164, 207, 232
Tischzucht 96
Tizian 160, 199, 200, 216
Tjost 95
Toledo 214
Toscanelli 176, 178
Toskana 129
Tours 8
Tradition 10, 152
Transsubstantiation 78, 134
Treue 25, 28, 29
treuga Dei s. Gottesfriedensbewegung
Tridentinum 212
Trier 11, 31, 100, 127, 193
Trifels 93
Tripolis 64
Tripolis (Nordafrika) 76
Truchseß 3, 38
Tschechen 134 f.
Tudor 148
Türken 63 ff., 151 f., 173, 200 f., 202, 206, 208, 216, 227
Tunis 76, 201
Turkestan 85, 151
Turnier 95, 143
Tyrannen 153, 154, 219
Tyrus 67

Ukraine 150
Ulm 62, 107
Ulrich, Bischof v. Augsburg 40
„Unentbehrliche Leute" 106
Ungarn, die 35–36, 40, 42
Ungarn, Königreich 44, 52, 64, 76, 79, 82, 115, 152, 162, 164, 191, 201, 206
Ungarnschlacht 40, 41
Universitäten 80, 129, 134, 155, 187, 188
Unstrut 36
Unterwalden 135 f.
Uri 135 f.
Urkantone 136
Utrechter Union 219

Vaganten 106, 134
Valladolid 178
Valois 148, 220, 221
Vasall 25, 28, 52, 56, 76, 147
Vassy-sur-Blaise 219, 220
Velasquez 224
Venedig 14, 62, 71, 76, 90, 124, 144, 151, 152, 153, 160, 162, 180, 214
Vera Cruz 180
Verden 16
Verdun 30
Verkehr 41, 88, 100, 104
Verona 71
Verrocchio, Andrea 153
Vespucci, Amerigo 178
Vierwaldstätter See 135 f.
Virginia 223
Vischer, Peter 142
Vitalienbrüder 126
Völkerrecht 224
Völkerwanderung 100, 108
Vogesen 12
Vogt 103

Wahlfürsten
s. Kurfürsten
Wahlrecht 68
„Waibling" 68
Waiblingen 68
Waisenhäuser 103
Waldemar Atterdag 82, 124
Waldenser 78
Waldhufendorf 112
Wales 145, 149
Wallenstein 233–234, 236–237, 240
Walther von der Vogelweide 96
Waräger 31–32
Wartburg 78, 96, 193
Wasserburg 93
Weinsberg 197
Welfen 68, 72 ff., 76, 80
Wellmitz 112
Wenden 35
Wendisch-Buchholz 112
Wenzel, Sohn Ottokars v. Böhmen 128
Werder 110

Westfalen 16, 73, 93, 98, 113, 140, 232
Westfälischer Frieden 238, 240
Westfranken 30, 35, 145
Westgoten 2, 8
Westindien 177
Westpreußen 114, 119–120
Weströmisches Reich 10, 152
Wettiner 110, 113
Wiclif, John 133 f.
Widukind, Sachsenherzog 16–18
Widukind von Corvey 35, 38, 42
Wien 96, 100, 128, 144, 201
Wikinger 21, 31–33
Wilhelm der Eroberer 32, 145
Wilhelm von Rubruk 90
Wimpheling, Jakob 167
Winfried s. Bonifatius
„Winland" 31
Winrich von Kniprode 117–118
Wirtschaft 3, 28 f., 44, 46, 98, 103, 106, 120 ff., 130, 162 ff
Wisby 113, 121 f.
Wismar 121
Wittelsbach 70, 72, 128
Wittenberg 187, 188, 191, 193
Wladimir der Heilige 32
Wladimir (Susdal) 150 f.
Wolfram von Eschenbach 96
Wolga 229
Worms 21, 50, 54, 56, 143, 192, 193, 196, 198
Wormser Edikt 192, 198, 200, 202
Wormser Konkordat 59
Württemberg 196
Würzburg 12, 14, 100
Wullenwever, Jürgen 126

Xavier, Franz 211

York 221

Zar, russischer 126, 152
Zedlitz 112
Zehnt 117
Zeitz 41
Zentralbau 156, 159
Zentralperspektive 158
Zins 153
Zips 115
Zirndorf b. Nürnberg 236
Zisterzienser 113
Znaim 115
Zölibat 50, 56, 190, 193
Zoll 40, 80, 81, 139
Zürich 83, 136, 203
Zugbrücke 94
Zunft 104 f., 115
Zwickauer Propheten 193
Zwingli, Huldreich 203, 204, 209

Zeittafel

	Abendland	Morgenland
482–511	**Chlodwig gründet das Reich der Franken.** 486 Sieg über den römischen Statthalter Syagrius. 496 Sieg über die Alemannen (Sueben). Übertritt zum römisch-katholischen Christentum Unter Chlodwigs Söhnen und Nachfolgern Unterwerfung der Thüringer (531), Burgunder (532–534) und Bayern (Mitte d. 6. Jhs.) Zerfall des Reiches in 3 selbständige Teilreiche: Austrien, Neustrien und Burgund Seit 600 irische Missionare in Germanien; **Columban,** Gallus, Kilian, Emmeram, Pirmin *(um 724 Kloster Reichenau gegründet)*	**Mohammed** aus Mekka, Prophet des Islam (570–632)
622		**Hedschra** nach Medina; Beginn der arabischen Zeitrechnung Rückkehr nach Mekka und Verkündung der Lehre, die später im Koran zusammengefaßt wird. Mohammeds Nachfolger, die Kalifen, erobern den Vorderen Orient und Nordafrika; **Ende der antiken Einheit des Mittelmeerraumes** 661–750 Kalifat der Omaijaden in Damaskus 674–678 Erfolgreiche Verteidigung Konstantinopels gegen die Araber
711	**Tarik** setzt über die Meerenge von Gibraltar nach Spanien, vernichtet das Westgotenreich und dringt in Aquitanien ein.	717–718 Erneute Niederlage der Araber vor Konstantinopel (Griechisches Feuer) Das Indusland wird mohammedanisch
732	**Bonifatius** (Winfried) Missions-Erzbischof, Hessenmission (Geismar), Ordnung der bayerischen Kirche Sieg über die Araber bei Tours und Poitiers (732) durch **Karl Martell** aus dem Geschlecht der Karolinger, Majordomus (Hausmeier) von Austrien, schließlich auch von Neustrien und Burgund	740 Ende der arabischen Einfälle in Kleinasien 750–1258 Kalifat der Abbassiden in Bagdad
751	Langobarden erobern Ravenna **Pippin** nach päpstlicher Zustimmung König der Franken (751). Patricius Romanorum	

	Abendland	Europa und der Orient
754	Pippinische Schenkung Tod des Bonifatius bei Dokkum (754)	
768–814	**Karl der Große,** König der Franken *Einhard: Staatsmann, Geschichtsschreiber und Baumeister* 774 Karl wird König der Langobarden, Bestätigung der Pippinischen Schenkung 772–804 **Sachsenkriege** (Widukind). 778 Zug nach Spanien (Roland). 782 Strafgericht in Verden. 788 Unterwerfung Bayerns (Tassilo)	
800	Weihnachten: **Kaiserkrönung in Rom: Beginn des abendländischen Kaisertums** Innerer Ausbau des Reiches: Grafschaften, Königsboten, Marken, Capitularia *Karolingische Renaissance* Lehnswesen, Grundherrschaft, Ausbreitung der Hörigkeit (Beginn des mittelalterlichen Feudalstaates) Einfälle der Wikinger ins Frankenreich	um 800 **Harun al Raschid,** Kalif in Bagdad *Tausendundeine Nacht, Blüte des Handels, der Baukunst und Wissenschaften: arabische Ziffern, Algebra* Seit 830 Araber in Sizilien und Unteritalien
843	**Reichsteilung zu Verdun:** Lothar I. erhält Italien und Mittelreich, Ludwig der Deutsche das Ostfrankenreich, Karl der Kahle das Westfrankenreich 870 Vertrag zu Meerssen: Mittelreich geteilt 880 Vertrag zu Ribemont: Lothringen zum Ostreich Die Stammesherzöge verschaffen sich immer mehr Macht und Unabhängigkeit vom König um 900 Bezeichnung der ostfränkischen Volkssprache als lingua theodisca („deutsch")	862 Waräger in Kiew: Rurik, Fürst der Russen, Gründung des russischen Staates 872 Wikinger auf Island
911	Ludwig das Kind, letzter Karolinger im Ostreich † 911–918 Frankenherzog Konrad als Konrad I. König im Ostreich	

	Deutsches Reich	Europa und der Orient
919	919–936 **Heinrich I.** aus der sächsischen Herzogsfamilie, erster „deutscher" König (rex Francorum), eint die deutschen Stämme	
	925 Giselbert von Lothringen gezwungen, sich dem Reich anzuschließen	
	928 Feldzug gegen die Slawen: Brennabor. Anlage von Fluchtburgen, aus denen später Städte entstehen. 933 Sieg über die Ungarn an der Unstrut. Mark Schleswig	929 Kalifat von Cordoba
936–973	**Otto I., der Große.** Krönung in Aachen. Ottonische Reichskirche	
	951 Zug gegen Markgraf Berengar von Friaul. Otto König der Franken und Langobarden	
955	**Sieg über die Ungarn** bei Augsburg **auf dem Lechfeld.** Errichtung von Marken im Slawengebiet: Gero und Hermann Billung (Nordmark, Lausitz, Meißen)	
962	**Kaiserkrönung in Rom** 968 Gründung des Erzbistums Magdeburg als Mittelpfeiler der Slawenmission. Wichtiger Handelsplatz. Grablege Ottos I.	
	973–983 Otto II. Niederlage gegen Sarazenen in Unteritalien (982). Slawenaufstand in Ostelbien (983)	980 Wikinger auf Grönland (Erik der Rote)
	983–1002 Otto III. Plant Erneuerung des Römischen Reiches	
		987 Aussterben der westfränkisch-französischen Karolinger
988		**Großfürst Wladimir wird griechisch-orthodoxer Christ**
		Wikinger in Amerika
um 1000		Ungarn werden unter König Stephan Christen
		1000 Gründung des Erzbistums Gnesen: polnische Kirche wird direkt dem Papst unterstellt. Verselbständigung Polens
	1002–1024 Heinrich II., Herzog von Bayern, deutscher König und römischer Kaiser	
	1007 Bistum Bamberg gestiftet	
		Seit 1016 Normannen in Sizilien und Unteritalien
	1024–1039 **Konrad II., erster Salierkaiser,** Ordner des Reiches. Erblichkeit der kleinen Lehen. Ministeriale als Stützen des Königs	Freundschaft Konrads II. mit Knut dem Großen, König von Dänemark, England, Schottland und Norwegen
1033	Vereinigung des Königreiches Burgund mit dem deutschen Königreich	

	Deutsches Reich	Kirche und Kultur	Europa und der Orient
	1039–1056 Heinrich III., Ordner von Kirche und Reich	**Romanischer Baustil** Klöster als Mittelpunkte der Kultur Klosterreform von Cluny (seit 1000) setzt sich in Deutschland durch (Hirsau). Reform der Weltgeistlichkeit.	
1046		Synode von Sutri: Reform des Papsttums	
		1054 Trennung von Ost- und Westkirche	
	1056–1106 **Heinrich IV.**		
1059		Papstwahldekret: Kardinäle wählen den Papst unter Ausschaltung des stadtrömischen Adels und des dt. Königs	Normannenfürsten in Süditalien werden päpstliche Lehnsleute (1059)
1066			**Wilhelm der Eroberer in England,** Schlacht bei Hastings
	1073 Sachsenaufstand. Unterstützung Heinrichs durch die Bürger von Worms	**Gregor VII.** (1073–1085) verbietet Simonie, Laieninvestitur und Priesterehe (1074/75)	
	Beginn des Investiturstreits auf der Synode von Worms (1076): Heinrich IV. läßt Gregor VII. absetzen		
	Bannung Heinrichs IV.		
1077	Heinrich IV. erwirkt in Canossa Lösung vom Bann		
	1080 Gegenkönig Rudolf von Rheinfelden †		
		Synode von Clermont: Papst Urban II. ruft zum Kreuzzug auf (1095)	
1096–1099			**1. Kreuzzug:** Gottfried von Bouillon, französische und normannische Ritter. Gründung des Königreichs Jerusalem mit Kreuzfahrerstaaten
	Ende d. 11. Jhs.: Worms und Köln erste Städte in Deutschland, die von ihren Stadtherren unabhängig werden		
		1098 Gründung des Zisterzienserordens	
	1103 Mainzer Reichslandfriede. Abfall des Sohnes Heinrichs IV.		
	1106–1125 Heinrich V.		
1122	**Wormser Konkordat:** Vorläufige Einigung im Investiturstreit: Trennung zwischen Wahl sowie geistlicher und weltlicher Belehnung der Bischöfe		

	Deutsches Reich	Kirche und Kultur	Europa und der Orient
		Geistliche Ritterorden entstehen: Tempelritter (1119) Johanniter, Deutscher Ritterorden (1190) Wandel im mittelalterlichen Denken beginnt	Handel zwischen Italien und dem Orient wächst.
	1123 Konrad von Wettin erhält die Mark Meißen 1125–1137 Lothar von Supplinburg		
	Beginn der großen Ostsiedlung: 1134 Albrecht der Bär erhält die Nordmark, 1136 Konrad von Wettin erhält die Lausitz		Durch Kreuzzüge und Handel werden die oberitalienischen (lombardischen) Städte reich und politisch selbständig
	1138–1152 Konrad III. von Hohenstaufen dt. König	**Blüte hochmittelalterlicher Kultur**	
1152–1190	**Friedrich I. Barbarossa von Hohenstaufen,** dt. König und (1155) röm. Kaiser. Versöhnung mit dem Welfenherzog Heinrich dem Löwen von Sachsen. Dieser erhält Bayern zurück. Gründung des Herzogtums Österreich		
	1157 Reichstag von Besançon: Zusammenstoß zwischen kaiserlichen und päpstlichen Ansprüchen (Rainald von Dassel und Kardinal Roland, später Papst Alexander III.)		
	1158 Gründung Münchens und endgültige Gründung Lübecks unter dem Schutz Heinrichs des Löwen. Reichstag auf den Roncalischen Feldern		
	1162 Zerstörung Mailands		
	1176 Niederlage Barbarossas bei Legnano, 1177 Friede von Venedig		
1180	**Sturz Heinrichs des Löwen:** Teilung Sachsens		
1183	**Friede von Konstanz** zwischen Friedrich I. und lombard. Städten		

	Deutsches Reich	Kirche und Kultur	Europa und Asien
			1187 Königreich Jerusalem von den Türken zurückerobert
			1189–1192 **3. Kreuzzug:** Kaiser Friedrich I., die Könige Philipp August von Frankreich und Richard Löwenherz von England
	1190–1197 Heinrich VI.		
1197	Zusammenbruch der Kaisermacht, Kampf zwischen Welfen und Staufern		
			1204 Gründung des Lateinischen Kaiserreiches in Konstantinopel auf dem 4. Kreuzzug (Bestand 1204–1261)
1212–1250	**Kaiser Friedrich II.**		
1215		**4. Laterankonzil:** Höhepunkt des Papsttums unter Innozenz III. Beschlüsse über Transsubstantiation, Inquisition. Gründung der Bettelorden (Franziskaner, Dominikaner)	**Magna Carta:** Grundlage englischer Freiheit
			Unter Friedrich II. moderne Staatsverwaltung in Sizilien-Unteritalien
		1224 Staatsuniversität Neapel. Castel del Monte	
		Blütezeit des Rittertums: Walther von der Vogelweide († nach 1227)	1226 Deutscher Ritterorden in Preußen
	1227 Sieg niederdeutscher Fürsten, Ritter, Bürger und Bauern bei Bornhöved		1227 **Dschingis Chan** †
1231/32	**Statutum in favorem principum:** Dt. Fürsten werden Landesherren		Unter Dschingis Chans Nachfolger dringen Mongolen nach Europa vor.
	1235 Mainzer Landfriede		1237 Unterwerfung Rußlands
	1238–1250 Entstehung von Städtebünden (Hanse in Norddeutschland)		
			Schlacht bei Liegnitz (1241)
1250–1273	**Interregnum**	**Gotischer Stil**	
	1268 Hinrichtung des letzten Staufers Konradin in Neapel	1265–1321 Dante Alighieri	1260–1294 **Kublai Chan** erobert China
			1271 Asienreise Marco Polos
			Staatliche Zersplitterung Italiens
	1273–1291 **Rudolf von Habsburg** von Kurfürsten gewählt		
1278	Sieg Rudolfs von Habsburg über König Ottokar von Böhmen; Beginn der habsburgischen Hausmachtpolitik		1284 Engländer erobern Wales

	Deutsches Reich	Kirche und Kultur	Europa und Asien
	1291 Ewiger Bund zwischen Schwyz, Uri und Unterwalden Zeit der wechselnden Herrscherhäuser: Nassau, Habsburg, Wittelsbach		
1295			**Erstes englische Parlament vom König berufen**
		1309–1376 Babylonische Gefangenschaft der Kirche	
		Mystiker	
	1315 Sieg der Schweizer am Morgartenpaß		
			1328 Aussterben der französischen Kapetinger Nachfolger die Valois
1338	**Kurverein zu Rhense:** Die 7 Kurfürsten lehnen Beteiligung des Papstes an der deutschen Königswahl ab		1339–1453 **Hundertjähriger Krieg** zw. England u. Frankreich: **Herausbildung der ersten Nationalstaaten**
			1340–1375 Waldemar Atterdag König von Dänemark
	1347–1378 **Karl IV.** aus dem Hause Luxemburg		**Florenz führt im Textilgewerbe und im Bankwesen**
1347/49	Die Pest in Deutschland: **Judenverfolgungen**		
		1348 Gründung der ersten deutschen Universität in Prag	
			1351 Unter Winrich von Kniprode **Blütezeit des Deutsch-Ordensstaates**
1356	**Die Goldene Bulle:** Reichsgesetz, das die Beteiligung der Kurfürsten an der Reichsregierung regelt		
			1368 Beginn der **Ming-Dynastie in China**
1370	**Friede zu Stralsund:** Höhepunkt hansischen Ansehens		
		1377–1415 Schisma	
	1386 Sieg der Schweizer Eidgenossen bei Sempach		1386 Personalunion zwischen Litauen und Polen
		1387 Einführung des Christentums in Litauen	
			1389 Türkischer Sieg über die Balkanslawen auf dem Amselfelde
		Seit 1390 Papierfertigung in Deutschland	

	Deutsches Reich	Kirche und Kultur	Europa und Asien, *Entdeckungen*
			1397 Kalmarische Union der drei nordischen Königreiche
	Um 1400 Ständekämpfe in dt. Städten; Zeit der Raubritter und Femegerichte		Seit 1400 **Venedig Flottenvormacht des Mittelmeeres** und Herrin des Levantehandels
		1409 Konzil zu Pisa: drei Päpste. Auszug der dt. Studenten von Prag nach Leipzig	
			1410 Polnischer Sieg über den Deutschen Ritterorden bei Tannenberg
1414–18		**Konzil zu Konstanz:** Verurteilung des Johannes Hus (Hinrichtung 1415), Beseitigung des Schismas	
			Seit 1416 sendet Prinz Heinrich der Seefahrer *portugiesische Expeditionen nach Afrika* aus
	1419/36 Hussitenkriege		
		Seit 1420 Frührenaissance in Italien Seit 1422 **vermehrte Herstellung von Feuerwaffen**	
			1431 Jungfrau von Orleans verbrannt
		1433 Konzil zu Basel Blüte der Städtekultur in Deutschland. – Spätgotik	
			1445 *Portugiesische Seefahrer erreichen Kap Verde*
1453			**Eroberung Konstantinopels durch die Türken**
		1455 **Gutenberg druckt in Mainz die 42zeilige Bibel**	1455–1485 Rosenkriege in England
	1460 Schleswig und Holstein werden in Personalunion mit Dänemark verbunden	1459 Cosimo de' Medici stiftet in Florenz die Platonische Akademie. Unter seinem Nachfolger wird **Florenz Mittelpunkt der Renaissance und des Humanismus in Italien**	
			1466 Zweiter Thorner Friede: Ende des unabhängigen Ordensstaates 1477 Tod Karls des Kühnen. Kampf um das burgundische Erbe. 1480 Zar Iwan III. befreit Rußland von der Tributherrschaft der Tataren

	Religiöse und Geistesgeschichte, Kunst	Politische und Sozialgeschichte	Entdeckungen und Eroberungen
		Heinrich VII. Tudor (1485–1509) begründet das moderne englische Königtum	1485 Portugiesen umsegeln das Kap der Guten Hoffnung
1492		1492 **Eroberung von Granada** durch Ferdinand von Aragonien und Isabella von Kastilien	**Kolumbus entdeckt Amerika**
1493–1519		**Maximilian I.**, Freund der Wissenschaften und Künste, „letzter Ritter und Vater der Landsknechte"	
		1494 Einfall des Königs von Frankreich in Italien zur Sicherung seiner Erbansprüche gegenüber Habsburg	
1495	1495/96 Mailänder Abendmahl Lionardos da Vinci	**Reichsreform auf dem Reichstag zu Worms**	
			1498 Vasco da Gama entdeckt den Seeweg nach Indien
		1499 Die Schweizer Eidgenossen lösen sich vom Deutschen Reich	
	1503 Das „Große Rasenstück" von Dürer		
	1503/06 Lionardos Mona Lisa		
			1505/15 Gründung portugiesischer Kolonien in Südasien
	Seit 1508 malt Michelangelo die Decke der Sixtinischen Kapelle in Rom		
	1512/13 Raffaels Sixtinische Madonna		
			1513 Balboa überquert die Landenge von Panamá
	1513/16 Moses des Michelangelo		
	1516 Erasmus von Rotterdam gibt das Neue Testament im griech. Urtext heraus		
1517	31. Oktober: **Luthers 95 Thesen**		
	1518 Beginn der Reformation in der Schweiz durch Zwingli		
	1519 Leipziger Disputation	Karl V. wird zum Kaiser gewählt	
			1519/22 Erste Erdumsegelung durch Magellan
	1520 Luthers reformatorische Hauptschriften		
	Luthers Bruch mit der Kirche		

	Religiöse und Geistesgeschichte, Kunst	Politische und Sozialgeschichte	Entdeckungen und Eroberungen
1521	**Luther auf dem Reichstag zu Worms**		1521 **Cortés vernichtet das Aztekenreich**
	Wormser Edikt Karls V.	Bilderstürmer und Schwarmgeister	
	1522 Luther beginnt die Übersetzung der Bibel		
1522/23		**Reichsritteraufstand**	
		1523 Schweden löst sich aus der Kalmarischen Union	
1524/25		**Der Große Bauernkrieg in Deutschland**	
1525	1525 Das Ordensland Preußen wird weltliches Herzogtum	**Schlacht bei Pavia**	
	1526 1. Reichstag zu Speyer	1526 Türkischer Sieg über die Ungarn bei Mohacs	
	Dürers Apostelbilder		
	1527 Beginn der Reformation in Schweden. Ausbau evangelischer Landeskirchen in Deutschland	1527 Sacco di Roma	
1529	1529 2. Reichstag zu Speyer. Marburger Religionsgespräch zwischen Luther und Zwingli	**Erste türkische Belagerung Wiens**	
1530	Reichstag zu Augsburg: **Augsburger Konfession** von Karl V. verworfen		
		1531 Schmalkaldischer Bund der Protestanten	
	1532 Nürnberger Religionsfrieden		1532 Eroberung von Peru durch Pizarro
			Nord- und Osteuropa
1533–1584			**Iwan IV. der Gestrenge**
	1534 Luthers Bibelübersetzung abgeschlossen. Jesuitenorden durch Ignatius von Loyola in Paris gestiftet. Englischer Suprematsakt: Trennung der englischen Kirche von Rom		
	Um 1536 Tizians „La Bella"		
		1537 Hinrichtung des Bürgermeisters von Lübeck Jürgen Wullenwever	
1540	**Jesuitenorden vom Papst bestätigt**		

	Religiöse und Geistesgeschichte, Kunst	Politische und Sozialgeschichte	Nord- und Osteuropa
1541	**Jean Calvin beginnt die Reformation in Genf**		
	1542 Beginn der Jesuitenmission im portugiesischen Asien		
	1543 Kopernikus' Werk „Von den Umwälzungen der Himmelskörper" veröffentlicht		
1545–1563	**Konzil von Trient**		
1546/47	1546–1561 Michelangelos Entwürfe für die Peterskirche	**Schmalkaldischer Krieg**	
	1548 Das Augsburger Interim		
	1552 Passauer Vertrag: Aufhebung des Augsburger Interims	1552 Fürstenaufstand gegen Karl V.	
	1553–1558 Maria die Katholische Königin in England		1553 Herstellung einer Handelsverbindung zwischen Moskau und Westeuropa
1555	**Augsburger Religionsfrieden**		1554–56 Eroberung der Tatarenchanate Kasan und Astrachan durch die Russen
		1556 Abdankung Karls V. Teilung seines Universalreiches	

	Westeuropa	Nord- und Osteuropa
	1556–98 Philipp II. König von Spanien	
	1558–1603 Elisabeth I. Königin von England	
		1561 Schweden erwirbt Estland
	1562 Beginn der Hugenottenkriege in Frankreich	
	1566 Niederländischer Adelsbund und Bildersturm	
	1567 Eingreifen Albas in den Niederlanden	
		1569 Staatsrechtliche Vereinigung Polens mit Litauen (Union von Lublin)
		1570 Iwan IV. läßt Nowgorod verwüsten
	1571 Juan d'Austria besiegt die Türken in der Seeschlacht von Lepanto	
1572	(23./24. 8.) **Bartholomäusnacht in Frankreich**	1572 Ende der Jagiellonen in Polen. Polen wird Wahlkönigreich

	Westeuropa	Nord- und Osteuropa
	1579 Utrechter Union der nördlichen „Sieben Provinzen"	
	1580 Portugal wird in Personalunion mit Spanien verbunden	
	1581 Abfall der nördlichen Niederlande	1581 Rußland beginnt die Unterwerfung Sibiriens. 1582 Der russische Vorstoß zur Ostsee schlägt fehl
	1584 Wilhelm von Oranien ermordet	Erstarken der Gegenreformation in Polen
	1587 Maria Stuart hingerichtet	
1588	**Der Untergang der Großen Armada**	
	1589 In Frankreich Heinrich III. ermordet. Ende des Hauses Valois. Heinrich von Navarra wird als Heinrich IV. französischer König.	
	1590–95 Shakespeare führt in London seine ersten Dramen auf. 1597 *Gründung des Globe-Theaters in London durch die Shakespearetruppe*	
1598	**Edikt von Nantes.** Ende der Religionskämpfe in Frankreich	1598 Aussterben der Dynastie Rurik in Rußland
	Tod Philipps II. von Spanien	
	Schließung des Stalhofs in London	
	1600 Gründung der East India Company	
	1605 Niederländer entdecken Australien	1605–13 Zeit der Wirren in Rußland

	Westeuropa	Deutschland	Nord- und Osteuropa
	1607 Englische Ansiedlung in Nordamerika	1607 Reichsacht an Donauwörth vollstreckt	
		1608 Protestantische Union gegründet	
	1609 Waffenstillstand auf 12 Jahre zwischen Spanien und den Niederlanden	1609 Majestätsbrief Kaiser Rudolfs II. für die böhmischen Protestanten	
	Hugo Grotius „Das freie Meer" (Mare liberum)	Katholische Liga gegründet	
	1610–40 Rubens als Maler tätig		
			1611 Gustav Adolf König von Schweden
	1612 Gründung von Neu-Amsterdam		

	Westeuropa	Deutschland	Nord- und Osteuropa
			1613 **Michael Fedorowitsch Romanow Zar von Rußland**
		1618 Preußen mit Brandenburg in Personalunion verbunden	
1618–1648		**Der Dreißigjährige Krieg**	
		1618–23 *Der Böhmisch-pfälzische Krieg*	
		Aufstand der böhmischen Stände **„Prager Fenstersturz“**	
		1619 Friedrich V. von der Pfalz zum König von Böhmen gewählt	
	1620 Die puritanischen „Pilgerväter“ landen mit der „Mayflower“ in Nordamerika	1620 Schlacht am Weißen Berge bei Prag	
	1621 Wiederbeginn des spanisch-niederländischen Krieges	1621 Gegenreformation in Böhmen	
		1624–29 *Der Niedersächsisch-dänische Krieg*	
	1625 Hugo Grotius' Buch „Über das Recht in Krieg und Frieden“ (De iure belli ac pacis)	1625 Wallenstein stellt im Auftrage Kaiser Ferdinands II. eine Armee auf.	
	1627–69 Rembrandt van Rijn als Maler tätig	1627 Vorstoß Tillys und Wallensteins nach Jütland	
		1628 Wallenstein zum „General des ozeanischen und baltischen Meeres“ ernannt. Vergebliche Belagerung Stralsunds	
		1629 Restitutionsedikt Kaiser Ferdinands II.	
		Friede zu Lübeck mit König Christian IV. von Dänemark	
		1630 Kurfürstentag zu Regensburg erzwingt Wallensteins Entlassung	
		1630–35 *Der Schwedische Krieg*	1630 Gustav Adolf landet in Pommern

	Westeuropa	Deutschland	Nord- und Osteuropa Asien
		1631 Tilly erobert Magdeburg	
		Gustav Adolf besiegt Tilly bei Breitenfeld	
		Wallenstein wird zurückgerufen	
1632		Schwedischer Sieg über Tilly bei Rain am Lech. Gustav Adolf muß sich vor Wallenstein aus Süddeutschland zurückziehen. Er fällt (6. 11.) in der **Schlacht bei Lützen**	
		1634 Wallenstein ermordet	
		1635 Sonderfrieden zu Prag	
	1635 Frankreich unter Richelieu tritt in den Krieg ein		
		1635–48 *Der Schwedisch-französische Krieg*	
		Wandlung des Krieges in Europa zum reinen Machtkampf	
		Schreckensjahre	
			1637 Die Russen erreichen durch Sibirien hindurch den Pazifischen Ozean
			1639 Ausrottung des Christentums in Japan. Absperrung gegen alle kulturellen Einflüsse von außen.
	1642 Rembrandt malt die „Nachtwache“		
		1644 Beginn der Friedensverhandlungen zu Münster (mit Frankreich) und Osnabrück (mit Schweden)	
1648	1648 Schweiz und Niederlande scheiden aus dem Reich aus	**Der Westfälische Friede**	

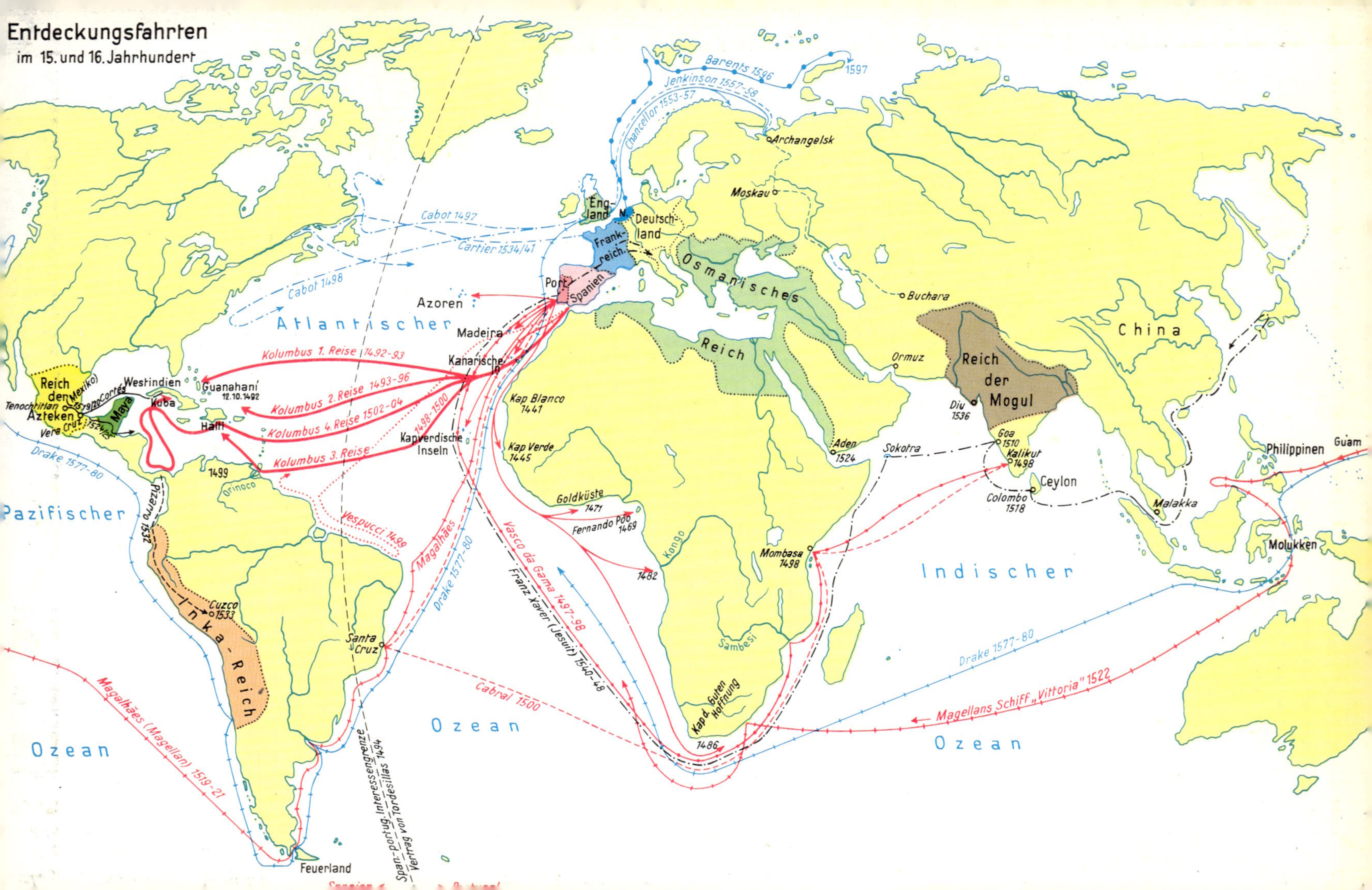
Entdeckungsfahrten
im 15. und 16. Jahrhundert
Barents 1596
1597
Jenkinson 1557-58
Chancellor 1553-57
Archangelsk
Moskau
Eng-
land
N.
Deutsch-
land
Frank-
reich
Port.
Spanien
Osmanisches
Reich
Buchara
China
Cabot 1497
Cartier 1534/41
Cabot 1498
Azoren
Atlantischer
Madeira
Kanarische In.
Kolumbus 1. Reise 1492-93
Kolumbus 2. Reise 1493-96
Kolumbus 4. Reise 1502-04
Kolumbus 3. Reise
1498-1500
Kapverdische
Inseln
Westindien
Guanahani
12.10.1492
Kuba
Haiti
Reich
der
Azteken
Mexiko
Tenochtitlan
Vera Cruz
1519/20 Cortés
1524/25
Maya
1499
Orinoco
Drake 1577-80
Pazifischer
Pizarro 1532
Cuzco
1533
Inka-Reich
Vespucci 1499
Magalhães
Santa
Cruz
Ozean
Magalhães (Magellan) 1519-21
Feuerland
Span.-portug. Interessengrenze
Vertrag von Tordesillas 1494
Kap Blanco
1441
Kap Verde
1445
Goldküste
1471
Fernando Poo
1469
1482
Kongo
Vasco da Gama 1497-98
Franz Xaver (Jesuit) 1540-48
Cabral 1500
Sambesi
Kap d. Guten
Hoffnung
1486
Mombasa
1498
Aden
1524
Sokotra
Ormuz
Reich
der
Mogul
Diu
1536
Goa
1510
Kalikut
1498
Ceylon
Colombo
1518
Malakka
Indischer
Ozean
Magellans Schiff „Vittoria" 1522
Philippinen
Guam
Molukken